INVESTED

Changing Forever the Way Americans Invest

Charles Schwab

チャールズ・シュワブの
「顧客目線」投資サービス戦略

ゼロ・コミッション革命

チャールズ・シュワブ［著］

飯山俊康 監訳
野村資本市場研究所 訳

一般社団法人金融財政事情研究会

Invested: Changing Forever the Way Americans Invest by Charles Schwab

This translation published by arrangement with Currency,
an imprint of Random House, a division of Penguin Random House LLC
through Japan UNI Agency, Inc., Tokyo

私の両親、ベティ・シュワブとボブ・シュワブ。1930年代後半、カリフォルニア州ウッドランドにて(写真提供:著者)

友人と祖父と、楽しそうに養鶏の仕事をしているところ。1950年代前半、サンタバーバラにて(写真提供:著者)

ゴルフスイングの練習をしているところ。1950年代前半、サンタバーバラにて(写真提供:著者)

アンクル・ビル。私のビジネスにおける指導者であり、シュワブの初期の出資者で最初の支店の開設者でもあった。1975年、カリフォルニア州サクラメントにて(写真提供:著者)

the Federal Reserve Board and its critics, the measure apparently pleases neither.

(Story on Page 6)

* * *

Merrill Lynch will raise securities brokerage fees an average 3% on most standard transactions under $5,000 when the industry adopts competitive rates tomorrow.

(Story on Page 5)

* * *

Eastman Kodak unveiled its plain-paper copier at its annual

1975年のメーデー。メリル・リンチが少額投資に関して値上げを行ったことに、私はとても安堵した（写真提供：チャールズ・シュワブ社）

テクノロジーは、急速な成長を可能にする柱となった（写真提供：チャールズ・シュワブ社）

1980年代前半、私たちのデータ管理センター
（写真提供：チャールズ・シュワブ社）

New! DISCOUNT BROKERAGE COMMISSIONS ON LISTED STOCKS

Price Per 100 Shares	Standard NYSE Rates	Discount NYSE Firm X	DISCOUNT RATES Schwab & Co.	SAVE Under Standard Rates
$ 5	$18.04	$16.32	$15	$ 3.04
6	20.24	18.27		5.24
7	22.44	20.23		7.44
8-8⅞	24.64	21.90		9.64
9	26.07	23.17	$20	6.07
10	27.50	24.44		7.50
11	28.93	25.71		8.93
12-12⅞	30.36	26.98		10.36
13	31.79	28.25	$25	6.79
14	33.22	29.52		8.22
15	34.65	30.80		9.65
16	36.08	32.06		11.08
17	37.51	33.34		12.51
18	38.94	34.60		13.94
19	40.37	35.88		15.37
20	41.80	37.14		16.80

Over $20—odd-lot orders up to $2,000 per transaction, qualify for the above rates.

- Transactions under $500, commission $10.
- Odd-Lot comm. based on nearest Round-Lot $.
- Discounts on security transactions to $2,000.

CALL (415) 398-7882
TO OPEN YOUR DISCOUNT ACCOUNT

Charles Schwab & Co., Inc.
120 Montgomery St., San Francisco, CA 94104
Member: PBW Stock Exchange, Inc.
Boston Stock Exchange (Assoc.)
SIPC
☐ Send me Account Form.

NAME
ADDRESS
CITY STATE
ZIP PHONE

ディスカウント・ブローカーという新たな業種を生み出した際の、シンプルな広告（写真提供：チャールズ・シュワブ社）

ミルトン・フリードマン（とジョン・コーハンと私）は新テクノロジーを祝うシュワブの顧客イベントにおけるゲストスピーカーだった（写真提供：チャールズ・シュワブ社）

1983年、バンク・オブ・アメリカのCEOサム・アーマコストと私（写真提供：チャールズ・シュワブ社）

1986年頃、バンク・オブ・アメリカのロビー内につくられた、新しい支店の前に立つ
（写真提供：チャールズ・シュワブ社）

1987年、LBOの契約書にサインをする。私やその他のメンバーと一緒に、クリス・ドッズ（口ひげを蓄えた男）やデニス・ウー（右端）もいる（写真提供：チャールズ・シュワブ社）

1980年代後半、ラリー・スタプスキ、私、デビッド・ポトラック、バーバラ・ウルフ、ボブ・フィバスとウーディ・ホブス。この壁を支えようとしているのか、あるいは壊そうとしているのか…？何をしているところなのか、私は思い出せない（写真提供：チャールズ・シュワブ社）

1987年10月17日のブラックマンデー。一日で22.6%の下落と米国株式市場の歴史のなかでも過去最大の下落幅となったため、相場をみようと顧客がサンフランシスコの支店に群がった(写真提供:チャールズ・シュワブ社)

1989年夏、「ルイ・ルーカイザーとウォール・ストリート・ウィーク」にペリン・ロング、サンディ・ワイル、ルイとともに出演。この出演は初日からわれわれのビジネスを拡大する手助けとなった(写真提供:チャールズ・シュワブ社)

1990年代前半、同僚のベス・サウィとジム・ロージと撮影の準備をしている（写真提供：チャールズ・シュワブ社）

タイム紙がスポンサー開催した世界ツアーの途中、フィデル・カストロと野球について子細にわたって議論をしている（写真提供：チャールズ・シュワブ社）

The McGraw-Hill Companies

BusinessWeek

JUNE 3, 2002

www.businessweek.com

INVESTING
ARE SMALL CAPS RUNNING OUT OF STEAM?

EXEC ED
THE FINANCIAL CRUNCH AT B-SCHOOLS

AOL
JIMMY DE CASTRO: RADIO MAN TO THE RESCUE?

ACCOUNTING
THE ECONOMICS OF REFORM

TELECOM
THE INSIDE STORY OF EUROPE'S 3G BUBBLE

SCHWAB vs. WALL STREET

With the big firms reeling, Charles Schwab is pushing to win over their disgruntled investors

PAGE 64

2002年夏、ウォール・ストリートにおけるリサーチをめぐるスキャンダルがピークとなるなか、当社は伝統的な手法を覆す新しい株式のレーティング・システムとウェルス・マネジメント・サービスを開始し、ビジネスウィーク誌の表紙を飾った（Used with permission of Bloomberg L.P. Copyright 2020. All rights reserved. Japanese translation rights arranged with The YGS Group through Japan UNI Agency, Inc., Tokyo）

2007年、当社が主催するIFAの年次総会を訪問。IMPACTはこの種のイベントでは最大のもので、全米各地から何千人もの独立系アドバイザーが集まる。アンドリュー・スコフィールドとミッチェル・ドレーパーが、シュワブの最新テクノロジーについて説明している（写真提供：チャールズ・シュワブ社）

2008年1月、ジョージ・W・ブッシュ大統領は、新設された金融リテラシー大統領評議会の議長に私を指名した。娘のキャリー・シュワブ・ポメランツも参加している。私の左側には、ジョン・ホープ・ブライアント、ジャック・コサコウスキー、デイビッド・マンクル、イグナシオ・サラザール、キャリー・シュワブ・ポメランツがいる。私の右にいるのはダン・イアニコラとテッド・ダニエルズ（写真提供：チャールズ・シュワブ社）

CEOのウォルト・ベッティンガーと私は、2009年の金融危機の真っただ中で、幹部社員に向けた演説の準備をしている。3カ月後、株式市場は底を打ち、その後9年にわたって上昇を始めた（写真提供：チャールズ・シュワブ社）

毎年、何千人ものシュワブ社員がボランティア活動でこの国を盛り上げている。2011年5月、私は、サンフランシスコのベイエリアにある地域病院に、産後用品を送るチームに参加した（写真提供：チャールズ・シュワブ社）

2016年1月、米国金融博物館で、家族とともにイノベーション特別功労賞を受賞。ヘレンは私を支えてくれた家族全員をその場に呼んでおり、私を驚かせた。私の子どもたちとその配偶者（コートニー、バージニア、マイク、キャリー、ゲイリー、マットとケイティ）は私を祝福してくれた（エルサ・ルイズ撮影。写真提供：米国金融博物館）

2016年の春、ボブ・フィッシャーと私は、ニール・ベネズラ館長らとともに新しいサンフランシスコ近代美術館の開館を手伝った。ボタンを押すと紙吹雪が飛び出した!(ドリュー・アルタイザー撮影。写真提供:サンフランシスコ近代美術館)

私の好きな仕事の一つは、あちこちにたくさんある支店に行き、そこで働くチームに会うことだ。2018年、テキサス州ウエストレイクにてグループ・セルフィー(写真提供:チャールズ・シュワブ社)

日本語版の発刊にあたって

われわれの物語は、私がペンを置き、書き上げたぞ、と叫んだ後も、続いています。

2019年10月1日、原著『INVESTED』が書店に並ぶのと同時に、シュワブは株式売買コミッションの廃止を発表しました。われわれは株式投資におけるコミッションを永遠にゼロにする時が来たと確信していました。個人投資家の勝利です！　遂になくなりました！　その直後、競合他社も当社に追随し、コミッションを廃止しました。

いろいろな意味で、このコミッション廃止は、チャールズ・シュワブの設立から始まった私の物語のまさにブックエンドになりました。私はシュワブを設立したその日からコミッションをなくすために取り組んできました。1975年、米国の証券取引委員会（SEC）は株式の売買コミッションに関する規制を緩和し、手数料水準の設定を証券会社に委ねることにしました。それは、より多くの米国の人たちに株式取引という閉ざされた世界を開放する歴史的な瞬間でした。われわれは売買コミッションを従来の水準よりも約75%ディスカウントして事業を開始し、また、営業担当者がコミッションの一部ではなく、毎月の固定給と良質なサービス提供に応じたボーナスを報酬として受け取るようにし、営業担当者が顧客に株式を売ろうとするインセンティブをもたせないようにしました。営業担当者とコミッションとの関係を絶ったわけです。当時、この取組みは革命的でした。当時の証券会社の営業担当者は、顧客から支払われるコミッションの40~80%を得ていました。シュワブはそのモデルを採用せず、異なるタイプのリレーションシップを顧客と築こうとしたわけです。顧客の成功と満足こそがわれわれにとって最も大事なことであり、その考え方を従業員の報酬体系に反映させました。

私がこのビジネスを始めた1960年代から1970年代にかけては、コミッション収入こそ営業担当者が顧客に株式を取引してもらうインセンティブになっていました。コミッションは異常に高い水準が設定されており、結果、営業担当者は高給取りになりました。顧客にとってリスクが大きくなれば大きくなるほど、営業担当者が受け取るコミッションも高くなったものです。当時、一般の人々にとって株式投資は比較的目新しいもので、貯蓄でリスクをとることはためらわれていましたので、株式を売るには将来豊かになれるという刺激的なストーリーをつくりだすしかありませんでした。株式に関するアドバイスと売買コミッションは必ずしも健全には結びついておらず、営業担当者がコミッションの一部を受け取る仕組みは、投資家と営業担当者との間において、投資家よりも営業担当者の利益が優先される逆のインセンティブを生み出していました。やがて、その関係は人々の投資に対する信用や、営業担当者のアドバイスへの信頼に悪い影響を与えるようになっていました。

われわれはどうやって株式取引のゼロ・コミッションを実現できたのでしょうか？　それは事業のコストを低く抑えつつ、サービスができるだけ容易に、かつ利便性の高いものになるように徹底的に注力したからです。現在、顧客からの収益1ドル当りの営業費用は、上場している同業他社の約半分の水準になっています。当社は「ケチ」なので、顧客からいただく収益も低くできるのです。本当の意味で「タダ」のものは存在しないはずだから、ゼロ・コミッションにもからくりがあるはずだと主張する人もいます。米国でよくいわれるように、フリーランチはない、ということについては私も同感です。しかし、当社のビジネスモデルは単純明快なもので、種も仕掛けもありません。当社は、人々の貯蓄、投資、借入れのプロセスを支援するという仕事を通じて、他のすべての金融機関と同様に単純明快な方法で収益を得ています。つまり、投資信託や上場投資信託（ETF）、マネージド・アカウントからのアセット・マネジメント手数料やキャッシュ残高から得られる金利収入です。また、迅速かつ流動性の高い市場を設け、株式の買い手と売り手をマッチングさせて約定価格を改善するビジネスからも収益を得ています。

そして当社は、投資家にとって非常に大きな価値（バリュー）のあるかたちで、ビジネスを展開しています。たとえば、シュワブは現在、リテール投資家市場において約8％のシェアを握っていますが、同市場全体の収益に占めるシェアはわずか4％にすぎません。これは、顧客が他社で同じ取引をした場合に比べて半額程度の費用しかかかっていないことを意味し、顧客にとってはとても有意義なことです。顧客はこうした低額の費用負担だけで、インターネット、電話、支店のいずれのチャネルを通じても、ETF、投資信託、債券、マネージド・アカウント、株式取引、アドバイス、銀行サービスを利用でき、ATMへのアクセスも無料、必要な時には24時間年中無休のヘルプも備わっているなど、多様なサービスを受けることができます。証券会社が顧客に提供できる優れたバリューとは、顧客がよりたくさんの資金を資産形成に向けた投資に回せるようになり、投資目標を達成する取組みを円滑に進められ、目標を達成できるという自信をもてるようになることです。

われわれの社会における自由企業体制の美点は、さらなる変化が確実に進んでいるということに表れています。自動化された投資サービス（ロボ・アドバイザー）や、インターネットあるいはモバイル・テクノロジーを通じてのサービスは、まだまだこれからです。スタートアップも大企業も同じようにイノベーションに取り組んでいます。いずれにせよ、投資家こそが最終的な勝者になることでしょう。歴史を振り返るまでもなく、いままでどれだけの変化、それも好ましい変化が起きたか、評価しきれないほどです。私にとって、ゼロ・コミッションは40年以上続いた株式取引にかかわる不適切なインセンティブの解消プロセスにおける象徴的な最後の一歩になりました。今日、投資を行う一般の人々は、投資というものに関してははるかに洗練されており、もはやバリューの低いものを「売られる」必要も感じていません。私の夢が実現しました。

チャールズ・R・シュワブ

推薦のことば

私は長きにわたってチャック・シュワブを称賛してきた。この本を読めば、その理由がわかるだろう。

――ウォーレン・E・バフェット

チャック・シュワブは、リスクをいとわない思考と上品で謙虚な性格とのバランスをうまく保ちつつ、興味深く投資の世界を見渡している。彼は「チャールズ・シュワブ」という会社としてだけでなく、「チャールズ・シュワブ」という人物としても、創造的で高く称賛されるべき物語を生み出してきた。この本のなかには、ウォール・ストリートの住人からメイン・ストリートの普通の人々まで、すべての人に対する人生の教訓が書かれている。

――コンドリーザ・ライス（元米国国務長官、スタンフォード大学経営大学院国際経営経済学デニング教授）

「チャック・シュワブは起業家だ」というのは、実際のところ過小評価といえる。彼はまさに革命家である。彼は米国における投資のあり方を根本から変革し、そしてその過程で素晴らしい会社をつくりあげた。しかし、成功者の物語にはよくあることだが、チャックのこのとても個人に迫る物語において、最も興味深く、また素晴らしい最終的な成功へと導いたものは、彼の苦闘である。

――フィル・ナイト（ナイキ共同創業者）

私と同じく、チャックは失読症である。彼は早くから、自分の限界を理解していた。そして、他の多くの失読症患者とは違って、人に委ねることの力と、ビジネスとは、ビジョンと価値観を共有しつつも、自らの情熱と強みをもって仕事に取り組む仲間がすべてである、ということに気づいていた。彼は早い時期から、世の中にはさまざまな点で自分よりも有能な人たちがたくさんいることを認識していた。ほとんどのリーダーや起業家は、この単純な教訓を決して学ばない。本書は、チャックの並外れた人生が描かれた、ビジネスや起業に興味のある人にとって必読の書である。

――リチャード・ブランソン卿（ヴァージン・グループ創業者）

この本は、起業家精神にあふれた会社が果てしない進化を遂げてきたということを教えてくれる魅力的な物語だ。しかし、それ以上に、チャックが経験を通じて学んできたということを教えてくれるものでもある。この本を読んで、経験から学ぶ方法を知るとともに、この物語自体を楽しんでほしい。

――ジョージ・P・シュルツ（元米国労働長官、財務長官、国務長官）

チャールズ・シュワブは、何百万もの米国人のために金融と投資のあり方を変革した巨人だ。彼の回顧録は、起業家精神と信念をもったリーダーシップに関する教科書といえる。

――ハンク・ポールソン（第74代米国財務長官）

本書は、チャック独自の視点を通じて、逆境のなかを辛抱強く耐え抜いてきたシュワブの歴史を詳細に描いたものであり、私たちに知恵と勇気を与えてくれるものだ。私は長年、チャックを称賛し、尊敬してきた。チャックと私は、ともにゴルフへの情熱をもつだけでなく、ゴルフのむずかしさとビジネスで直面する難問がどのように似ているかについて、同じ考えをもっている。

――フィル・ミケルソン

チャックは、ほとんどの人が語ることのできない、創造性と情熱、そして賭けに勝つための勇敢さについての物語を教えてくれる。チャックは、ディスカウント・ブローカーという業界をつくりあげただけではなく、急速に変化する情勢にぶつかりながらも、会社を成長させ、個人投資家のために株式市場の民主化を推し進めてきた。私は、若かりし頃にチャックのパートナーであったことを誇りに思う。そして何よりも、彼と50年にわたって友達であることを誇らしく思っている。

――ジョージ・R・ロバーツ（コールバーグ・クラビス・ロバーツ共同会長兼共同CEO）

私たちは他人の人生から多くのことを学んでいるが、これほど興味深く、刺激的で、教育的な意味をもつ書籍を見つけるのはむずかしいでしょう！　本書は、偉大で信念のある人物に関する、私たちを豊かにしてくれる物語である。

――スティーブ・フォーブス（フォーブス会長兼編集長）

本書では、何百万人もの人々の経済的幸福を高めるイノベーションを起こすため、私生活やビジネスで困難に直面しつつも、それを克服してきたチャックの物語が描かれている。本書は、成功するビジネスをつくりあげるための示唆と、個々人が投資を成功させるための貴重な洞察が詰まっている。ビジネスや金融に興味のある人すべてにとって、本書は必読書であるといえる。

——マイケル・J・ボスキン（スタンフォード大学経済学教授、元大統領経済諮問委員会委員長）

本書は、典型的なディスラプターに関する素晴らしい物語だ。チャックが、手頃な手数料と利用しやすさを重視して、チャールズ・シュワブで築いてきたものは、人類に大きな恩恵をもたらしている。

——クレイトン・クリステンセン（ハーバード・ビジネス・スクール教授、『イノベーションのジレンマ』の著者）

長い間、チャック・シュワブは私の最も手強い競争相手の一人だった。しかしいまでは、私は彼を友達だと思っている。チャールズ・シュワブを革命的な証券会社へと育て上げたことについて語られた本書は、大胆で高潔な起業家が大きな夢を抱いたときに何を成し遂げられるのかを知りたい人にとって、必読の書である。

――ジョー・リケッツ（TDアメリトレード創業者、前CEO、前会長）

米国人のだれもが投資家になれるという事実は、経済を繁栄させると同時に、経済的自由という概念を国民が支持することにもつながった。私の友人であるチャック・シュワブほど、個人が資本主義に直接参加し、企業に自由に投資することを推し進めることに貢献した者はいない。過去40年間に投資のあり方がどれだけ進化してきたかに関心のある人ならだれもが、この本を読み、彼がどのようにしてそれを成し遂げてきたかを学ぶべきだろう。

――ポール・シンガー（エリオット・マネジメント創業者）

夢に描いたビジネスをつくりだすには、新しいテクノロジーを大胆に活用するしかないということに初めに気づいたことが、チャックの素晴らしい洞察の一つだった。彼はデータに大きな賭けをして、決して後戻りしなかった。それが、投資のあり方を永遠に変えることになった。

――トーマス・M・シーベル（C3．ai CEO）

本書において、チャールズ・シュワブの不屈の精神と健全な判断力、そして起業家としての経験が、実践的でかつ示唆に富んだものとして照らし出されている。チャックは、幼少期と職業人生を通じて困難を克服し、米国の経済システムの何十年にもわたる変化におけるリーダーシップとイノベーションのあり方を確立した。

――**ジェイミー・ダイモン（JPモルガン・チェース会長兼CEO）**

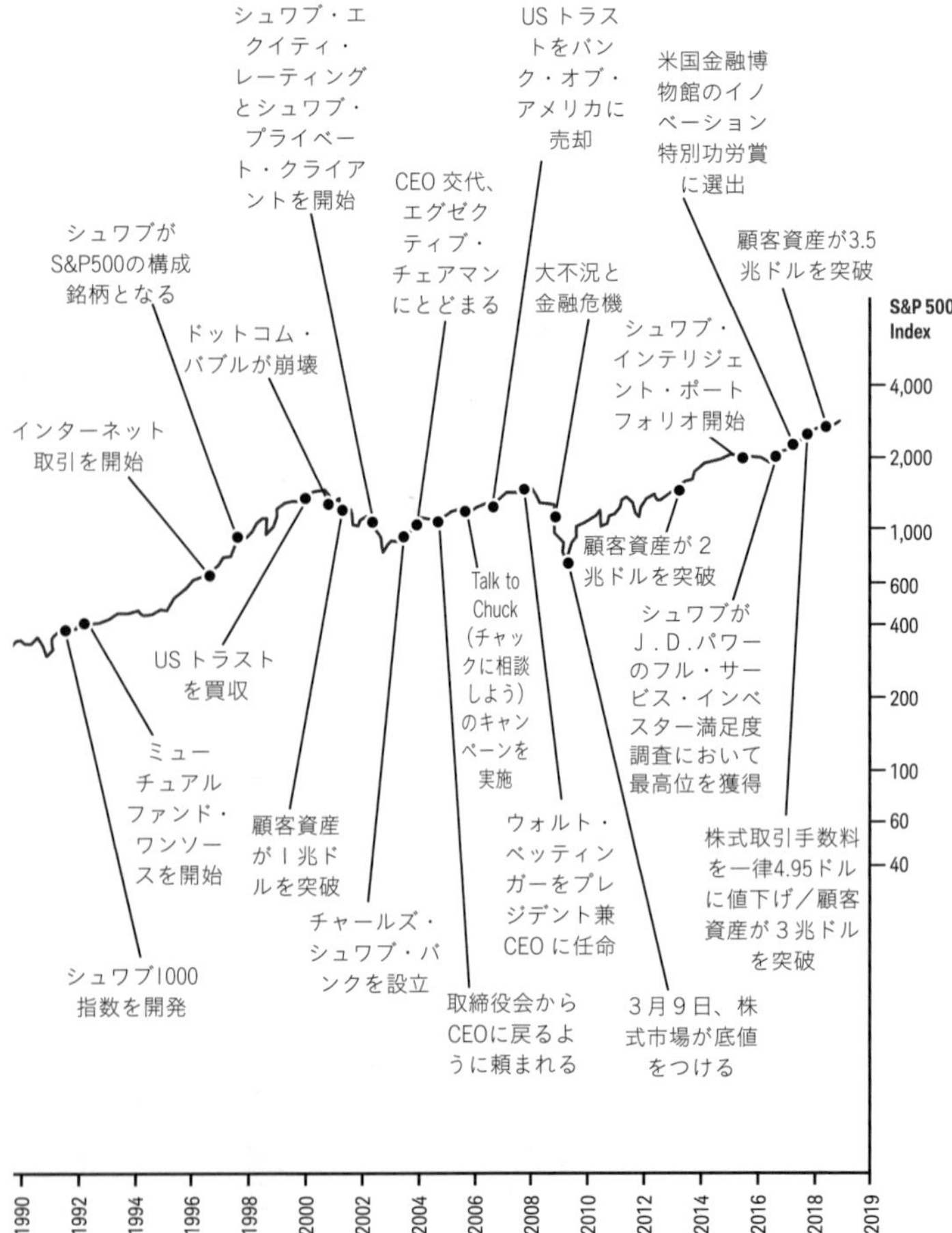

シュワブ・エクイティ・レーティングとシュワブ・プライベート・クライアントを開始
USトラストをバンク・オブ・アメリカに売却
米国金融博物館のイノベーション特別功労賞に選出
CEO交代、エグゼクティブ・チェアマンにとどまる
シュワブがS&P500の構成銘柄となる
顧客資産が3.5兆ドルを突破
大不況と金融危機
S&P 500 Index
ドットコム・バブルが崩壊
シュワブ・インテリジェント・ポートフォリオ開始
4,000
インターネット取引を開始
2,000
1,000
顧客資産が2兆ドルを突破
Talk to Chuck（チャックに相談しよう）のキャンペーンを実施
600
400
シュワブがJ.D.パワーのフル・サービス・インベスター満足度調査において最高位を獲得
USトラストを買収
200
ミューチュアルファンド・ワンソースを開始
100
顧客資産が1兆ドルを突破
ウォルト・ベッティンガーをプレジデント兼CEOに任命
60
株式取引手数料を一律4.95ドルに値下げ／顧客資産が3兆ドルを突破
40
チャールズ・シュワブ・バンクを設立
シュワブ1000指数を開発
取締役会からCEOに戻るように頼まれる
3月9日、株式市場が底値をつける
1990
1992
1994
1996
1998
2000
2002
2004
2006
2008
2010
2012
2014
2016
2018
2019

チャールズ・シュワブのタイムライン

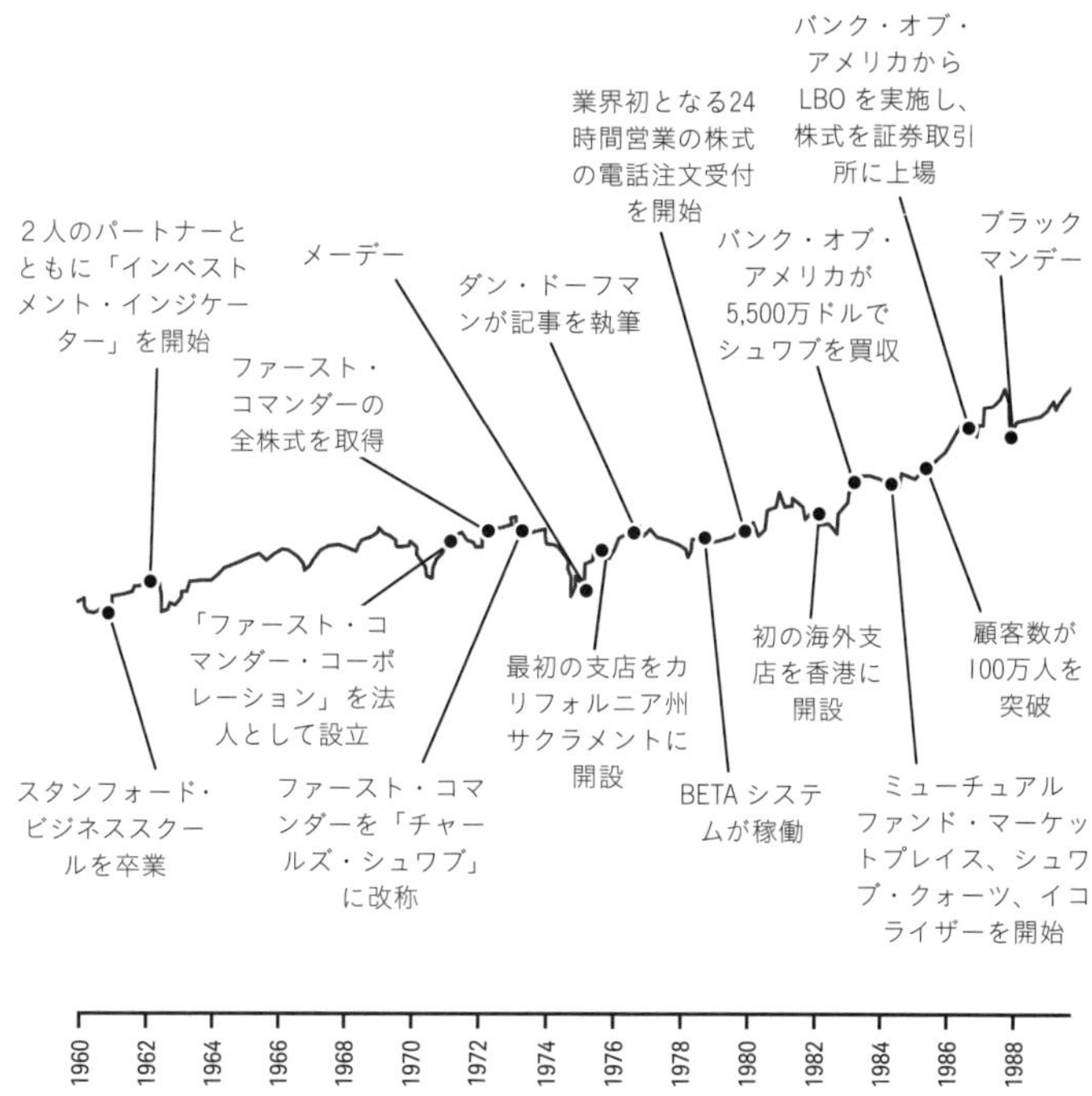

序文

私が1970年代の初めにチャールズ・シュワブを創業したとき、米国には何百もの証券会社があった。

しかし、私がつくりたいと夢見ていた証券会社はなかった。それは、仲介を必要とせず、費用や利益相反の問題がある「アドバイス」も必要とせず、市場に直接参加したいと思う独立心のある投資家に焦点を当てた、いままでの証券会社とは異なる種類の証券会社である。

こうしたアイデア以外はほとんど何もなくチャールズ・シュワブは始まったが、私はその後の40年間、同じ志をもつ人々と一緒に、夢見た証券会社を築くために過ごしてきた。そうしているうちに、「夢」は私が想像もできなかったかたちで広がり、米国の人々の投資のあり方を永遠に変えてしまった。

これは、われわれシュワブの物語である。

謝　辞

当社の45年の歴史のなかで、12万5000人を超える従業員に働いてもらった。皆さん一人ひとりが、新しいアイデアや夢を実現し、投資のあり方をより良いものにしてくれた。顧客に情熱と責任をもって仕事してくれていることに感謝したい。

ヘレンへ。あなたがいなければ、この素晴らしい物語はこれほど良いものにはならなかっただろう。この物語は、私だけではなくあなたの物語でもある。

グレッグ・ゲーブルには特別に感謝していると伝えたい。20年以上にわたって、彼は私が寄稿、スピーチ、メディア出演で公式見解を述べるのを助けてくれた。そして近年では私のスタッフのチーフとして支えてくれている。彼は、われわれが会社を育ててきた物語を集め、事実に基づいた読みやすい会社の経歴としてまとめるのを手伝ってくれた。ありがとう、グレッグ。

私の長年のシュワブでのアシスタントであるミキ・グランディン。細かいところまでの気配り、物事が順調に進むための手配、そしてあなたのエネルギーとポジティブな精神に感謝したい。

最後に、未来への夢と希望をシュワブに託し、信頼してくれた何百万人ものお客様に感謝したい。皆さんのなかには会社設立当初から利用してくれている方もいる。シュワブに信頼と信認を寄せてくださっていることに名誉を禁じえない。

著者について

チャールズ（チャック）・R・シュワブは、1971年に旧来の証券会社としてサンフランシスコに本拠を置くチャールズ・シュワブを創業し、1974年にはディスカウント・ブローカー・ビジネスのパイオニアとなった。

シュワブは、低価格と迅速かつ効率的な注文執行を組み合わせてサービス提供することをいち早く推し進め、間もなく国内最大のディスカウント・ブローカーとなった。現在、同社は3兆ドル以上の顧客資産をもつ米国内最大の個人向け投資サービスを行う上場会社である。投資を「民主化」したことでよく知られるチャック・シュワブは、個人が貯蓄と投資を最大限に活用できるよう、投資サービス業界において数多くのイノベーションを生み出してきた。たとえば、24時間年中無休のサービス提供、何千本ものノーロードで取引手数料無料の投資信託を提供するワンストップのミューチュアルファンド・マーケットプレイス、独立系投資顧問（RIA）向けのカストディ・サービス、オンライン取引、銀行と証券とのサービス統合、などだ。今日、同社はルーツであるディスカウント・ブローカーから拡大し、国内外の数百万人の顧客にフル・サービスの投資サービスと銀行サービスを提供している。

シュワブは、チャールズ・シュワブの創業以来会長を務め、2008年10月までのほとんどの期間をCEOとしても務めてきた。また彼は、チャールズ・シュワブ・バンクの会長でもある。

シュワブは、職業上の活動に加え、さまざまな非営利活動にも積極的に取り組んでいる。彼は妻のヘレンとともに、教育、貧困防止、福祉、保健の分野で活動する団体を支援している。サンフランシスコ近代美術館の会長も10年間務めた。

2008年1月22日、ジョージ・W・ブッシュ大統領は、大統領や財務長官に対して金融リテラシーの促進・向上に関するアドバイスを行う画期的なイニシアティブである「金融リテラシー大統領評議会」の議長としてシュワブを指名した。

彼は、『How to Be Your Own Stockbroker』『Charles Schwab's Guide to Financial Independence』『It Pays to Talk』や、娘のキャリー・シュワブ・ポメランツと共著の『You're Fifty — Now What?』(邦題『チャールズ・シュワッブが教える定年後資産倍増術：資産作りの神様』(2003年、徳間書店))など、投資に関するベストセラーを何冊か執筆している。

シュワブはカリフォルニア州サクラメント生まれ。スタンフォード大学で経済学学士、スタンフォード・ビジネススクールで経営管理修士(MBA)を取得している。

目次

第1編

第2編

第4編

第2幕　333

第5編

時の試練を経て　417

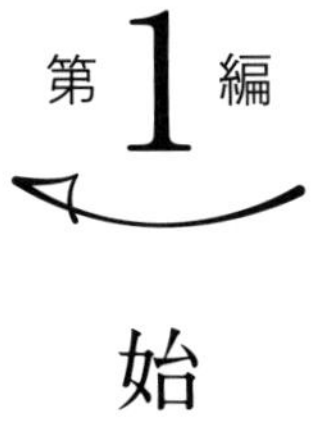

第1編

始動

1

若い人たちから、キャリアに関するアドバイスや、起業についての考えを求められる際に「成功の鍵は何ですか?」とよく聞かれる。そんな時に私は、彼らに「得意なことは何ですか? 何をすることが好きですか? わざわざ考えなくても、しかもあくことなく語れることは何ですか?」と尋ねることにしている。その答えこそが、エネルギーを注ぐべきことだからだ。好きなことには、良い時でも悪い時でも——常に多くの浮き沈みはつきものだが——あなた自身を前進させる途方もない力がある。情熱と知見は、あなたが純粋で、個人的な野心や真の専門性、そして人生の指針を備えている——つまり本物である——ということを周囲に知らしめる。あなたに魅力を感じる人たちも現れ、あなた自身もきっと彼らの支援を必要とするようになる。

ビジネスの世界は、人生におけるビジネス以外の部分と同様、素晴らしい誘惑に満ちている。エネルギーを何に注ぐべきかを考えることは、何かを選んだり、捨てたりすることと同じだ。非凡な目的意識は、集中力と明確さをもたらしてくれる。

方向性を定めることは必要だが、それで終わりではない。時間の経過とともにさまざまなかたちで花が開き、枝が伸びる可能性があり、なかには当初は想像もできなかったものも生まれるだろう。

私の場合、投資が大好きだった——ともかく投資については何でもだ。投資によって企業が成長し、投資によってだれでもその成長を享受することが可能になり、時間の経過とともに自分自身の経済的自立を実現することができる。自分のなかにある投資に対する情熱を感じながら、従来の仕組みが一般の投資家に奉仕するようにはできていないために、多くの人たちが投資の機会を見逃しているという確信をもったことが私に無限のチャンスをもたらし、人を動かす強力な理念となった。

第1章 メーデー

1975年4月30日水曜日。金融サービス業界で「メーデー」として知られている日の前日だ。空が晴れていたか、サンフランシスコ特有の濃い霧が立ち込めていたか、ということは覚えていない。いろいろ気にかかることが多かったからだ。思い出すのは、春の間はずっと投資家のムードが良好だったということだ。ニクソン大統領の弾劾という悪夢が終わり、ベトナム戦争も過去のものとなり、市場は再び上昇していた。ダウ工業株30種平均は前年12月末比で約50％上昇していた。私はだれにも負けないくらい希望をもっていたとは思うが、それまでにいろいろあり過ぎて、最悪期を脱したとは確信がもてなかった。

私はもう数カ月で38歳になるところだった。ダウは直近10年の間、1000ドル近辺でなぜか推移していた。初めて節目の1000ドルを超えたのは1972年11月14日である。当時は800ドル超でウロウロしていた。なので私は、控えめにいえば、相場の持続力に少々懐疑的であった。もしあの時、私が1982年12月21日まではダウが1000ドルを完全には突破しないという事実を知っていれば、きっとうんざりして、別の分野で職探しをしていたかもしれない。実際のところ、私はしばらくの間そうした決断をする瀬戸際に立たされていた。20年にわたる株式市場の低迷期の最中に、だれが証券会社を起業するだろうか？ スタンフォード・ビジネススクール卒業後に一人で事業を始めて以来、今回で3度目の起業だった。一人の男が人生で何度チャンスを得られるだろうか、と自問していた。さらに、私は6桁の借金があり、人生のドン底にいた。共同経営者の一人から持分を買い戻した際のローンをクロッカー・バンクから借りていたのだ。離婚した際に背負った個人的な借金もたくさんあった。私は再婚していたが、これといった財産はなかった。当時、ヘレンと私は赤ん坊のケイティとサウサリートの小さなアパートで暮らしていた。ヘレンは不動産販売を手がける一方、私は1年かけて会社を立ち上げた。証券取引委員会（SEC）の株式売買コミッション自由化によって可能になったディスカウント・ブローカレッジの実験的な試みだった。未知への挑戦だったのだ。

その水曜日、私はある重要な疑問を抱いていた。株式売買コミッションの自由化が、1年の試行期間を経て国の制度になるところだったので、その疑問に対する答えは私の計画の成否を左右するものだった。メリル・リンチはどう動くか？「ウォール・ストリートからメイン・ストリートへ」とのビジョンをもち、1914年に伝説的なチャールズ・メリルによって設立されたメリル・リンチは、リテール証券業において紛れもない帝王であり、数十億ドル規模に及ぶ引受けも行っていた。全米各地に支店があり、数千人もの意欲的な営業担当者を有し、テレビをみたり、新聞を読んだりする人ならだれでも知っている「メリル・リンチは米国について強気です」とのスローガンを掲げていた。中流階級に投資の世界を開くという理念に基づいて会社を設立したチャールズ・メリルは、私にとっても憧れの目標だった。彼は１９４０年代には、固定給の営業担当者を雇い入れることで、長年私が嫌っていた深刻な利益相反に対処していた（ただし彼らは、１９７０年代初めにドナルド・リーガンの主導でこのモデルから逆戻りし、営業担当者の大集団に株式売買コミッションに連動する報酬も付与することとなった）。メリル・リンチは大成功を収めていた。だれもが私にこういった。「メリル・リンチがディスカウント・ブローカレッジに乗り出すかどうかを決めるまで待ってろよ。お前は押し潰されてしまうぞ」

そうした懸念を感じる一方、メリルは既得権益に守られたウォール・ストリートを代表する一社でもあった。同社は多くのコミッション・ベースの営業担当者と、高収益の投資銀行ビジネスおよびリサーチ・ビジネスから収益を得ていた。すべてを窓の外に放り出すことはできなかったのだ。とはいえ、考えれば考えるほど、規制緩和に応じてメリルは、少なくとも若干の手数料引下げを迫られると確信していた。その場合は、私の事業は開始した途端に暗礁に乗り上げてしまう。私の始めた小さな会社がメリルのような業界の巨人と競争できるはずがない。その水曜日の朝、いつものように早朝（ニューヨークの市場が開く6時30分までに机に向かうことが好きだった）、モンゴメリー・ストリート１２０番地に着いた時は、このことで頭がいっぱいだった。24階までエレベーターで上がり、少人数でいっぱいになる小さなオフィスに入った。そして、私はウォール・ストリート・ジャーナル紙を手にとった。何と、その一面に出ていた見出しは「メリル・リンチが5000ドル未満の大半の株式取引の手数料を引き上げる」だった。本当か？「……株式取引の手数料を引き上げる……」

信じられないことだ。私のコミッション引下げにメリル・リンチが同じく引き下げて対抗し、事業機会が奪われることを懸念していたのだ。しかし、メリル・リンチが行ったのは規制緩和を利用して、一般投資家の手数料を引き上げて、大手投資家の手数料を引き下げることだった。私はショックを受けるどころか、喜びに満ちていた。儲けの種を見つけたぞ、目いっぱい稼いでやる。ここまでの道のりは長く、多くの壁にぶつかってきた。しかし、その日、私チャールズ・シュワブはビジネスで真のチャンスをつかんだらしかった。「とんでもない仕事を手にしたぞ」と自分自身に言い聞かせたことを覚えている。

子どもの頃、父が初めて地元紙の株価欄をみせてくれた時から、投資という考え方に嵌った。株式がわれわれの経済において少しばかりの魔法のような力をもっており、ちゃんと勉強すれば、その取引に参加できる……このことに想像力をかき立てられた。わくわくした。今日においても、私は投資こそが個人の経済的自立への道である、とますます確信するに至っている。投資は、人々がただ給料をもらうだけではなく、経済成長に参加できる方法だ。私は楽観主義者だが、投資は私にとって常に楽観主義の究極的な行為のように思えた。今日投資するお金が今後増えていくということに信頼を置くのか、それともお金をマットレスの下にしまっておくだけけか。明日が今日よりうまくいっていることを信じる必要がある。しかし、私がシュワブの事業を始めた1970年代、投資しようにも大きな障害があった。私は、投資家がもっと利益を得るに値すると考えていたが、市場へのアクセスは法外に高い費用を伴い、平均のコミッションとスプレッドで、投資家は資金の10％近くをとられていた。また、投資家の資金をプールして専門家が運用するミューチュアルファンド（日本における投資信託に該当、以下、投資信託）の販売手数料は9％にも至った。つまり、投資家が損益分岐点に達するには9％のリターンを獲得する必要があるということだ。これらの高額な費用の多くは、投資家が得ていた「アドバイス」の対価と主張されていた。しかし、それは良いアドバイスなのか、それとも入場料にすぎないのか、わからなかった。

ウォール・ストリートは1792年にスズカケ（鈴懸）の木の下で協定を取り決めたその日から、コミッションを支配していた。協定のメンバーはニューヨーク証券取引所を創設し、自分たちの間だけで取引を行い、コミッションの水準についてはいっさい交渉しない、ということに合意したのだった。

実際のところ、チャールズ・シュワブは私自身の欲求不満から生まれた。私は投資家として自立しているつもりだった。私は市場の動きに夢中だったし、自分自身で株式リサーチも行っていた。自分のお金の運命を自身で引き受けることに疑念はなかった。株価を追跡するスリルが好きだった。証券会社の営業担当者による、何を買うべきで、いつ売買すべきかといった必ずしも正確とは限らないアドバイスを必要としたことはなかった。また、利用していないサービスに対して料金を払うことにも腹が立った。私はとにかく非常に大きな不満を感じていた。というのも、証券ビジネスには利益相反という厄介な問題がある、と考えるようになっていたからだ。私は、ウォール・ストリートの投資銀行でもある大手証券会社が当時――いわゆるチャイニーズ・ウォールの存在にもかかわらず――個人投資家の利益を必ずしも第一に考えているとは限らないことを知っていた。同様のことが、コミッションを稼ぐ営業担当者にもいえた。彼らの多くは、顧客のポートフォリオを構築することではなく、株式の売買によって生計を立てていた。彼らのせいではなかった。仕組みがそうさせていたのだ。

しかし、新しい時代が到来した。何年にもわたり改革の圧力が高まった後、ＳＥＣは１００年以上続いたウォール・ストリートのカルテルを解体するための大胆な規制改革を断行した。それまでは、法を支える網の目のような規制によって固定コミッションが維持されていた。取引を実行したら、高い費用がかかり、その費用は固定化されていた。あるいは実態はそうではなかったかもしれない。ウォール・ストリートが現場なのである。小口で取引する者はレバレッジをかけていなかったが、機関投資家は取引規模が大きく、高いレバレッジをかけられたし、実際にかけていた。彼らは、特典や隠れた割引、裏取引や互恵取引――その他、取引費用を低下させるものすべて――による精巧な仕組みを構築していた。たとえば、正気とは思えなかったが、コミッションを細分化する4方向チケットという慣行があった。この慣行を使って、コミッションは取引を行う機関投資家になんらかの利益を提供するために配分された。年金や投資信託などの機関投資家が、１株当り１ドルの手数料で１万株の株式を購入したとする。１万ドルの手数料のうち、4分の１はリサーチ提供会社へ、4分の１は「研修費」の名目で交通・宿泊代として投資家に還元され、4分の１はスポーツ観戦やクラブでの夜遊び、豪華なディナーなどの娯楽として支出されることもあった。残りの4分の１は証券会社の取り分となった。10万株の大口取引についても同様だった。その場合は分割するパイが10万ドルになるというだけだった。

1970年代初頭には、こうした慣行が扱いづらくなっていた。このままではすまなくなっていた。機関投資家も問題視していた。SECも問題視していた。そして議会も関与し始めた。機関投資家の力が増しており、ニューヨーク証券取引所は大きな圧力にさらされたわけだから、改革は不可避だった。

これは機関投資家にとっては好ましいことだった。機関投資家はついに価格決定力を手に入れ、証券会社に競争を強いることができるようになった。しかし、小口の投資家はどうなるのだろうか。100株の取引、あるいはもっと小口の取引をしている投資家である。私がシュワブを設立したのは、証券業界の規制緩和によってもたらされる重要な変化を好機にしたいと考えてのことだった。ただし、私は個人投資家に注目していた。私の最初の本である『How to Be Your Own Stockbroker』ですべてを語っている。「今日、どんな投資家も真に自立――不公平で高止まりのコミッションと、陳腐な「アドバイス」しかできない証券会社から自立――できる。あさましいのは、証券会社が「アドバイス」する投資のリスクが高くなるほど、証券会社の取り分が増えることである」

伝統的な証券会社の多くは、規制緩和の影響を懸念していた。ニューヨーク証券取引所の取引会員が30社以上も1975年に廃業し、100社以上の証券会社が倒産するか、他社に併合されることになった。しかし、私には何の懸念もなかった。既存の慣行には何の利害関係もなかったためである。私にとっては、改革の大義を前進させ、一般の投資家が適切に行動し、米国人の株式所有を拡大させる（株式所有の拡大は民主主義を維持するために不可欠だと思うようになっていた……まさに「身銭を切る」とも呼べるだろう）機会であり、それらに伴って堅実なビジネスを打ち立てる機会であった。株の売買に関するすべての無価値な事柄――ありきたりなリサーチ、でっちあげたような分析、薄っぺらな推奨、ウォール・ストリートが高額なコミッションを歴史的に正当化してきたあらゆるサービス――を取り去り、取引注文の執行という簡素なサービスだけを販売することで、諸経費を削減し、効率性を高め、手数料を劇的に――最大で75％――下げ、なおかつ利益をあげることができると考えていた。

私は、自身の顧客がだれであるかを正確に理解していた。私も顧客の一人だ。ディスカウント・ブローカーを始めていなかったら、他のディスカウント業者の顧客に喜んでなっていただろう。私は長い間こうした類のサービスを待ち望んでいたし、それは私だけではないと確信していた。だからこそ、SECが規制緩和の経過措置期間の終了を宣言し、1975年5月1日に株式の販売は国内で他の商品を販売することと同様である――手数料は当局ではなく、市場によって決定される――と発表した時、私はやる気満々だったのだ！

第2章 自立心

幸運だったのは、サンフランシスコのベイエリアで会社を始めたことだ。この場所にはリスクをとる文化が根づいており、自前主義へのこだわりもなかった。優れたアイデアと創造性は、だれによるものでも歓迎された。だれと知り合いか、あるいは出身地はどこかということよりも、何ができるかということが重視された。私が起業した時期には驚くような新たなテクノロジーが最盛期を迎えていた。私は壮大な夢を叶えるために、そうしたテクノロジーと夢に満ちた歴史ある場所を必要としていた。この土地はシュワブを設立するうえで最も好ましい場所だった。

私の家族とベイエリアとの関係は1800年代までさかのぼる。私の祖父であるロバート・ヘンリー・シュワブは、1905年にロングアイランドからサンフランシスコに引っ越し、弁護士を開業した。彼は、1906年に私の祖母であるメアリー・ガートルード・ブレイと結婚した。メアリーは1885年にサンフランシスコで生まれた。母方もカリフォルニアとの関係は同様に深い。母の両親であるJ・オクスリー・ムーアとエリザベス・レオナ・ハモンドは1800年代後半にカリフォルニア州で生まれた——オクスリーはストックトン、エリザベスは「世界の卵バスケット」と呼ばれ、養鶏で有名だったペタルーマの出身だ。1917年、祖父母はサンフランシスコからサクラメントへと引っ越し、そこで祖父は地元の民間弁護士事務所に入所した。サクラメントはカリフォルニア州の農業の中心地であった。ニューヨークやサンフランシスコのような金融都市ではないものの、成長し、繁栄していた。

祖父は厳しい人で、ドイツ人だった。卑しいところはなく、決然としていて厳格であり、少し堅苦しい人だったが、毎週月曜日の夜だけは例外で、友人とドイツ・クラブでビールを飲み、ピノクルをして、ドイツ語を練習していた。クラブ中に笑い声が響いていた。冗談がおもしろかったのだろう。私は幼かったので、英語でも内容を理解することはできなかったが、聞いているだけで楽しかった。笑い声には親しい友人への信頼が感じられた。

私の父、ロバート・H・シュワブも弁護士になった。カリフォルニア大学を卒業した後、サンフランシスコのヘイスティングス法科大学院を修了した勉強家で、その年に州で3番目に高い点数を獲得して司法試験に合格した。父は母のベティ・アナベル・ムーアと1936年8月29日に結婚、サクラメントへ住まいを移し、そこで祖父の弁護士事務所に入所した。ただ、父と祖父の関係は長続きはしなかった。2人は、仕事で近い関係になるとうまくいかなかったのだと思う。父は独立と機会を求めて、1937年にサクラメントの北西約20マイル離れたカリフォルニア州のウッドランドのヨロ郡地方検事局での職を得た。ウッドランドは当時人口約５０００人で地方にある農業が盛んな町であり、郡庁所在地だった。

私の幼い頃の記憶に、父がヨロ郡の地方検事に立候補したことがある。父は自分の写真入りカードを町中に配った。カードには「ボブ・シュワブを検事へ」と書かれていた。私はまだその数枚を保管している。父は１９４２年に当選し、弁護士事務所を維持しながら8年間在任した。私は１９３７年7月29日にカリフォルニア州サクラメントで生まれた。両親がウッドランドへ引っ越す数カ月前のことだった。当時は恐慌の末期で、経済には依然として不況期の余波が残っていた。人々は１９４０年代の第二次世界大戦が終結するまで、不況が終わったと確信がもてなかった。多くの人たちは、経済的損失の経験から完全に立ち直れずにいた。

誤解しないでほしいのだが、私自身の成長にとっては、素晴らしい時間であり場所だった。ウッドランドの夏は陽気で暑かった。友人たちとともに過ごし、町を自由に歩き回った。子どものすることはたくさんあり、またできる自由な環境があった。空地で野球をしたり、農地を縦横に走る潅漑用水路で泳いだり、自転車に乗ったりと忙しく過ごしていた。くるみの袋詰めやトマトの収穫などの雑多な仕事も手伝っていたが、人に迷惑をかけることなく過ごした。ただ、お金には余裕がなかったため、物は大切に扱った。父が初めて自転車を買いに連れていってくれた場所は、自転車屋ではなかった。父は地元紙のウッドランド・デモクラット紙に掲載されている「売却または取引」という欄に目を通して、中古自転車の売り手を見つけた。メーカーはたしかシュウィンだったと記憶している。いくら支払ったのかは知らないが、その自転車は私にとって貴重品だった。何度も分解しては組み立てて、最高の状態を保った。どこに行くのにもその自転車を使った。町のあらゆる通り、あらゆる近道、あらゆる通り抜けられる区画を覚えていた。

戦時中は人々が現金に困っていたこともあり、父は仕事の対価として物を受け取った。一度、顧客から子羊の肉（ラム）で支払を受けたことがあった。その時は、日曜日の夕食に一部を食べて、残りを冷凍にした。その春、冷凍庫内にはラムがたくさんあった。配給は当たり前の日常生活だった。国の物資の多くは戦争に使用されたのだった。

恐慌後に生計を立てようとした経験は、両親のお金や貯蓄、リスクに対する考え方に終生多大な影響を与えていた。どんなに生活が楽になっても、若い時代の苦労話ばかりをしていた。両親は家を失い、自立できなくなった人たちを目にしてきたが、両親自身はそうした事態に陥ることはなかった。両親の人生には常にそうした時代の暗い影が投げかけられていた。

人のお金に対する態度や習慣は若いうちに形成される。毎日、シュワブの顧客と接するたびにそう感じている。

お金との付き合い方、貯蓄と支出の習慣、リスクに対して平気か不快か、はすべて深く心に根づいたものであり、論理的というより感情的なものだ。

私自身の経済的安定と個人の自立に関する考え方は、大恐慌時代の気質に対する反発から生まれた。制約を嫌うようになり、あのような生き方は二度としないと若い頃から心に決めていた。生活の心配をしないように、真の経済的自立を目指した。その結果として、私はどのようにお金を稼ぐか、どのように貯蓄するか、そして、どのように投資するかということを常に考えていた。

人生の初期に形成されるのはお金に対する考え方だけではない。人格やその後の人生での行動の多くは、親や教師、そして日々の過ごし方を通じて早い時期に決まる。私は父をみて、寛大さを学んだ。父は教会で回ってくる寄付用のバスケットにいつも最初にお金を入れる人だった。父は経済の原理や法律について多くのことを語った。倫理については非常に厳格だった。良い人間と悪い人間、何がその違いを生むのか、という点について確固たる意見をもっていた。地方検事として、また弁護士として、自身の原則と主張を明確にしていた。法と秩序を体現するような人物だった。

父は時々、取り組んでいる事件の話をしてくれた。話のほとんどは、ヨロ郡のような田舎で起こる些末な出来事だった……喧嘩、泥酔、時折のマリファナによる逮捕。私は父の機嫌を損ねることだけはしないようにしていた。彼は非常に厳格だったのだ。しかし、私は子どもだったので、よく父の機嫌を損ねてしまい、厳しいしつけを受けた。ある時、友人数人と起こした焚火が、フェンスと鶏小屋を燃やしてしまったことがあった。両親は私が犯人であることをすぐに突き止めた。私はその後大目玉を食らった。父は大変当惑していたと思う。彼は何といっても地方検事だったのだから。その時は、父はマッチに火をつけて、私の手のほうへ近づけたのだった。

一方、母は社交的で、おもしろいこと好きの性格だった。だれもが魅力を感じる人だった。私は早くから、人間関係の重要性を母から学んだ。面倒なことを引き受け、だれにでもオープンな態度で接し、丁寧に人の話に耳を傾けた。私は人見知りだったが、自信と好奇心がそれに勝っていた。私が長年成功できた理由の一つは、人々が大抵、私に好意を抱いてくれたからだと思う。その秘訣は単に私の人間性にある。私は他者に対して関心をもつ。人の経験談に耳を傾け、純粋に興味を寄せる。純粋な興味は、より豊かな生活へとつながる。人というものは果てしなく興味深い存在であり、その経験は私の意欲を駆り立ててくれた。また、私は文章を読むのに苦労を抱えていたのだが、聞くことはそうした苦労を補ってくれた。聞くことは新しいことを吸収する素晴らしい方法だった。人見知りの克服と対人スキルの習得は私の成功の鍵である。子どもの頃、こうした能力を伸ばすことができたのは母のおかげである。父が与えてくれた自己規律と理想的な補完関係だった。

私はウッドランドのマーケット・ストリート１６４番地にあるホリー・ロザリー・アカデミーという小学校に通っていた。修道女の先生方は厳しかったが、努力すること、敬意を示すこと、信念をもつことを教えてくれた。心に刻まれた人生の教訓だ。

当時はわからなかったが――後に気づいたのだが――私は失読症だ。そのせいで、読書と勉強に大きな困難を要した。先生方は私に予習することを厳しく求めた。私は勉強することを求められていたし、先生方は非常に献身的に指導にあたってくれた。読書をすることは本当に大変だった。新しい単語を覚えようとすると、字がごちゃごちゃしてきて解読に時間がかかった。そんなわけで私は、放課後に黒板の前で、作文と算数に長時間取り組むことになった。記憶に残るように何度も単語を書いたり、計算をしたりしながら、手がチョークの粉だらけになったことを思い出す。私がなんらかの学習上の障害を抱えていることは先生方には明らかだったと思う。しかし、私自身はそのことがわからなかった。私はただ、学校というのはとても大変なところだと思っていた。何年も後になってからその理由に気づいたのだった。先生方は、必要なスキルの習得を手伝ってくれた。私が一生懸命だったことや、たとえ放課後に学校に残ることになっても、内容を理解するために時間を惜しまなかったことを気に入ってくれたのだと思う。学校で勉強する内容を手早く理解するのに役立つこともあって、昔の漫画を読むのが好きだった。把握するまでが大変でも、一度内容が把握できれば、理解力は優れていたのでテストではうまくいった。理解するところまで漕ぎ着けるか、それが難関だった。

卒業後何年もたって、シュワブである程度成功した頃、学校での6年間の通信簿の写しが入った手紙を受け取った。成績は大したことはなかった。要は学校への寄付の嘆願だった。手紙は遠回しな脅しだったのだろうか？　援助してくれないなら、通信簿を公表しますよ？　理由はわからないが、金銭面での援助ができたことは誇らしかった。

祖父は競馬に熱中していて、時々バークレー近くのゴールデン・ゲート・フィールズ競馬場に私を連れて行ってくれた。私には賭けるお金がなかったが、祖父は時々2ドルの賭け金をくれた。たまに勝つことはあったが、負ける時にはすべてのお金を簡単に失ってしまう可能性があることも知った。

株式市場について最初に教えてくれたのは父だ。私が13歳くらいの時、父は株価一覧表をみせてくれた。株価は上がったり下がったりしていた。そのことは私の興味をかき立てた。

安く買って、高く売れば、儲けられるのではないか。株は競馬と違って、市場の変動になんらかの論理が働いていた。株価の動く方向に賭けることには心が躍ったが、銘柄ごとの価格変動の理由を分析することも興味深く感じた。

人生の成功を左右する要因は何かということについても強く興味を抱いた。ジョン・D・ロックフェラー、JPモルガン、鉄鋼王のチャールズ・M・シュワブ（親戚ではない）といった偉大な業績をあげた人物の伝記をたくさん読んだ。私は、決意と情熱をもつこと、信念のために懸命に戦うこと、楽観主義でいること、善は実現できると信じること、の大切さを知った。伝記の人物は皆、成長、すなわち一つひとつアイデアを取り上げては成功を収め、さらに追加的な投資を行い、改善と拡大を実現するプロセスに対して、偏狂的なこだわりをもっていた。私にはそれが魅力に感じられて、ビジネスと金融に対する興味をかき立てられた。

一家は1950年にサンタバーバラに引っ越して、父はそこで開業した。父は不動産取引や少額裁判をはじめあらゆる種類の契約を取り扱った。年月がたち、顧客が高齢になると、父は信託と不動産を専門に扱うようになった。私は、ラ・カンブレ中学校に通い、1955年にサンタバーバラ高校を卒業した。

サンタバーバラで、私は「チャック」と呼ばれるようになった。ウッドランドで育った子どもの頃、あだ名はバディだったが、バディというのはくだけ過ぎていて、あまりに子どもじみていると思っていた。サンタバーバラに引っ越した時、バディと呼ばれることを終わりにしたかった。そんなサンタバーバラで会った親友の名前がチャックだった。チャック・ルドルフは、私より数歳年上で、尊敬していた。彼は私に良くしてくれた。彼は本当に素晴らしいやつだった。かくして私も自分のことを「チャック」と呼んでもらうことにした。

サンタバーバラへの引越しは私の転機となった。人口5000人程度の小さな農業の町から、人口が10倍の都市へ来たのだ。より大きな舞台に立ち、新しいことに挑戦し、自分の能力を広げ、自信をもつ機会を得たのだ。それは、学校で奮闘努力してきた私が本当に必要としていたことだった。スポーツが好きで、のめり込んだ。できる限りあらゆるスポーツを経験したが、特にバスケットボールには情熱を注いだ。プレーは速くてうまかったが、身長が低かった。私の身長では学校の代表チームに選ばれる望みがなかったので、バスケットボールは諦めた。

学んだ教訓の一つ：一度決めたら、後悔しないこと。後ろを振り返らないこと。

最終的にテニスとゴルフに落ち着いた。得意だったので、自信につながった。スポーツというのは強力なものだ。自身の強みと努力によって抜きん出ることができる。そして、達成感が得られる。特にゴルフには人生を通して情熱をもって打ち込むようになった。私はこれまで、ゴルフと投資には顕著な類似点があると考えてきた。両者とも、準備、忍耐、実践、長期の取組みが必要とされる。そして、ともに戦略が必要だ。数歩先のことまで考える必要がある。情勢はどうなっているか？　どのように感情をコントロールするか？　ともに多くの浮き沈みがある。2年生から3年生にかけて、高校のアメリカンフットボールのコーチであるクラレンス・シュッテがゴルフ・チームをつくった。彼は生徒たちの何人か、特に私の友人であるアレン・ガイバーガー（アル）に見込みがある、と考えていたのだと思う。アルは当時州のジュニア選手権で2回優勝していた。アルはプロになり、公式コースで史上初となる59をマークした。彼はそれ以来「ミスター59」と呼ばれるようになった。アルは私と同郷で、サクラメントからの新参者だったので、2人は大の仲良しになり、ダブル・デートをしたり、ゴルフへの想いを語り合ったりした。われわれのチームはシュッテ監督の伝手で、朝の9時前にスタートする条件でモンテシトにあるバレー・クラブという素晴らしいコースを回ることができた。チームは上達し、州内の20～30チームが競うカリフォルニア高校連盟選手権で優勝した。その大会は私がアルに勝った唯一の例で、一ラウンドで72というロースコアを出した。ゴルフは私のすべてだった。

私は昔から、自分にはわりと自信をもっている。このことは年齢を重ねながら無意識のうちに身につけてきた素質であるともいえる。自分をさらけ出し、物事を試したいという意欲があるのだ。生まれつきリーダーの資質をもつ人間もいるが、ほとんどの人にとって、リーダーの資質は経験によって得られるものだ。経験を積めば、リーダーとしての資質が発達し、その人の強みになる。私は、機会を見つけたらそこに飛び込んで、意見を表明しなければならない環境に自らを置くようにした。たとえば、社会奉仕団体であるキワニスがスポンサーを務める青年組織キー・クラブに参加した。17歳の時、学校でキー・クラブの会長に選出された。この時は、カリフォルニア州のほかのクラブの会長と一緒に、フィラデルフィアで開催されたキー・クラブの年次総会に出席するため、米国を横断する慌ただしい旅をした。2週間の格安旅行で、旅行中は座席で寝たり、私は背が低かったので荷物棚に上がって休んだりした。その旅では米国各地の状況を目の当たりにし、貴重な体験をした。トイレや水飲み場で有色人種用と書かれた表示をみて感じた南部での差別。依然としてはためいていた南軍旗。列車が途中停車する小さな町の貧困。ニューヨーク、シカゴ、そしてワシントンD.C.といった大都市への初めての訪問。本を読めばすぐに見つけられるようなことだが、東部への旅行はそれらを現実のものにした。米国の広大さ、地域間の違い。カリフォルニア出身の私には完全に外国語のように聞こえたアクセント。すべてを経験できる機会に恵まれた。そして、それはキー・クラブに力を注いだ努力の賜物だった。キー・クラブの活動は、意図したわけではないが、一歩踏み出して何かに携わろうという性向を私にもたらした。

もちろん、壁にぶつかることもあった。たとえば、高校生の学生集会でのスピーチでつまずいたことがある。その時は、生徒会の選挙に立候補していて、同級生に投票を呼びかけていた。しゃべる内容が思い出せず、固まってしまった。皆の視線が私に集まっていて、まごついているのがみられているとわかった。時間が永遠に続くような気がした。集中力が不足して、心臓がドキドキした。立往生してしまったのだった。しかし、やがて時の経過とともに、キー・クラブの会議での発表、生徒会の経理担当としての予算策定・提出、学校での奉仕活動に対する地元の米国愛国婦人会からの表彰（メダルはまだもっている。金箔が少し剥げているが、大事にしている）といった多くの成功体験を重ねることができた。一つひとつの経験から学び、成長できた。シュワブの若い幹部にはスピーチの研修を受けることを勧めている。聴衆の前でのスピーチに慣れるのはリーダーとして不可欠であり、しかもどんなに優れた人物であっても自然に身につけることはなかなかできないからだ。

第3章 たくさんの仕事

私は子どもの頃からたくさんの仕事についた。仕事を通じて出会う人々に何かしらのことを学んだ。くるみの袋詰めやトマトの収穫といった仕事のほか、幼い頃は父の手伝いで、父が狩った鳥の羽をむしったりした。父は狩りに出て、10羽か20羽のカモが入った袋を持ち帰った。羽をむしるのに鳥1羽につき50セントを受け取った。しばらくの間、雌鶏を育てて卵と肥料を販売するという養鶏業（私にとって初めての垂直統合ビジネスだった！）をしていた。芝刈りをしたり、アイスクリーム・カートを押してウッドランドの通りを歩き回ったりした。ある時は高校のアメリカンフットボールの試合に行き、観客席の下を探し回って、コーラの瓶を集めた。当時、コーラの瓶は消毒後、再利用されており、瓶を集めると小銭を稼げた。試合後は、数ドルほど稼ぐのに十分な瓶を集められた。調子の良い日の稼ぎは10ドルに達した。

日々の生活のなかでお金が必要な時は、自分で稼がなければならなかった。たくさんの漫画を読み、漫画の裏表紙に載っている通販広告に夢中になった。13歳の時、年齢を若くみせる化粧水を何カートンも注文した。近所のママさんたちに売るつもりだった。このことは父の知るところとなり、品物を送り返すよう命じられた。働ける年齢になるとすぐに始めたキャディの仕事では、ゴルフの試合に魅了された。これをきっかけに私は生涯ゴルフに情熱を注ぐことになった。またキャディの仕事を通じて、大人の世界の入り口となる貴重な経験も積むことができた。成功した人たち同士の会話と交流する様は私に深い印象を与えた。彼らは、私にとってのゴルフのヒーローであるベン・ホーガンやサム・スニードと肩を並べて、私のロール・モデルになった。

17歳になって以降、大学とビジネススクールに通う間を含め、必ず夏にはアルバイトをした。春に学年が終わると、人手を求めている人を探した。ある夏は、油田で雑役をした。作業員が油井からポンプで汲み上げようとする際にパイプを動かす仕事だった。郡の催事場で働いたり、地元のゴルフクラブで皿洗いをしたりした。

時には、仕事の教訓として、そういう人生は送りたくない、ということについて学んだ。初めての本格的な仕事は、てん菜農場でトラクターを運転することだった。農場の所有者は祖父の顧客だった。インド出身で、とても成功している農家だった。彼から与えられたのは、畑を耕す仕事で、週6日、朝6時から夜6時まで働き、時給は1ドルだった。1日2ドルの宿泊代と食事代を差し引かれた。トラクターを発進させ、手回しハンドルを大きく回転させて畑の列にぴったりとそろえなければならない。できなければ、列から逸れて、てん菜の束を駄目にしてしまう。その場合は給料から差し引かれた。ディーゼルの排気ガスを吸い込みながら列を一方向に進み、戻ってくるときには顔にほこりをかぶる。日曜日に、サクラメント近郊の祖父母の家で、ほこりや煤を洗い流していた。

てん菜農場で働く労働者は、私以外皆ヒスパニックだった。私はスペイン語が話せず、彼らは英語が話せなかったので、さほど会話をせずに長時間過ごした。そんな状況だったが、必要なお金を自分で稼ぐことに満足していた。それより重要だったのは、農家の人生や農場の仕事がとても大変だと気づかせてくれたことだ。

スタンフォード大学に入学して最初の夏、生命保険の販売員の仕事を得た。自身の名誉のためにいっておくと、私は一度もこの保険契約の販売をしなかった。それは世界最悪の保険だった。貯蓄プログラム付きの高額な保険で、人々にいい商品だと信じ込ませようとするものだった。私は家族と友人にその保険を勧誘することになっていた。しかし、中身を知るほど、自分の売っているものをより正確に理解でき、それがひどいものだと確信した。私はいまでも保険に懐疑的だ。特定の種類の保険にはニーズがある。しかし、私は実際、販売しようとしていた保険の中身をほとんど見通すことができた。中身を知ってしまうと、保険を販売する気にはなれなかった。

ひどい商品を販売するのはもともと嫌いだったし、得意でもなかった。

しばらくたってから保険販売の仕事は辞めた。

しかし、その時はもう仕事がなかった。夏休みは学期が始まるまでに2カ月しか残されておらず、稼ぎはまだなかった。そこで、私は一時的な仕事として家の断熱材の販売員になり、その会社の研修プログラムを受けた。サンノゼの新たな住宅地で家を1軒1軒回った。11時頃に家の訪問を開始し、ご夫人にお会いしたいとお願いした。対応したのがだれであれ、その夜にアポイントを入れて、ご夫婦に断熱材の営業をした。まず「はい」と答えが返ってくる質問をして、家のなかにお邪魔する。たとえば、「電気代が高過ぎると思いませんか?」もしくは「お子様の安全対策に懸念はありませんか?」といった質問だ。断熱材といっても、燃えにくい化学物質で処理された新聞紙を丸めたものにすぎなかった。私は道具一式を小さなスーツケースに入れて持ち運んでいた。リビングでスーツケースを開けて、ブンゼンバーナーを取り出し、防火の実演をした。その断熱材の質は良いとはいえなかった。しばしば、燃えてしまったのだ。3週間から4週間仕事を続けたが、1つも売れなかった。そのため、私は解雇された。給料は完全歩合制だったので、その夏の稼ぎはゼロだった。

別の夏休み、私はシカゴの鉄道で転てつ手の仕事をした。この仕事の経験は、私が学校を卒業するうえで大きな後押しとなった。米国経済が不況に陥った1958年の夏だった。スタンフォード大学の学期中に、3人の友人とボートを共同購入した。購入後の費用返済には1人ひと月10ドルを要した。週末はキャンパスの近くで水上スキーをして過ごしていた。その夏休みは、皆それぞれが違う場所で過ごすことになり、秋までだれがボートを使用するかをストローでくじ引きをした。友人のジェイが最も長いストローを引き、彼がシカゴにボートをもっていくことになった。私は特段の計画がなかったので、「よし、一緒に行こう」と決めた。

父はその夏、100ドルをくれた。しかし、ネブラスカ州のオマハに着くまでにすべて使ってしまった。私の車は、ラジエーター、燃料ポンプ、その他あらゆる部品が次々に故障した。オマハに着くまでに、ローギアが入らなくなり、クラッチをガチャガチャと操作しなければならなくなった。ジェイの車はセルモーターが故障し、発進させるのに車を押さなくてはならなかった。できる限り停止しないように、初夏に降った雨で河川が氾濫していたオマハとアイオアシティを徐行して進んだ。シカゴに着いた時には、ジェイの父にお金を借りなければならなかった。本当に仕事が必要だった。最初に申し込んだのはタクシー運転手だ。採用されなかったのは幸運だった。

製鋼工場に入ろうとしたが、その夏は不況で求職者が長蛇の列をなしていた。最終的に、鉄道の仕事をやってみることにした。イリノイ・セントラル鉄道とサンタフェ鉄道は採用活動をしていたが、勤務時間は決められているものではなかった。呼び出しにすぐ対応できるようにしていた。私は若くて新参者だったので、皆がやりたがらない曜日でシフトを組まれ、金曜日、土曜日、日曜日と一晩中働いた。

仕事は嫌いだった。きつかったからではない。私はその夏、水増し雇用がどのようなものかを知ったのだ。必要な数よりも多くの人が出勤し、列車を分解し次の出発時間までに組み立てるという仕事を数時間で終わらせた。その後は機関士が長時間の走行時に休息がとれるベンチがある車掌車で、6時間寝て過ごした。気が滅入るようだった。

不況で職を失い、鉄道に毎日働きに来ている人で、何人か素晴らしい人たちにも出会った。1人は、もともと学校の音楽の先生をしていて、年齢は35歳くらい、既婚で、3人か4人の子どもがいた。彼の給料は私と同額だった。とても能力が高かったはずの彼が陥っていた状況は私の心に刻まれた。日給は19・95ドルだった。彼の年齢になって、彼のようにはなりたくなかった。

第4章 常なる苦闘

世の中に対する理解――将来の展望が開けない仕事で身動きがとれなくなっている人たちがいること――は学校を卒業するうえでの後押しとなった。正直にいって、私自身、できる限りの助けを必要としていた。学校は一筋縄ではいかなかった。失読症に悪戦苦闘していた。私はなぜ学習することが友人たちと比べてはるかに困難なのか、理解できなかった。数学と科学は得意科目だったが、簡単にはいかなかった。国語には最も苦労した。私はいつも読むのが遅かった。作文は苦手だった。白紙のページをみると、さまざまな思いが頭のなかを駆けめぐってくる。どう手をつけていいのかまったくわからなかった。私は自分の頭が悪いからだと考えることにして、そう信じたまま40年近くを過ごした。そして1983年、今度は息子のマイケルが学校で同じような問題を抱えるようになった。

マイケルの教師からは最初、家庭教師を勧められた。家庭教師をつけてうまくいかなかったら、今度は検査を勧められた。驚いたことに、息子は失読症と診断された。失読症は学習障害で、神経性のものだ。主に読み書きの能力に影響する。失読症患者は書き言葉を判別するのに苦心する。普通の人が、それほど苦労なく文字を組み合わせて意味をもつ単語として認識できるのに対して、失読症患者は記号がごちゃごちゃしているようにみえる。テレビ画面の画像が何千もの画素としてみえたらどうなるか想像してほしい。失読症患者は、そのような記号の解読に多くの時間を費やしてしまうため、全体の文章の意味を把握できなくなるおそれがある。

私の場合、一つひとつの文字を音に変換してから、単語にまとめて、頭のなかで発音できるようにした。即時に認識されることはない。「私はその猫をなでる」という文は、「わ・た・し・は・そ・の・ね・こ・を・な・で・る」と一連の記号から音へ、そして意味へと変換される。時々、知らない単語が出てくると、発音してみて意味を理解しようとした。こうした作業には時間がかかり、理解を限られたものにした。段落の途中で、文章の意味がわからなくなってしまう。内容が理解できなかった。単語を再構築することだけに集中してしまい、理解には至らなかったのだ。

専門家が「音韻処理」と呼ぶ、音と意味を結びつけて文字を書くことはさらにむずかしい。学習上の大きなハンディキャップになる。もちろん、息子の診断結果は大変なものだったが、ある意味で一種の安心感もあった。というのは、問題が特定されており、どう対処するか、ということがわかっていたからだ。息子の抱える課題が何であれ、彼が愚かというわけではない、ということが証明された。失読症には大きなリスクがある。診断されないまま、自尊心を失い、学校で何をすべきかわからず、法律違反、薬物乱用、アルコール中毒などといった苦境に陥ってしまうかもしれない。ある統計によると、5人に1人の子どもが、ある程度の失読症を患っている。ほとんどの人はそのことを自覚していない。米国の刑務所に収容されている受刑者の約半数が、失読症であることが調査で明らかになっている。悪循環なのだ。若い時に適切な支援がないと、失読症患者は読み書きの学習に苦心する。だから、彼らは別の方法を探し、道から外れ、その多くがトラブルに巻き込まれる。

息子の状況を理解してから、私は自分自身を再評価することになった。失読症には遺伝的な要素があることを知った。明らかに私も失読症であり、ずっとそうして生活してきた。不運にも私が育った1940年代から1950年代には、失読症は知られていなかった。失読症は、ただ「遅い」とみなされるだけだった。私は先生方と緊密な関係を構築し、楽に勉強するコツを学ぶことで切り抜けてきた。

人一倍の努力をしたので、成績は上がり続けた。しかし、どうしても書くことは苦手だった。SAT（訳注：米国で実施される大学進学適性試験）の点数も良くなかった。スタンフォード大学に入学できたのは、間違いなくゴルフがうまかったからだ。サンタバーバラ高校で私が3年生だった1955年、シュッテ監督はわれわれの高校生チームとスタンフォード大学の新入生チームとの試合を組んだ。パロアルトにあるスタンフォード大学のゴルフコースで試合を行ったところ、高校生のチームが圧勝した。初めてのコースだったが、私は前半9ホールを36で回った。後半の9ホールはそれほど良くなく、合計スコアは77か78だった。しかし、スタンフォードのバド・フィンガー監督は私に素質があると考えたようだ。その後間もなくして、合格通知を受け取った。

スタンフォード大学の生活は、大きな刺激となった。全国から優れた人材が集まっていた。有数の進学校出身である優秀な人たちと競いながら、失読症に伴う困難と悪戦苦闘し続けた。

スタンフォード大学では最初の学期で失態を犯してしまうところだった。大学生活は驚くほど自由だった。ゴルフのチームに所属し、１９４８年型のプリムスを乗り回した。偽の身分証を所持し、ポートラ渓谷のロサッティーズと呼ばれるレストランに入り浸った。大学生活を謳歌していた。授業は簡単に単位がとれるものだと思っていた。高校の時と同様、前日の夜に勉強して、ごまかしてなんとかやっていけると高を括っていた。それどころか、実は退学寸前になっていた。スタンフォード大学は成績評価に点数制を採用していたが、私はあと１点不足していれば退学だったのだ。もし退学になれば、復学して再挑戦することができるが、１年の放校期間をおかなければならなかった。単なる脅しではない。友人たちが実際にそうなるのをみていた。

この経験は、私にとっての大きな警鐘となり、直ちに腰を落ち着け、やらなければならないことに取り組むようになった。私の成績をみた父からは、「お前は大学に勉強しに行っているのだ。ゴルフをするためではない」といわれた。そして父は、成績を上げないともう３６５ドルの授業料は支払わない、と私に告げた。勉強に時間を費やすためにゴルフをやめた。しかし、依然として私は悪戦苦闘していた。思いつく限りの手を尽くした。試験勉強のためにルームメイトから、彼がとった素晴らしい出来の授業ノートを借りた。彼より良い成績をとった時には、彼に腹を立てられたものだ！　私のノートはほとんど判読不能だった。講義の内容についていきながら、しっかりとノートをとることほどむずかしい作業はなかった。ノートのことが気になると、講義を聞き逃してしまう。講義を注意深く聞いていると、ノートがめちゃくちゃになった。聞いたことを単語に変換するだけでも十分にむずかしい作業だった。それを文章として書くとなると、果てしなく時間がかかってしまう。テープレコーダーがあればよかったが、当時はまだ手にできなかった。さらに、だれも――特に自分自身が――私の問題が何かということをわかっていなかった。

一方で、私は強い劣等感をもっていたので、良い意味で過剰に失読症の弱点を補おうとした。他人にとってたやすいことであっても、常に人一倍努力し、周りの話についていき、物事に取り組もうとした。そのような姿勢は、生涯貫かれる習慣となった。いろいろな意味で失読症の否定的な面が肯定的な面に変わった。私は他人と比べて、物事をより概念的にとらえることができていると思う。

私の考え方は論理的というより概念的だ。そのため、結論により短い時間で達する。細部にこだわり過ぎて先に進めなくなるようなこともない。本質をとらえ、まず全体像をみることが先だ。重箱の隅をつつくようなことは後回しだ。

幸いなことに、時間の経過とともに読書がうまくなった。かつては、単語を音にして、意味を考えなければならなかったが、いまでは無意識に認識できるようになり、スピードが上がった。長い時間がかかったが、ここまでたどり着いた。

他人と違う方法で、より概念的に物事を考えるという失読症の肯定的な面は、投資家にとって望ましい状況をつくりだすアイデアにつながり、シュワブを発展させるうえでおおいに役に立った。そのうえで、われわれはその実現に向けて知恵を絞った。なお、私以外にも、失読症で子どもの頃に勉強で苦労した後、ビジネスで成功した人がいる。シスコのジョン・チェンバース、無線電話サービスのパイオニアであるクレイグ・マッコー、シティバンクのジョン・リード、ヴァージン・グループのリチャード・ブランソンが学習障害に直面した経験をもつ。ほかにもまだ例はたくさんある。失読症とビジネスにおける成功の関係は単なる偶然以上のものに違いない。

スタンフォード大学の1年生の時、ソト寮の2人部屋に住んでいた。ベッドが2台、机が2台、タンスが2棹あった。2年生の時、シグマ・ヌーと呼ばれる友愛館に引っ越した。最終学年となった1958年の12月に結婚した。スーザンはスタンフォード大学で私の2学年下の学生で、聡明で、ファイ・ベータ・カッパ・クラブの会員だった。私は特に取り柄もなく悪戦苦闘している学生だった。彼女に追いつくには、相当勉強しなくてはならなかった。でも、最終的にはしっかり胸を張れるようになった。

大学での最後の2年間は、経済学で優秀な成績をとり、義父のラルフ・コッターが私をスタンフォード・

ビジネススクールのエルニエ・アーバックル学長に紹介してくれた。ラルフとエルニエ学長は大学の同級生で、友愛会での兄弟だった。幸いなことに、ビジネススクールの入学試験でかなり良い点数をとり、一生懸命勉強する意志があること、特に経済学の成績が上がっているということを評価された。私はエルニエ学長に「成功するために必要なことは何でもやります」と伝えた。彼は私を信じてくれた。エルニエ学長は私に賭けてくれることとなり、入学を許可された。後に私は彼に恩返しをすることができた。ビジネススクールに彼の名前を冠したカフェテリアを開設するという贈り物をしたのだ。

ビジネススクールの1年目は信じられないほど大変だったが、自分でも驚くことがあった。授業のなかで、事例研究のレポートを書くことになった。皆に同様の課題が出された。10頁から12頁のレポートを提出する学生が数人いた。私のレポートは2頁だった。綿密な内容の2頁だ。1週間ほどして、教授が教室の前の机に5本のレポートを並べた。彼は、主題を把握して優れた分析を行ったのはこれらのレポートだけだと述べた。私はそれらを見に行き、それらのレポートから何かを得ようとした。

その授業への参加者は200人だったが、私のレポートはその5本のうちの1本だった。私は有頂天になった。苦労したが、その事例については本当に隅から隅まで把握した。そうした評価を得たことに、私は大きな達成感を覚えた。勉強生活において初めての経験だった。考えてみたこともなかったが、自分にそんなことができる能力があるとその時初めて気づいたのだった。自分がビジネスの成功要因を理解するコツを身につけている、と悟った。

ビジネススクールの1年目と2年目の間の夏休み、ファースト・ウエスタン・バンクの管理者養成研修を受けた。初めての銀行業務だった。ずっと後になって、シュワブでわれわれは、銀行のビジネスモデルを冗談めかして「3－6－3」手法と呼んだ。銀行員は預金に対して3％の金利を支払い、金利6％でそれを貸し付けて、午後3時にはゴルフコースにいる。

われわれの最初の子どもであるキャリーは、私がスタンフォード・ビジネススクールでの最終学年だった1960年1月に生まれた。私は病院でスーザンと一晩中起きていたが、妻と生まれたばかりの娘が元気であることを知るや否や、学校に向かわなければならなかった。その日、3科目の中間試験があったのだ。最初の2科目である統計と数学はAで、3つ目の人事論としても知られる労使関係の科目はFだった。事業経営に関する分野のなかで、自分には向いていないものが結構あることはすでに明らかだった。もし私が実際にビジネスをするなら、多くの助けを必要とすることは疑いがなかった。

第5章
成長の分け前

ビジネススクールの2年時は、生活費を稼ぐために働かなければならなかった。たまたま学校の掲示板で広告を見つけたことがきっかけで、スタンフォード大学からそう遠くないメンローパークにあるフォスター・インベストメント・サービシズという投資顧問会社でアルバイトを始めた。在学中は夜間や週末に働き、6月に卒業してから正社員として入社した。社長のラヴァーン・フォスターは、独立系として投資情報誌を通じた投資アドバイスを提供し、資金運用業務も行っていた。私は月に625ドルの固定給を受け取り、また2万5000ドル以上を投資する新規顧客獲得に貢献したら、8%のコミッションの半分をもらっていた。とはいえ、主な仕事は投資情報誌に載せる企業分析とレポートの執筆だった。フォスターは、さまざまな面で優れており、金融ビジネスにかかわり始めたばかりの人間にとっては、注目に値する人物だった。彼はアンペックス（訳注：1944年に設立された米国の電子機器会社）

のエンジニア出身で、グロース銘柄の目利き力があった。企業の成長性を分析する方法について多くのことを学んだ。そして彼は豪快な人物でもあった。1960年代のジャガー・クーペでサンフランシスコにビジネスランチに連れて行ってくれた時などは、メンローパークに戻ると就業時間は終わりになっていた。24歳の私は、フォスターの車やランチ、その他すべての振る舞いにとても感銘を受けた。おそらく車のことが一番だったかもしれない。

フォスター・インベストメントでのレポートの執筆には苦労した。最初の一文を書き出すことが不可能といえるほど困難だったのだ。座って白紙のページをみていると、頭がくらくらする。最終的な結論については良い考えが浮かんでいるものの、どうやってそこにたどり着けばいいのか、どこから始めればいいのか、わからない。しかし、私はあるコツをつかんだ。秘書がいたので、口述して書き取らせることができたのだ。彼女は大きな助けとなった。私が話したことを、彼女が書き留めてくれて、そのうえで始まりのほうから編集を行うことができた。

フォスター・インベストメントはサービスに対してかなりの手数料を受け取っていた。契約開始時8％と毎年2％に加えて、顧客口座での取引時に通常のコミッションを求めた。顧客からは、たくさんの値上りが見込める企業を見つけて利益をあげ、手数料の水準を正当化することが求められていた。フォスター・インベストメントはグロース投資を専門としていた。投資対象は、初期投資額が10年で10倍超となるような、年間成長率が複利で30％以上の企業だ。この数字は常に私の頭にあり、その後自分が経営する会社についてもグロース銘柄になるように常に望んでいた。蓋を開けてみれば、チャールズ・シュワブ・コーポレーションは、当初の株主にとっては大いなるグロース投資だった。１９８７年の株式公開以来、配当金再投資ベースで年平均成長率は19％に達し、S＆P５００の成長率に比べて2倍であった。今日もし、株式公開当初から投資家がシュワブの株式を保有し続け、配当金も再投資しているとしたら、投資資金は31年間で約２万１０００％の成長、つまり２００倍もの価値になっている。投資家にはすべての卵を１つのかごに入れることはお勧めしないが――株価が何年も下落していた時期もあった――私は投資家から、シュワブの株式で一財産を築くことができました、という感謝の手紙をいつも受け取っている。

フォスター・インベストメントは主に小型株のグロース銘柄に投資をしていたので、１９６２年の市場暴落時には顧客は大きな痛手を受けた。私の個人口座を含めて、あらゆる顧客のポートフォリオの価値が30％から40％下落した。多くの顧客が不満を抱えた。そのなかには私の父親もいた。彼は２万５０００ドルを投資していて、ほかの皆と同様に約30％の損失を被った。いつか損失を取り戻すことができる可能性はあったが、父はもうチャンスを与えてくれなかった。彼は口座を解約した。この件について直接会話をすることはなかったが、大変申し訳ない気持ちだった。

私はその時、頭ではわかっているつもりでいたが、本当の意味で理解していなかった投資に関する貴重な教訓を得た。

株式市場には保証はない。サービスとその費用、その品質、そしてもちろん誠実さというものは保証できる。しかし、パフォーマンス（運用成果）を保証することはできない。リスクは株式市場の取引に必ず伴う要素なのだ。

投資に保証はない。高いパフォーマンスを望めばリスクも高くなる。抽象的なことを現実的に理解するには、時には、実際に経験することが必要だ。

ラヴァーン・フォスターは、その教訓を私にはっきりとわからせてくれた――私を解雇することを通じて――。相場が下落している状況のなか、顧客がわれわれの助言に対してお金を支払い、いまこうして損失を出していることに私は不快感を覚えていた。到底無理なことだったが、「顧客に手数料を返金すべきです」と彼にいった。「何だって？」と彼は聞いた。私が説明を始めて、真剣にそう考えていることがわかると、彼は「出て行け。クビだ」と怒鳴った。幸いにも、彼は私を連れ戻してくれたのだが、このことから教訓を得た。

これは私にとっての初めての投資バブルだった。それ以来、いくつかのバブルを経験してきた。ドットコム・バブル、カラーテレビ・バブル、コピー機・バブルだ。最初経験した1962年の暴落は、ボウリング・バブルとして知られている。1961年、ウォール・ストリートが大々的に囃したこともあり、まもなくすべての米国人が週平均2時間ボウリングをするようになる、という話が当時広く知られるようになった。それで、ボウリング会社の株価が暴騰した。それにあわせて、ボウリング・ウェアの会社、ボウリング用シューズの会社、ビールの会社、チョークの会社をはじめとして、ボウリングに関連するすべての銘柄が猛烈に買われた。そして、全銘柄が大暴落した。いまにして思えば、すべての人がボウリングをするなどという考えはバカげているように聞こえるが、アナリストたちはそう主張し、証券会社の営業担当者はその情報を広めていた。そうした主張を聞き、米国の人口を掛け算して、夢中になる人の数を計算する。ウォール・ストリートによる偽りの夢！　非現実的な予想！

私はウォール・ストリートの営業担当者やアナリストと仕事上の付き合いが多かった。彼らは電話でその日に売り込む銘柄のストーリーを聞かせてくれた。ストーリーの内容は基本的に同じものだ。常に小声で、収益が増加している、利益も成長している、今日株式を買うことを急がせるようななんらかの出来事が起こりそうだ、というのである。慎重な性格であったのと、話についていくのが大変だったので、電話の内容を記録していた。注意深く話を聞き、できる限りノートをとった。彼らが送ってくれた資料にも目を通した。その後、それらのストーリーがどのくらい信頼できるかを再検討した。大抵の場合、否、ほとんどの場合、ストーリーは嘘か、少なくともひどく誇張されていた。

当時、金融サービスでどうやって生計を立てていけばよいか、ということを考えることもあった。私は、野心的で投資に熱心な若者だった。株式を分析し、ほかのだれよりも先に値上りする銘柄を見つけることが好きだった。株式には富を築く力があるということを確信していた。しかし、私は話下手で、営業マンとしては使い物にならなかった。説得力のある嘘をつくことができないと自分でわかっていた。多分、カトリック教徒として育ったせいかもしれないし、ホリー・ロザリー・アカデミーで教えを受けた修道女の方々の影響かもしれない。善悪を厳格に区別する父のもとで育った影響かもしれない。あるいは、私の失読症のせいかもしれない。しかし、そもそもややこしくて、真実ではないストーリーをちゃんと人に伝えるのには苦労するだろう、ということが自分にはわかっていた。私はありのままにしか話せないと考えていた。ただ、そうした姿勢は、ストーリーをうまく話さなくてはならない業界では通用しなかった。

フォスターで経験した、人生最初の投資に関連する仕事では新しい発見に目を見張ったものだ。リスクというものを知った。ボラティリティのこと、市場のこと、市場が何に影響を受けて、どのように動いているかということを。投機、貪欲さ、恐怖についても学んだ。ウォール・ストリートで語られるストーリーというものも知った。ストーリーがうまくつくられているほど、より多くの株式を売ることができるのだ。金融商品のリスクが高くなるほど、より多くの手数料を得られる。証券会社と顧客の間で、勝者になることが多いのは必ずしも後者でないこともわかった。何でも実際に経験してみた結果、打ちひしがれた気分になった。それでも私は自分の考え方を変えなかった。成長する事業がもたらすものが好きだったのだ。その一部を投資を通じて手に入れる……成長の分け前だ。金融の世界で必ずしも自分にぴったりの居場所を見つけられてはいなかったが、やるべき仕事は見つけていた。

こうして私はフォスターで働いているうちに多くのことを学び、グロース株を見つけることに情熱を傾けるようになった。しかし、本当の成功とは仕事で給料をもらうことではなく、事業のオーナーになることだ。社長のフォスターが乗り回すジャガーはそのことを毎日思い出させてくれた。

自分自身で外に飛び出して、何かをつくりあげたかった。時は1960年代初頭だった。私と同じ年頃のほとんどの若者は、人生で成功する最も確実な道は、評判の良い会社にしがみつき、出世することだと信じていた。彼らは生涯ずっと1社で働くことを考えていた。私は金融に興味があったので、バンク・オブ・アメリカで働くか、東部のウォール・ストリートで職を見つけることも考えられた。ただ、それは、バンク・オブ・アメリカやメリル・リンチのような会社が私を欲しがっていれば、の話だ。これについては、私は確信をもてなかった。たしかに、私はスタンフォードで2つの学位を取得した。しかし、私はスターだったわけではない。得意ではない営業の仕事になる可能性もある。幸いなことに、私は組織の歯車にはなりたくないと考えていた。学生時代の夏休みに銀行で働いた時に、会社に20年間、30年間と勤めている人たちに出会い、そういう人生は送りたくないと思っていた。保険業も同じく、私が求めているものではなかった。求めるものに最も近づいたのは、公認会計士になることを考えていた一時期だ。専攻も重なっており、数社のインタビューも受けた。しかし、もしその道を進むなら、公認会計士の試験を受ける前に少なくとも2年間、見習いの会計士として働くことになる。パートナーになるには何年もかかる。当時の私には、それはひどく人生を無駄にしてしまうことのように思えた。正直なところ、ちゃんとした給料をもらうのに、何十年も待つ余裕はなかった。1962年に次女のバージニアが生まれていた。息子のサンディは1964年に生まれた。迅速に事を起こす必要があった。自立した生活を支えるのに十分な富を蓄積するには、自分自身で起業することが一番だった。当事者になるという感覚がどれだけ力強く、またやる気を起こさせてくれるものかを自分自身で経験したので、長年にわたり従業員にはシュワブの株主になることを促し、それを手助けしてきた。

1962年11月、ジョン・モールスと私はフォスター・インベストメント・サービシズを辞め、自分たちの会社を立ち上げた。モールスはフォスターに勤めていた若いアナリストで、彼も独立志向が強かった。デズモンド・ミッチェルを説得して、後に3人で所有することになる会社を立ち上げ、インベストメント・インジケーター誌と呼ばれる投資情報誌の発行を開始する資金を提供してもらった。ミッチェルは、カナダでの投資信託ビジネスでひと儲けしていた。彼は、もともとフォスターの会社への投資を検討していたが、われわれの会社を支援してくれることになった。われわれの熱意が気に入ったようだ。モールスと私はそれぞれ株式の20%を保有した。ミッチェルは、残りの60%を所有した。この時、私は

20歳代半ばで、アルバイトしながら、起業家としてのキャリアをスタートさせたのだ。

われわれはBストリート1010番地にあるサン・ラファエルのアパートの2階で、ミッチェル、モールス＆シュワブを開業した。開業当初、資産運用業務は行っていなかった。隔週の投資情報誌であるインベストメント・インジケーター誌を発行し、顧客自身が何に投資するかを選択した。われわれは経済の大局観を提示した。「投資家が株式売買のタイミングを計ることの支援を目的としている」と購読者に説明していた。さらに「いつ、なぜ、その銘柄に投資すべきかの推奨を伴ったグロース銘柄の選択」という内容も含めた。グロース投資家、保守的な投資家、個人トレーダーなどに向けた、複数のモデル・ポートフォリオも提示した。当初、年間購読料は60ドルだった。後に、72ドルに値上げした。ピーク時には約3000人の購読者がいた。インベストメント・インサイト誌という小冊子でも見解を述べた。

われわれの顧客が実際に株式の売買をしたいと考えても、自社では注文を受けなかった。証券会社ではなかったからだ。リサーチ業務に誇りをもっていて、独立性を重視していた。すべての利益相反を避けようと考えていたのだ。独立性に疑義が出るような、ストーリーを語って人を誘う伝統的な営業部隊だけはつくりたくなかった。

1963年3月に発行されたインベストメント・インジケーター誌の創刊号を見返すと、2つのことが際立って目につく。1つ目は、当時でさえも、私が求めていた顧客は、賢く、好奇心が強く、自立した投資家であり、自己判断ができる人たちだったということだ。まさに、後にチャールズ・シュワブで口座を開設することになる投資家だ。そして2つ目は、私がグロース銘柄に早くから関心があったということだ。フォスターにいる間、グロース銘柄に投資して、顧客のために大金を稼いだ。その後、市場が暴落した時、それらの顧客に多額の損失を負わせてしまった。しかし、痛みを伴う体験の後でさえ信念を失わなかった。「利益が拡大している企業はグロース銘柄であり、長期的にはより収益性の高い投資先である、という基本的な信念（歴史に裏打ちされた事実）をわれわれは持ち続けている」と創刊号に記した。私は投資家としても、起業家としても、常に成長を信じてきた。必要であれば、利益よりも売上げの成長を重視する。同僚から、そこそこの利益だが急成長している企業と、高い利益で成長が遅い企業のどちらが良いか、と質問をされたことがある。私はためらうことなく、急速に成長している企業のほうが絶対に良いと述べた。私の経験では、利益は成長の後についてくるもので、株価は利益の後についてくる。私の哲学は、成長があればだれもが勝者になれるということだ。顧客はより良いサービスを受けることができ、投資家はより良いリターンを獲得でき、従業員は仕事を得て昇給する。コミュニティは支援を受けることができ、もちろん政府は税金を徴収できる。成長は、富を生み出す鍵なのだ。

投資について学んだシンプルな真実

短期的な株価の動きを予測することはできないが、私もそうしてきたように、以下のことに確信をもつことができれば、短期的な不確実性を受け入れることはできるはずだ。

・企業は成長を志向する（これは経営者の使命だ。業績をあげるか、さもなくば、取って代わられるかだ)。

・米国経済と世界経済は成長し続ける……時々つまずきながらも、永久に。
・投資において味方につけるべき重要な要素は、分散、長期、低コストだ。
・分散によって、１つの銘柄、あるいは１つの資産クラスだけに投資する場合よりもリスクを減らせる。同時に、ビジネスが成功し成長する銘柄を手に入れられる。
・長期という時間は、成長するという経済の性向をとらえつつ、繰り返し発生する不況や景気後退を乗り越える手助けになる。
・低コストは、より多くの資金を活用できることを意味する。
・投資は複雑にしなくていい。インデックス投資は最もシンプルな投資方法であり、今日ではすべての投資判断を代行してくれる低コストの資産運用サービス（マネージド・アカウント）もある。

会社を立ち上げてから何年かにわたり、企業分析の腕を磨いた。素晴らしい結果を生むことになる銘柄についても複数取り上げたことは印象深い。特にそのうちの１社はよく覚えている。キューバ危機の直後、市場が盛況になるなか、私はフォレスト・ラボラトリーズという製薬会社に投資をした。現存する会社だ。フォレストは、いわゆる「徐放」という、薬剤を血液中に長時間かけて徐々に投与する新たな技術を開発していた。それはあらゆる種類の病気や医薬品に応用されるようなとてつもない進歩だった。私は約5000ドル——1962年の私にとっては大金だ——を投資し、数カ月のうちに株価が500%か600%上昇した。信じられないホームランだった。この時、株式市場に投資するには感情的な要素がいかに大事であるか、ということがわかった。

ホームランを打てなかった時も、仕事には果てしない魅力があった。事業でどうお金を稼ぐか、どう企業に価値を付与するか、どう市場価値を創出するか、といったことについての感覚をつかみ始めていた。事業に徹底的に集中し、熱意を注ぐ力が自分にはある、ということもわかり始めていた。欠点は、生活のバランスを欠いていたことだろう。東海岸で市場が開くこちらの午前6時30分から一日働いて、家に帰って夕食を食べた後に仕事に戻った。われわれはサンフランシスコの南にあるロス・アルトス・ヒルズに小さな家をもっていた。車庫をオフィスに改装した。ほとんど毎晩、夕食の後にそこに行き、よく夜中まで机に向かっていた。

しばらくして、モールスは学校に戻ることになり、私は彼の会社持分を安く買い取った。ミッチェルはまだ株式の60%を所有していたが、会社への関心を失い始めていた。われわれは、例にもれず、衝突した。それぞれの目指す目標が違っていたのだ。ミッチェルは40代後半で、最初の会社を売却していたので人生が楽しくなっている時期だった。ソノマに立派な牧場を買って、馬を育てていた。彼はベイ・メドウズの競馬場に行くのが好きで、会社の利益をもっと馬を購入するために使いたいと考えていた。一方、私は利益を事業に再投資し、成長を継続したいと考えていた。最終的に、1968年に私は「ミッチ、会社の支配権がもてるようにあなたの株式を買い取りたい。この会社をもっと成長させたいんだ」と彼に伝えた。彼は持分を売ることに同意してくれた。彼にはかなりのプレミアムを支払ったが、私は気にしなかった。やっと会社を掌握することができたのだ。

そうした高揚感は、市場が下落するとすぐに不安に変わった。その後何年も大変な思いをすることになった。振り返ってみると、事業を続けられたのは不思議なことだ。1960年代後半から1970年代、そして1980年代初頭までの期間は、株式市場の投資家にとって長く厳しい試練の時だった。チャートの年表をみればわかるが、ダウは1966年の1月18日に初めて1000ドルに到達したが、すぐつまずいた。17年近く、ダウは何度も何度も失速し、時折1000ドルの水準にまで戻ったかと思うと、いつも再び下落するという具合だった。1982年の12月にダウはようやく1000ドルを超える水準に上昇し、もう下回ることはなくなった。その頃までには、多くの小口投資家は株式に嫌気がさしていて、20世紀の壮大な強気相場開始のタイミングを逃してしまった。

第6章

アンクル・ビル登場

業界全体に暗雲が立ち込めていた。それが、私が金融サービス業界で起業して間もない頃の環境だった。こうした環境に加えて、私自身の借金の問題も深刻だった。ミッチェルへの支払のためにクロッカー・バンクから10万ドルのローンを借り入れていたのだ。ミッチェルからの株式買取りをした直後に市場が低迷し、会社の価値が下落し、収入も底をついてしまった。ローンを完済するのには何年もかかった。私はこの時以来、債務とレバレッジに対して慎重になったと思う。シュワブはほかの会社のような日常業務で生じうるリスクだけではなく、株式市場のリスクにも直面していることから、かなりのリスクと不確実性にさらされているといえる。こうした不確実性を抱えるなかで、さらに多額の債務をもつことは、私には賢明ではないように思える。これに加えて、私は若い頃に何年もお金に苦労して過ごした。シュワブは企業価値の最大化にあたり必要以上のキャッシュを保有している、と複数のアナリストが指摘していることについては、気にしていない。起業したばかりの頃は何年にもわたり、いまとまったく状況が異なっていた。多額の債務を負い、株式市場は不振で、収入は減少していた。

さて、アンクル・ビルの登場だ。

アンクル・ビルとは、父の兄弟のなかで末弟のウィリアム・シュワブのことだ。彼は海軍退役後、カリフォルニアでランバー・アンド・ボックス・カンパニーを立ち上げ、木材ビジネスで成功していた。まずベンチュラ郡のコロナで事業を始め、火事によりコロナで営業ができなくなった後、北部のレッドブラフに営業拠点を移した。最初は、南カリフォルニアで果樹栽培者向けに木箱をつくっていた。後に、ベトナム戦争中にテキサスで軍用の木枠をつくった。私はビルの兄の長男ということだ。彼には2人の娘がいたが、彼は私に息子のように接してくれた。私の10歳の誕生日に、彼は海軍の帽子をくれた。父の家族のなかで、ビルはまさにビジネスマンであり、私は彼の仕事ぶりをみて学んだ。例をあげると、1960年代後半に、ビルがカリフォルニア北部で森林を購入したいと考えていたことがあった。私はその資金調達の手伝いをした。その時、後にコールバーグ・クラビス・ロバーツ（KKR）を設立することになるジョージ・ロバーツとの出会いがあった。当時のジョージはベア・スターンズにいたのだが、ジョージとベア・スターンズは最終的にはビルの事業に出資しなかった。プルデンシャル生命保険が関心をもち、長期資金を提供してくれた。しかし、ジョージと私は長年の親友になり、彼はいずれシュワブの歴史において重要な役割を果たすことになる。

アンクル・ビルは頑固で気難しかったが、われわれはおおいに意気投合した。彼は賭け事が大好きだった。西部でのさまざまな打合せから戻ってくると、リノのカジノに数時間立ち寄ることがよくあった。彼は常連客で、当時としてはかなり大きな額である2万ドル以上の信用限度額が認められていた。

私の事業が緊急にキャッシュを必要としたため、「ビル、債務を返済して、事業を成長させる投資をするのに10万ドルが必要なんだ」と相談した。彼は「いいだろう」と返答してくれた。ミッチェルとはもう無関係になっていたので、1971年4月に数人の新たなパートナーを見つけ出した。アンクル・ビルの投資を得て、私の事業を彼の会社であるコマンダー・インダストリーの子会社、ファースト・コマンダーとして改組した。われわれは、フィラデルフィア証券取引所に加入し、モンゴメリー・ストリート120番地の24階にオフィスを借りた。サンフランシスコで初のオフィスだ。

この時期、仕事でも私生活でも、多くの波乱があった。数年間別居していたスーザンと私は、結婚生活13年間の末、1972年初めに離婚した。幸せな結婚生活と家庭生活を維持しながら、事業も構築することは可能かもしれないが、非常にむずかしいことだと感じている。1966年以降、市場の低迷によって投資ビジネスが厳しかった時期には特にそうだった。いまでは自分がいわゆる良い父親ではなかったことに気づいている。家族とのディナーの時間をとらず、宿題を手伝わず、子どもたちのスポーツ・イベントにも参加しなかった（付け加えると、私の父もそうだった。野球に連れていってくれたり、私がプレーするのをみてくれたりという思い出はない。言い訳にはならないが、自分が育った時のことを繰り返したのだろう。そうしたことに男性がまず何よりも率先するという時代ではなかったのだ）。

この点について、自分の誤りを自慢しようとしているわけではない。しかし当時、選択の余地がないと切に感じていた。父として、夫として、そして唯一の稼ぎ手として、家族を養わなければならないという強いプレッシャーを感じていたのだ。それこそが私の最も重要な役割であると信じていて、深刻にとらえていた。私の父がそう教えてくれた。それと、スーザンと私が結婚したのは若過ぎたとも思う。私は21歳、彼女は19歳だった。お互いにまだ子どもだったのだ。当時は皆そんなものだった。夢中になって結婚し、子どもをつくった。しかし、年をとり、大人になり、1960年代の社会の激変をくぐり抜ける間に、2人の関係はどんどん疎遠になっていった。何よりも、われわれの結婚は私の起業家精神と野心の犠牲になったといえる。私は働くことが大好きで、それ以外のことはすべて後回しにしていた。後から考えればよくわかるのだが、当時の私はそうしたことをよく理解していなかった。

もし私がそれほど一生懸命に働いていなかったら、それほど将来のことを心配していなかったら、間違いなく、家族のためにもっと多くの時間とエネルギーを割けただろう。しかし、私はもがいていた。自分は結局、ビジネスをするのに向いているのか、と自問し始めていた。自分は正しいことをしているのか? 1970年代初頭にもなって、自分のビジネスを諦めて職を探そうと真剣に考えていた。その頃には、私は証券アナリストとしてのスキルと経験を持ち合わせていたので、どこかで雇われていたら、かなり良い稼ぎにはなっただろう。ただし、西海岸にはそのような仕事はあまり多くなかった。仕事を得るためにはニューヨークに引っ越す必要があったが、子どもたちはカリフォルニアでスーザンと暮らしていたので、そんなことは考えられなかった。私はしばらく弁護士になろうとも考えていて、サンフランシスコ・ロースクールに入学までした。父は弁護士だ。彼はよく私に、人生でどんな道に進んだとしても法律の学位は役に立つ、といっていた。私はそれをやってみることにしたのだ。教科書をすべて購入して、ヘイト・アシュベリーで夜間クラスに参加した。多分1週間か、2週間続いたと思う。まず私は読むのが遅かった。そして、法律に対する情熱がまったくなかった。どこかの高層ビル内のオフィスでペーパーワークに埋もれて、年をとっていくことは想像もできなかった。最終的に、良い弁護士が必要なら雇うことが一番だと判断した。

私は30代半ばだった。まだもがいていて、これといった財産もなかった。借金だけが残っていた。離婚後、私はマリン郡のルーカス・バレーから市内に引っ越し、新築のトランスアメリカ・タワーからそれほど遠くない、ゴールデン・ゲート・ウェイというところで寝室が1つのアパートを借りた。最上階だが、それほど高い家賃ではなかった。テニスコートがあったので気に入ったのだ。当時はまだサン・ラファエルにあるファースト・コマンダーの古いオフィスに通勤していたが、夜や週末には高校時代の旧友であるヒューゴ・クアケンブッシュと市内でよく遊んだ。ヒューゴは、私がスタンフォード大学に通っていた頃、カリフォルニア大学バークレー校（UCバークレー）に通っていた。彼はその後、資産運用会社のスカダー・スティーブンス・アンド・クラークと後に合併する、ロサンゼルスにある義理の父の会社に入社した。しかし、すぐに辞めて、ベイエリアに戻って自身の運用会社を起業した。私と彼はオフィスを共有することにした。彼はラーキン・ストリートに家をもっていた。その家は伝統的なビクトリア様式の邸宅だった。いつもそこに入り浸っていたものだ。道の向かい側に住んでいたヘレン・オニールを紹介してくれたのは、ヒューゴの彼女だった。ヘレンは私より数歳年下で、未亡人だった。

彼女の夫は飛行機事故で亡くなっていた。私とヘレンはブラインド・デートで出会い、1972年に結婚した。ヘレンは私よりずっと賢かった（ちなみに、息子たちへのアドバイスはこうだ。自分より賢い人と結婚しろ！）。彼女の母は若くして亡くなったが、彼女の父は存命だった。彼女の父は社交的かつ野心的、話上手で、有能なビジネスマンだった。そうした彼の資質はすべて尊敬していたし、彼と一緒にいることが本当に楽しかった。

ヘレンと私が結婚したタイミングはちょうど次の弱気相場が始まったところであった。1973年と1974年が景気後退の底だった。運用会社としてファースト・コマンダーは事業を継続していたが、方向性を見失っていた。

証券業界の多くの友人が職を失っていた。すべての人にとって絶望的な時期だった。皆その少し前にいくらかのいい思いを経験していたぶん、なおいっそうそのように感じていた。ただ、私は成功していないことに疎外感はなかった。だれもがもがいていたのだ。

毎朝、新聞を開くたびに相場が下落しているような時期に、投資アドバイスを商売にするのはむずかしい。

われわれはまだ投資情報誌を発行していたし、投資信託と小さなベンチャー・キャピタル部門も保有していた。そのことがあらゆる意味で狂気じみた方向性へとつながることになった。気がつくと藁にもすがろうとしていた。大気汚染制御ビジネスに出資も行った。カイロに飛び、ナイル川の中洲にホテルを建てる可能性についても調査した。何も得るものはなかった。一時的に手を出した音楽ビジネスもその程度のことであれば良かったと思う。カウパレスで開催される大きな音楽ショーの構想をプロモーターに持ちかけられた——ミュージック・エキスポ'72のような3日間にわたる華やかな音楽の祭典だ。金曜日にスクールバス何台分もの学童を連れてきて、ロジャー・ワグナー合唱団の演奏を聞いてもらった。土曜日はロックンロール、日曜日はカントリー・アンド・ウェスタンだ。これらあらゆる種類の音楽やダンスのパフォーマンス——チャック・ベリーやボ・ディドリーも招いた——に加えて、音楽楽器を購入できる展示会も開催した。サンフランシスコで毎年開かれるボート・ショーのようなものだ。私は、大きな構想や奇抜な提案には飛びつきやすいのだが、この計画にも引き込まれた。企画がとても気に入り、会社として無限責任のジェネラル・パートナーになったことに加えて、個人としても有限責任のリミテッド・パートナーとして署名していた。しかし、失敗、完全な失敗だった。7万ドルほどを失った。

ファースト・コマンダーのビジネスがうまくいっていなかったので、アンクル・ビルは出資が失敗しそうなことに嫌気をさし、資金を引き上げたいといってきた。彼は木材製品の事業を大企業に売却する準備をするとともに、マネー・マーケット・ファンド（MMF）の設立を計画していた。MMFは地元の銀行にお金を預けるよりも少しだけ多く儲けられる方法として、金融サービス業界に登場したばかりの金融商品だった。ＭＭＦは、連邦政府が保証する銀行預金口座ではなく、投資商品だった。ＭＭＦは、１口につき１ドルの安定した価値を保ち、銀行の普通預金のような利息はないが、若干利回りは高かった。とるリスクを少し大きくし、若干リターンを上昇させるものだ。アンクル・ビルは、成果が出ない私のちっぽけな会社が新たなＭＭＦビジネスに与える影響を懸念していた。彼は全持分を10年債と引き換えでわれわれに売却し、その10年債は私が背負う分が最大となるかたちで、出資者の間で応分負担された。当時の株主でパートナーだったデイヴ・ボールドウィン、ジャック・ホスフェルド、マージ・ワグナー、ジョー・ボーラーが、私が背負った分以外の残りを分割した。さらにその年の後半に、私は彼らから会社の持分をすべて買い取ることになった。彼らを従業員として雇い続ける余裕はなかったが、彼らに渡す現金も用意することができなかったので、かわりにアンクル・ビルの会社への債務のうち彼らが背負った分を引き取った。これで、債務も会社も私のものとなった。

私はいまや１００％のオーナーになると同時に結構な債務を抱えることになった。私一人（と少数の従業員）になっていたので、１９７３年の春に、チャールズ・シュワブ・アンド・カンパニー・インクとして再法人化した（カリフォルニア州の企業局は、私の姓のみを使用することに反対した。期待のスターたちが発掘されることで知られるサンセット・ブルバードにある、ドラッグ・ストアとソーダ・ファウンテンで有名な「シュワブス・ファーマシー」と類似性があったためだ）。

人々による投資のやり方に革命が起ころうとしていること、そしてチャールズ・シュワブ・アンド・カンパニーが先頭に立ってその革命を率いることなど、当時の私は知る由もなかった。

第7章

トランザクション・スペシャリスト

1975年5月1日（メーデー）に発効した規制緩和によって、証券ビジネスがどう経営されるべきか、ひいては――米国人が投資にどう取り組むべきか、が大きく変わった。ウォール・ストリートの歴史において、重要な転機となった日だといえるが、ウォール・ストリートのカルテルを壊滅させようという圧力は長い間をかけて高まってきていた。特に、新興の投資信託を含む大手機関投資家は、日常的な取引に対して高額な固定コミッションを払うことにうんざりしていた。長年、彼らは手数料の水準を引き下げる手段を求めていた。

メーデーまでの1年あまりの期間、SECはコミッション自由化の試験的導入を行った。規制緩和の動きは、ウォール・ストリートに歓喜と懸念を巻き起こした。多数の証券会社は懸念を抱えていた。株式の取引方法が変わってしまうことで、伝統的な証券会社が廃業に追い込まれるのではないか、と懸念されていたのだ。蓋を開けてみると、懸念されたような事態にはならなかった。ただし、老舗に対する経済的な圧力はかなり強く、すべてが生き残れたわけではない。とはいえ、私はこうした懸念とは無縁だった。既得権益がなかったので、現状を維持できるかという心配はなかった。むしろ私にとっては、先行きの変化はわくわくするものだった。事の成り行きに鑑みて、チャールズ・シュワブ・アンド・カンパニーを、投資家向けに新たな種類の証券会社として再スタートさせることに好機あり、と考えた。実際、私は新たな機会を切実に求めていた。必要は発明の母であるといわれるが、私の生活には必要としていることが多かったのだ。

ヒューゴ・クアケンブッシュは私の計画の理解者だった。彼は私とオフィスを共有していたので、われわれはブッシュ・ストリートのサムズ・グリルでよく一緒に昼食をとった。サムズの歴史は古く、サンフランシスコに開店して以来ずっと長い間、もちろんわれわれが訪れるようになるずっと前から、何千もの新たなアイデアがここで昼食とともに生まれてきたことだろう。ヒューゴと私は規制緩和によって生まれるチャンスについて議論し、ヒューゴは私のビジネスはそちらの方向に舵を切っていくべきだと促した。われわれは規制緩和によって他のビジネスで起きた変化を知っていた。カリフォルニアで日曜日の営業を禁じるブルー・ローが廃止されて、週に7日、一晩中営業ができるようになった。このことで、新たなビジネスが至るところに現れることになった。金融の世界では何が起こるのだろうか？ヒューゴは、シュワブにとっての事業の可能性に確信をもっていたので、彼自身の創業間もない資産運用業を諦めて、私のビジネスに参画した。

ほかの知人たちとも同様の会話をした。ジョージ・ロバーツとは毎週土曜日の朝にアサートンにある彼の家でテニスをすることにしていた。彼は私と同様休むことなく、事業で成功することだけを考えていた。私がディスカウント・ブローカレッジのビジネス・チャンスを探している最中に、彼はベア・スターンズを退職し、KKRを設立する準備をしていた。KKRは、その後数十億ドル規模の大口案件を数多く手がけることになるレバレッジド・バイアウト（LBO）会社である。テニスの試合が終わると、お互いの事業計画の利点を議論した。ジョージは私の考え方に懐疑的というわけではなかったが、多くの疑問をもっていた。彼からは「株式価値をどのように創出するのか」ということをいつも聞かれた。その質問は的を射ていて、その後行うことになる資金調達におけるあらゆる課題を予期させるものだった。当時のほとんどの証券会社はパートナーシップ形態だった。例外は、1969年に株式を公開したドナルドソン・ジャフキン・アンド・ジェンレット、1971年に同じく株式公開したメリル・リンチくらいだと思う。私は、すぐに会社の株式を公開する計画はなかったものの、ジョージが予期していたように、この業界には新規株式公開に至る明確な道筋と前例がなかったため、企業価値評価には相当苦労することになった。それでも、私がジョージのビジネスに投資したかったように、ジョージは常に私のビジネスに投資をしたいといってくれた。残念ながら、われわれはどちらも余分なお金をもっていなかった。

では、私の会社は長年にわたってウォール・ストリートを支配してきた会社とどのような違いを生もうとしていたのか？　まず、独立投資家（independent investors）と呼ばれる、まったく新しい顧客層にサービスを提供しようとしている、ということだ。独立投資家とは、市場に対して情熱をもち、自己責任で投資したいと考え、自らリサーチをし、個別銘柄を選び、証券会社の営業担当者のアドバイスを必要とせず、かつ望んでもいない投資家である。1970年代初期には、実際の数値は定かではないが、推測するに、一般個人で投資をしている人の市場シェアはまだ10％以下だったのではないか。当時、私の知る限りではSRI（訳注：Stanford Research Institute と思料）だけが最終的に15％になると予測していた。私は、ほとんど直感だけに従っていたのだ。

独立投資家の数が増えていることには、経験と直感で確信していた。なぜか？ 私自身がその一人だったからだ。私は株式のチャートを研究し、企業のリサーチをし、自分自身で判断を下すことが大好きだった。そして、私と同じような人たちがたくさんいることを知っていた。私の投資情報誌の長期購読者に、そのような人たちがいたのだ。役に立たないことがわかっていた証券会社の営業担当者からのアドバイスを求めていなかった。生計がコミッションに左右されてしまう状況で、証券会社の営業担当者は真に顧客の最善の利益を考えられるだろうか？ そうして、われわれは不必要なサービスにお金を支払うことに憤慨するようになっていた。

30年前は、CNBCも、フィナンシャル・ニューズ・ネットワークも、ブルームバーグも、投資ウェブサイトもなかった。新聞もスポーツ欄のようには、金融市場に焦点を当てた報道をしていなかった。当時、私のような独立投資家であったなら、ウォール・ストリート・ジャーナル紙と、おそらく投資情報誌を1本か2本読んでいただろう。そして、バリュー・ライン紙を購読するか――年間購読料は60ドルだったと思う――地元の公立図書館に行って無料で読んでいたかもしれない。今日ではすぐに手に入る市場のリアルタイムのデータは、当時はまったく入手ができなかった。実際、ティッカー・テープが備え付けられた最初の支店を開設してから、市場動向をみるためだけにシュワブの店内に立ち寄る人たちがたくさんいた。

こうした情報不足以上に、米国経済における個人の資産額が、いまと比べるとかなり少ない状況だった。投資家が安心して投資できる余裕資金は間違いなくきわめて少なかったのだ。ほとんどの人は、株式投資の必要性を感じていなかった。私の両親のように、大恐慌を経験した年配の米国人は、株式市場をおそれて、銀行にお金を預けることを一番に考えていた。もっと積極的に運用をするなら、まだ珍しい商品だったが、高インフレ時代において確実なリターンを提供するＭＭＦがあった。投資信託はまだ始まったばかりで、華々しい成長はしていなかった。他方、当時の米国の若者は、いまの若者と違って退職後の生活について心配していなかった。多くの人は、生涯一定の所得が保証される古き良き年金に加入していた。そして、もちろん、時が来れば社会保障制度によって生活が守られるものだと信じていた。投資やファイナンシャル・プランニングに関して今日みられるような国民的な議論はまったくなかった。ほとんどの米国人はそうしたことを考えてさえいなかったのだ。社会保障制度は、平均寿命65歳をもとに設計されていた。人口の半数が65歳未満で死亡すると予想されていたのだ。現在の平均寿命は80歳である。

株式や投資信託を購入する人々は証券会社の営業担当者に翻弄された。営業担当者の多くはだれもが同じように、ストーリーを語り、商品を売っていた。私の考えるところ、それはセールスのゲームであり、保険や耐火性断熱材を売ることと変わらなかった。魅力のあるストーリーを売り込み（熱意があるほど良いのだ）、多額のコミッションを獲得する。ポートフォリオ管理、分散、資産配分、顧客の総合的なニーズへの対応、については言及しない。それでは投資とは呼べない。それは投機であり、競馬をしたり、ラスベガスにいったり、宝くじを買ったりすることと大差はない。たしかに、こうした説明は単純化し過ぎている。努力といってもいろいろあるように、証券会社の営業担当者もさまざまであり、駄目な営業担当者もいれば優れた営業担当者もいる。私がいいたいのは、コミッション重視の報酬体系そのものが顧客の利益に反する仕組みになっているということだ。

では、私が提案しているように、営業担当者を外した場合はどのように株式を売るのか？　売らないのだ。マーケティングするのだ。もともと売ることは得意ではなかったが、投資情報誌を長年発行してきた経験から学んだことがあるとすれば、ダイレクト・マーケティングの手法だ。私が大きなアハ！（なるほど！　わかった！）を体験したのは、まったく売る必要がないと気づいた時だ。私がしなければならないのは、ディスカウント・ブローカレッジ・サービスをマーケティングし、最善の顧客サービスを提供することだった。この単純な理解は、長年にわたり数多くの決断の拠り所となった。新たに設立された多数のディスカウント・ブローカーの集団で抜きん出るための決断だ。具体的には、新聞広告への自らの写真の掲載、実店舗による支店ネットワーク構築、コールセンターの開設と１日24時間のフリーダイヤルによる注文の受注だ。私が成功するとしたら、セールスマンとしてではなく、マーケターであると思っていた。過去にそうした例がなかったとしても、私は成功を確信していた。

当時、多くの人たちにとって変化が起こりそうなことはかなり明白だったと思う。しかし、ビジネス・チャンスを認識することは、起業家としての成功の一部にしかすぎない。問題は、ビジネスの洞察に基づき行動し、最後まで継続することである。多くの人はおでこをひっぱたいて、「なぜそれに気づかなかったのだろう?」と考えたことが何度かあるはずだ。成功する起業家は、たしかにアイデアのある人たちであるが、それ以上に行動を起こそうとする人たちなのである。そうでなければ、すべてはおしゃべりのネタにしかすぎない。何人かとは熾烈な競争もした。クイック・アンド・レイリー、ムリエル・シーベルト、後にアメリトレードを創業したジョー・リケッツらだ。カール・アイカーンも競争に加わっていた。ジョー・リケッツならば、30年前にお互いに繰り広げた熾烈な競争こそ、競争が奇跡的なイノベーションの源泉になりえる証左だ、という私の意見に合意してくれるはずだ。

1974年4月、私はシュワブを「トランザクション・スペシャリスト」として再編した。「ディスカウント・ブローカー」という言葉は後になって出てきたもので、主としてメディアが考えたものだ。ディスカウントという名称が気に入っているかといわれると、よくわからない。私にとってはディスカウントという言葉は最低限の機能に限定されるという印象であるが、実のところ、私はまったく新しいビジネスモデルを考えていたのだ。しかしどう呼ばれるかは私が決めることではない。この名称はその後もついて回ったが、私は特に反発しなかった。

ヘレンの父親は、テキサスで成功した石油・ガスの実業家で、叔父のビルやその他数人とともに2万5000ドルを出資してくれた。2年以内に半分をキャッシュで返済し、半分は会社の株式に転換する約束だった。私が思うに、起業家がしなければならないことのなかで最も困難なことは、友人や家族のところに行き、頭を下げてお金を工面することだ。とても勇気がいることだ。とはいえ、そうすることで、成功しようと本気にならざるをえなくなる。彼らをがっかりさせないように、がむしゃらに働くしかなくなるわけだ。

1975年のメーデーに備えて、私は独立投資家向けの証券サービス以外、すべての業務をやめた。投資銀行業務も廃止した。私は、投資銀行業務と株式営業とを同一の会社内で行うという金融業界の一般的な慣行が多くの利益相反の原因であると考えていた。そうしたことはしたくなかった。もうリサーチ業務もしない。投資信託やヘッジファンドのビジネスもやめた。投資情報誌の発行もやめた。できる限り迅速にすべての事業を売却した。新事業を純粋で、効率的なものにしたかった。投資家のコミッションを大幅に、従来の水準より最大75％低くするという目的のために、どうでもよいコストについてはすべて削減したいと考えていた。シュワブが数カ月後に広告を始める時、実際に独立投資家の目にどう映るか。規制緩和における大きな一歩、市場の重大な変化、自分にとって真のチャンス、という認識から気をそらせるものはすべて排除したかった。大きな成功のチャンスだったので、絶対に逃したくなかったのだ。

第2編

ロケットのごとく

2

シュワブを創業する前、アナリストとしてビジネスを学んだこともあり、私は長期投資のメリットを理解していた。成長こそすべてだ。

企業は成長するように仕組まれている。だが、それは簡単には実現しない。成功する場合もあるが、多くは失敗する。私は、成長こそが企業のリーダーに課せられた最大の責務だと信じる。成長なしに繁栄はない。自分の組織が雑草のようにはびこるよう刺激を与えなければならない。毎年、最低10%から15%は前年比で成長させなければならない。これは簡単なことではない。リラックスしたいなんて、とんでもない。満足するなんて、ありえない。

成長と機会はコインの表と裏である。成長してさえいれば、新しい機会をつかむチャンスがある。常に次の機会、次の大きな動きについて考えていなければ、成長が滞るどころか、自分が負け犬になり、より良いアイデアをもつだれかが追い越していく。

そして、機会は常に共有するものだ。機会を社員と共有することで、彼らは顧客のために新しいアイデア、商品、サービスを考えるチャンスを得る。社員にとっては斬新かつ大胆なことをするチャンスだ。それによって人は達成感を手に入れ、成長する。機会さえあれば、われわれは皆、全力を尽くす。

成長にフォーカスすることは、必ずしも業界で最も高い収益性を誇る会社になることではない。私はそれを求めなかった。むしろ、常に成長とイノベーションの源泉を見出す方法を考える人間でありたかった。私は常に、顧客を成功に導く新たな方法を発見するという当初の目的を果たすことができれば、利益は結果としておのずとついてくるものだと信じていた。

第8章

何となく信用がならない脅威

「おはようございます、こちらはチャールズ・シュワブです」

「口座番号1-2-05002。モーターズ2000株、買い。指値57ドル」。ガチャン。

それだけだ。ゼネラル・モーターズを2000株、1株57ドル以下で買う。完了。30年前、顧客のほとんどは自分の名前さえいわなかった。従来の方法とは何光年もかけ離れた、最先端の株式の取引方法だった。メリル・リンチの創業者チャールズ・メリルはよく「株は買うものではなく、売るものだ」といったものだ。われわれは、その正反対の方法をとった。われわれの場合、営業担当者ではなく顧客が取引を主導した。われわれは顧客に対して、会食やゴルフの接待をしなかった。儲け話をそっと電話で伝えることもなかった。実際、株を推奨した社員は解雇された。顧客が尋ねなければ、何も起こらなかった。当社の唯一の役割は、顧客の望むことを実行に移す、それだけだった。会社の宣伝のためにいくつか広告を出したところ、注文が入るようになった。だれもが当社のしていることを本当に気に入ってくれているように思えた。最初は１日20件から30件程度だったが、そのうちそれが１００件になり、さらにどんどん増え続けた。

開業初日から私は、素晴らしいビジネス機会が目前にあることがわかった。それはあの春の日、メリル・リンチによるコミッション体系に関する運命的な決定を新聞で読んだ時にいっそう明確になった。だが、あの時もしだれかが、その40年後にも私が同じビジネスを続けていると予想したならば、私自身がそれを疑っただろう。自分が、年間収入１００億ドルを超えるフォーチュン５００にランクされる上場企業の会長になるなど、空想にすぎないとして片づけていただろう。

私は当時、自分が立ち上げているものの経済的な価値について考えたことがなかった。実際、後に会社を売却しようとする時まで、自分の会社の価値を知らなかった。日々のビジネスに没頭し過ぎていて、出口戦略を考えるために多くの時間を費やすことなどなかった。自分のしていることが、心底好きだったからだ。自分の仕事に情熱を燃やしていた。だが、私は金持ちになっているわけではなかった。私の給料は、最初は月２０００ドル、１年後は３０００ドルだった。私はまた、離婚手当や養育費を払っていたので、財布のひもは固かった。わずかな利益（そもそも最初の数年間は、まったく利益が出なかったが）はすぐにビジネスに投じた。ひたすら生き延びようとしていた。そのためには、成長し続けなければならないことを自覚していた。

会社は順調だった。収益は急速に伸び、損失は縮小していることがわかった。私はかなり詳細な損益分岐点分析をしては、それを常に修正していた。それに基づいて出資も募った。もっとも、実際は何年もの間、友人、家族、社員、さらには顧客に全面的に資金繰りを依存していたわけだが。ベンチャー・キャピタリストやプライベート・エクイティの投資家は、私や私のビジネスになんら関心をもちたがらなかった。だからといって、私は自分自身に「これはいずれ大成する」と言い聞かせていたわけではない。ただ、一歩ずつ徐々に進展がみられたようなものだ。最初の頃は、私は毎朝、まだ会社があることにちょっと自分で驚きながらも、感謝して起床したものだった。

最初は、エクイタブル・ビルディングと呼ばれる、モンゴメリー・ストリート120番地の24階にオフィスを構えた。その後、場所が足りなくなったので、18階のスペースが空くまで、顧客の信用取引口座の追い証を計算する担当者（2人）を地下に移動させた。最終的には、私のオフィスも、残りのアドミニストレーションのスタッフと一緒に18階に移動することになった。入り口には小さなロビーがあり、椅子が2脚置いてあった。カウンターに座った社員が来客の受付をし、口座を開設した。取引のほとんどは電話で行われた。だが、顧客が会社に来て直接取引をしたい場合には私、もしくはブローカーの免許保有者が、フロントで注文を受け付けた。時には、下の階で社名をみて、18階に上がってから取引をしてみようと決めたような顧客もいた。エレベーターの反対側には、決済部（顧客に対するキャッシュと証券の受渡しを担当）、信用取引部、コーポレート・アクション部（M&Aに伴う株式配当や証券変更を取り扱う）、経理部、人事部、メール・ルームがあった。いずれの部署も人員は1人から始まった。一部の机は、木挽台の上にベニヤ板を乗せたものだった。われわれのオフィスに入った瞬間、ディスカウント・ストアに来たような気がしたに違いない。私はカウンターの後ろで料理長、給仕長、皿洗い、食洗機担当を兼任しているような立場で、封詰めの作業をしたり、切手を貼ったりした。忙しくなると全員が加勢した。

ウォール・ストリートは最初から当社のことを、何となく信用がならない、自分たちの生活を脅かすような存在だとみなした。当社が、ウォール・ストリートの会社が主なテナントになっているビルに部屋を借りようとするたびに、そのテナントが苦情を申し立て、大家がそれに従った。当社は業界からのけ者にされていた。ある時、パシフィック証券取引所の会員になろうとしたが、彼らの考え方では、われわれのビジネスモデルは「非倫理的」なものであった。取引所と業界の力を削ぐことを目的としているとの理由で、当社は会員の資格を一時的に保留された。最終的に資格は取得したが、そうした顛末がどんなだったかは想像がつくであろう。

当社における初期の社員の一人であるデボラ・スミスは、オクラホマ州に住む未亡人の母親がサンフランシスコに住む彼女に、新聞の広告でみたチャールズ・シュワブというところに行って合法なビジネスかどうか確認してほしいと頼まなかったなら、入社していなかったかもしれない。合法だと知った彼女の母親は口座を開いた。そして当社に感銘を受けたと思われるデボラは入社した。サンフランシスコのサービス業で働く者は、多くがマリン郡に住んでいた。デボラもそうだった。彼女が毎朝、ゴールデンゲート・トランジットのターミナルの前でバスを待っていると、ポルシェやBMWに乗った者が「金融街まで乗せてほしい人はいませんか?」と聞いてくる。毎日のことだった。運転手が、迅速かつ無料で橋を渡るための気軽な相乗り制度だった。彼女はほかの何人かと後ろの座席に座った。しばらくすると、どこで降ろしてほしいかを運転手に伝えなければならないが、デボラは意図的に社名を出さずに近くの十字路で降ろしてもらった。シュワブで働いているとわかったら、どんな反応をされるかわからなかったからだ。

当初雇った営業担当者たちは全員が、かつてメリルやディーン・ウィッターといった老舗で働いていた。彼らがシュワブに転職した理由はいろいろだった。コミッションを稼ぐプレッシャーが嫌になったのかもしれないし、理想主義者だったことから仕事のやり方自体にうんざりして解放されたい、と思ったのかもしれない。あるいは、単に転職先を探していただけかもしれない。私が雇った社員の一人は当時、テニス・ラケットのガット張りをしていた。このジョンは、以前とても優秀な株式の営業担当者としてコミッションを稼ぎまくっていたが、アルコール依存症になってしまった。結局、職も、妻も、資産も失ってしまってはいたが、当時はすっかり立ち直っていた。私は業界を知り尽くしている彼を雇い、最終的にシカゴに初めて開設した支店を任せた。彼は大成功を収めた。また、テニスの腕もなかなかのもので、私はシカゴを訪れた時にはいつも仕事の後に彼と試合をした。

シュワブに入社した者はおそらく、ほかのどこで働いても、もっと多くのお金を稼げたはずだ。当社の営業担当者の報酬は、年間およそ1万8000ドルから2万ドルだった。もちろん固定給とボーナスだけで、歩合制はない。実際、彼らを営業担当者と呼ぶのは誤解を招くかもしれない。彼らの実際の仕事は、顧客の注文を受けることだったからだ。

営業担当者たちは、T字型のテーブルの両側にそれぞれ5、6人ずつ座って、一日中、電話で注文を受けた。電話は、ニューヨーク市場が開く太平洋時間の午前6時半前から鳴り始め、午後1時の大引けまで鳴り続けた。その後、山積みになった伝票の処理が完了するまでだれも帰宅できなかった。われわれはいつも、サンドイッチと飲み物を配達させ、昼食の時間から夕方まで休みなしに働いた。

ベルトコンベアがT字型のテーブルの真ん中を行き来し、営業担当者はそこに注文伝票（青い紙は買い、赤は売り）を乗せて、テーブルの先頭に座っているトレーダーに届ける。たとえば、ゼネラル・モーターズ（GM）2000株といった買い注文もこうしてベルトコンベアに乗ってトレーディング・デスクに届けられた。注文用紙に時刻のスタンプが押され、トレーダーはそれが店頭銘柄か上場銘柄かを確認する。トレーダーは質問がある場合、注文用紙をベルトコンベアに乗せて営業担当者に送り返す。営業担当者が顧客に電話をかけて、不足している情報を記入しなければならないこともある。トレーダーはいったん注文に間違いがないことを確認すると、壁に開いている穴を通じて、大きな灰色の金属製のテレタイプ・マシンの前に座っている担当者にその注文を届け、その担当者は注文をコード化したメッセージとして取引所に送信する。先の例の場合、メッセージは「B 2000 GM @57」である。取引所のだれかが、フロアに設置された機械を通じて受信された注文をちぎりとってチケットに記入し、ランナーと呼ばれる人に渡す。ランナーがそのチケットを立会所におけるGMのスペシャリストのブースに届けて注文が完了する。その後、ワイヤーと呼ばれる電報を打つ人を通じてわれわれの会社にメッセージが届き、受け取った担当者は顧客に電話をかけて「そちらのゼネラル・モーターズ2000株の買い注文に対し、こちらは1000株を57ドルで買いました。残りは1000株で間違いないですね？」という。自動化もコンピュータもなかったが、当時としては最先端だった。

非上場株式の注文は、全米のマーケット・メイカーに直通になっている特別な電話をもつトレーダーに送られた。トレーダーは、キーパッドを押して受話器をとり「XYZ500株、53ドルの買い注文」と話す。トレーダーはクオトロン端末で、その株のマーケット・メイカーがそれぞれ提示してくる直近のビッドとアスクの価格を照会できた。トレーダーはその場で取引をするか、もしくはほかにもっと有利な価格がないか探すこともできる。当社は常に積極的に最良執行を行った。顧客のために可能な限り有利な価格で取引を執行する。当社の運営の方法は全体的に、単に市場の注文に応じるだけでなく、最善を尽くした注文の取扱いが可能な仕組みになっていた。それが当社のバリューであった。ご承知のように、われわれは推奨をしなかった。最適な条件のもとで、迅速、明瞭、効率的、正確な執行あるのみだ。

当初から自分も取引がしたいと思える企業として、私はシュワブを創業した。私は、われわれが顧客を失望させたら、顧客がどんな気持ちになるのか、よくわかっていた。

あるいは、そうした執行は目標でもあった。そうはいかないこともあったからだ。問題の一つは人員不足だった。それは、市場と運命をともにする業界の本質である。私が1975年に出会い、(歌手のジミー・クリフのツアー・マネージャーを務めた後) 1978年に社員になったオーストラリア人のリッチ・アーノルドはかつて、われわれの業界において常に適切な人員を擁することがいかに困難か、を表す2本の折れ線グラフを描いたことがある。一方の折れ線グラフは、ほぼ直線に上昇を続けている。それが業界のコスト構造だ。他方の折れ線グラフも上昇はしているが上下が激しい。それが変動が激しく予想がつかない注文件数だ。注文件数の折れ線がコスト構造の折れ線の下にある時は、人員が余り損失が出ている。一方で、株式市場が好調な時には、注文件数が急増して人員不足に陥る。

それは、まさに一晩のうちに起こりうる。市場のあらゆる変動に備えて計画を立てることなどできない。秘訣は、焦らず、常に需要に追いつけるようにコスト構造を管理することである。だが、それは明らかに芸術であり科学ではない。われわれも時折 (特に初期に)、見込みを誤った。

(1977年初頭のように) 1日の取引が平均300件から (その6カ月後に) 800件に増えるような時に、問題が起こるのは当然だし、回避することなどできるわけもなかった。当社は多くの顧客を失望させ、一部を失った。それでもビジネスを続け、時間をかけて改善できた主な理由はおそらく、どんなに多くの顧客が当社を見捨てても、より多くの新たな顧客が現れたことであろう。私は、それを誇らしいとは思えなかった。そんな経営では最終的に存続できない。当社が顧客サービスに誇りをもてる会社になるという目標を達成するまでには、実に、学ぶことが多く、長い時間がかかった。

当社は、急成長中のスタートアップ企業だった。それはとにかく、社員は経験が浅く、数が不足しており（加えて、長時間働き詰めで、十分な睡眠もとらず、不健康な食事をしていた）、システムは不備で、ありとあらゆる問題が頻繁に起こることを意味した。さらに、当社の場合、規制が厳格な業界で業務運営を行うという追加負担があった。1977年からおよそ20年間にわたって当社のコンプライアンス・オフィサーだったガイ・ブライアントにいわせれば、当時の彼の仕事は基本的に、次から次へと起こる惨事に対応することだった。ガイは常に、SECの複雑な要件を満たすに足る自己資本が会社にあることを確認していなければならなかった。そのために、彼が私に自宅を担保にローンを借り入れるよう頼んできたのは、一度だけではすまなかった。また、たとえば、オプション取引で2万ドルの損失を出した顧客に資金がなかった時に後始末をするのもガイだった（それは実際に起こった。当社が肩代わりする以外に方法はなかった。おそらく1カ月分の利益をふいにしただろう）。

そうしたストレスは時には耐えがたいものであったが、その矢面に立たされるのは、いつもガイだった。彼はサンフランシスコ市内から通勤時間がおよそ1時間かかるペタルマに住んでいた。彼は毎日、サンソム・ストリートでバスを降りて、モンゴメリー・ストリートまで1ブロック歩いた。私が何年も後になって知ったことなのだが、彼は裏通りに回って吐かずにすんで会社に着けることは滅多になかった、とのことだった。彼は、会社に着いたときに待ち受けていることを想像しただけで気分が悪くなった。それでもなぜ、毎日出勤したのだろうか？　いい質問だ。私はガイには強い使命感があったことを知っている。われわれは皆そうだった。われわれは活気に満ち、自分の信念をもって働いていた。そして自分たちが協力し合うことが、いかに重要なことかわかっていた。私は、そうした環境のもとで成長すると思う人間を意識的に採用した。自分の情熱を分かち合える、必要とあればどんなことでも努力も惜しまない人間だ。

シュワブは、エキサイティングな職場であると同時に、非常に厳しかった。辞める人間が後を絶たなかった。前線の人員の入れ替わりの激しさは、辞められないわれわれに重圧をかけ、気が狂いそうになった。だが、野心と想像力に満ちた者にとっては、ほかの職場では得られなかったに違いない絶好の機会だった。

たとえば、社員番号19のホリー・ケインは1975年、高校を卒業する前に入社して、2018年まで働き続け、引退した。最終的に彼女は、セントラル・カリフォルニア地区の支店網を統括するシニア・バイス・プレジデントに昇進した。当社は常に、サポート的な仕事に限らず、管理職やトレーダーに競合他社より多くの女性を登用していたといえよう(当時、ウォール・ストリートの会社では、専門性が求められる仕事のほとんどが白人の男性だった)。今日、私は全米各地の支店を訪ねるたびに、社員構成の多様性を非常に誇りに思う。最初から社員の多様化を目指していたといいたいところだが、結果的にそうした展開になったことを誇りに思っている。実は、できる限り優れた人材を探し出して何とか需要を満たそうとしていただけだった。そのためには、だれに対しても差別なく、フェアであることが必要だった。

とにかく、やるべきことが多かった。私は最初から、会社へのニーズの高まりと、そのニーズを満たすために必要とされるキャパシティを比較的明瞭に見通していた。私はまた、自分にできないことがあり、その結果として他者の助けが必要になることにも気づいていた。私は、自分の限界を知っていることが、私の起業家としての最大の長所の一つではなかったかと思う。それは多分、私が失読症であることと関係があるに違いない。私は子どもの頃から、世の中にはさまざまな分野で自分より能力のある人間が大勢いることを思い知らされていた。起業家のなかには、そうした簡単な教訓を学ぶことなく、その頑固さゆえに成長が低迷して伸び悩む者もいる。

私がどうしても根気よく取り組めなかった重要な職務の一つが、オペレーションだった。その点、ビル・ピアソンがいてくれて助かった。私がビルに会った時、彼はいまだ人生が軌道に乗っていないちょっとしたはぐれ者だった。ビルはテキサスの出身でテキサスなまりがあった。離婚した時にはダラスの小さな証券会社で働いていた彼は、髪を伸ばし、フォルクスワーゲンに乗ってダラスを離れ、メキシコ国内をあちこち運転してからカリフォルニアを海岸沿いに北上し、メーデーの直後にサンフランシスコに到着した（たしか、ガールフレンドを追ってきたと記憶している）。私は最初、バックオフィスの問題を片づける契約社員として彼を雇った。だが、私は彼の仕事ぶりをみて、月給1500ドルに自社株を追加するから正社員にならないかと誘った。彼はお金を必要としており、私は彼のオペレーションのスキルがどうしても必要だったという点で、互いの需要が完璧にマッチしたのだった。

われわれは常に帳簿記録作業と格闘していた。それは当時、業界に普及していたシステムが老朽化していたばかりでなく、当社の成長が加速しているためだった。引け後は、1日の残りの時間を通して、執行された取引の処理に忙殺された。日によってはどうにもならず、電話の応対をやめてしまったこともあった。私はビルに、早急にバックオフィスをシステム化するよう頼んだものだった。彼はよくやってくれた。何度も会社を救ってくれた。だが、なにしろ課題は大きかった。

ある晩遅く、社員がほとんど帰宅した後に電話が鳴った。1975年の秋、創業後間もない頃だった。当時、私のナンバー2だったデビッド・テイラーが電話に出た。相手は「私はSECのロサンゼルス支部の者ですが、御社の帳簿処理に問題があるようですね」といった。デビッドは「あなたは、どんな権限があってそのような質問をするのですか？」と答えてしまった。まずい答え方だった。相手は「月曜の朝8時に、シュワブ氏に私のオフィスに出向いてもらってください」とだけいって電話を切った。

デビッドが私に電話を、私はビルに電話をして、一緒にロサンゼルスへと急いだ。ビルはそうした電話がかかってきたことにさほど驚いたようすではなかった。数週間前に彼は、すべての取引決済が行われる当社のオムニバス口座（訳注：顧客口座の取引を一括管理するための証券会社の口座）を凍結するという緊急の決定をしていた。古いオムニバス口座で生じる問題は時間がたてば解消できると考えた彼が、新たにオムニバス口座を設ける以外に方法はない、と思ってのことだった。型破りな解決策としかいいようがないが、その状況においてビルが思いつく最良の解決策だった。しばらくの間は2つのオムニバス口座がある。好ましい状況ではないが、少なくともそのうち1つのほうではつじつまがあう。それは、古い口座にある100万ドルほどの証券をもとにして新しい口座を開くというものだった。

SECはわれわれがしたことを耳にして、当社がなんらかの問題を抱えていると判断したのだった。ロサンゼルスに到着した後、私はビルに話を任せた。オペレーションは彼の仕事だったからだ。私の仕事はマーケティングだった。私は新規顧客を取り込むことに専念していた。ビルやガイは、いつも私にペースを落とすよう懇願したが、私はそれを拒否した。その結果私は、SECや既存の顧客に必要十分な対応をすることにおいて、また物事一般をうまくまとめていくことにおいて、多分に他の社員に依存することになった。だから、その日SECでもビルに会社の状況の説明を任せた。彼は、われわれは犯罪者ではないこと、問題は承知のうえであり、すべてはうまくいくということをSECに納得させることができた。

その後はもちろん、想定したとおりになった。どういうわけか、いつでもうまくいった。その後何年にもわたってわれわれは、より多くの危険な状況に陥っては這い出すことになる。だがそのたびに、われわれは力を増し、より賢くなっていった。

第9章 営業担当者が電話をかけることはありません

「チャック、いま、ABC社の経理部長と話をした。彼らはいまだほかにだれも知らない、本当にエキサイティングなことを計画している。社長に昨日会ってすべてを確認した。この株はすごく値上りするぞ」

こうした会話は、私がフォスター・インベストメント・サービシズで、証券会社の営業担当者からホットな情報があるという電話を受けた頃とそれほど違わなかった。ただ、私にはもう営業担当者のうまい話に乗せられている暇はなかったし、そのことは創業時に打ち立てたシュワブの方針に直結した。すなわち、アドバイスのふりをして株を売らない、ということだ。自分の苦い経験に鑑みても、ものを売るためにうまい話をするのは証券会社の営業担当者にはかなわない。私は若い頃、投資家として何度もバブルを経験した。アナリストが組み立てて、営業担当者が脚色した魅力的なストーリーに引かれたために、不幸な結末の痛みと失望を何度も味わった。人は皆、欲張りでだまされやすいものだと思う。だれかがやってきて「信じられないような話があります。あなたも金持ちになれますよ」といわれれば、われわれは貪欲になってひと言も逃すまいと聞き入るだろう。

こうした人間の本質は、その人の資産がリスクにさらされている時こそタチが悪い。

お金が絡むと人は、批判的になったり、賢く振る舞ったりすることがとてもむずかしくなってしまう。だれもが信じたがってしまう。だが、まさにそれが命取りになる。聞きたいことを聞かせて、人間の本質を利用する売り方なのだ。

当社はうまい話をしなかったし、する必要もなかった。資金調達や自己運用のビジネスもしなかった。もちろん、インベストメント・バンカーに問題があるわけではない。彼らは、企業の資金調達を支援し、資本主義システムの円滑な機能に欠かせない存在だ。だが、投資銀行ビジネスと証券ブローカレッジの組合せは、ウォール・ストリートでは一般的な仕組みだったが、どんなチャイニーズ・ウォールでも防ぎようがない利益相反が発生しがちだった。だったら、最初から投資銀行ビジネスには手を出さないほうがいい。そうすれば決して、募集した株式や債券の在庫が余って、個人顧客に売らなければならなくなるようなことはない。われわれのビジネスモデルはウォール・ストリートの会社と根本的に異なっていたし、投資家全体にとってより好ましいやり方だと確信している。

さらに、当社の社員は、顧客により多くの取引を促す動機になるようなかたちで報酬を受け取っていなかった。伝統的な営業担当者は、顧客の元手をできるだけ早く自分の稼ぎに変えようとする。私がこの業界に入った頃は、証券会社の営業担当者の目標は毎年、顧客の資産の3％から4％をコミッションとして獲得することだった。一方で、当社の社員のインセンティブはたった一つであり、それはまた顧客のインセンティブとも完全に合致していた。つまり、顧客が利益をあげればあげるほど、顧客サービスの満足度が高ければ高いほど、社員の報酬を増やした。それだけのことだった。当社は単に、顧客の満足度に応じて給料やボーナスを払っていただけだった。われわれはだれにも取引を促すよう圧力をかけなかった。株式や投資信託をただ売るためだけの推奨もしなかった。われわれはうまい話をしなかったのだ。いまもしていない。

そしてまた、私が早い時期から気づいていたように、うまい話をしない会社であることは、秀逸なマーケティング戦略の出発点となりうる。当社が何者なのか、どのようなサービスが提供されているのかを考えるとき、顧客と社員のだれもが一点の曇りもなく、当社が他社とは一線を画しているということを信じられるようになる。そして、そうしたメッセージをどのようにして周知すべきか。電話をかけて顧客を勧誘する従来の営業担当者のやり方は使わない。油断している人に電話で株を売ることはできるだろうが、株を買うためのサービスというものを電話で売ることはできない。したがって、私は最初から宣伝広告とダイレクト・レスポンス・マーケティング（DRM）、そして広報に頼らなければならなかった。私は投資情報誌の発行を始めて以来、自分のキャリアを通してずっとそうしてきた。顧客を開拓するヒントを見つけ、顧客を獲得するコストを計る経験にも長けていた。何よりも、顧客が共鳴するテーマや関心事を知っているという自負もあった。というのは、それらは自分自身が共鳴するものと同じと考えたからだ。

たとえば、売り込みのピッチを信用しない人間は、この世の中に私一人ではないことを知っていた。だから最初の頃は広告に必ず、営業担当者が電話をかけることはありません、と書いた。また、ある程度の説明も可能となるパンフレットでは、証券ブローカレッジに内在する利益相反について触れ、当社がコミッション・ベースの報酬体系を採用していないこと、投資銀行ビジネスをしていないことによって、いかにその利益相反を回避しているか、を解説した。私は講演も行い、顧客とも会い、ラジオ番組に出演し、記者の取材を受け、多くの時間を費やしてそうしたメッセージを繰り返し説いた。後に支店を開設するようになってからは、そのたびに地元紙に取り上げてもらえるようにしたが、記者たちはわれわれを大歓迎してくれた。彼らにとって当社は、典型的なダビデとゴリアテの物語だった。小口の個人投資家に低コストで公正な取引を提供しているというだけでなく、当社自体が小さな会社だったからだ。サンフランシスコの小物が、ウォール・ストリートの大物に戦いを挑んでいる構図だ。

当社が乗り越えなければならなかった最大の障害は、信頼の欠如だった。顧客のほとんどは当社を電話番号でしか知らなかった。当社には、重厚な木の壁に囲まれた、革製の家具が置いてある豪華なオフィスはなかった。われわれは顧客に対して、顧客の名前を前もって把握し、野球の試合のチケットをくれるような営業担当者との1対1の関係を提供していなかった。加えて「ディスカウント」という表現は、それに引かれる顧客がいる一方で、逆に不信感をもつ顧客もいた。競合他社はそれを最大限に活用して、当社が信用できないとはいわないまでも、信頼性に欠ける会社であるように触れ回った。われわれがそうした印象と戦った一つの方法は、マクドナルドのやり方と同じだった。顧客の数を数えて、それが増え続けていることを自慢する方法だ。最初の頃の新聞広告の一つに「1万6000人もの投資家が間違っているわけがない」と書いた。その後その数は1万9000人、3万人、そしてもっと増え続けた（われわれは投資家の数が55万人に達するまで、その広告キャンペーンを続けた。当社の顧客口座数は現在、1000万口座を超えている）。われわれは顧客に対して、当社で取引をしているのは彼らだけではないこと、ほかにも毎日多くの人々が取引をしていること、会社は成長していること、歴史はわれわれの味方であることを知ってもらいたかった。

われわれは創業間もなく、ボストン出身のカリスマPRマンとして知られるC・ポール・ルオンゴにおおいに助けられた。私がC・ポールを名乗る彼を雇ったのは、実際に結果を出す、つまり当社の記事がどこかに掲載されるまで報酬はいらないというからだった。彼の最大の功績は、ニューヨークにあるフォーシーズンズで人気コラムニストのダン・ドーフマンとの昼食をアレンジしてくれたことだ。1977年のことだった。C・ポールがとても良いテーブル席を予約してくれたおかげで、私はダンにディスカウント・ブローカレッジが今後どのようにして投資の世界を永遠に変えることになるか、を語ることができたし、ダンは私の話を彼がそれまでに聞いたクールな話題のなかでも最も印象深いと思ってくれたのだった。彼は私が渡した手数料の表を注意深くみて、にっこりしながら、「メリル・リンチにも電話してみましょう」といってその場で電話をした。ウェイターがレストランのフロアを這うコードを引きずってテーブルにもってきた電話で、ダンは株式注文を出したのだった。その後間もなく全米の数百の新聞に掲載された「コミッションを比べて証券会社を選ぶのは賢い戦略だ」と題する記事で彼は、メリル・リンチで取引を執行するコストとチャールズ・シュワブで同一の取引を執行するコストを比較してくれた。そのたった一つの記事は、私の会社の成長にとって1年分の有料広告以上の価値をもたらしてくれた。われわれは有名になった。私はいまでも、シュワブは広報活動と第三者の支持・推奨によって成り立っていることを忘れないようにマーケティング・チームに念を押している。

優れた広報活動（PR）の結果としてもたらされた口コミに勝るものはない。それは、当時も真実だったし、ソーシャル・メディアが急激に普及しているいまでは、よりいっそう真実だといえる。

もちろん、当社はそのすべてをわずかな資金でまかなっていた。1年目の広告予算は全部でおよそ

3000ドルだった。ウォール・ストリート・ジャーナル紙に広告について問い合わせて、載せる広告のデザインを手伝ってほしいと頼んだところ、ポスト・ストリートにある地元のアルバート・フランク・グンサー・ローという会社を紹介された。それが、そこで当社の担当者となったリチャード・クルーザー、そしてフリーランスのアート・ディレクターだったディー・ホワイトとの長い付き合いの始まりだった。後に、私がインハウス専用の広告代理店を設立した時、2人ともシュワブの社員になった。

私の写真を会社の印刷広告の目玉として使うことを提案したのは、リチャードとディーだった。ディック（リチャード）は「どれだけ手数料を節約できるかを文字の固まりで表すだけよりも、もっとずっと生き生きとした印象を与えられます。やってみましょう」といってきた。最初、私は迷った。自分が注目の的になるのは以前から苦手だった。だが、マーケティングのコンセプトとして理にかなっていることはわかった。顧客にとってシュワブとの関係を人間的で個人的なものにする方法を見つけなければならなかった。そうしなければ当社は、単なる電話番号と住所にすぎなかったからだ。われわれは顧客になろうとする人が自分の営業担当者と思ってくれるような、温かみがあって息づかいも聞こえるようなチャールズ・シュワブの存在を提示しなくてはならなかった。

ちょうど、サンフランシスコ・エグザミナー誌が当社を取り上げ、好意的な記事を掲載したところだった。同誌は取引記録の上に腕を乗せている私の写真を撮ったが、その写真の私は明朗で親しみやすく信頼できるようにみえた。ヒューゴはその写真の権利を1ドル50セントで手に入れることができた。だれもわれわれに財力があると思っていなかったからだ。あの質素なイラスト入りの広告は当社のトレードマークになり、何年にもわたってほぼそのままウォール・ストリート・ジャーナル紙に掲載された。最初はパシフィック版だけだったが、そのうち全米で通常、毎週火曜日と木曜日に掲載された。ほとんどの投資家（私自身も含めて）は月曜日と金曜日のウォール・ストリート・ジャーナル紙の記事には注意を払わなかったし、それに週2日分しか予算がなかった。掲載の場所はいつも、最後から2面目（当時のウォール・ストリート・ジャーナル紙は分野が分かれていなかった）の「マーケット最前線」コラムの反対側だった。私自身がいつも、そのコラムを最初に読んでいたからだ。われわれはフリーダイヤルの電話番号を記載したが、それは顧客が電話で口座を開設し、そして投資を始めてほしかったからだ。広告の目玉は、髪をきちんと分けて微笑んでいる私の写真だった。

その写真が広告の成功の鍵となった。一つに、とにかく目立った。ウォール・ストリート・ジャーナル紙は当時、記事に写真を載せなかったので、当社の広告写真が目立った。そして、私の写真で、当社が違った種類の証券会社であることが象徴的に読者に伝わった。他社は営業担当者との個人的な関係を提供したが、当社はCEOとの個人的な関係を提供したことになる。私の写真をみて、取引を躊躇しがちだった投資家は安心した。それは、リー・アイアコッカがクライスラーの顔になったり、デイブ・トーマスがウェンディーズのハンバーガーを売るためにテレビに登場したりする、ずっと前のことだった。1976年にはまだ、そのようにしてボスが自ら表に出ることは珍しかった。

その広告は、私自身を会社の強力なマーケティング・ツールに変えた。私は最初、不安だった。ディックが最初に案を出した夜、帰宅してヘレンにそのことを話すと「何ですって」と彼女は驚いていた。業界の友人たちは、私のことを自己陶酔の激しい人間だと思ったに違いないし、少なくともそう思われることを心配した。

起業家は多くのことに挑戦する。挑戦しながら学ぶ。そして時には、計画しなかったことがうまくいくことがある。

結果はすぐに出たので、私はあっという間に不安を乗り越えられた。マーケティングには相当注力し、あらゆる試みを行った。サンフランシスコ郊外に支店を開設し始めた頃、現地を訪れて地元の人たちに自己紹介することで、彼らが支店を訪れてくれるようになることがわかった。案内を郵送し、ホテルの会議室を借りて、300人から400人を招待して投資セミナーを開いた。当時、ほとんどの人はディスカウント・ブローカーとは何かを知らなかったので、われわれはまず、そのコンセプトを説明し、そのうえで自分たちが強欲ではない正直な人間であることを納得してもらわなければならなかった。

こうした活動は大変なことだった。私は大勢の前で話をするのが得意ではなかったし、途中でつまずいてメモをみると、どこまで話したかわからなくなってしまう。1984年の最初のテレビ・コマーシャルの撮影の時、私はカメラの前に立ちながら、赤いランプの点灯とともにひと言ふた言話し始めて凍ってしまった。いまでも台本をきちんと覚えられず、また失読症であるため、キュー・カードは役に立たない。私はついに「私にはできない」といってしまった。結局コマーシャルには俳優を使った。私はプレゼンテーションの訓練をすることになり、サンフランシスコのスピーチ・コンサルタントのバート・デッカーの訓練を受けることになった。彼がいったことで私が決して忘れないのは「聴衆は聞いた情報は覚えていないが、話した人のことは覚えている」というひと言だ。そして、プレゼンテーションの中身や順序はそもそもだれも知らないことなので、何か忘れても心配はないということだった。最終的に私は台本ではなくメモをみて話すことを習得した。いいたいことを自分の言葉で自由にいえるようになると、リラックスできた。聴衆に私の誠意が伝わったのだと思う。私は口が達者でなく、明らかにセールスマンではなかった。結局、そうしたことはすべてわれわれに有利な結果をもたらした。

私は最初から、当社の顧客のほとんどは電話での取引を望んでいると思っていた。そのため、フリーダイヤルの電話番号が入っていない広告を掲載したことはなかった。取材や記者会見では必ず、当社と連絡をとる方法を伝えた。当社は業界で初めて、800番で始まるフリーダイヤルを活用した会社の一つである。1978年に私は、市場が開く1時間前の米国・太平洋時間午前5時半から、東部時間の午前零時に当たる同午後9時まで、通話受付時間を延長した。さらに、ロナルド・レーガンが大統領に当選した1980年11月4日、私は通話受付時間を24時間にした。業界のだれも行ったことがない試みだった。レーガンの政策は市場に好意的であり、取引量が爆発的に増えると感じていたからだ。私は多くの点で間違ってきたが、この点は正しかった。まさにこの時、1987年の株価暴落まで中断されることがない、途方もない強気の株式市場が始まろうとしていたわけだ。

われわれが当初、電話交換所をネバダ州のリノに設置したのは、米国内の関税の問題（つまり州内よりも州外から長距離電話をかけるほうが料金は安いという事実）を回避するためだった。当社にかかってくる電話のほとんどは、カリフォルニア州内が発信地であるため、リノを経由してサンフランシスコに回送する方法が合理的だった。そこで、ピート・モスがコール・センターの事業に参入するという見事なアイデアを思いつくに至った。ピート・モスは当社の若き精神を体現しているような男だった。ルネッサンス的教養人である彼は、才能と創造力にあふれ、衝動的で、しばしば（良い意味で）頭痛の種にもなった。

ピートは私が最初に雇った社員の一人だった。彼はアーンスト・アンド・ウィニーの会計士で、シュワブを証券会社として利用することで大金を節約できるのに大喜びしている顧客だったが、1976年のある日、当社の事務処理について文句をいいに来た。もちろん、当時は事務処理がすべて手作業だったので、正確な処理のためには書類の整理整頓などがきわめて重要だった。そこで、私が「君がそんなに利口なら、机のこちら側に座って手伝ってくれないか？」と愛想よくいったところ、彼は手伝い始めたのだ。彼は呑み込みがとても速く、それに感動した私はその場で彼を雇い、彼は私の期待を裏切ることなく活躍を続けた。

ピートのリノでの冒険は、当社は日中多くの電話の対応に追われているが、大引け後は電話がかかってこない、という彼の鋭い観察から始まった。彼はその余剰のキャパシティを売ったらどうかと思いついたのだった。偶然、リノにはナショナル・データ・コーポレーション（NDC）という、他社のフリーダイヤル電話の対応を代行する会社があった。われわれはしばらくNDCに電話回線をリースした後、最終的に同社のコール・センターを買収し、リノで100席にのぼるコール・センターを所有することになった。日中は株の取引に使い、夜間はKQED（サンフランシスコにある公共ラジオ・テレビ放送局）への寄付やフォード車のディーラーの所在地の問合せ、レコードの販売、さらにはハリウッドにあるフレデリックスの下着の注文まで受けた。このビジネスはエルビス・プレスリーが亡くなった1977年8月16日まで驚くほど好調を続けた。ところが、エルビスが亡くなった途端に、当社の電話回線に昼夜を問わずエルビスの記念品やレコードの注文が殺到した。シュワブの顧客のなかには、電話がつながらず取引ができない人も出る始末だった。私はリッチ・アーノルドをリノに送り込んで後始末をさせ、結局、コール・センターをNDCに売り戻すことにした。そうして、われわれのつかの間のコール・センター業務受託ビジネスの試みが終わったのだった。時には、利口そうなアイデアが悪い結果をもたらしてくれたおかげで、本来あるべき姿に向けて軌道修正ができるものだ。

第10章 アンクル・ビルの支店開設

時には、また運が良ければしばしば、予想外の展開で自分の成長を促進してくれる驚きに出会うことがある。支店を出店したことはわれわれにとってそうした驚きの一つだった。当社は1975年9月に最初の支店を開いた。私はそれまで長いこと、支店を展開すべきかどうかについて考えあぐねていたが、時期が早過ぎるし、費用がかかり過ぎると思っていた。われわれはすでに、顧客が実際に足を運んでわれわれが働いているところをみたがっているようだ、ということには気づいていた。開業間もなくの頃から、多くの人がシュワブの本社オフィスのロビーに来て、ティッカー・テープを眺め、株価を尋ね、注文をし、ほかの顧客と取引などについて会話をしていた。彼らの多くは、当社の近くにあるサンフランシスコ市の図書館の分館であるビジネス・ライブラリーで時間を過ごしていた。彼らはそこでバリュー・ライン誌を無料で読んで銘柄を調査した後、そのページをコピーしてわれわれのオフィスを訪れ、注文をしていた。彼らは自分なりの考えをもっていた。証券会社に有料のアドバイスを求めるようなことはしなかった。そういう人々が当社の顧客層だった。彼らは、コミッションで稼ぐ営業担当者や、そのうまい話には興味がなく、欲してもいなかったのだ。

当社の事業計画はとにかくコストを低く抑えることだった。ふんだんな交際費も飾り立てたオフィスも不要だし、営業担当者も高い給料や高額のコミッションを受け取らない。基本的に当社は実店舗を要するブリック&モルタルではないはずだった。つまり、オペレーションとアドミニストレーション以外は不要のはずだと考えていた。顧客には来店ではなく電話をかけてほしかった。

それにもかかわらず、創業1年目に支店を開いたのは叔父のビル（アンクル・ビル）からの求めに応じたからだった。当時私は資金を必要としていた。アンクル・ビルは喜んで出資してくれたが、その条件として自宅の近くに支店を開くことを要求してきた。ただ、問題がないわけではなかった。アンクル・ビルが住んでいたのはサクラメントだったのだ。私は理想的な顧客層がどこに住んでどこで働いているかを把握していた。もちろん自分の出身地であるサクラメントは大好きだが、支店の候補地ではなかった。私にとってロサンゼルスのほうがずっと望ましかった。実際、サクラメントよりも先に支店を開きたい街を100カ所も思いつけるほどだった。だが、仕方がなかった。アンクル・ビルは近くに支店を求めていたし、私は彼の出資が必要だった。最初の支店はサクラメントに決まった。

ところが、サクラメントのコテージウェイに支店を開いた途端に、口座を新規開設する顧客が殺到した。人々は身近に物理的な存在があれば、取引をする気になるものだということの証だ。この経験で支店開設は当社の将来にとって不可欠だという確信を得た。しかも、サクラメントでできるのであれば、どこででもできると踏んだ。

カリフォルニア州以外での最初の支店も、同じように成功できた。エリオット・フリードマンという男が突然、私に連絡してきて「シアトルに、御社の支店を開けさせてくれませんか」と申し出てきた。アンクル・ビルと同様にエリオットも、何か新しいことを求めていた。彼は、保険会社で資産運用の仕事をした経験があった。たしかオールステートだったと思う。彼はシュワブがしていることをみていて、理にかなっていると考えたのだ。私は「エリオット、それは大歓迎だ。でも、こちらにはそうする資金がない。君が会社に出資してくれれば、実現する方法を考えられる」と答えた。

彼は自らおよそ5万ドルの資金を集めて当社に投じ、われわれはシアトルに支店を開いた。フランチャイズのようなものだったが、当時フランチャイズの方法はまだ普及していなかった。エリオットの支店は大成功を収めた。支店を出店するというビジネスモデルが、本拠地があるカリフォルニア州以外でも通用することがあらためて証明された。最終的には、シュワブ株式との交換でシアトル支店の権利をエリオットから買い戻すことになったが、エリオットがその後もずっと、誇り高く満ち足りた株主として、当社の年次株主総会に出席してくれていることがありがたい。そして、次はフェニックスだった。ルー・ハーゾグと彼の数人のパートナーが、フェニックスにシュワブの支店を開きたがった。私はまた「君たちが出資してくれれば……」と伝えると彼らは同意した。その後シュワブは、キャッシュフロー面で余裕が生まれ、支店網拡大のための資金には困らなくなり、現在に至っている。

いまでもほとんどの顧客は電子的に当社とやりとりをしているが、新規口座の大部分は、本人が来店して開設されている。口座開設後のほとんどすべての取引をオンラインで行うにもかかわらずである。

こうした経験はあらためて、起業家が起業の初期の段階で計画できることには限界があることを示している。時には、必要は発明の母としつつ、突然目前に訪れる好機を逃さないようにすることが秘訣となる。

支店の展開は、目を見張るような成長の原動力となった。当社は常に顧客に関する年齢や職業、収入などの統計を注視してきた。私は、新しい口座がどこで開かれ、そのためにいくらのコストがかかっているかを把握するようにしている。そのうえでいえるのは、どんなマーケティングの計画やプロモーションの企画も、またわれわれがこれまでに試したあらゆることも、単に新しい街に新しい支店を開くことによってもたらされるインパクトにはかなわないということだ。どこかに支店を開くと、そこの事業は15倍の勢いで成長した。私には支店の展開こそがシュワブを創業して以来ずっと探し求めてきた、大規模な成長の鍵であることがわかった。

私がやろうとしたことは、ただ、私自身が顧客として望むようなサービスを提供する会社を築くことだった。そして、地元に限らず全米で展開する会社だった。成長にコミットする会社だった。ある時、会社がまだ小規模で急成長していた頃、リッチ・アーノルドが私に、チャールズ・シュワブ・コーポレーションが私の手に余る大きさになる可能性があると思うか、と尋ねたことがあった。その問いは、起業家の多くにとって大きな課題であり、的を射た質問だった。もちろん、私は最初から、会社だけでなく自分自身のためにも成長にコミットしているという確信があった。私は「大きくなることは重要だ。だが、ただ大きくなりたいから大きくなるのではない。事業への投資を通じて提供するサービスを改善していけるからだ」と答えた。規模が大きくなるということは、拡大する収入をサービス改善のために再投資することを意味した。そのためにも、成長は欠かせなかった。

支店の展開がいかに会社の成長に役立つかに気づいたわれわれは、新店舗の開設にすべてを注ぎ込んだ。サクラメントの次に、センチュリーシティに口サンゼルス支店を開いた（ある日、ケーリー・グラントがやって来て、口座を開設した）。1977年にはシアトルに、カリフォルニア州外で初の支店を開設した。1979年にはジョー・シェーファーという男から小さな証券会社を買収し、フロリダ州フォート・ローダーデールに東海岸初の支店を開いた。そして1981年、フィフス・アベニュー650番地に、初のニューヨークの支店を開設した（イランの元国王が所有していた建物のなかだったので、爆弾騒ぎが頻発し、そんなに賢明な選択ではなかったことが後に判明した）。その頃には、全米に30の支店を展開していた。現在の支店数は、2013年に開始したフランチャイズ・モデルを含めて数百店舗にのぼる。

競合他社は支店をもとうとしなかった。クイック・アンド・レイリーのレス・クイックは、何年にもわたって支店というコンセプトに抵抗を示していたが、私はその理由を知っている。支店は黒字化するまでに平均でおよそ4年かかるためだ。支店を開くためにはコストがかかり利益に食い込む。だが、それが永久ではないことが鍵だ。そのため、レスが税前利益5０００万ドル、利益率にして25％の全米で最も収益性の高いディスカウント・ブローカーを築いていることを自慢していたのに対し、私は全米で最も規模が大きく、成長し続けるディスカウント・ブローカーであることを自負した。レスは、最終的に完璧といえるほどの立派で小さな会社を築き、それを売却して自ら何百万ドルも稼いだ。それはもちろん悪いことではない。だが、私はその何倍もの規模の会社を築き、その間顧客や株主のためにより多くのバリューを提供してきた。支店は創業当初からシュワブに競争上の優位性をもたらし、その優位性は長い年月を経たいまも変わらない。オンラインの競合他社は、当社に匹敵するような支店網をもたない限り、当社の規模と力量に対抗することはできない。率直にいって、それはかなり骨の折れる投資になるはずだ。

第11章

BETAシステム

1979年の秋、ヒューゴ・クアケンブッシュと私は、セカンド・ストリートの、新しく改装されたシュワブ本社にある5階の大きな部屋で、ビル・ピアソンの机を囲んで「修理できるまでは、とにかくシャットダウンすべきではないだろうか」と悩んでいた。

その年の初め、われわれは最新鋭のコンピュータ・ソフトウェア・システムを導入するために50万ドルの契約を結んだ。オペレーションを紙ベースからコンピュータ・ベースに転換するという、それまで業界のだれもしたことがなかった決断をしたのだ。それは未知の領域で、しかもわれわれはわずかな予算でやろうとしていた。予算内で新しいコンピュータを買う余裕がなかったので、中古のコンピュータに決めた。完全にデジタル化されたバックオフィス・システムをつくれるのであれば、50万ドルと聞いても、いまの私には安いものだと感じる。いまならその100倍の予算でも足りないだろう。だが当時は、50万ドルといえば、私が保有していたシュワブ株式の評価総額を超えていた。つまり、（ほかに資産がほとんどなかった）私個人の純資産以上だった。私が会社に賭けるのは、起業家はそうだと誤解されやすいが、リスクを冒すことが楽しいからではない。起業家は、リスクを冒すとしても、リスクをできる限りコントロールし、リスクから解放される日を待ち望んでいるのだ。

ギャンブラーはリスクを好むが、起業家はそうではない。起業家はまずビジョンをもち、大切なものをリスクにさらさずに実現できるビジョンなどないことを、いやいやながら受け入れるのだ。だが、真の起業家は、そのリスクをできるだけコントロールしようと努める。

1979年以前は、当時の業界の習慣に従って、外部のシステム会社からデータ処理機能を提供してもらっていた。当社のような零細な企業は一般的に、社内にそうした機能を備えるために必要な資金や専門知識がなかったし、そもそも場所だってなかった。当社がサンフランシスコで契約していたシステム会社の社長で、パシフィック証券取引所から同じような仕事を受託していた私の友人ジェフ・スタインに、われわれがしようとしていることを相談した。つまり、自らハードウェアを購入して、それまで証券業界では試されたことがない業務の自動化を可能にするソフトウェアを独自に設計して搭載するという相談だったが、彼はそれを諦めるよう私を懸命に説得した。彼は「コストを考えてみてくれ。それに、うちにはプログラマーも技術者もいる。君たちは正気じゃない」といった。私は、ジェフの話を聞いて彼のいいたいことがよくわかってはいたが、結局、自分の考えているとおりに実行した。当社には選択の余地がないと思ったからだ。

私は、そうしないと生き残ることができなかった、というつもりはない。いずれにしても、その時点ではそうではなかった。それまでどおり、紙と鉛筆とテレタイプ機を使って、ジェフ・スタインの会社のような外部から限定的なデータ処理機能を購入していれば、もうしばらくはやっていけたと思う。だが、入念に検討し慎重に分析した結果、シュワブの可能性を広め、新規顧客を獲得し、そして何よりも自分自身がディスカウント・ブローカーに期待するようなサービスを顧客に提供する絶好のチャンスだと思った。私にとってそのチャンスをつかむことがすべてだった。会社の成長に直結することだった。それまで紙ベースの作業に忙殺されていたわれわれが、紙からコンピュータへとほぼ完全に移行する機会だった。私は、ただそれだけを考えていた。そういう文脈で、リスクを評価し受け入れた。私は愚か者ではなかったし、自暴自棄にもなっていなかった。ただ、支店からトレーディング・フロア、そしてバックオフィスまで、自動化され簡素化された素晴らしい新時代が到来するはずの新システムを導入して3カ月が経過しても、以前の倍の労力を投じる羽目になっているうえに、成果は半分というあり様だった。

理論的には、当社の新システムであるBETA（ブローカレッジ・エグゼキューション・アンド・トランザクション・アカウンティング）は、次のように機能した。顧客が電話をかける、あるいは来店する。担当者は注文をとり、取引所に直接接続されたコンピュータ・ネットワークに詳細を入力する。いまとなっては時代遅れになってしまったが、当時は本当に革新的だった。取引所では伝票が自動的に印刷され、かつてウェスタン・ユニオン経由で届いていた文書のように扱われた。取引が執行されるとわれわれは、その詳細を自社のシステムに入力し直し、顧客に電話をして確認した。そして当社の帳簿と顧客口座に取引の詳細が記録されると同時に確認書が印刷され、同日夜、顧客に郵送される仕組みだった。

証券取引所が独自の自動オーダー・システム（フィラデルフィアのPACEシステム、続いてパシフィックのSCOREX、最後にニューヨークのDOT）を開発するにつれて当社は、取引所と協力して直接自社のオーダー・システムをそれらに接続した（簡単に聞こえるだろうが、人の介入を要する旧来の規制構造と戦わなければならなかった。たとえば最初の頃、すべての注文を2階の端末の前に座っている1人の社員に転送し、その社員が端末の画面をみて、注文を1つずつ確認し「これは、よし」「これは、よし」といって、そのつど、送信ボタンを押していた）。BETAが、実際に当社に市場での優位性をもたらし、顧客のためにバリューを生んだのは店頭取引市場だった。当社はBETAにあらゆる主要マーケット・メイカーの競合するビッドを集めて、そこから最良の条件を選べるようにプログラムした。また、特定の銘柄については、大手マーケット・メイカーに対してNASDAQで提示された最良の価格（ビッドもアスクも）で注文を付け合わせると約束してくれれば、すべての注文を送るという取決めをした。それは個人投資家にとって、なかでも小口取引の投資家にとって画期的なことだった。

小口の個人投資家はそれまで、取引所と証券会社を利する法外なスプレッドを受け入れざるをえなかったからだ。しかし、BETAシステムは気まぐれだった。われわれが普段その場ですぐに処理できるような注文でも、当時のコンピュータの回路を通過するのに8分もかかることがあった。それでも、取引に伴うエラーの割合が予定どおり下がってくれれば、それほど障害にならなかっただろう。問題は、システムがさまざまな理由で頻繁にシャットダウンしたことだった。そのたびに、昔の手作業に戻らなければならなかった。そのうえ、システムが復旧すると今度は記録の照合に追われた。そうした状態が繰り返されたため、われわれ自身による記帳ミスが発生する機会が数え切れないほどになってしまった。取引エラーの割合は、低下するどころか10%を超えてしまった。

私は、ヒューゴとビルとの会議の時まで、つまり何カ月にもわたる計画と準備の期間と、信じがたくストレスが多い導入期間を通じて、うまくいくこと以外は考えないようにしていた。今日でも、システム全体をシャットダウンするなどとても考えられない。だが、ビルがそういうのであれば、同意せざるをえなかった。彼がテクノロジーの専門家だ。ヒューゴと私はビルの返事を待った。

たとえば、メリル・リンチのジョーという営業担当者がいたとして、彼が数百人の顧客を受け持っていたとしよう。コンピュータが登場する前であっても、この程度の数は手に余るほどではなかった。顧客の一人と電話をした時(おそらく、ジョーが顧客に電話をする場合のほうが多かった)、ジョーにとって、自分のファイルをチェックして顧客の口座内容を確認し、支払能力を測定し、証拠金要件が満たされているかどうかを確認することとは、比較的簡単なことだった。すべて注文を執行する前に行うことである。

一方、チャールズ・シュワブには、1978年末時点で、およそ2万人の顧客がいた。顧客はだれでも、いつでも電話をかけてきて、その時電話に出た担当者のだれとでも話ができた。また、電話のほとんどはサンフランシスコ本社に集中したが、多くは、拡張を続けていた支店網のどこかで口座を開設した顧客からの電話だった。仮に注文の照合に伴い、口座に資金がないことがわかった場合、顧客に電話をかけ直す必要があるが、その日株価が下がっていたら、顧客は注文を出したことを否定するかもしれなかった。そのような厄介な事態も時々あったが、幸いなことに、それほど頻繁ではなかった。

電話による顧客サービス対応について、問題解決に向けた最初の試みは、株価の照会、注文、顧客サービスのそれぞれに個別の電話回線を設けることだった。フリーダイヤルに電話をすると目的を聞かれ、その答えに応じて適切な部署に電話が転送される。大したことではないように聞こえるが、役に立った。私の娘のキャリーのような、外務員の免許を取得していない、株価を伝えるだけの担当者を採用できた。キャリーは16歳になった時にシュワブで働き始め、何年かの夏休みの間、株価照会担当デスクで働いた。

次にわれわれは、原始的なデータベースを構築した。それは本質的に、口座に関する基本情報を入力した当社の全顧客リストであった。毎日そのリストを更新し、新しいコンピュータ用紙にアルファベット順に印刷して、担当者全員の手が届くところに置いた。電話が鳴り、担当者は「こんにちは、バブコックさん、少々お待ちください」と答える。そして担当者はバブコックさんを待たせて「Bをくれ！」と叫ぶ。たしかに役に立つが、完全な解決策にはほど遠かった。

これが1978年の秋、パロアルトのリッキーズ・ハイヤット・ハウスで、経営陣による初のオフサイトを開いた時の当社の状況だった。リッチ・アーノルドが初めて、あの有名な2本線の成長グラフを発表したのはそこだったと思う。あのグラフは基本的に、われわれにはすでに身に染みていたことを示しているもので、中途半端な対応をしている場合ではないぞ、ということだった。当社は、目まぐるしい成長を遂げていたが、依然として顧客サービスがそれに追いついていなかった。記帳は穴だらけで、規制当局からの圧力は高まり、仕事量は尋常ではなかった。もう、たくさんだ!

われわれは、模索しているものが何かについては理解していた。どこにあるかわからないだけだった。私は、ビル・ピアソン、ピート・モス、ガイ・ブライアントの3人をその任務に就けた。彼らは仕様書を作成し、クォトロン、バンカー・ラモ、ADPといった証券業界のテクノロジー・アプリケーションについてなんらかの専門知識をもつあらゆる業者に送付した。仕様書の内容は次のようなものだった。顧客がどの支店で口座を開いたか、どのような方法で当社と取引をしているかにかかわらず、あらゆる顧客の情報を、1カ所にまとめて一覧できるリアルタイムのデータベースである。そのデータベースに基づけば、最初に電話に出た担当者がだれでも、顧客のあらゆる質問に答え、あらゆる要求に対応できる。われわれが考えていたのは、本当の意味でのリレーショナル・データベースだった。ちょうどその頃使われ始めたテクノロジー用語だ。業者は皆、同じようなことをいった。「まさに、それですよ。なぜいままで、だれも思いつかなかったのだろう。いますぐチームを編成して、3年以内に完成させます」。

それに対してピアソンは、「わかっていないな、3カ月以内に手に入らなければ、当社は仕事ができなくなっちゃうんだ」と答えた。

ADPの連中は明らかに、われわれのことを正気ではないと思っていたようだ。彼らはビルを説得してもっと合理的なスケジュールを受け入れさせようと、ちょっとしたプレゼンテーションを行った。もちろん、まだパワーポイントはなかったので、フリップに描かれたグラフと厚紙を使ったものだった。最初に彼らはビルに、アライグマの皮の帽子をかぶったパイオニアという名前の男の写真をみせた。次に彼らがページをめくると、再びパイオニアがいたが今度は背中に矢を打たれていた。彼らは、当社もこういう目にあわないように気をつけろ、といいたかったようだ。

その後ビルは偶然、テクノロジーを活用して成功を収めたというミルウォーキーの小さな証券会社であるブラント・エリス・アンド・ローウィの話を耳にした。彼は同社を訪問してみることにした。同社の見事な点は、証券マンが第一で、テクノロジー・オタクがそれに従う、というところだった。彼らは、当社が求めているものに近いプログラムを独自に開発していた。それは、本当の意味でのリレーショナル・データベースで、われわれが重視するデータ・フィールドのほとんどを網羅していたが、彼ら独自のニーズにあわせたバックオフィス・システムであった。つまり、信用取引、配当、コーポレート・アクション、出納のそれぞれの担当者のために設計され書かれたプログラムであり、当社のようなリテール事業への適用を意図したものではなかった。しかしビルは感心し、彼らのやり方が気に入ったのだった。当社のニーズに沿って応用できると考えた。そこで彼は「こちらでフロント・オフィスのアプリケーションの仕様を書くから、君たちはコードを書いてくれ。われわれがそのコードを買って入力して稼働させ、バグを探して処理したうえでコードを返すから、君たちはそのコードを君たち自身の目的に使える」というオファーを出した。しかも彼は、12月31日（その時すでに10月だった）を期限とし、1979年6月30日に完全稼働開始を目標にしたのだった。ブラント・エリスの連中は、可能だと思う、という答えを返してきた。われわれはその案件の条件について大筋で合意して作業を開始した（だが、その後間もなくブラント・エリスは価格を上げてきた。ビル・ピアソンは、私がその頃に受けた取材がウォール・ストリート・ジャーナル紙に引用されたせいだ、と私を責めた。記事をみたブラント・エリスの連中が、われわれを大物と勘違いしたとのことだった。ピアソンは激怒し、契約書への署名がすむまで、私が記者の取材に応じることをやめさせた）。

一方、リッチ・アーノルドは、会社のスペースがどれくらい必要になるかをじっくりと検討していた。1978年の終わり、当社がモンゴメリー・ストリート120番地にある建物で占有フロアを追加して、使用スペースを1・5倍に拡大したその日、リッチはビル・ピアソンのオフィスにやってきた。彼は「君が新しいコンピュータ・システムのことで忙しいことは知っているが、いま、数字を出してみたところ、ぜひ、聞いてほしいことがある」といった。彼がオーストラリアなまりで話した結論とは「九カ月先を考えると、われわれはもうこの建物で別の階は必要ではない。必要なのは建物だ。建物丸ごと1棟だ」ということだった。

そうして当社は、同時に2つの遠大な施策に取り組むことになった。それらは、データベースと会計システムについての唐突な全面転換（ガイ・ブライアントはそれを金融サービス版「心臓と脳の移植」と呼んだ）と、経営本部と事業本部の唐突な全面移転だった。さらに、リッチはセカンド・ストリートに気に入った建物を見つけてきた。ただ、その建物はまず、マーケット・ストリートの南、つまり、それまで証券会社はどこも足を踏み入れたことがない、金融街から離れた場所にあった（われわれは、移転する前からすでによそ者ではあったのだが）。また、広々としているがとても古く、なかをぶち抜いて改装し、回線を全部収納できる近代的な通信スタックを設置しなければならなかった（実際の住所はセカンド・ストリート39番地だったが、市にかけあって、より聞こえが良いセカンド・ストリート1番地に変えた）。2つの取組みはとても重いストレスがかかり、とても金もかかる作業だった。すでにいったと思うが、われわれは資本も不足気味だった。

だが、こうした問題を抱えることができるというのは好ましいことでもあった。創業からわずか3年しかたっていないにもかかわらず、そうした問題はすべて急成長が原因だったからだ。1978年の末までに、13の支店を開き250人の社員がいた。売上げは1977年から110%増加して1000万ドルに達し、純利益は100万ドルに近づいていた。当時ディスカウント・ブローカーを全部集めても依然として市場全体のごく一部（おそらく5%程度）を占めるにすぎなかったが、当社はシェアを伸ばしていた。公平かつ低コストで価値が高い証券取引サービスのニーズを疑う者がいたとしても、その疑いは消え去っていた。私を最も驚かせたのは、当社の成長はすべて、物価上昇率が高く、金利は2桁台で、株式相場が低迷している時期に達成されたということだった。当社は明らかに、アナリストたちがいうところの、一般的な米国人の投資に対する考え方が本格的あるいは長期的に変化している、その真っただ中にいた。そして、私の予想どおり相場が回復した時には、当社はそれまでに勝る勢いで成長するのだった。

仕事のペースや需要、市場の圧力をはじめあらゆることが、それまでにも増して過酷になっていた。スタートアップ企業のままで運営を続けるには4年は長かった。いま振り返ってみると、いったいどうやって生き残ったのかわからない。浮き沈みも多く、そのために多くの顧客を怒らせ、失った。私にとって確かなのは、あの時にコンピュータ・システムを一新し、より広い場所に移転する計画を実行する以外に選択肢がなかったという点に疑う余地がない、ということである。それは自分が望んでいたことであり、顧客が要求していたことでもあった。それが正しかったということは、その後の当社の驚くべき成長をみれば一目瞭然だ。市場は当社のアプローチが正しいことを証明していた。将来の成長の可能性は限りなかった。だが、そのためには早急に準備を整える必要があった。そうした状況にあっては、必要ならば何でもしなければならない。

1979年の春、当社はIBM360のモデル50を配備した。360／50はテクノロジー史上画期的な、メインフレーム・コンピューティングに向けた巨大な一歩と評されていた。ただし、1964年の出来事だ。当社は、その発売から15年後に中古品（CBSが選挙結果の予測に使っていたものだが、その予測はいつも正確なわけではなかった）を買ったわけだ。トグルスイッチ、大きな黒い取っ手、点滅するライトがちりばめられた巨大なコントロール制御装置を想像してみてほしい。冷蔵庫ほどの大きさのガラス張りのデータ・ストレージ・ボックス、15インチのリールで風車のように回転するテープ、そして至るところを走るワイヤー。それがすべてセカンド・ストリート1番地にある建物の3階中央のプラットフォームの上に据えられていた。

そして、ソフトウェアのインストールさえ終わっていなかったのに、われわれは規制面での障害に直面することになった。NYSEはすべての証券会社に対して、過去7年分の注文伝票の保管を義務づけていた。それ自体はかまわない。問題は当社の新しいシステムの主なる利点の一つが、業界初の仕組みとして、注文を紙に書き留めてテレタイプ機のオペレーターに渡すという作業をせず、直接入力できることにあった。幸いビル・ピアソンは、そもそも規制には注文伝票の発出を義務づける明示的な要件はなく、当社としてはそもそも所有していないものを保管できるはずがない、としてNYSEを説得した。

それまで証券会社にとって、顧客からの訴訟を解決するために注文伝票を保管しておくことは賢明なことだった。注文から執行、そして決済に至るまでに、取引が不成立になる理由はいくらでもあった。ただ、顧客と電話でやりとりをしている営業担当者にしてみれば、そんなことなど考えたくもないことであった。注文をとることに集中したかったからだ。それがウォール・ストリートのビジネスのやり方であり、10％に近いエラーは普通だと思われるようになった理由でもある。当社はそれを改善できると思った。当社の目標は、最初に注文を入力し、後は自動化することによってエラーを減らすことだった。

当社のシステムは、顧客がどの銘柄を保有しているか（したがってどの銘柄を売ることができるか）を記録し、口座のキャッシュ残高を認識し、買付余力を計算し、オプション取引の許容度を測定することができた。われわれが注文を執行する以前に知る必要があるすべてのことだ。新システムを導入する前でも、当社の「取消・再請求」と呼ばれるエラー率は平均6％と非常に低かったが、われわれはそれをゼロにすることを目指していた。

システム変更も伴う本社移転を実施するその週末は、皆全力を投じた。モンゴメリー・ストリート120番地とサター・ストリートの両方のオフィスを金曜の大引け時に閉鎖して、翌月曜の朝、セカンド・ストリート1番地の新社屋で業務を開始する計画だった。そうすれば当社は、業務を中断せずに週末の2日間をかけて、旧式のペンと紙だらけの証券会社から近代的な電子化された会社へと転身を遂げることができる。私は、ビル・ピアソンが司会をし、15人から20人が出席した土壇場のミーティングのことを覚えている。彼は「もしこれを実現できないと思う者がいたら」と厳しい目で部屋を見回し「いますぐここから出て行ってくれ。士気が下がる」といった。

ケーブル会社が木曜日に来て、メインフレームから通信スタックを経由して、建物の部屋全部と1階の支店に配線をした。翌日、ビル・ピアソンとリッチ・アーノルドが出社して、机上の端末（数十台あった）を接続してシステムをテストしようとすると、彼らはプラグに貼られたラベルが正しくなかったことに気づいた。どのスクリーンがメインフレームのどのポートに接続されているのか、まったく見当がつかなかった。ピアソンとアーノルドはその日、夜まで机の下を這い回り、ケーブルをたどってプラグのラベルを直し、テスト・メッセージをやりとりして、うまくいくことを確かめた。だが、まだそれは、さほど大変なことではなかった。いまでもリッチ・アーノルドは、彼が日曜の夜中に、寝ているウェスタン・ユニオンの社長をたたき起こしていなかったら、月曜の朝に開店することはできなかったと言い張る。旧システムではウェスタン・ユニオンが、当社のトレーディング・デスクを取引所のフロアだけでなく、多くのマーケット・メイカーにリンクしていた。BETAはウェスタン・ユニオンを迂回したが、われわれは、コンピュータが故障した場合のBETAのバックアップとして、旧テレタイプ・システムも並行して運営しようと考えていた。ウェスタン・ユニオンと直接つながっている回線がなくては、業務を開始できなかった。われわれはその作業をわずかな時間でぎりぎりに終わらせた。

こうして新しい建物に引っ越し、新しいコンピュータの電源を入れた。ところが、その途端にわれわれは、まったく新しい問題に直面し、何カ月にもわたって悩まされ続けた。相場が好調だったおかげで、とにかく忙しかった。コンピュータはやたらに大きいだけで、のろまでバカだった。25年前でもそれくらいはわかった（計算処理機能なら、最近はスマートフォンのほうがよほど役に立つ）。しかもわれわれは経験不足だった。コンピュータ・システムを稼働するのは初めてで、だれもが実戦を通じて学んでいた。たとえば、複数の段階を踏むプロセスの一部だけを自動化してもむしろその先で作業が滞るということがわかった。新しいコンピュータは、なんとも気の利いた取引報告書を印刷してくれたが、それを確認して（最初は、コンピュータを信用していいかどうか確信がなかった）封筒に詰めるのは、われわれの仕事だった。私自身もできる限りのことはしたつもりだったが、率直にいって、時にはそれが裏目に出たこともあったと思う。たとえば、株式の配当が正確に口座に反映されることを確認するための照合作業は面倒な作業で、私は得意ではなかった。その時点で当社のCFOになっていたリッチ・アーノルドは、私が廊下を歩いているとで呆れたように「チャック、バタバタしている配当部からは出て行ってくれないかな」といったものだ。

社員たちは、週に80時間も働いていた。ガイ・ブライアントなど、最初の子どもが生まれた日は、25時間にわたって妻の陣痛と分娩に付き添った後、真っすぐ会社に戻ってきて取引の照合作業をした。ガイは夜、（赤ん坊の泣き声に加えて）われわれが直面している課題がいかに大きいかを考えて睡眠不足になっていた。

ヒューゴと私がビル・ピアソンに会いに行ったのはその頃だ。私はしぶしぶ彼に、一息ついたほうが賢明じゃないか、と聞いた。ビルにはだれよりもよくわかっていたことだが、われわれの問題は後戻りできないことだった。昔のやり方は、不確実で誤りだらけだった。ＢＥＴＡシステムは、いろいろ欠点はあったが、新たな時代の始まりだった。われわれの未来だった。ＢＥＴＡを成功させなければ生き残れない。それがわれわれの答えだった。ＢＥＴＡはシャットダウンしない。

数年後ついにＩＢＭ３６０を処分し、データ処理担当者のジェリー・チャルマーズが理事を務めるサンフランシスコのグライド・メモリアル教会に寄付した。教会はそれをリサイクルしてお金を手に入れたが、その手間が報われるくらいの金額にはなったようだった。処分した360にかわって次世代モデル370を入れた。取り替えてよかった。また、1980年代初期の一時的な相場の低迷もわれわれの過労が減じられるという点で助けになった。ようやく、新しいシステムをコントロールできるようになった。それ以来当社は、後ろを振り返ることはなかった。競合他社よりずっと早く業務を自動化したことによって最初は犠牲を払ったが、それが梃子になってその後の大きな成長がもたらされた。当社の取引エラーは最終的に1%未満と、業界で群を抜く低水準に至った。コストも大幅に低下した。そして何よりも、当社はその後の持続的な成長を支えるテクノロジーの枠組みを備えることができていた。

そうした初期の経験がわれわれに、その後、他社との差別化の手段となるテクノロジーに対する自信を与えた。その教訓をもとにわれわれは、何十年にもわたって時代の先端を行き、1990年代半ばにインターネットが爆発的に普及した時には、それに対応する体制を整えていた。

BETAがいかに先進的であったかが、数年後の1985年にあらためて証明された。当社で情報システムを担当するエグゼクティブ・バイス・プレジデントのリッチ・アーノルドとウッディ・ホブスは、近代的な支店の機能のあり方について定期的に検討を重ねるプロジェクトに取り組んでいた。その一環としてＩＢＭの施設を見学することになり、同社の証券業界担当チームに会うためにニューヨークを訪れた。当社は長年にわたってＩＢＭの顧客だったが、われわれの業界を専門とする調査グループがあることを知ったのは、それが初めてだった。期待できると思った。

そして、リッチとビルはウォール・ストリートにあるＩＢＭのオフィスを訪ねてプレゼンテーションを受けた。２番目のスライドには、いつの日か、証券会社の営業担当者が端末に座って、紙の伝票を作成せずに注文を執行できるシステムを構築する、というＩＢＭの計画の説明があった。１９８５年のことだ。リッチ・アーノルドは信じられなかった。その頃、当社は数十社のベンダーの助けを借りて、全米を網羅する光ファイバーのネットワークを構築していた。全米に広がる各支店のすべてのワークステーションがネットワークに接続され、保管されている同じデータにアクセスすることができた。モンゴメリー・ストリート１０１番地に、中央でネットワークを管理するコントロール・ルームがあった。しかも当社は、コンピュータの効率性だけに着目する段階を超え、コンピュータを操作する人間の効率性に注目する、技術革新の第２段階に進んでいた。リッチ・アーノルドは、椅子から跳び上がるように「ちょっと待ってくれ。このミーティングは中止だ。うちがサンフランシスコでしていることを知らないのか？」といった。彼らは、何も知らなかった。

シュワブはなぜ、会社の存在意義とその運営の方法論を首尾一貫して決定づけるものとして、それほど早くにあれほど大がかりなテクノロジーを取り入れたのか、と聞かれることがよくある。ある意味で、必要は発明の母である。とにかく効率性を高めずには、生き延びることができなかったのだ。シュワブを創業し、コミッションを75%ディスカウントした頃は、ただ漠然とうまくいくと思っていたが、いずれボリュームをこなす必要があることはわかっていた。また、会社の所在地も要因の一つだった。サンフランシスコに隣接するシリコンバレーは、テクノロジーの中心地だった。テクノロジーを取り入れることは、出産と同じくらい自然だと考える人々に囲まれていた。それはわれわれにとって、空気のようなものだった。

第12章

きりがなく、また、絶え間なく苛立たしいこと

ラリー・スタプスキーが、1980年2月に当社で働き出した頃のことでよく口にする話題がある。ラリーが本当だというなら、私は反論しない。私はラリーを、表向きはサンフランシスコ支店長として雇ったが、実はそれは一時的なつもりだった。私が本当に求めていたのは、タフで頭の切れるCOOだった。証券業界を知り、私にない経営のスキルをもち、会社を代表して他社と渡り合える人物だ。1980年までに当社は、14州に22の支店を開設し、9万人の顧客と13万の口座を有し、顧客預り資産は6000万ドルに達していた。これらはすべて、創造性と想像力に富む一方で、骨格や具体性、計画性に富んでいるとはいえないシュワブの起業家カルチャーの副産物だった。だが、われわれの小さな反逆的な会社は、急速に成長していた。成長した会社として振る舞うべき時期が来ていた。そのために私は、ラリー・スタプスキーを雇ったのだ。彼は、支店長としては、それはひどいものだったが、まさし

く私が探し求めていた将来のＣＯＯだった。

ラリーは、極端に分析的で、せっかちとは程遠かった。彼は、私の申し出を受け入れる前に、３つの的を射た質問を私にしたことを覚えていた。「業務運営上の問題はありますか？」という質問に、私は「ノー」と答えたと彼は言い張った。決して嘘はついていない。おそらく私は楽観的だったのだ。不幸なことに当社は、それから2カ月もしないうちにフィラデルフィア証券取引所の調査を受けることになった。「儲かっていますか？」という質問に対して私はイエスと答えたようだ。だが、その後間もない１９８０年４月、当社は自己資本の10％に相当する30万ドルの損失を出した。私がいえることは、利益がいずれ出ることを確信していたことだ。ただ、それが正確にいつになるのかわからなかったのだ。そして最後に「株式公開の予定はありますか？」と質問された。もし私が、ラリーがいうようにノーと答えたとしたら、その時は本気にノーと思っていたに違いない。だが、当社ほど急速に成長していれば、計画は変わる。ラリーがシュワブで働くことを決めた理由は私のあのような答えだったのだろうか。私にはわからない。申し訳なかったとは思っていない。彼は正しい選択をし、１９９７年に引退するまでシュワブで働いた。

私がラリー・スタプスキーをどのようにして見つけたかは、またまったく別の話だ。それは、私がこれまでさまざまな転機において、いかに幸運だったかをあらためて語っている。当時、私はヤング・プレジデンツ・オーガニゼーション（ＹＰＯ）に所属していた。ＹＰＯとは、社交を通じて互いに学び合う素晴らしい起業家の集まりだった。私はある時、夕食会に出席し、当社で業務運営を担当してくれる人材を探していると話したところ、だれかが地元のリクルート会社を紹介してくれた。次の日出社し、会社の名前は思い出せなかったが、たしか２つの姓が並んでいるように聞こえたというと、それをもとに秘書がイエローページを調べて、コーン・フェリーという会社を見つけて電話をかけてくれた。後でわかったことだが、コーン・フェリーは実は紹介された会社ではなかった。ともかく同社は、２人のリクルーターを送ってきた。そのうちの１人がトム・シープだった。私はトム（後に当社の社員になった）に、どんな人材を探しているかを伝えた。それは支店長候補であるが、将来、組織全体を管理する能力があるような人材でもあった。証券業界の経験がある有能な管理職で、従来のやり方に縛られない人。各自が強い意志の持ち主で（私自身を含めて）、なんらかの理由で従来の企業にあわない多様な幹部の集団を管理することができる、勘が鋭く合理的なリーダーだ。それと、引越しの費用を払う余裕がなかったので、地元の人間が好ましかった。

トム・シープには自信がなかった。サンフランシスコは当時まだ、ディーン・ウィッターとバンク・オブ・アメリカをはじめとするいくつかの大手金融機関が本社を置いていた街とはいえ、ウォール・ストリートからは遠く離れていた。加えて、業界の主流ではなく、不当ながら評判が必ずしも好ましくない無名の会社に、自分の人生を賭けることをいとわない優秀な候補者を見つけることは、ほぼ不可能であることを彼は知っていた。私にとって、ウォール・ストリートが機会があるごとに当社のサービスをけなし、生き残りを疑っていることは決して驚きではなかった。当社は、旧来の保護された秩序のもとで繁栄してきた大手証券会社にとって共通の敵だった。時がたつにつれて当社がより堅実で評判の高い会社になると、より堅実で評判の高い社員をリクルートできるようになった。だが、何年もの間、われわれが最も必要とした人材は、当社のような会社で働くことなど考えもしない人々だった。私が思いつく唯一の例外は、1970年代後半に、ディーン・ウィッターから経験を積んだ信用取引の担当者たちを雇ったことだ。ディーン・ウィッターは、当社から通りを挟んで真向かいにあった。その直後にディーン・ウィッターの人事部長のベン・イートンから電話があった。彼はたまたまヘレンの継母の兄弟だった。彼は、私が同社のCEOをかんかんに怒らせてしまったと知らせてきて「これ以上、社員を横取りするな」と忠告した。私は、必要以上に周囲の大手を怒らせたくなかったので、彼の忠告に従った。

1週間ほど過ぎたある朝、トムがいうには午前3時に、彼は目を覚まして起き上がり、声を出して「だれか適任がいたぞ、でも名前を思い出せない」といったとのことだった。トムは、サンフランシスコの25マイル東に位置するウォルナット・クリークというオークランドの丘のはるか彼方に住んでいた。1時間もしないうちに彼は、薄暗いトランス・アメリカの建物にある自分のオフィスの床にあぐらをかいて座り、履歴書をパラパラめくっていた（トムは名前を覚えるのが苦手だったが、履歴書の中身は決して忘れなかった）。彼が引っ張り出した履歴書は、奨学金でプリンストン大学とイエール大学ロースクールの両方を卒業した男、ラリー・スタプスキーのものだった。ウォール・ストリートの難民（ラリーは、ニューヘイブン鉄道に乗ってフェアフィールド郡から長時間通勤することが嫌だったのだ）である彼はいやいや、クロッカー・ナショナル・バンクとブラッドフォード・コンピュータ・システムズの合弁会社で、サンフランシスコに本社を置くウェスタン・ブラッドフォード・トラスト・カンパニーで働いていた。

ラリーがいうには、彼は西海岸に引っ越した時に200通の履歴書を送付したが、返事をもらったのは1年後にたった1つ、トム・シープから受け取ったものだけとのことだった。ラリーに返事が1つしか来なかったことについて、私が思いつく唯一の理由は、彼はネットワーキングがとにかく下手だったことだ。彼が優秀な支店長でなかったのも、おそらくそのせいだろう。ラリーは、自分と同じように聡明でない人間に対して我慢がならなかった。あまり笑顔をみせず、周囲を緊張させる傾向があった。それでもかまわなかった。彼は、前線で業務を統括するマネージャーとして卓越した技能を発揮し、そうした自分の欠点を補って余りある仕事をした。入社して数カ月もたたないうちにラリーは、サンフランシスコの支店を数人の部下に任せて、午後を本社役員室で過ごすようになっていた。そして1981年9月には、プレジデント兼COOになっていた。彼を発見したのは偶然であり、一連のありえないような出来事が原因だった。ラリーはよく私が幸運だといったが、それはたしかに正しかった。

1980年の初めに、私が本当にラリーに対して株式公開の予定はないといっていたとしたら、その日は、私がほかの資金源（おそらく実現しなかった資金源だが）に大きな期待を抱いていたからに違いない。資本調達はきりがなく、また、絶え間なく苛立たしいものだった。当社の自己資本は小さく、われわれは業界における巨人の群れに立ち向かっているようなものだった。彼らのいずれかでもこちらの土俵で直に立ち向かってくれれば、一瞬にしてわれわれを押し潰すことができた。加えて、当社は急速に成長していた。成長はキャッシュを消耗する。新規口座を獲得するための広告とマーケティング、開設後の口座の維持管理、そして業界の厳格な自己資本比率要件の遵守――投資家を保護するために必要とされるのは明らかだが、当社にとっては非常に大きな負担だった――のすべてにキャッシュが費やされた。そうしたキャッシュ需要を十分に満たす売買コミッションがそのうち入ってくると思いたいところだが、新規口座はすぐには利益を生まない。つまり、成長を続けたければ、ほぼ休みなく資本調達を続けなければならない。今日、ベンチャー・キャピタル・ファンドやプライベート・エクイティが新たな資金源として定着し、新設の企業にとっては資金調達がずっと容易になったと思う。当時は、ウォール・ストリートが資金源を牛耳っていて、われわれはウォール・ストリートの寡占状態を破壊しようとしていたこともあり、彼らは必ずしも先を争ってわれわれを助けるようなことはしなかった。

思いつく限りのことをやってみた。何度も自分の家を抵当に入れた。自社株を社員全員に報酬の一部として払い、できれば1株20セントでもっと自社株を取得するよう奨励した。顧客にも自社株を勧めた。それは、当社のサービスを利用し当社を信頼している者なら当社に投資をしたいはずだ、という理屈に基づいていた。もちろん、だれか出資者がいれば、その自宅の近くに支店を開設することを申し出るつもりだった。

だが、それでも不十分だった。当社の初代CFOであるリッチ・アーノルドは、自分の初期の仕事を「借入れでの資金調達、株式での資金調達、借入れでの資金調達、株式での資金調達」という周期の限りない繰り返しだったと述べている。そうした資本調達は、いずれも型どおりのものではなかった。ベンチャー・キャピタルはわれわれを拒絶した。多くは、常にわれわれを潰そうとしている大手証券会社のアドバイスを受けていたことがその理由の一つだ。銀行は、創業してどのくらいになるのか、競争相手はどのくらいいるのか、ディスカウント・ブローカーとは具体的に何なのか、などとわれわれを懐疑的にみていた。そして、いつも一寸先には、新たな危機が待ち受けていた。一度、年配の顧客に9000ドルと間違えて9万ドルの小切手を書いてしまったことがあった。彼女はそれを換金してしまい、われわれはずっと後になるまでその間違いを発見しなかったので、回収できるまでにかなりの時間がかかった。そのような出来事一つでも、われわれは危機的な状況に陥った。

ようやく1980年の初めに、当社は株式公開を試みることを決定した。それは起業家にとってむずかしい一歩だ。一度開けたら決して閉めることができない、衆目による監視と説明責任への扉を開けることになるからだ。だが、私はまったく気にならなかった。当社には隠し事をする理由はなかったし、実際、財務の透明性が高まることはプラスだと思った。もし当社が、他の証券会社（その時点で株式を公開していたのは、1969年のドナルドソン・ラフキン・アンド・ジェンレット、1971年のメリルの2社だけだった）とは異なり、本気で利益相反をなくすつもりであり、本当に投資家のニーズに応えることを唯一の目的としているのであれば、財務を開示することをおそれる必要があるだろうか。隠すべきことは何もないはずだ。

さらに、私には、IPOをマーケティングのツールとして活用する考えがあった。コミッションをとらずに自社の顧客に直接、株式を売り出すことができると思った。顧客こそが、市場において当社の最も強力な支持者であり、最強の営業担当者になりうると考えた。私は、目論見書の全文をだれもが読めるようにウォール・ストリート・ジャーナル紙に掲載することも検討した。そして最後に、非難を浴びることは間違いなかったが、チャールズ・シュワブ社が自ら単独でIPOの引受幹事を務めることにした。つまり私は、IPOにおける投資銀行の、公開される株をいったんすべて購入してから投資家に分売するという伝統的な役割を排除するつもりだった。

だれもそのような方法で大規模なIPOを行ったことはなかったし、知名度の高い金融サービス会社であればなおさらそうだった。それは、大手の投資銀行に膨大な手数料収入をもたらすプロセスを迂回することを意味した。目論見書の全文をウォール・ストリート・ジャーナル紙に掲載するなど前代未聞だった。われわれは法律を調べ、法律顧問たちは皆心配しつつも、おそらく可能だ、との結論を出した。ところがすぐに、投資銀行をIPOのプロセスから完全に切り離すことは不可能だということがわかった。自ら引受幹事を務める場合もやはり、全米証券業協会（NASD）の会員証券会社によるサードパーティが、売出しの価格を設定する必要があった。われわれは地元の小さな会社を2社選んだ。私には、自分の会社のIPOにウォール・ストリートの大手を関与させる気はなかった。彼らも関与したくなかったに違いない。その時点で当社は、もはや大手が無視できない存在になっていた。シュワブを筆頭にディスカウント・ブローカーは全体で、リテール市場において推定8%のシェアを占めていた。それもあって大手はますます、当社に対する攻撃の決意を強めていた。それが、当社が1980年代半ばまで、業界団体である米国証券業協会（SIA）の会員にならなかった理由だったといえる。SIAに反発するつもりは毛頭なかった。私はただ、業界でそれなりのプレゼンスを確立するまで、SIAは当社の利益を代表する団体ではないと思っていた。

そうして、当社の価値について外部の意見を聞くことになった。もちろん私自身、確固たる意見をもっていた。120万株を1株4ドルで売却して480万ドル調達するつもりだった。ちなみに、それはすべて事業を拡大するための資金であり、また、私は自分の持分を換金するつもりはなかった。だが、私は当てが外れることになる。簡単にいえば、全面的な開示を哲学的に支持していたが、実際にその実務を体験するとなると話は別だった。しかも、それは1980年の春だった。われわれは依然として、新しいBETAシステムの導入に苦戦していた。注文執行のエラー率は、手数料収入の10・5%、すなわち100万ドル超で最悪な状況に至っていた。それは当然、目論見書に記載される。いまだから認めることができるが、振り返ってみると、当社は明らかに公開する準備ができていなかった。それでも私は、自分が熱意をもってその将来を信じる会社に、自分が公正だと思う価格がつくという希望を捨てようとはしなかった。

いよいよ、いわゆる公開価格決定会議が始まった。準備作業は99%完了し、IPO案件は最終化される見込みだった。私は、弁護士や投資銀行家たちの向かい側に座り、彼らの一人が私に1枚の紙を渡した。数字だ。私はそれをみて、何もいわなかった。私はただその数字をにらんでいた。2ドル75セントだった。私は立ち上がって部屋を出た。

そうして、私のチャールズ・シュワブ上場の最初の試みは終わった。繰り返しになるが、一般に幅広く投資を呼びかけるには、本当は時期尚早だったのではなかったかということを、私は認める。われわれはまだ業務運営上の問題と戦っていた。だが、ある意味で、あの時に精査が行われたのは幸運だった。その6カ月前であれば、発見された問題はより深刻だっただろう。当社は即刻、資本の増強、もしくは会社の清算を強いられていた可能性が高い。

IPOの失敗は、必要な資金を調達できなかったという以上に、大きな痛手だった。目論見書に記載された事柄をみて私は自分が恥ずかしかった。それは、ディスカウント・ブローカーに対する一部の疑念を裏付けるものだったからだ。マスコミが群がってきた。ビジネス・ウィーク誌は1980年8月18日号に「新興産業の勝者のデビューとうたわれしものは、きまりの悪い結末を迎えた……」「関係者の間では、このあっという間の逆転劇は業界に深刻な打撃を与え、信頼できる業界として金融市場の主流への仲間入りを果たすという希望は長期にわたって先送りされ、場合によっては打ち消されたとの観測が多い」と報じた。

幸い、われわれにとっても、そしていうまでもなく世界中の個人投資家にとっても、当社に関するビジネス・ウィーク誌の悲観的な見方は、完全に的外れであることが明らかになる。私はその記事をみた時、嬉しくはなかったが、絶望的な境地に立たされたわけでもなかった。私は、われわれの業界が必ず生き残ることと、将来、ディスカウント・ブローカーの時代が訪れることを確信していた。かなり前から、私にはそれがはっきりしていた。コミッションを大幅に引き下げ、伝統的な証券会社のモデルに内在する利益相反を指摘することによってディスカウント・ブローカーは、個人投資家をまったく新しい世界に導いた。それは、一目瞭然だった。後戻りはできなかった。そして業界における当社の座は不動であることを、私は知っていた。私はすでに別の資金源を用意していた。私の救世主は、ＹＰＯを通じて知り合った親友で、起業家仲間のトニー・フランクだった。トニーは後に、初代ブッシュ大統領のもとで郵政長官になったが、当時はサンフランシスコの銀行家だった。彼は、シティズンズ・セービングス・アンド・ローンという金融機関をピッツバーグのナショナル・スチールに売却したばかりで、ナショナル・スチールの取締役だった。私は、ナショナル・スチールが投資機会を探していることを知っていた。ＩＰＯの価格に不満だった私は、トニーに電話をした。私は彼と会って「どうしても資本が必要だ。当社は驚異的に成長しているんだ」と話した。

すると彼は「もっと話を聞こう」と答えた。

私は「当社の持分20％を４００万ドルで売却したい」と申し出た。

トニーは瞬きをしなかった。そして、おそらくもっと複雑なことをいっていたと思うが、私が覚えている限りでは「よし、わかった」だけだ。ＩＰＯに関して面倒な作業が多かったこともあって、それは、とても簡潔でわかりやすい取引のように思えた。トニーは、私の提案する案件をそのまま受け入れるよう、ナショナル・スチールを説得してくれた。

チャールズ・シュワブはそうして、将来に向けての戦いに必要な資本を調達した。そしてナショナル・スチールは、すぐ明らかになるが、短期間で非常に高い投資リターンを享受することになった。

第13章

資本と信頼の獲得

トニー・フランクによるナショナル・スチールからの出資にはおおいに助けられた。だが、ほっとしたのも束の間、キャッシュの需要は高まる一方だった。皮肉なことに、成長は、成功の証であり当社のサービスが人々に求められていることを示す一方で、創業間もない会社にとっては恒常的な資本不足をもたらす。ありったけの利益を再投資しても十分ではなかった。

私がこの新しいビジネスを始めておよそ5年が経過した時点でも、会社の成長の勢いは、われわれが資本を捻出する能力を上回っていた。そうした成功を収めることは素晴らしいことのはずだが、私は不安でたまらなかった。われわれは常に、将来の需要を見越して資本を探し求めた。そして、カリフォルニアに本社がある以上、おのずと、資金源をバンク・オブ・アメリカに求めることになった。

1904年、A・P・ジャンニーニによってバンク・オブ・イタリーとして創設されたバンク・オブ・

アメリカは、その時、全米第2位の銀行になっていた。資産規模は1200億ドル、カリフォルニアの至るところに支店を置く世界で有数の金融機関であった。近隣の、同じくサンフランシスコを本拠とするウェルズ・ファーゴ・バンクと激しく競っていたが、バンク・オブ・アメリカは庶民の銀行であることを誇りにしている点が、私は気に入っていた。地元のどこの町に行っても、中心街の目抜き通りの角にあるのは、バンク・オブ・アメリカだった。バンク・オブ・アメリカは、20世紀の大半を通じて、カリフォルニア州の堅強な経済の構築に貢献した。ゴールデン・ゲート・ブリッジの建設資金を提供し、本社としてサンフランシスコで最も高いビルを建て、ベイ・エリアで、金融面のみならず、市民の生活の中心となっていた。

ピート・モスは、当社がすでにインペリアル・バンクから融資を受けている劣後ローンを補充するため、バンク・オブ・アメリカと劣後ローンの借入れを交渉していた。劣後ローンは、自己資本比率の計算上、追加的なクッションとして非常に役立った。バンク・オブ・アメリカから700万ドルという多額のローンを受けることは、当時のわれわれにとって一大事だった。

1981年9月、ピートは私のところに驚くべき知らせをもってきた。バンク・オブ・アメリカの態度が変わってきたというのだ。バンク・オブ・アメリカは、当社について知れば知るほど関心を高めており、ローンどころではなく、シュワブを買収したがっているとのことだった。

われわれのように、マーケット・ストリートの目立たぬ場所にある古いビルに入居していて、いつなくなるかわからない（そうなってもだれも気づかない）ような、生まれたての業界で業務を行う小さな会社にとって、バンク・オブ・アメリカが買収を考えているなんて信じがたいことだった。それまで、私のバンク・オブ・アメリカとのやりとりといえば、事業ローンの申請だけで、それもいつも断られていた。実際、われわれはだれにも相手にされなかった。というのも、ほとんどの銀行は、取締役会がフルサービスの証券会社とつながりがあったためだ。彼らは、新参者の競争相手に援助の手を差し伸べようとはしなかった。

私はシュワブを売るつもりはなかった。実際、私はどこかの系列には絶対になりたくなかった。とはいえ、自分の会社をバンク・オブ・アメリカのような定評のある立派な組織に売却するという、突如として湧き上がった思いがけない話には、興味をそそられたばかりか、スリルさえ感じたことは認める。第一に、われわれの資本に関するあらゆる悩みが解消される。IPOを中止した後、トニー・フランクのナショナル・スチールとのつながりを通じて、私募市場で400万ドルを調達することができたのは幸運だったが、すでにその資金は底をついていた。当社は成長を続けていた。信用取引口座を開いて取引をしたい大口顧客のニーズを満たすために、われわれは常にぎりぎりまで資金を借り入れていた。また、ディスカウント・ブローカレッジ業界が徐々に成熟するにつれて、当社は小規模な競争相手を買収する立場になっていた。業界は再編の時期を迎えていた。私は、買収を通じて成長機会が増えることを知っていたので、その時に備えておきたかった。

私はまた、両社の結び付きが金融サービスの世界に幅広く、何よりも消費者に対して伝えるメッセージを気に入っていた。IPOが失敗に終わった後、われわれはマスコミにたたかれ、業界や投資家の間には、当社はいまだ主流の仲間入りをする準備ができていないという認識が生じていた。しかし、まさにその時、世界最大の銀行の一つが当社を買収したがっていたのだった。

バンク・オブ・アメリカがわれわれに買収意欲を感じているという事実だけでも、私にとって、私の会社にとって、そしてディスカウント・ブローカー業界全体にとって、真価を実証するものであった。われわれは、たちまち信頼を勝ち得た。

さらにバンク・オブ・アメリカは、ここぞというタイミングで関心を示してくれた。当社はそれまでずっと急成長を続けてきたが、その時まさに、支店網の急速な拡張を通じた爆発的な成長期を迎えようとしていた。もちろん、私に予言能力などなかった。記録的な長さに及ぶ1980年代の強気相場の幕開けが近づいていることなど知る由もなかった。だが、これだけはいえる。私は、1980年の大統領選の行方を固唾を飲んで見守っていた。もし、規制緩和と減税を公約にするロナルド・レーガンが11月に大統領に当選すれば、市場は喝采するに違いないと思っていたからだ。大統領選挙の日は市場が閉まっていたが、とにかく電話回線は昼夜を通して開けておくことにしていた。やがてレーガンの優勢が明らかになると、注文が殺到した。その経験に基づいて私は、いよいよ顧客に対して24時間年中無休で取引注文ができる選択肢を提供する時が来たことを確信し、1982年3月、業界で初めてそれを実現していた。結論をいうと、バンク・オブ・アメリカとの合併は、成長を支える2つの重要な要素、すなわち資本と信頼を、当社が最も必要としている時にもたらすことになるのであった。

さらに、私自身にとっては、チャールズ・シュワブの過半数持分をバンク・オブ・アメリカの株式と交換して、突如として大金持ちになるという一大事であった。もちろん紙の上での話だが、当時の私にとって、規模や影響力、称賛、いずれにおいても世界最大級を誇る銀行の株式ほど、信頼できる金融資産は想像もつかなかった。それまで資産と呼べるものがなく、キャッシュもほとんどもっていなかった若い私は、高揚した。

この合併は、バンク・オブ・アメリカの若き幹部、スティーブ・マクリンの後押しがなければ実現しなかっただろう。34歳のスティーブは、シカゴのファースト・ナショナル・バンクから転職したばかりのM&Aの専門家だった。彼がバンク・オブ・アメリカに来たのは、伝説的なトム・クローゼンの後任として当時42歳のサム・アーマコストがCEOになったのとほぼ同じ時期だった。クローゼンは1981年4月、世界銀行の総裁に就任するためにバンク・オブ・アメリカを去ったが、それまでに58四半期連続の増益を達成した実績の持ち主であった。スティーブは、アーマコストが連続で増益を達成することによってクローゼンの影から逃れ、取締役会に対して目にみえる実績をみせることができるようにすることが、自分の使命だと考えていた。彼にとってそれは、銀行業界の常識の範囲を超える買収をすることを意味した。

証券会社の買収はまさに常識の範囲を超えていた。大恐慌のさなかに制定された１９３３年グラス・スティーガル法は、当座預金と普通預金を提供する商業銀行と、それよりもはるかにリスクの高い株式の公開引受や売買を扱う投資銀行および証券ブローカレッジ部門との間に、越えてはならない壁を築いた。50年近くたってもその壁は残っていたが、その土台は揺らぎ始めていた。ディスカウント・ブローカーが始めた革命や、銀行による個人預金の独占を打ち破ったＭＭＦの人気の高まりによって、お金は預金口座と証券口座の間をかつてないほど自由に移動していた。慎重だった中産階級の預金者は、より積極的な中産階級の投資家になろうとしていた。銀行と証券会社、そして保険会社までもが、互いに領域を侵食しあっていた。

グラス・スティーガル法が最終的に葬られたことは、いまでは周知のことである。大恐慌の記憶は薄れ、消費者と金融サービス業者の両方から、あらゆる種類の金融商品を一つの傘下にまとめるよう求める圧力が高まり、１９９９年にビル・クリントン大統領は、この法律を撤廃する法案に署名をした。だが、１９８１年に、バンク・オブ・アメリカが話を持ちかけてきた時には、銀行と証券の分離はまだ絶対だった。もし、この案件が実現すれば、過去半世紀で初めての銀行と証券会社の併合となる。

スティーブ・マクリンとピート・モスは相談のうえ、私にサム・アーマコストとの面談を勧めた。サムと私は、バンク・オブ・アメリカ・ビルの52階にある彼のプライベート・ダイニングルームで会い、可能性について話し合った。われわれはほぼ同年齢で、いずれも熱烈なゴルファーであり、スタンフォード・ビジネススクールの卒業生であり、高い目標を掲げる野心家だった。もちろん個人的に意気投合した。話を進めない理由はなかった。その後、スティーブとサムは、数ブロック歩いて、セカンド・ストリート一番地の当社を見学に来た。２人とも目を見張ったに違いない。金融サービス業界において、当社のコンピュータを用いた自動化に太刀打ちできる者はいなかった。当社ほどペーパーレス・オフィスの理想に近づいたところはなかった。古臭い銀行業務の世界においては、なおさらのことである。明らかに、バンク・オブ・アメリカが当社に引かれた理由は、そのテクノロジーでの優位性だった。だが、バンク・オブ・アメリカが感銘を受けたのは、単に当社のコンピュータだけではなかった。テクノロジーに劣らないマーケティングにおけるわれわれの活力とイノベーションの精神だった。

　買収の基本的な要件はすぐにまとまった。株式交換のかたちをとることになった。バンク・オブ・アメリカが１８０万から２２０万株を発行（正確な数字は買収完了時に調整）、私がバンク・オブ・アメリカの取締役になるというものであった（いずれにしろナショナル・スチールの投資は直ちに１００％超のリターンを生み、私はバンク・オブ・アメリカの株式２０００万ドル分を取得することになる）。また、両社とも、合意を最終化するためには、グラス・スティーガル法に挑戦する最初の試みとなるこの買収が規制当局の承認を必要とし、それに数カ月がかかることを覚悟していた。そこで、バンク・オブ・アメリカは早速、７００万ドルの資金を劣後ローンとして当社に提供した。それは当時のわれわれにとって破格の金額であり、新たな親会社からの今後の支援に対するわれわれの期待をふくらませた。

詳細を詰めるには、もう少し時間がかかった。私にとって最も重要なことはとにかく、バンク・オブ・アメリカ帝国における私の小さな一角に対する支配権をどうやって維持するか、であった。当社はセカンド・ストリート1番地のオフィスにそのまま残り、私は引き続き、チャールズ・シュワブのCEO兼会長を務め、新たに社内の取締役を2人増やすとともに、バンク・オブ・アメリカの幹部2人を取締役として迎えることになった。そして、私の主張に従って、当社の会計士（1970年代半ばの創業以来当社を担当しているデロイト・アンド・トウシュのリード・パートナー、デニス・ウー）、社外法律顧問（ハワード・ライス法律事務所のラリー・ラブキン）、また内部監査人をそのまま維持できることになった。これらは非常にまれな措置だった。一般的に、このような買収においては、大きな魚が小さな魚を丸ごと飲み込むものだった。私は、バンク・オブ・アメリカがわれわれの自治性を容認したのは、スティーブ・マクリンとサム・アーマコストの当社に対する敬意と、成功に向けての自由を与える意思の表れだと解釈することにした。だが、彼らも、私にとってこれらの措置は交渉の余地がなく、そうでなければ私が買収に合意しないということは、わかっていたようだ。われわれは、ひたむきに、かつ自力でたたき上げてきた起業家であり、創造性に富んだアウトサイダーとして成功を遂げてきた。たまたま銀行に買収されたからといって、いまさら変わらないと決意していた。私が最もおそれていたのは、バンク・オブ・アメリカの官僚主義に縛られ自分の魂を失うことだった。弁護士のラリー・ラブキンとともに契約書の詳細を詰めたリッチ・アーノルドは、そうした懸念のすべてを網羅する表現を用いた。彼は、彼が「ソファー部門」と揶揄したバンク・オブ・アメリカの官僚が、当社の内部についてとやかくいわないよう目を光らせると強調していた。

バンク・オブ・アメリカとの合意には、もう一つ重要な条件が盛り込まれた。それは後に、大きな意味をもつことになる。私の名前と肖像権に関するものだった。それまで何年にもわたって、ウォール・ストリート・ジャーナル紙に私の写真入りの広告を掲載してきたため、私個人のイメージと会社のイメージが重なり合っていた。そのため、ラリーとリッチは、バンク・オブ・アメリカが買収する対象を具体的に定義し、バンク・オブ・アメリカがシュワブの売却を決定した折には、私の名前や肖像権を売却の対象から除外するのが妥当だと考えた。権利は私に戻る、としたのだ。離婚に際して特定の資産を守るために結ぶ婚前契約に似ている。そして、どんな婚前契約でもそうだが、その時はどちら側のだれもが、実際にその合意が役に立つとは信じていないものだ。

われわれは条件に合意し、1981年の11月下旬に買収を発表した。するとわれわれの合併は直ちに、グラス・スティーガル法に基づく米国証券業協会（SIA）の訴訟の対象となった。われわれは、そうなることはわかっていたので驚きはしなかった。そして両者は、裁判所と規制当局の決定を待つことになった。連邦準備制度理事会（FRB）は、買収が完了した1983年1月にそれを承認する意見を出していたが、FRBの意見を支持するという最高裁の最終的な承認は、同年の夏まで出なかった。

その18カ月の間に、買収の様相を変える多くの出来事があった。そのほとんどは、バンク・オブ・アメリカにとって不利で、シュワブにとってとても有利なものだった。当社は、約束されていた700万ドルの劣後ローンを即座に利用することができ、それは業務運営に直ちにプラスの影響を与えた。われわれは、1982年の春、いざ相場が回復に向かった時に訪れた成長の機会を十分に活かすことができた。実をいうとシュワブは、成長するにつれて、自らの利益で自己資本要件を満たし、拡張のための資金をまかなうことができるようになっていた。その後は、バンク・オブ・アメリカから1ドルも受け取らずに、1982年にテキサスの6支店と、ナッシュビル、ニューオーリンズ、オクラホマ・シティー、ホノルルの各支店を含む16店舗を開設し、香港に最初の海外支店を開設した。同年、顧客基盤は85％増の37万4000人に達し、収入は1億ドルを超え、顧客口座の預り資産総額は倍増して2310億ドルを上回り、利益は520万ドルに至った。

一方で、バンク・オブ・アメリカの状況は急激に悪化していた。アーマコストの着任は、同行の長期にわたる四半期利益の成長終焉と重なった。ただ、私を含めてだれもその時点ではまだ、バンク・オブ・アメリカに迫る危機の深刻さを疑いもしなかった。わかっていたのは、株価が下落しているということだけだった。買収に合意した1981年11月に24ドルだった株価は、買収が完了した1983年1月には20ドルに下落していた。当初の合意は、バンク・オブ・アメリカの株価変動を考慮した条件の調整を認めていた。最終的にバンク・オブ・アメリカ株260万株、当時の時価で5200万ドルの株式との交換になったことは多少の救いにはなったが、失われた価値を取り戻すには不十分だった。結局、バンク・オブ・アメリカは、存外に価値の高い会社を、存外に安い価格で買収したことになった。

当社側はだれもそれを喜んではいなかった。なかでもピート・モスは、状況が大きく変化したため、バンク・オブ・アメリカ傘下にあることはもはや当社にとってふさわしくないと思っていた。感情的になった彼は、私に逆らって、株主でもあるシュワブの社員宛てのメモで自分の意見を主張したのだった。それを認めるわけにはいかない私は、ピートを解雇せざるをえなかった。非常に残念だったが、約束は守らなければならない。

私は何カ月も前に、市場は変動性が大きく、多くの変化がありうることを承知のうえで買収されることに合意した。約束したからには絶対に守るつもりだった。

そして、バンク・オブ・アメリカの子会社として当社の新しい時代が始まった。いまにして思えば、その前途は多難だった。それを予期していたならば、買収を中止していただろうか。それはわからない。つらかった。それに、良いこともたくさんあった。たしかにチャールズ・シュワブは正統な存在になった。ディスカウント・ブローカーも正統な業界になった。そして当社の信頼性が高まった。少なくとも当初は、当社は資本へのアクセスを手に入れることができた。だが、その時まさに諸々のトラブルは始まろうとしていた。

第14章

新参者

私にとって最初のバンク・オブ・アメリカの取締役会は、51階にある、高さがフロアー2階分で、天井がアーチ形式になっている巨大な洞穴のような部屋で開かれた。床から天井までの窓があり、サンフランシスコの市街と港湾が眼下に広がっていた。46歳の私は、最年少の取締役だった。26人の取締役で構成され、全米とはいわないまでも、西海岸の産業界、学界、政界を代表する高名な有力者の集まりだった。そのなかには、ロバート・マクナマラ元国防長官、トランスアメリカのジョン・R・ベケット会長、ハーバード大学の経済学者アンドリュー・ブリマー（後の連邦準備制度理事会副議長）、ハインツのバート・グーキン、リーバイ・ストラウスのウォルター・ハース、パンナムのナジェーブ・ハラビー、シーファーストのディック・クーリー、カーター・ハーレイ・ヘイルのフィル・ハーレイ、元UCLA学長でタイムズ・ミラーの執行委員長を務めるフランクリン・マーフィー、ロサンゼルス・ドジャースのピーター・オマリー社長、がいた。それぞれの席に取締役の名前入りの革張りのフォルダーが置いてあった。私は感動し、私はいったい何を成し遂げたのだろうか、と自分に問いかけたくらいだ。

だが、この取締役会の新参者である私は、驚くべきことに、同行の筆頭個人株主でもあった。株式交換によってバンク・オブ・アメリカに自分の会社を売却した私は、個人的に1900万ドル相当の持分を取得した。それは、取締役の一人であるクレア・ジャンニーニ・ホフマンにとって受け入れがたいことだった。バンク・オブ・アメリカの創業者A・P・ジャンニーニの娘であるクレアは、1997年に92歳で亡くなったが、自分が生きている限りだれも父親の銀行の所有権を1%以上取得すべきではないと固く信じていた。実際に私個人の持分は1%未満だったが、チャールズ・シュワブ社とあわせると1%を若干超えていることを彼女は懸念した。私もまた心配だった。だが理由は逆だった。私は株式を所有することで生じる力を信じていた。いまも信じている。事業の成功もしくは失敗に大きな利害関係をもつことによって、人はより熱意のある取締役になり、より有能な経営者になり、より意欲的な社員になると思う。だから私は最初から、周りの取締役たちを見回して、彼らの運命が私ほど会社の運命と直結していないとわかって心配だった。彼らがもっと多くの株式を保有していたならば、私はより安心できたに違いない。

クレアに私の善意を伝えるのは容易ではなかった。企業の良き一員になることを約束しなければならなかった。私はその約束を守ったと信じている。最初に役員室に入った日から3年後に辞任する日まで、バンク・オブ・アメリカの株主の利益を守るために最善を尽くした。それがどんなに大変なことか、その過程で何人を憤慨させることになるのか、想像もつかなかったが。

シュワブは、バンク・オブ・アメリカの資本と信頼のおかげもあり、その完全子会社として大きな進歩を遂げた。だが、それはまた、時代の成り行きでもあった。1980年代半ばは、金融サービス業界では証券会社に有利な時期だった。ダウは上昇し、1982年の終わりについに1000ドル超えが定着し、ほぼ20年にわたる米国株のパフォーマンスの低迷に終止符が打たれた。そして1987年の暴落まで、途絶えることなく強気相場が続く。また、1982年に議会は、IRA（Individual Retirement Account、個人退職勘定）に関する規則を簡素化して加入者の対象を広げる法案を可決し、レーガン大統領がそれに署名した。突如として、仕事をもつ70歳未満の米国民は全員、所得税が控除される資金をIRAに拠出できるようになった。IRAへの拠出額は、1981年の50億ドル弱から1982年には280億ドル強に急増した。強気相場に伴って、資金の多くは株式市場に流入し相場はさらに上昇した。これは、米国民のお金に対する考え方の重要な変化の始まりであり、シュワブの経営体質に多大な影響を与えうる動きだった。われわれは、会社を強化すべくこの好機を最大限に活用した。

当社の代表的な商品やサービスの多くは、この時代に起源を発する。たとえば、1983年3月に初めて提供されたシュワブ・ワン（Schwab One）と呼ばれる便利な資産管理口座は、当社が、売買を頻繁に行う個人トレーダーに特化した西海岸のブティック証券会社から、全米規模のメイン・ストリートの証券会社へと変貌を遂げるための重要なステップだった。メリル・リンチのサービスに似ているが、口座維持残高がもっと低く、個人投資家が利用しやすいシュワブ・ワンは、取引の機能と有利な金利がつくマネーマーケット預金口座、さらにデビットカードを組み合わせたものだった。シュワブ・ワンによって、初心者の投資家にとってシュワブがメリル・リンチにかわる現実的な選択肢となり、当社がニッチ市場をターゲットとした必要最低限の機能を提供するサービス・モデルから新興の投資家層をターゲットとするフルサービス・モデルへの転換を図る契機となった。当社の口座数はシュワブ・ワンを導入した時点でおよそ50万口座だったが、その後2年半もたたないうちに100万口座を超えた。

ちょうどその頃、市場の一角には、平均的な国民の投資環境を一変させる動きがあった。投資信託の台頭である。当時の当社はまだ、自社ファンドを売っていなかった。われわれは証券会社であり運用会社ではなかった。私は依然として当社のターゲット市場は、ファンド・マネージャーに任せるのではなく自ら株式を選びたい人々だと思っていた。だが、投資信託の成長を無視することはできなかった。1980年に米国で投資信託を保有する世帯は6%に満たなかった（これに対して13%が株式を保有していた）が、1988年までには、ほぼ4人に1人（そして2000年にはほぼ2人に1人）が投資信託を保有していた。ファンド会社の首位はフィデリティ・インベストメンツだった。ボストンのジョンソン一族が所有する株式非公開の同社は、著名なファンド・マネージャーのピーター・リンチが1970年代後半から運用する同社の旗艦ファンド「マゼラン」をはじめとする多彩なファンドを提供して、あれよという間に最大のプレイヤーになっていた。彼らは明らかに、投資信託業界を独占しようとしていた。

われわれは、一部の投資家にとってファンドの選択が株式の選択と同様に手間のかかる作業になっていることを認識し、このトレンドに注目した。投資家はマネー誌の格付やモーニングスターのレポートを読みあさり、ファンドのポートフォリオを組み立てようとして、結果的に紙の山に埋もれていた。あるファンドの持分を売却して、別の運用会社による別のファンドの持分を購入する手続は、入り組んだステップをいくつも踏むようなもので、通常は投資家が利用する銀行もかかわり、何週間もかかることがあった。さらに確定申告の時期になると投資家は膨大な量の書類に埋もれなくてはならなかった。フィデリティは投資家のためにその手続を簡易にし、ワンストップで幅広い選択肢のなかからファンドを選んで運用できる場を提供していた。

私はなんらかの方法でこの市場に参入する必要があると気づいていた。だが、自らファンドを組成し販売することによって真っ向から競合するつもりはなかった。かわりに利便性にフォーカスし、他社のファンドのワンストップ・ショッピングの場になってはどうか、と考えた。１９８４年２月に発表された「シュワブ・ミューチュアルファンド・マーケットプレイス」は、さまざまな運用会社のノーロードの投資信託（ノーロード・ファンド）を投資家が売買し、またそれらをすべてシュワブ・ワンの口座で保有できるという、前例のない形態のサービスだった。ミューチュアルファンド・マーケットプレイスは、複数の運用会社のファンドを同時に保有することに伴うすべての煩雑さを簡素化した。投資家が受け取る取引や残高の明細書は、個別の運用会社からバラバラではなく、シュワブ・ワン口座からの１枚だけになった。

これは大きな前進だった。だが、お高いサービスだった。当社がノーロード・ファンドに販売手数料を上乗せしたからだ。それしかうまくまわす方法はなかった。とはいえ、このやり方は、市場における当社のイメージに反するばかりか、本質的に矛盾していた。当社はしばらくの間、最も低いコストで株式を購入できる場であると同時に、最も高いコストでノーロード・ファンドを購入する場となってしまった。そのためわれわれは、ミューチュアルファンド・マーケットプレイスを積極的に宣伝するようなことはしなかった。その存在を知る顧客すらほとんどいなかった。後に、ファンド販売における経済性の変化によって、ミューチュアルファンド・マーケットプレイスはワンソースに取って代わられることになる。ワンソースはまったく異なるビジネスモデルで運営され、運用会社が当社の顧客へのアクセスに対して料金を支払うだけでなく、当社が投資家に提供するレコードキーピングや顧客サービスに対しても料金を支払うという仕組みを採用した。ワンソースは、革命的な金融サービスとして競合他社の手本となり、小規模なファンドが巨大なフィデリティと競合する市場を切り開いた。欠陥はあったもののミューチュアルファンド・マーケットプレイスがその出発点となった。

さらに、われわれがオンライン取引への第一歩を踏み出したのもバンク・オブ・アメリカ傘下の時代だった。試験的な一歩ではあったが方向性は間違っていなかった。もちろん私はテクノロジーの専門家ではないが、テクノロジーへの投資には常に積極的だった。だが、それはコストを引き下げることで競争上有利になるためだけではなかった。当社が進化を遂げるたびに、一般の投資家と市場の間にある隔たりが１つずつ取り除かれていったはずだ。それはとにかく良いことだ。株式の売買と株式保有による企業経営参画を推進することなら何でも大賛成だ。私は、そのために、何年にもわたってシュワブが果たしてきた役割をとても誇りに思っている。

株式を購入するということは、単にその企業の持分を手に入れることではなく、社会に利害関係をもつことにもなる。株式の数が多ければ多いほど利害関係が大きくなり、私が長い間主張してきたように、市民としての意識も高まる。

１９８４年に提供を開始した「イコライザー」は、顧客が当社の社員の手間をいっさい介さずにセルフサービスで取引できるようにしたものだった。顧客は、ＰＣとモデムとイコライザーを使って、コンピュサーブ経由で当社のシステムに直接ダイヤルインして、口座情報を照会し、気配値を調べて、注文を出すことができた。このオンライン投資の最初の形態は、金融サービスが一斉にインターネットに移行し始めるおよそ10年前のことだった。１９９０年以降に成人した人にとっては、インターネットのない世界を想像することはほぼ不可能だろう。いまでは、インターネットはわれわれにとって欠かせない生活の一部であり、空気のようなものになっている。１９８０年代の半ばには、米国でＰＣを所有していた世帯はごく一部で、コンピュサーブやアメリカ・オンラインのような原始的なオンライン・サービスに接続するモデムを所有していた世帯は、そのうちのさらにごくわずかだった。だがわれわれは、当社がターゲットとする顧客の間では、テクノロジーがより幅広く受け入れられていることを把握していた。イコライザーは、そうした新興市場においてわれわれの大きな強みとなった。競合他社はどこもそのようなサービスを提供していなかった。

マイナス面としては、イコライザーは動きがぎこちなく遅かったことがある。顧客は自分でフロッピーディスクからインストールもしなければならなかった。われわれは、ソフトウェアをアップグレードするたびに新しいディスク（安くはなかった）を顧客に送り、その後、彼らからテクノロジー・サポートに電話が殺到することに身構えなくてはならなかった。幸いなことにというべきか、イコライザーは最初あまり人気のあるサービスではなかったが、何年かにわたり改良を重ねていくうちに人気が高まった。実際、インターネットに移行して、はるかに強力なオンライン取引のツールを提供できるようになってからもしばらくは、引き続きイコライザーを使いたいという顧客がいたため、１９９８年までは完全にサービス停止にはしなかった。実は、最初の頃、イコライザーの最大のファンはシリコンバレーのエンジニアたちだった。その多くは起業家でもあった。彼らは当社にふさわしい顧客だった。自ら起業し、株式というものを理解していた。自分のことは自分でしたがり、テクノロジーをおそれていなかった。とりわけ彼らは、自分と従業員のために莫大な富を築き始めていた。イコライザーのおかげで、われわれはほかのだれよりも早く、いずれ鍵となる顧客層に参入できた。それは後に、膨大な配当をもたらしてくれる思いがけないメリットであった。

私が、バンク・オブ・アメリカの健全性と戦略的な方向性について懸念を持ち始めたのはいつ頃だったろうか。シュワブの買収が完了するよりずっと前だったことは確かだ。バンク・オブ・アメリカに対して株式交換でシュワブの全株式が売却されていたので、この頃にはすでに、シュワブの同僚やシュワブの出資者だった初期の投資家の資産は痛手を受けていた。私がバンク・オブ・アメリカ株を所有している間ずっと、その株価はシュワブ買収を発表した日を上回ることがなかった。私はそうした状況を無視するわけにはいかなかった。

私は、バンク・オブ・アメリカが、以前のように長期にわたる持続的な増益を維持できなくなっていることに失望していた。私は、バンク・オブ・アメリカだけでなく多くの銀行において問題となっていたラテン・アメリカ向けの貸出債権の中身について心配していた。OPECが引き金となったエネルギー危機と船舶の過剰供給が重なって、一部のオイル・タンカーの運航が停止され、その影響が貨物船にも広がり始めたため、ギリシャの海運業関連の貸出債権も危機にさらされていた。それに私は、バンク・オブ・アメリカがもっと迅速かつ積極的にテクノロジーを取り入れることを望んでいた。バンク・オブ・アメリカのATMネットワークは、支店のネットワークほど優れてはおらず、バンク・オブ・アメリカがマーケット・シェアを失う大きな理由となっていた。だが、こうしたことはすべて、少なくとも最初は漠然とした懸念にすぎなかった。

最初は取締役会に畏敬の念を抱いていた私だが、そのうち疑問を持ち始めた。とにかく取締役の数が多過ぎた。私は、そのような経営の賢者の集まりの一員であることに対してわくわくする半面、起業家として、効率性と有効性が規模に相反して犠牲になっていることをひしと感じた。取締役会の規模は、特に危機時に問題になる。状況が悪化するにつれてわれわれは、取締役として思い切って迅速に動く義務があった。一部の取締役はそうしようとしたが、バンク・オブ・アメリカの取締役会は全体として、先導役となるには重過ぎた。バンク・オブ・アメリカの貸出債権の構成は、ラテン・アメリカをはじめとして、おそろしく不良化していた。取締役会は、その問題を認識し、対処する必要があった。非効率的で経費が嵩み過ぎているバンク・オブ・アメリカの改革だ。だが、それほど大きな取締役会では、問題を見極めて機敏に動くことはむずかしかった。できることといえば、既存の経営陣と協力して会社が恥をかかないようにすることぐらいだった。おそらく取締役たちは、組織の基本的な問題を掘り下げて解決することを自分たちの役割だと思っていたとしても、自力ではできなかっただろうし、そもそもほとんどは自分の役割だとも思っていなかった。

私は心から、サム・アーマコストと彼のチームとならともに苦境を乗り越えられると信じたかった。自分は彼らの助けになれると思った。私は、新興国向けのローンの専門家ではなかったが、損益計算書は理解できた。マーケティングのことはよく知っていたし、テクノロジーに長けていた。バンク・オブ・

アメリカの方向転換を計画するうえで自分が果たせる役割があることがわかっていたので、当然それを求められるものと思っていた。取締役として、株主として、当然の義務だと思っていた。

だが、私はバンク・オブ・アメリカが状況を好転させることができるという確信を失うことになり、また、それより先に、同行が新任取締役であるチャック・シュワブの意見を求めているなどという無邪気な自信を失うことになった。

第15章 激しいイップス症状

1984年の終わりには、バンク・オブ・アメリカが重大な問題に直面していることは明らかだった。そのすべてがサムの責任というわけではなかった。彼の着任前の58四半期連続の増益だが、よく調べてみると少なくとも一部は、問題の先送りによってもたらされた結果だった。それが後にCEOになったサムの肩にのしかかっていた。バンク・オブ・アメリカはそれまでしばらく、シティバンクと壮大な戦いを繰り広げていた。その戦いが、続く限り増益を持続しようとする猛烈な圧力となって四半期ごとに強まっていたのだ。だが、それは必要な投資を先送りにするとともに、費用の計上も先送りすることを意味した。四半期ごとに公表される収益が上昇し続けるのに伴って、むしろバンク・オブ・アメリカはますます後退していったのであった。

いよいよどうにもならなくなった時、アーマコストは、ある程度とはいえ行動を起こした。1982

年1月から1984年12月の間に、カリフォルニア州の支店165店舗を閉鎖し、11・5%の人員を削減した（それは、チャールズ・シュワブ全体の従業員の6倍に相当する9000人だった）。サムは人員削減を行う一方で、機器のアップグレードだけに3年間で8億ドル以上を投じた。それは過去8年間の合計よりも大きな額であった。

サムはまた、ユーゴスラビア人の経営指南役として著名なイチャク・アディゼスが主導する野心的な全社的構造改革に乗り出した。私もアディゼスと知り合いで、尊敬していた。というのは、YPOの地元支部の会議で講演したことがあったからだ。アディゼスには、起業家精神の本質やさまざまな経営のスタイルについて語り、個人と組織の根本的な心理の真相を徹底的に掘り下げる能力があった。それは魅力的で実に刺激的な議論だったが、資産規模が1200億ドルの銀行を再編する基盤としては最適ではなかったかもしれない。

その間も、株価は下がり続け、市場シェアは縮小を続けた。そして1985年7月17日、バンク・オブ・アメリカは、第2四半期の決算で3億3800万ドルの損失を発表した。それは、バンク・オブ・アメリカの長い歴史のなかで初めての四半期決算の損失であっただけでなく、米国の銀行業界史上2番目の規模の損失であった。それでも、だれも私の懸念、もっといえば、バンク・オブ・アメリカを途方もなく大きな問題から救い出す私の提案に耳を貸そうとしなかった。私は、同行が肥大化しているとみていた。収入1ドル当りの従業員数が多過ぎた。午前10時に開店して午後2時に閉店し3時にゴルフ場に向かうという、時代遅れの「10－3」バンキング・システムの世界で安穏と暮らしていた。私はサムに対して、もっと果敢になって、大幅な人員削減を行い、より効率性を高め、従業員１人当りの収益を増やし、他行に対する競争力を高めるよう求めた。私の試算によると、従業員１人当りの収入は年間およそ７万５０００ドルだった。他行の数値ははるかに高かった。初期のシュワブでも、その２倍以上だった。状況を好転させなければならなかった。だが、サムは聞く耳をもたなかった。私が提案するような大幅な改革は拒否された。

アナリスト出身の私はしばらくの間、バンク・オブ・アメリカの財務状態を精査してその健全性の真相を探っていた。とにかく、それまでバンク・オブ・アメリカの評判は揺るぎないものだった。金融界における財力、倫理、信頼の頂点を極める存在だった。だが、自分の分析を掘り下げていくうちに私は、その時点ですでに深刻になっている問題が、今後よりいっそう深刻化することを確信していた。

もちろん、私は自分のこうした考えを確かめたかった。そこで私は、デロイト・ハスキンズ・アンド・セルズのデニス・ウー（彼は何年もの間シュワブの監査人だった）に電話をして、数字をみてほしいと頼んだ。秘密裏に依頼したのは、ほかに方法がないからだった。シュワブはバンク・オブ・アメリカの子会社であり、私はデニスに親会社に関することを頼んでいた。だが、私が弁護士たちから得たアドバイスは、私は取締役として、自費で自分が選んだ者から個人的に助言を受ける権利を有する、というものだった。そこで私は、５、６年分の四半期の財務諸表や年次報告書などを含めて手元にあるあらゆる公開書類をデニスに渡した。私は彼に、自分の懸念が正しいのか、それとも突拍子もないことなのかを知る必要がある、と伝えた。軽い気持ちでいったわけではない。自分の分析が取締役会のほかのメンバーのコンセンサスとあまりにもかけ離れていたので、自分が正気かどうか自問を始めていた。デロイトに事実を確認してもらう必要があった。

それ以降、自分の弁護士たちの助言を得つつ、すべての財務諸表をデニスとデロイトと共有した。通常、取締役は月曜日の会議の前の金曜日に資料一式を受け取った。私は、受け取った資料のコピーをデニスに送った。時には4インチの厚みのある紙の束になった。デニスは、デロイトのオレゴン州ポートランド支社にいる銀行の専門家を含むパートナーたちを集めて共同で数字の分析を行った。そしてわれわれは日曜日に、デロイトのオフィスに集まってその結果について話し合った。

われわれはほどなく、不良債権とそれを支えるべき貸倒引当金の妥当性に焦点を定めた。ある日デニスが「これをグラフにしてみよう」と言い出したので、そうしてみると、それは明白になった。不良債権が着実に増加しているのに対して、貸倒引当金の水準は横ばいのままで、格差は広がる一方だった。失読症のせいかいつも、言葉より絵のほうが私にとってずっとわかりやすかった。そのグラフは多くを語っていた。大惨事の前触れだった。その傾向が続くとすれば間もなく、バンク・オブ・アメリカは不良債権を起因とする深刻な問題に陥ることは確実であった。私は、同行が利益を過大計上しており、貸倒れに引き当てる十分な資本を準備していない、と確信した。

私はその図表を、1985年の夏にワシントンD.C.にあるボブ・マクナマラの自宅で開かれた、一部の社外取締役による非公式な会合に持参した資料のなかに入れ込んだ。デニスとデロイトのニューヨーク支社のパートナー数人が私に同行した。私はその会合に大きな期待を寄せていた。その頃には、サムと社内取締役たちが私に対して懐疑的な態度をとるのは当たり前になっていた。だが、その日曜日の午後ワシントンD.C.で、ボブ・マクナマラやアンドリュー・ブリマーのような非常に分別のある社外取締役と一緒だった私は、希望を抱いていた。自分が彼らを説得できさえすれば、彼らは適切な対応をするだろう。そうなれば、自分は森のなかで吠える一匹狼ではなくなる。手遅れになる前に、協力して問題を解決できる、と思っていた。

ボブたちは私の懸念を認識し、ある程度は同意してくれたとは思う。だが、バンク・オブ・アメリカに惨事が迫っているという私の見方にはだれも同意しなかった。信頼しろというのが社外取締役たちのメッセージだった。経営陣は対処できる。慌てることはない。

どうすべきか悩んでいる時に、私がよく話をした相手の一人はリッチ・アーノルドだった。リッチはモンゴメリー・ストリート20番地の地下室の頃から、私とほぼ10年にわたって一緒に働いていた。私はずっとリッチを気に入っていた。彼は誠実で、私にないスキルをもっていたからだ。これはチームを編成するうえで最も重要なことだ。自分より何かに長けた者を雇うことをおそれる起業家は、破滅の運命をたどる。リッチは優秀なセールスマンであり、彼が最も高い成功を収めた商品の一つが私だった。たとえば、彼がセキュリティー・パシフィック・バンクのローン担当者に対して、確信をもって「チャックはいいやつで、際立った起業家だ。あなたのためにたくさんのお金を稼いでくれるはずだ」などといえば、ローン担当者は彼を信じるに違いない。私なら彼を信じた。私はそのようにうまく自分を売り込むことはできなかった。

リッチはまた、順序立てて物事を考える人間で、これも私が評価した彼の別のスキルだ。バンク・オブ・アメリカに加わって1年もたたないうちに、私がいかに同行の行方を懸念しているかを知ったリッチは、私の考え方を具体化するための一種のロードマップを作成してくれた。彼はこういった。「よし、これを最も高い位置からみてみよう。あなたは部下で、彼はあなたの上司だ。彼は銀行を経営している。あなたは子会社を運営している。最初のステップとして、上司のパフォーマンスが良くないことを知ったあなたは、彼の注意を引こうとする。あなたは彼のところに行って「ボス、なぜそんなことをしたのですか。なぜXをしないのですか。Yを試してみてはどうですか？」と提案する」

「それがうまくいかなければ、あなたは彼の仲間という立場にシフトしてみる。ゴルフ場で会っておしゃべりをして「さあ、サム、2人で協力してこの問題を解決しよう」という。それもうまくいかなければ、社長である彼を監督する取締役としての立場を利用しなければならない。彼はあなたの部下になる。そこであなたは、あなたの部下としての彼に「サム、私は不満だ。私は君が経営している会社の取締役だが、君は私が満足できる仕事をしてくれていない。気合いを入れてくれ。実績を示してくれ」と告げる」

「これもうまくいかなければ、あなたはアクティビストとしての取締役にならなければならない。ほかの取締役と話をして「あいつは仕事をしていない。何とかしなければ」といわなければならない」

1985年の夏の終わりには、第一ステップ、第二ステップ、第三ステップを経過していたが、満足のいく結果は得られなかった。私はさらに、共感を得られると思う一部の取締役たちにアプローチしてみたが、やはり満足のいく結果は得られなかった。次の選択肢は決して快いものではなかったが、ほかに選択肢はなかった。私は公にサムに背きながら、取締役会全員に対して自分の意見を述べざるをえなかった。次の会議は8月5日だった。

私はその会議の前に激しいイップス症状に襲われた。ゴルフをする者なら、神経が運動機能に影響を与えた時に起こる症状として知っているはずだ。集中力を失って震え出し、突然2フィートのパットを沈められなくなる。私はそれまでイップスを経験したことがなかったし、それ以来経験もしていない。最初のバンク・オブ・アメリカの取締役会の会議から2年たっていたが、私は依然として周囲に対して畏敬の念を覚え、自分は少しよそ者のような気がしており、銀髪の名門出のなかで一人だけ山奥からやってきたような若僧で最年少の取締役だった。ただ今回は、彼らの仲間に入ろうとするかわりに私は、バンク・オブ・アメリカの首脳に挑戦し、取締役会に対してだれも聞きたくないに違いないというメッセージを伝えに来たのだった。それは、控えめにいっても、バンク・オブ・アメリカは沈みかけた船であり、経営陣、従業員、株主、取締役、すべての関係者が、力をあわせて救助しなければならない、という内容だった。私は、そうすることのリスクについて認識はしていた。出席している有力者たちから、余計なことを詮索して問題を起こす、信頼できない人間だと非難されることだった。それまで自分がしてきたことのなかでいちばんおそろしいことだった。

私は、原稿も配布する資料ももたずに会議に参加した。持参したのは手書きのメモとデニス・ウーが作成してくれた大きな図表だけだった。私は、子犬のように怯えていた。まず、大幅な減配を提案した。われわれは初めて四半期決算で損失を発表したばかりだった。さらなる損失が予期されている。そして、もしデニスの図表を信じるなら、われわれは貸倒引当金を積み増すための資本を切実に必要としている。私にとって、少なくとも1985年度中は、あるいは損失を食い止められるまでは配当金を削らないのは狂気の沙汰だった。私自身も大損失を負うことになる。無配になれば、私個人の収入は70％減少する。だが、会社を救うためには不可欠だった。

次に、さらなる人員削減を提言した。3年連続の大幅な削減を経ても、さらに4000人を削減できる余地があった。それによって経費を2億ドルから3億ドルは節約できる。そして、残った従業員については減給を提案した。会長と社長が33％、副社長は25％、上級管理職は20％の減給、そして最近行われた取締役報酬の引上げも撤回する。最後に、目標の達成を条件として、減給分を十分に補足できる、新たな決算連動型の四半期ボーナス計画を提案した。シュワブでも採用している報酬の仕組みであり、パフォーマンスに対する褒賞という位置づけでもある。達成できたときは大きいが、できなかったときはゼロだ。

バンク・オブ・アメリカは銀行の専用機を2、3機所有していた。非生産的な資産だ。私はそれを売ったらどうか、とも提案した。貸倒引当金の妥当性に関する社外による査定も求めた。私は早口で話してすべてを網羅したかったが、時間がなくなってしまった。ボブ・マクナマラの家で初めて提案した経営陣強化プランにも、またアーンスト・アンド・ウィニーとの関係を打ち切り新しい監査法人を選ぶべきだという私の確信にも、触れられなかった。私の提案は、サム・アーマコストの解任には及ばなかったが、経営陣の全面的な入替えを要求したところで終わった。新しい最高執行責任者、新しい最高財務責任者、新しい最高融資責任者、そして新しい最高マーケティング責任者だ。だが、この部分は、後のためにとっておいてもよかったのかもしれない。

私の提案は同意を得るどころではなかった。ほかの取締役のほとんどの反応は、単に否定的なだけでなく、怒りに満ちていた。私はナイーブだったのかもしれない。私は本当に、彼らが自分のいうことを歓迎すると思っていたのだろうか。後になって、いろいろ自問してみた。自分のアプローチはすべて間違っていたのか。まず書面で伝えるべきだったのか。味方を確保しようとしたか。前もってサムに知らせておくべきだったのか。実際、サムには何度か話そうとしたが、彼は、私の提案する改革に興味がないという姿勢が明らかだった。その時点で、私は自分に、取締役としての自分の責任は何か、株主としてはどうなのか、と問わざるをえなかった。ご承知のように、私はいまだ大株主のままだった。あの部屋にいたほかのだれよりも持分は大きかった。

私は拍手喝采を求めていたわけではない。とはいえ、せめてだれかが「それは理にかなっている。委員会を設置して一つずつ検討しよう」とか「君とサムが話し合って焦点を絞った計画を立ててはどうか」といってもよさそうなものだったが、そんなことはまったくなかった。味方と呼べる者は何人かいたはずなのだが、だれもその意思を表そうとはしなかった。私は孤立した。

後になって、私がこうしてバンク・オブ・アメリカの立て直しに着手した頃にリッチ・アーノルドがくれたアドバイスの最後の部分を思い起こす機会があった。取締役会に行っても、だれも耳を貸さない時にどうするかという部分だ。「それでもうまくいかないということは、取締役たちが職務を果たしていないことを意味する。そこで君はアクティビストの株主になって「われわれは、この取締役会を解散して、手を下すべき仕事を果たす取締役会を新設しなければならない」といわなければならない。その時点で事態は公になり、物騒になるけどね」

リッチは、ほぼ正しかった。実際に事態は公になり物騒になった。だが、どういうわけか私は、台本の終わりに到達する前に、新しい結末を発見したのだった。

第16章 反旗を翻す

バンク・オブ・アメリカから数ブロックしか離れていないシュワブでは、強気相場が猛威を振るっていた。毎日の平均注文件数は急増し（1985年当時は約8000件と、10年間で4倍に増えた）、口座数および預り資産残高は重要な閾値（1985年8月には100万口座、1986年11月には100億ドル）を超えていた。バンク・オブ・アメリカと違い、シュワブは利益を計上していた。当社は金融業界における名門の一員にはなりきれていなかったし、そうなることを望んでいるわけでもなかった。あまりにも忙し過ぎて、ほかのことに気をとられている余裕はなかった。会議で何時間も座ってはいられないほど、仕事に集中していた。当時シュワブには、同規模の他社にみられる正式な経営委員会がないかわりに、火曜日の午後にポップコーンを食べながら、次に何をすべきかを考える「ポップコーン・グループ」があった。年間予算会議もなかったが、かわりにバーバラ・アーマジャン（結婚後はバーバラ・ウルフ）が議長を務め、各部門の責任者が今月何に支出し、来月いくら必要かを説明し、バーバラが経費報告書を精査する「マンスリー・ナッツ・ミーティング」があった。公務員（バンク・オブ・アメリカもそうだが）のような人事階級制度はなかったが、かわりに、年功序列に関係なく、貢献に値すると思うだけの給料を払っていたし、私が特に評価する人たちに報いるために特典やボーナスも与えていた。トップクラスの管理職は皆、会社が購入した車に乗っていた。車は原則、彼らが望む高級車だった。彼らをディーラーに送り出す際、「良識の範囲で」とだけバーバラは忠告していたが。

その頃、ハーブ・コーエンがサンフランシスコ・クロニクル紙のコラムに、バンク・オブ・アメリカでは幹部社員が会社のシボレーに乗っているのに対し、シュワブの連中はポルシェ、ＢＭＷ、ダットサン２４０Ｚを乗り回している、と書いた。それは事実だったかもしれない。私は知らなかったし、気にも留めていなかった。後に大きな騒ぎとなったが、良い車を買ってあげることで従業員が幸せになり、時間どおりに仕事をし、仕事に集中できるようになるならば、と思ってそうしていただけだ。なかには、それが初めて所有した車だったという者もいた。しかし、後にバーバラの強い要請で、当社はすべて清算しなければならなくなった。それは税金問題など悪夢のような事務処理の原因になっており、重要な仕事の時間を削るようになっていたからだ。しかし大したことではなかった。われわれは豪華な特典を廃止し、かわりに報酬慣行をきちんと体系化して、仕事を続けた。こうしたことは会社の創成期から成熟期までの物語の一節にすぎない。

デビッド・ポトラックについての話もその一つだ。マーケティングと広告の責任者として１９８４年

3月にデビッドが着任したことは、シュワブにとって大きな転機となった。デビッドは2年半、シェアソン・アメリカン・エキスプレスでコンシューマー・マーケティング担当のシニア・バイス・プレジデントを務めていた。それ以前は、シティバンクで部門経理担当者として6年間勤務していた。デビッドのような人間を雇ったのは初めてだった。当社が単にウォール・ストリートで人材を募集していなかった、ということだけではない。実際、われわれはウォール・ストリートでの経歴は履歴書の汚点とさえみなしていた。それはお互いさまだったからだ。ウォール・ストリートの会社がわれわれの経営陣から引き抜きをすることも特になかった。もっとも、多くのライバル関係と同様に、劣勢に立たされている当社側の対抗心のほうがはるかに強かったが。東部にいるデビッドの同僚は、彼の突然の転職に困惑しただろう。なぜ期待の星が、西部の小さなディスカウント・ブローカーのために、金融業界の中心地を去るのだろうかと。皮肉なことに、彼らがわれわれの唯一の強みと思い浮かべたものこそ、いまやわれわれの足枷となっていた。バンク・オブ・アメリカだ。

デビッドはシュワブに加わることを、ダーク・サイドを離れて正しい世界に入ってくることだと思っていたに違いない。彼は私と同じように販売コミッションを中心とする証券会社を嫌っていることを明かしていた。デビッドはウォール・ストリート大手のマーケティング担当者だったが、彼は自分が売り込んでいた株式や投資信託、投資事業組合といったブランド化された投資商品について、自分が投資家ならば選ばないだろうと、心のなかで思っていたのだった。彼がいうには、デビッドの元同僚も、顧客に勧めている商品を陰ではバカにしていたという。営業担当者にいくら入るのか？　自社にはいくら入るのか？　そして、顧客に儲けが出るのか、出ないのかは、ほとんど副次的な要素でしかなかった。

デビッドは、自身が「伝道者のような熱意をもつ」と認めた会社に加わることに興奮していた。彼は当社のみすぼらしい外見を気にしなかった。彼が採用の面接を待っていたセカンド・ストリート１番地の役員室の長椅子が、革張りではなく人工皮革であったことや詰め物がひじかけからはみ出ていたこと、ばねが壊れていたことも気にしていなかった。世界貿易センタービルの１０６階にあるオフィスから、雨の日には屋根から雨もりするしずくの受け皿としてごみ箱をもってこなければならないセカンド・ストリート１番地の６階にあるオフィスに引っ越しても、平気だった。ただ、事実としては、デビッドが入社した頃には当社もすでに長い道のりを歩んでいた。ベニヤ板と木挽台の机で働き、毎月の資金が不足するような日々は終わっていた。

デビッドを雇った主な理由は、マーケティングの専門知識だけでなく、ウォール・ストリートでの経験、東海岸で培われた感性、さらには荒々しいともいえる彼の気性までも魅力的だった。デビッドはペンシルバニア大学で、レスリングやフットボールの選手をしていたし、そうした振る舞いをすることもあったので、人々を怖がらせた。彼が入社してから約１カ月後、ラリー・スタプスキーは彼のオフィスに立ち寄り、彼の態度を軟化させようとしてこういった。「デビッド、やり方を変えてもらいたい。午後５時に開始する２時間のミーティングは受け入れられない」。デビッドは当惑した。彼の古巣では、５時はまだ昼間のうちだった。だれもが遅くまで残業していた。残業が必要かどうかは関係なかった。残業が期待されていたのだ。もちろん、シュワブの従業員も長時間働くこともあった。しかし、必要なときだけだ。それ以外は、残業せずに帰宅した（あるいは街に繰り出した）。ラリーのメッセージは、毎日の仕事の終わりに定期的なミーティングを設定することは、デビッドがニューヨークでやっていた会社人間のスタイルであり、シュワブのスタイルではない、ということだった。

新しい視点とエネルギーで、チームを居心地の良い場所から引っ張り出す人間が必要だった。われわれが成長し続けるためには重要だった。それがデビッドだった。

シュワブ内で生じる文化の小競り合いは、過熱することもあったが、家族間の問題のようなものであり、すべてが成長の一部であった。われわれとバンク・オブ・アメリカの間でエスカレートする一方だった戦争とはまったく違った。そうした事態は、ある程度予想はされていた。当社は象と一緒に移動するネズミであり、自分自身を守らなければならなかった。だからこそ私は、当社自身の監査人や弁護士らを残留させるためにも、契約書における「ソファー部門」条項のすべてを受け入れさせたのだ。われわれの自主性を認めることは、シュワブだけでなくバンク・オブ・アメリカのためにもなるものだった。

シュワブをバンク・オブ・アメリカに売却したのは、両社に潜在的なシナジーがあったからだ。2つの強力な組織が統合され、どちらかだけで提供できる以上のものをそれぞれの顧客に提供するというビジョンをもっていた。しかし、ほとんどが期待はずれに終わった。当社は新規の顧客を獲得するために、バンク・オブ・アメリカが保有する一流不動産の一部を利用できると考えていた。だから、シュワブの小型店舗を同行の支店に設置した。たしかに、新規の口座はできた。しかし期待したほどには多くはなく、残高も小さく、あまり活発な取引は行われなかった。銀行のロビーは、証券会社の顧客を見つけるのに適した場所ではないことがわかった。

また、統合後のバンク・オブ・アメリカとチャールズ・シュワブのIRA事業にも大きな期待を寄せていた。1980年代半ば、銀行、証券会社、保険会社などあらゆる金融サービス業者がIRAマネーの獲得に熱心だった。われわれは皆、新しい戦術を試していたが、最善の方法はだれにもわからなかった。しかし、だれもが長期的な資産を集める大きなチャンスであることはわかっていた。証券会社をもつ唯一の大手銀行として、われわれにしかできない、ユニークなサービスを提供できるはずだと考えた。1つのIRA口座のなかでFDIC（連邦預金保険公社）保険付預金口座に資金の一部を預け、残りを証券口座に預けることができるサービスだ。なかなか良いアイデアで、サム・アーマコストも私と同じくらい気に入っていた。しかし、規制当局の要求をクリアするサービスを実際に開発するのは容易なことではなかった。何カ月も取り組んだが、最終的には諦めることになった。結局、1つの申込書で2つのIRA口座を開設できるようにするのが関の山だった。名前と住所を1回書くだけですむ複写式の申込書だ（ただ、ボールペンで強く書かなければならない）。バンク・オブ・アメリカには1枚目、当社には2枚目が届くわけだ。思い描いていたものとは別物だった。

その一方で、バンク・オブ・アメリカは深い緊縮モードに陥り、財務状況の改善のためのコスト削減に励んでいた。これによって、われわれは突然、すべての設備投資とすべての事業活動費をはじめ、ほとんど何をするにも許可が必要となった。われわれは受注が好調ななか、12カ月間の収支予測をつけた詳細な経営計画を策定した。すると、バンク・オブ・アメリカからは「すべての部門にX％のコスト削減を要請している。再提出するように」という指示が返ってきた。われわれの成長率では、そうした指示には従えないこと、投資を抑制すればその分成長が見込めず、だれも満足のいく結果は得られないことを説明した。すると、彼らはこう反論した。「例外は認められない。皆一律にX％削減しなければならない」と。われわれに何ができただろうか？　結局われわれは彼らが要求したことを受け入れたうえで、いつもどおり業務を進めた。そして、いつも計画を上回る業績を残した。そのほかにも我慢できないバカバカしい要求があった。たとえば、われわれの本社を、バンク・オブ・アメリカが所有する窓のない空きビルに移転しろ、といってきたこともあった。ありえなかった。

しかし、こうしたことは、いずれも小競り合いとして片づけられるものだった。より決定的だったのは銀行と統合したことによる成長への障害だった。すでに触れたとおり、大恐慌後の1933年に制定されたグラス・スティーガル法が銀行業と証券業を分離していたが、われわれのバンク・オブ・アメリカとの合併は、同法のもと、ギリギリのところで規制当局からの承認を得ていた。当時、米国の銀行監督当局の一つである通貨監督庁（OCC）の規制と、グラス・スティーガル法のもとでは、銀行は収入の5％以上を銀行業以外から得ることはできないことになっていた。当社の証券サービスもその制約を守らなくてはならなかった。

グラス・スティーガル法は、その後十数年の間に、投資ビジネスへの進出を目論む銀行に対する規制緩和が徐々に行われ、１９９９年に完全に撤廃された。しかし合併の時点では、当社がディスカウント・ブローカーという狭い道から外れてはならないことがはっきりとしていた。いいだろう。われわれだって外れるつもりはない。株式の引受けに興味はなく、歩合制の営業担当者を雇う予定もなく、すぐに金持ちにしてあげますという大げさな儲け話で顧客を取り込もうとも思っていなかった。

その一方で、われわれは行き詰まっておらず、順調な成長軌道に乗っているように感じられた。その先には新たな興味深いものが待っているようで、われわれもそこに行って探検したかった。たとえば、ミューチュアルファンド・マーケットプレイスを開始した後、顧客が適切な選択ができるように、ファンドのパフォーマンスに関する数値を提供したいと考えた。これは投資アドバイスではない。ここは強調したい。単なる数字、情報だ。これはわれわれにとって目新しい考え方ではなかった。投資においては、情報が多ければ多いほど良いとずっと信じてきた。しかし、規制当局は少なくとも当初は、「投資アドバイス」をほのめかすようなものはすべて、ディスカウント・ブローカーの業務を逸脱しており、認められないという姿勢だった。

シュワブ・ワンでも同様だった。われわれは、クレジットカードや貸付枠を改善するための素晴らしいアイデアをたくさんもっていたが、ＯＣＣの事前承認なしには何もできなかった。まるで時間を止められ、あらゆる機能やサービス、商品が１９８１年当時の戒律に縛られているように感じられた。私は、自分が立ち上げた保険ブローカレッジ会社、セレクト・クオートを売却せざるをえなかった。銀行は保険業に参入できなかったからだ。私はMMFやポートフォリオ運用商品を自前でもちたかったが、市場の動向に容易かつ柔軟に対応することのできる仕組みはなかった。競合他社がやっていることに対抗することはできなかったし、まして新しい分野を開拓するなど到底できなかった。こうした状況は、われわれのビジネスに犠牲を強いた。

創業時から厳しかった規制の壁は、ますますその厳しさを増すことになった。バンク・オブ・アメリカの経営状況が不安定になればなるほど、規制の締め付けは厳しくなった。本当にもううんざりだった。1985年8月の取締役会で、私は銀行の財務状況と、銀行の経営陣が事実を直視していないことに警鐘を鳴らした。私は経費削減と銀行の資本基盤を回復するための抜本的な計画を提案した。残念なことに、その後の数カ月で、バンク・オブ・アメリカの財務状況は、私とほかの取締役会メンバーとの内部論争のテーマから、米国政府のテーマになってしまった。その夏、OCCはバンク・オブ・アメリカに10億ドル以上の不良債権処理を命じ、1985年末には各取締役に、1986年末までに自己資本比率（リスク資産の保有額に対する銀行の自己資本の比率、銀行の健全性を測定する手法）を6％にすることを書面で誓約させた。

それは非常に大きな出来事だった。銀行だけでなく各取締役自身にとっても恐しい動きであり、いまや周知となったバンク・オブ・アメリカの数十億ドルに及ぶ無秩序な貸出債権内容が招いたものだった。問題の貸出債権は中南米に限られたものではなかった。国内不動産や石油・ガス、さらにはギリシャの海運業からも損失が続いていた。たとえば、1億ドルの船を担保にして造船業者に7000万ドルを融資したところ、ある日突然、テクノロジーの変化でその船に価値がなくなったらどうなるだろう？　そして、ある日、その造船業者がロンドンのオフィスに現れて鍵を机の上に置き「船は地中海に停泊しています」と告げたとしよう。乗組員を雇い、サイパンまで船を運び、ガスバーナーで分解し、スクラップとして韓国人に売り、別の新しい船をつくらせて、担保に入っている別の船を無価値にするかどうか。こうしたことが、バンク・オブ・アメリカの貸出債権の全体で起きていた。

象徴だった本社ビルを6億ドルを上回る値段でショーレンスタイン（訳注：サンフランシスコの不動産開発業者）に売却するなど、懸命に資産売却を進めたにもかかわらず、損失はどんどん積み上がっていた。1985年の第4四半期には1億7800万ドルの損失、1986年の第1四半期にはわずかな利益、そして第2四半期には6億4000万ドルもの壊滅的な損失を計上した。さらに、虎視眈々と機会をねらうサメも旋回していた。ファースト・インターステートは、同行が経営のかじ取りをするかたちで合併することがバンク・オブ・アメリカにとって最終的な解決策であり、諸々の問題を解消するものだと主張していた。3月には、シェアソンの前会長で、同社をアメリカン・エキスプレスに売却したサンディ・ワイルが、アーマコストと取締役会に対して、自分がかじ取りをすることが解決策になると主張し、それまでコスト削減と銀行の一部売却にとどまっていたバンク・オブ・アメリカの再建に向けた抜本的なアイデアを提示した。あわせて、リーマン・ブラザーズにいる同志たちから得た10億ドルもの新規資本注入についてのコミットメント・レターも提示した。私は個人的には、検討に値する提案だと考えていた。

サンディの提案については事前に知っていた。この少し前に彼は電話をかけてきて、その後、私に会うためにサンフランシスコを訪れていた。われわれは、シュワブの新本社であるモンゴメリー・ストリート101番地にある私のオフィスで会った。サンディは私よりほんの少し年上で、エネルギッシュで、バンク・オブ・アメリカのための良いアイデアをたくさん抱えていた。彼はビジネスを再生させることでつとに有名で、分析的、かつ説得力があった。その頃には、私がバンク・オブ・アメリカに不満を抱えていることは世間に知られていた。サンディは2つのことを考えていた。第一に、私が彼の申し出を支持するかどうか？　第二に、もし彼がバンク・オブ・アメリカの買収に成功した場合、私がこのままチャールズ・シュワブの経営を続けるかどうか？　最初の質問は簡単だった。サンディがもつ資金と経営に関する専門知識はバンク・オブ・アメリカにとって大きな助けになることは間違いないと確信していたので、彼の計画を支持することができると答えた。2番目の質問はもっと簡単だった。シュワブを諦める気はなかったが、その一方で、もっと自由が欲しかった。私は彼に、バンク・オブ・アメリカにいつまで残るかは保証できない、と伝えた。この期に及んで、別の銀行や巨大金融サービス会社の一員になることには興味がなかった。シュワブを買い戻すか、別の事業を始めるために会社を辞めるか。いずれにしても、自分で自分のことを決められる仕事に戻ろうと決めていた。私は彼にいった。「サンディ、君は私の支持を取り付けるだけの、バンク・オブ・アメリカに関する素晴らしいアイデアをもっている。私からの唯一の条件は、シュワブをスピンオフさせることだ」

しかし、取締役会のだれもサンディ・ワイルと話す気はみじんもなかった。彼らはサム・アーマコストを頑なに支持し、変化を起こす気などまったくなかった。結局これが、ハドソン川以西で最も権威のある金融機関、バンク・オブ・アメリカなのだ。サンディに代表されるニューヨークの荒っぽさへの嫌悪感もあったのかもしれないが、私にはわからない。しかし、もしサンディの計画が成功していたらどうなっていただろう、と思うことがよくある。その後、ご存じのように、サンディはシティグループを買収して手中に収め、その後も主に買収を通じて国際的な巨大金融機関を築いた。一方、バンク・オブ・アメリカの運命といえば、信じられないほど規模が小さくなって、最終的にはノース・カロライナのネーションズバンクに売却されることになった。今日でもバンク・オブ・アメリカという名前は残っているが、サンフランシスコにもともと設立された銀行から引き継がれたのはこの名前くらいだ。多分サンディが経営を引き継いだとしても、バンク・オブ・アメリカの傘の下から出たいという私の気持ちが変わることはなかったのかもしれない。われわれの野望を実現するには自由が必要だったからだ。それにしてもサンディがバンク・オブ・アメリカのかじ取りをしていたらどうなっていただろうか。よくわからない。いずれにせよ、バンク・オブ・アメリカの取締役会は彼の申し出を拒否し、彼を追い返した。

この頃には、私は公然と反旗を翻していた。サムはもがいていたし、取締役会は後ろ向きだったし、規制当局は高圧的になってきた。バンク・オブ・アメリカと提携した当初のメリットはすべてデメリットになっていた。われわれに資本を提供するのではなく、予算を削減する必要があると指示してきた。新しい市場に参入し、新サービスを提供するためのプラットフォームになるどころか、当社のすべての動きを妨げていた。シュワブの評判を高めるのではなく汚していた。バンク・オブ・アメリカに対する私の不快感は、いまや本当に公のものとなっていた。ウォール・ストリート・ジャーナル紙は、私がサムの解任を支持した、とさえ報じていた。私には選択肢が尽きようとしていた。

1985年の初夏までに、私はあけっぴろげにバンク・オブ・アメリカ株の売却を始めた。手遅れになる前に資産の一部を回収したいと思ったからだ（シュワブの買戻しが可能となった場合の資金になるだろうとも考えた）。価格は当初24ドルだったが、最終的には11ドルにまで下落した。私の財産だけでなく、シュワブの構築に貢献してきたすべての従業員の財産が消えていくことを考えると、気分が悪くなった。バンク・オブ・アメリカの新しい株主として私が引き入れたすべての人々に申し訳ない気持ちでいっぱいだったし、彼らを見捨てることはできなかった。もちろん、私以上に財産を失った人はいなかったが、そんなことは重要ではなかった。もしだれかから相続した財産だったとしたら、すべてを失うとしても、もっと違う感情をもったかもしれない。

私は、たとえゼロからやり直さなければならないような最悪な状況に陥ったとしても、大丈夫だといつも思っていた。私は今度もうまく切り抜けられる、と。

長い目でみれば、私自身は大丈夫だということはわかっていた。私が確信をもてなかったのは、チャールズ・シュワブのようなものをもう一度つくりあげていけるかどうか、だった。チャールズ・シュワブと、それが象徴するものを誇りに思っていた。後世に残る私の遺産になると信じていた。長続きさせたかった。私を突き動かしたのは、顧客と従業員、そしてこの10年間にわれわれが築き上げてきた会社――いままさに勢いづいている会社――に対する責任感だった。問題はシュワブがその使命を果たせるか否かだった。高コストや利益相反など、もともとわれわれが取り組もうとしていた証券業界の課題はいまだ存在していた。他方、証券業界はいままでとは違うやり方で物事をやりたいと思っている人間には、大きなチャンスのあるところでもあった。以上から、私がバンク・オブ・アメリカの泥沼から抜け出すことができないことの結末は、かなり深刻なものだった。

1986年8月13日、私はバンク・オブ・アメリカの取締役を辞任した。サム・アーマコストは個人的な侮辱と受け取ったが、それは私の意図するものではなかった。取締役会から去ったのは、シュワブを買い戻す方法を考え始めており、利益相反を心配したからだ。バンク・オブ・アメリカにとどまることについて自分を納得させることができなかった。しかし同時に、フラストレーションが溜まり、緊張が解けず、みじめな気持ちでいっぱいだったことも辞任の理由だ。押し潰されそうな気分だった。しかし、取締役会の反応には驚いた。彼らにとって私は手に負えない同僚だったはずだが、いざとなってみるとだれも私に辞めてほしいと思っていなかったのだ。リー・プロシア会長は私に翻意させようと説得にかかった。この頃は取締役会が怒った株主（もう私は独りではなかった）から訴訟を起こされ、また銀行が破綻寸前であるという噂を否定しているさなかだったので、もう一度よく考えるように頼んできた。私の辞任がどんな影響を及ぼすかを心配してのことだった。私もそれに従った。だが、ほんの2、3日してから、辞職を月末までは延期することを伝えた。彼らの要求を尊重し、準備のための時間を与えるためであった。人生のなかでこれほど苦渋に満ちた選択をしたことはなかったが、最終的にこれほど正しい選択になったこともなかったと思う。それから間もなく、私はハワイで1週間の休暇を過ごすため、街を離れた。大きな重荷から逃れることがこんなに晴れ晴れとした気分になるものか、と感じたことをはっきりと覚えている。何年も感じていなかったかのような自由を味わった。

私がバンク・オブ・アメリカの取締役を辞任した直後、同行の取締役たちはチャールズ・シュワブの取締役会から私のみならず、ラリー・スタプスキーとバーバラ・ウルフも追い出した。完全子会社の従業員として、われわれがバンク・オブ・アメリカの支配に翻弄されている姿をちょっと想像してみてほしい。私はまだ自分でつくった会社のCEOだったが、それも後どれくらい続くだろうか？　どうもしっくりこなかった。それでも、この解任劇は、私の最後の幻想を拭い去ってくれた。こうなったら、世界で何よりも自分がほしいものを勝ち取るためには、かつてないほど激しく戦わなければならない、と覚悟した。

間もなく、さまざまな投資銀行から、私がチャールズ・シュワブを取り返すのを手伝いたいという電話がかかってくるようになった。なかでも、ドナルソン・ジャフキン・アンド・ジェンレットと、リトルロックにあるステフェンズ・インクは熱心だった。ジャック・ステフェンズ本人が、私をつかまえるためにサンフランシスコに飛行機を送ってくるほどだった。私はアーカンソーに出かけ、彼らと会った。ジャックはLBOを提案してきた。LBOを検討することには異論はなかったが、彼が提示した条件は魅力的ではなかった。ステフェンズの提供は、彼らがチャールズ・シュワブの持分を80%取得し、残りの20%をわれわれにもたせるというものだった。われわれはもっといいやり方があるはずだと思い、彼の申し出を断った。最終的には、LBOを私自身で実行できれば、私にとっても、経営陣にとっても、従業員にとっても、ずっと良い案件になるという結論に達した。しかも、顧客にとっても良いことだと思った。会社をどのようにかたちづくっていくかを私自身がコントロールできるからだ。最大の問題は、バンク・オブ・アメリカが私の申し出を受け入れるかどうかだった。私がバンク・オブ・アメリカの取締役を辞任した直後に、シュワブの取締役会から追い出されたという事実は、良い兆候ではなかった。

私が辞任して2カ月もたたない1986年10月7日、バンク・オブ・アメリカの取締役会はサム・アーマコストを解任した。非常に驚いた。私は自分が間違っていなかったことが立証されたような気がした。ついに、私と席を並べていた取締役たちは、私がずっと主張していたことを、すなわちバンク・オブ・アメリカは崩壊しており、アーマコストはそれを解決できる人間ではない、ということを理解したのだった。そこから大混乱が始まった。しばらくの間、終末が近づいたかのようだった。かつてバンク・オブ・アメリカのトップの座をめぐってサムとライバル関係にあったジョゼフ・ピノーラは、自身が経営するはるかに規模の小さいロサンゼルスのファースト・インターステート・バンコープがバンク・オブ・アメリカを吸収するという敵対的買収を仕掛けていた。

このような混乱を収拾するべく、サムの前任者、トム・クローゼン以上の適任者はいなかった。バンク・オブ・アメリカの取締役会によって再びかじ取りを任されたトムは、いの一番に、ジョゼフ・ピノーラをはじめほかのだれにもバンク・オブ・アメリカを売却するつもりはないことを明確化した。彼はバンク・オブ・アメリカを救うために現れたわけであり、その目的のために、彼はあらゆる努力を尽くして資本を調達し、経費を削減し、そして、銀行に以前の栄光を取り戻そうとしていた。

私にとってバンク・オブ・アメリカにおける一連の出来事へのかかわりは、始まりも終わりもチャールズ・シュワブの支配権を奪還できるか、そして1975年に始めた取組みを続けられるか、がすべてだった。これについては、良い材料、悪い材料が混在していた。1986年のハロウィーンに、私は特に何か期待することもないまま、トム・クローゼンと昼食をともにしたが、シュワブが彼の売却資産の候補リストに載っていることを知ってありがたく思った。バンク・オブ・アメリカでそんなことを私にいった人間はいなかった。トムはまとまった資本を手っ取り早く回収するためにも、シュワブを売らなければならないと考えていた。しかも彼が、私にシュワブを売ることが最も容易で最も合理的だ、と考えていることは間違いなかった。彼は私にシュワブの買収提案をまとめる一定の時間を猶予するとのことだった。私は気持ちが高ぶり、この可能性を開いてくれたトムに今日でも感謝している。

その前年、１９８５年の晩秋に、初めてサム・アーマコストにシュワブの買戻しを持ちかけたときは、取り付く島もなく断られた。私は動じなかった。サムにはわれわれを引き留めておく理由こそあれ、手放す理由はなかった。１年近くたったいまでも、サムが売却しようとしなかった理由——当社はバンク・オブ・アメリカ帝国のクラウンジュエルである——は健在だった。その一方で、バンク・オブ・アメリカにはシュワブを売却すべき切羽詰まった理由が生じていた。まず、ＯＣＣから資本調達を命じられたことだ。すでにファイナンス・アメリカとバンカ・ディタリアを売却しており、他の資産売却とあわせて最終的には10億ドル以上の資本を回収していた。そして何といっても一番の理由は、またトムにとって切り札でもあった理由は、シュワブの売却で、ファースト・インターステートを遠ざけることを事実上確保することであった。ファースト・インターステートがバンク・オブ・アメリカに関心を示す主たる理由はシュワブの存在であり、銀証連携モデルがもたらすポテンシャルであった。もはやクラウンジュエルだろうと聖域などは何もなかった。私はおおいに元気づけられた。

トムとのミーティングから５日後、希望は不安に取って代わられた。バンク・オブ・アメリカがシュワブを競売にかけ、最高額の入札者に売却するという意向を公表したのだ。今度は、親会社が別の親会社に置き換えられることを心配しなければならなくなった。

私にはほかの考えもあった。1986年の夏にバンク・オブ・アメリカの取締役会を辞任した後、私は、それぞれが独自の役割を担う3人の弁護士からなるチームを結成していた。まず、ラリー・ラブキンだ。彼は、私がもつ選択肢についての検討を支援する役割だった。ラリーとは1980年以来の知り合いで、当時、実現しなかった当社IPOの引受証券会社の弁護士をしていた。ラリーはこのドタバタを通じてシュワブに関して多くを学んでおり、また、証券業界を深く理解しているのは間違いなかった。IPOの中止後、私は彼にわれわれのために働いてくれるよう頼むようになった。彼はその後、何年にもわたって当社の主たる社外顧問弁護士を務めてくれていた。ラリーは非常に合理的かつ完璧な問題請負人で、バンク・オブ・アメリカの用意する手強い弁護士とも渡り合っていける弁護士だった。

私にとってラリーが取引を適切な方向に導いてくれる顧問弁護士だとすれば、クーリー・ゴッドワード・カストロ・ハドルソン&テータムのサンディ・テータムは、調停役を務めてくれる弁護士だった。サンディは全米ゴルフ協会（USGA）会長の任期を終えたばかりだった。彼は名門の出として申し分のない経歴をもち、紳士的で、ゴルフサークルを通じてバンク・オブ・アメリカの法律顧問ジョージ・クームとも知り合いだった。これからどこに向かうのか、まだ見当もつかなかったが、何が起こっても、サンディならば穏健に処理してくれると信じていた。

最後に、バート・ジャクソンは、私にとって闘犬だった。バートは、ジャクソン・タフツ・コール&ブラックの非常に辣腕な弁護士としてサンフランシスコで評判を得ていた（その後しばらくたった1993年、硫酸を満載した貨車がイースト・ベイで爆発した事件があった時、バートはジェネラル・ケミカル社代理人として、勝者のいない厄介な訴訟で10万人の原告を相手にすることになる）。バートはファイターだった。もしこの先、ひどい事態に陥った時でも、サンディとのバランスをとるのに役に立つと思った。

私はサンディとバートに、私が何カ月も静かに考えていたドラマチックな行動の可能性についてアドバイスを求めた。バンク・オブ・アメリカを相手に無効の訴訟を提起することは可能だろうか？　私が最初に無効訴訟を経験したのは、ミッチェル・モース＆シュワブの時代だった。この時は、訴訟を受ける側だった。１９７０年にＳＥＣが、われわれのあるファンドのマーケティングに関連した技術的事項について、公に言及したことがあった。すると、そのファンドの価値が下がったところ、テキサス州の投資家がＳＥＣの指摘をそのファンド購入の無効請求の根拠として用いたのだった。無効になると、すべてが振り出しに戻り、ファンドで生じた損失は当該投資家ではなくわれわれが負うものになることを意味した。この件で、私は初めて無効の脅威がどれほどの威力があるのか、肌で感じたのだった。私はまた、そうした主張を通すための敷居が非常に高いことも知っていた。それでも私は、１９８３年にチャールズ・シュワブを買収するためにバンク・オブ・アメリカが株式を発行したとき、同行がかくも本当の財務状況を偽っていた以上、私やこの買収に参加したほかのすべての人々――私の全従業員、全株主――は全額償われる権利があるのではないか？と考えた。そして、バンク・オブ・アメリカが、損害賠償金も上乗せして会社を私に返すように命令される可能性はあるだろうか？ということも。

サンディは、元の契約書に加えて、私がデロイトのデニス・ウーと彼のチームから集めていた、法廷で用いる会計分析書類の山に目を通したうえで、「ノー」と結論づけた。しかし、バート・ジャクソンはそうは考えなかった。彼はウィスコンシン北部の森で過ごした休暇を使ってすべての書類に目を通し、戦いに出かける準備を整えてきた。「歴史に残る戦いになるだろう」と彼は私に告げた。私は権威ある組織の根本を攻撃することになるし、個人的にも職業的にも深刻な副作用が生じるかもしれない。しかし、バートは明らかに挑みたがっており、われわれが勝てると本気で思っていた。私はじっくり考える時間が欲しいと彼に伝えた。家に帰ってヘレンと話し、次にバートとミーティングをした時にヘレンも同行した。私は彼女に、われわれが何をしようとしているのかを直接聞いてほしかったからだ。サンフランシスコで最も著名な人物の何人かと、醜い争いをする可能性があるのだ。その2回目のミーティングを終えて、私はまだ爆弾を落とす覚悟はできていなかったが、武器庫には備えておきたかった。「やろう」。私はヘレンの賛意を受けてバートにいった。「告訴状を起草してくれ」

第17章

遂に自由に

1986年の秋には、セカンド・ストリート1番地のビルが手狭になり、モンゴメリー・ストリート101番地にある新しい本社に移った。当社にとって大きな一歩だった。金融街の中心部に位置し、広くて明るいハイテクな支店を構える1階から28階まで占有した。私のオフィスはほかの幹部たちとともに28階にあった。マーケティング部門と、インハウス専門の広告代理店のCRSアドバタイジングを含む広告部門は、1つ下の27階にあった。27階は近いといえば近いが、私が望んでいたほどに近くではなかった。引越し前に、業者に28階の床に穴を開けてもらい、27階に降りる階段をつくらせた。私の情熱はマーケティングおよび広告とともにあった。常につながっていたかったのだ。

私には、自分自身の知識や直感を常に信頼し、自分自身で意思決定する領域がある。一方で、自分だけではどうにもならず、積極的に支援を求める領域もある。

マーケティングについても自ら目を離さず管理することは大事に違いなかったが、チャールズ・シュワブはまさに競売にかけられようとしていた。会社が第三者に売却されるのを防ぐには、自分一人ではできないことはわかっていた。

私が最初に呼び寄せた一人は、過去のさまざまな局面で中心的役割を担ってきたリッチ・アーノルドだった。リッチは1985年の夏に、彼の母国オーストラリアにおけるバンク・オブ・アメリカのリテール銀行業務の拡張計画を主導するために、シュワブを去っていた。彼が現地に着任したところ、オーストラリア特有のさまざまな規制上の理由から、バンク・オブ・アメリカの計画は実現しないことが判明し、最終的に彼はすべてを白紙撤回した（結果、バンク・オブ・アメリカは1億ドルもの損失を被らずにすんだ）。それから彼はほとんど何もせずに過ごしていた。彼が喜んでサンフランシスコに戻ると申し出たとき、私は彼に来るべき戦いにおいて、私のクォーターバックになりたくはないか、と尋ねたのだった。彼は翌日にはサンフランシスコに到着していたから、あの後すぐに飛行機の切符を買ったに違いない。

この状況でリッチが何をしてくれるかわかっていたし、彼のスキルが必要だった。シュワブをほかの買い手に奪われないことも重要だが、組織全体が争いに巻き込まれないようにすることも同様に重要だった。デビッド・ポトラックらが業務に集中することが不可欠だった。そこで、リッチをサポートする役としてクリス・ドッズを選んだ。彼はその頃採用したばかりの若い社員で、後にシュワブのCFOとなり、私の最も信頼できる相談相手の一人となった。クレムゾン大学でバスケットボールをしていたクリスは、インディアナ大学がNCAA最優秀校に輝いた1980年シーズンで、試合終了のブザー音が鳴るなか、アイザイア・トーマス（訳注：NBAで活躍したプロバスケットボール選手）を相手にジャンプ・シュートを打ち、インディアナ大学を負かしたこともあった。明らかに彼はプレッシャーに屈するような人間ではなかった。彼はまた、割引キャッシュフローや割引率といった企業評価に必要なあらゆるファイナンス理論の奥義に精通もしていた。クリスはリッチにとって財務の数字面で頼れる存在になると確信していた。

私にはすでに必要な弁護士はすべてそろっていた。ラリー、サンディ、そしてバートだ。そして最後に、これまでも会社の重大な岐路に立った時にはいつもそうだったように、旧友のジョージ・ロバーツに相談した。ジョージの関与は、私にとっての非公式のアドバイザーとして目立たないかたちで始まった。バンク・オブ・アメリカはソロモン・ブラザーズを売手代理人として雇う一方、私はジョージに、当社の代理人にふさわしい投資銀行を推薦してくれるよう頼んだ。ジョージはいくつかの名前を提示してくれ、また、そうした投資銀行との面談には、リッチと私の横に同席してくれた。ジョージは当初から、この案件の資金を援助してくれるような投資銀行を探すべきだと意見していた。いずれの投資銀行も当社にアドバイスし、多額の手数料を稼ぎたいとは考えていたが、案件を成功させるために必要な資金を提供することまで約束したい、と考えるところは一つもなかった。

問題の一つは、ディスカウント・ブローカー・ビジネスを考え始めたばかりの頃、ジョージがテニスコートで私に警告したものと変わらないままだった。端的にいうと、ディスカウント・ブローカーをどのように評価するのか？ということだ。ウォール・ストリートではまだ定まっていないようだった。結局のところ、私が得たいと思う最高のアドバイスは、私の隣に座っている連中からすでに得ているのだと気づいた。大手の投資銀行は必要ないのかもしれない。私の弁護士と、私の会計士と、ジョージで十分なのかもしれない。私がジョージに、チーフ・ストラテジストとして私のチームに加わるよう頼んだとき、彼は「わかった」といってくれた。「君が望むなら、手伝おう」と。

一方、売手代理人のソロモン・ブラザーズはチャールズ・シュワブの評価額として、2億5000万ドルから3億5000万ドルを提示してきた。たった数年前に5200万ドルで売却した会社に、そんな大金を払うつもりはなかった。その一方で、私はこの機会を絶対に逃さないとも決意していた。そこで私は、トム・クローゼンとバンク・オブ・アメリカのCFOフランク・ニューマンに連絡をとり、われわれだけがオファーを提示できる2週間の独占交渉期間を要求した。クローゼンは競売にかけることを完全には諦めてはいなかったが、それに同意してくれた。彼は資産を処分し、資本を調達し、バンク・オブ・アメリカの破産を回避する任務を遂行している立場だった。チャールズ・シュワブを現経営陣たるわれわれに売却することは、その実現に役立つだけでなく、面倒なことにはならないというメリットも備えていた。クローゼンはそれを十分に認識していた。いまでも私は彼に会うたびに、「あなたはあれ以来ずっと私のヒーローだ」と話している。

2週間はあっという間だし、われわれはまだ戦略さえ決められていなかった。無効訴訟をどうするかが鍵だった。私はそれが潜在的に非常に強力な武器になると考えていたし、バート・ジャクソンも同じ意見だった。バートは本当にその訴訟をやってみたいと思っていたようで、私を陪審員の前に立たせることを考えるだけで、よだれを垂らさんばかりだった。彼は、私がそれまで会社の宣伝において、信頼できる、効果的な広告塔を演じてきたのと同じ理由で、証言台でも信頼できる、共感を覚える証人になれると信じていた。私も同じ気分であり、どんな結果になろうとも、彼にゴーサインを出す準備ができていた。

訴訟は厄介なものになるだろう。バートは、ヘレンと私に対し、この街で最も強大な組織の一つに立ち向かう危険性について警告していた。彼は誇張していたのではなかった。すでに私の耳には「ここは小さなコミュニティだから、そんなトラブルを起こす必要はない」という声が聞こえていた。しかし、私は怖くなかった。私が考えていたのは、どうすればこの間違いを正せるか、ということだけだった。私は、私の従業員のほとんどが含まれる、チャールズ・シュワブ創業期の投資家に深く責任を感じていた。彼らは私に従って、バンク・オブ・アメリカの株主に加わったが、結局、株式交換で手にしたバンク・オブ・アメリカの株式が暴落したため、彼らは私に対する忠誠心の結果、大きな代償を払うことになった。私も損害を被ったが、早めに売却し、軍資金としてまだ1000万ドルほど残っていた。重大な不正だと思っていることを正すためには、必要ならその全額をなげうつ覚悟もあった。

ただ、私は大義への情熱に我を忘れかけていたかもしれない。幸運にも私にはジョージ・ロバーツがいた。ジョージはその無効訴訟について完全に否定的であった。彼は「愚かさと詐欺はまったく別物だ」として、私が裁判で勝つためには詐欺を立証する必要があると主張した。言い換えれば、たしかに、バンク・オブ・アメリカは1982年に実力以上の高値がついた株式を使ってシュワブを買収したとき、財務の健全性を不正確に発表していた。それについてわれわれは把握しており、証明することができるかもしれない。しかし、それが意図的に行われたものだったと証明できるだろうか？　かなりむずかしい。もしそれができないとしたら、間違いなく重大な禍根を残すことになるだろう。その後、お互いに席に戻って、法廷で戦った相手と再び交渉するのはずっとむずかしくなるだろう。最初は少なくとも穏健に交渉を始めたほうがいい、というのがジョージからのアドバイスだった。彼の話を聞いて、それに同意した。

何よりも、元取締役からそのような訴訟があるかもしれないという脅威だけでも、それ自体が大きな影響力をもっていた。すでにバンク・オブ・アメリカに対しては、私のような怒った投資家が複数、十分な財務情報が開示されなかったことで損害を被ったとして、いくつかの訴訟を起こしていた。元取締役として、私はそれらの訴訟の被告にもなっていた。もし突然、原告らの主張に共感した私自身が訴訟を提起し、調査の過程で分析した関係者とのやりとりや内部文書のすべてを明らかにしたら、どうなることだろう。これは、バンク・オブ・アメリカが何としても避けたい潜在的な爆弾のようなものだった。さらに、バンク・オブ・アメリカは明らかに、自己資本を再建し、規制当局の圧力をかわそうと必死になっていた。バンク・オブ・アメリカがシュワブを売ることは、彼らにとって選択肢ではなく、必然だった。シュワブを買う人はもれなく訴訟も買うことになる。

そして、大規模な訴訟の嵐のなかで、私以外のだれかに売却することはほとんどありえなかった。だれもそうした混乱を引き継ぎたくはなかった。

以上から、私は交渉で有利な立場にいると確信してはいたが、それは、バンク・オブ・アメリカとその弁護士が、私が本当に思い切った法的措置を取りうる、と信じてくれた場合に限っての話だった。バート・ジャクソンがすでに訴状の草稿を書いていたので、私はバートに、それをバンク・オブ・アメリカの法律顧問であるジョージ・クームと共有する許可を与えた。クームには私が切り札として何をもっているかを正確にみせたかった。訴状には、１９８２年に「要管理先または破綻懸念先として分類されるべきであった」債権が55億ドルあり、これは当時の銀行の株主資本46億ドルを上回っていた、と記述されていた。そして、無効訴訟に加え、「損失額は現時点では確認できないが、２億ドルを超える額である」とも主張していた。私はジョージがそれを読んで、どんな表情を浮かべているか、想像するくらいしかできなかった。

一方、バートとは違って敵からは分別があり温和だとみられていたラリー・ラブキンには、裏ルートを通って、彼のバンク・オブ・アメリカ内の友人たちに、私が本気だということ（そして少し狂気じみているかもしれないこと）、つまり、バンク・オブ・アメリカ株の暴落によって個人資産が大幅に減少したことに苦しんでおり、損失を取り戻すためには、無効訴訟を含むありとあらゆる求償策の検討をいとわない構えである、と伝えさせた。これは彼らを怖がらせ、同時に激怒させた。明らかに感情的な怒りが含まれ、主にジョージ・クームから私に向けられていた。無理もない。私の指は、リッチ・アーノルドが好んでそう呼んでいた「赤いボタン」の上に置かれていた。私がボタンを押すと、バンク・オブ・アメリカを潰すことができる、とリッチはよくいっていた。

バート・ジャクソンが全面戦争を強く迫り、ラリー・ラブキンはバンク・オブ・アメリカに対して、自分のできることといえば、私を落ち着かせて正気を保たせることくらいしかないと一生懸命に説得を尽くしているなか、サンディ・テータムがいくつかの非常に悪いニュースをバンク・オブ・アメリカに伝えることになった。サンディはサンフランシスコの法廷において、長く輝かしい経歴を誇っていた。それでも何年か後に、彼に最も満足のいく仕事上の経験について尋ねたとすれば、１９８６年秋、バンク・オブ・アメリカの法律顧問宛てに、元の売却契約書にほとんど忘れられている条項がありますよ、と警告したメモだ、と述べるに違いなかった。

後から振り返ってみると、私の名前と肖像権をバンク・オブ・アメリカへの売却対象から慎重にも除外していたという事実に、自分たちは天才なのではないかという気持ちになった。その条項がいつか果たす重要な役割をだれも予想できなかったはずなのに、ラリー・ラブキンがそれを盛り込んでいたということは幸運以外の何物でもなかった。要するに、私が自分の会社をバンク・オブ・アメリカに売却したとき、自分の名前と肖像権は、ライセンス供与というかたちにしたということだ。万が一シュワブが閉鎖や売却された場合でも、その権利は私に戻ってくる。当時合意した内容のいずれにおいても、いまさにちらつかされているように、バンク・オブ・アメリカが当社を第三者に売却することを妨げるものはなかった。しかし、その場合でも、私は自由に道のあちら側に渡り、チャールズ・シュワブを開業することができる。バンク・オブ・アメリカは、私のビジネスを売ることはできるが、私や私の経営陣を売ることはできない、というわけだ。

サンディからジョージ・クームに伝えられたこの単純な事実は、売却案件をめぐる状況を一変させた。無効訴訟の脅威は本物だったが、まさに「脅威」にすぎなかった。このような訴訟が裁判にかけられた場合、どのような結果になるかについては、法曹関係者の間でも見解が分かれるところだろう。だれもがわかることは、解決には何年もかかるだろうし、激しい論争を巻き起こすだろうし、重要な発展段階にある当社の将来を破壊しかねないだろう、ということだった。バンク・オブ・アメリカと同様、私自身もそんな訴訟はしたくなかった。一方、私の名前と肖像の所有権は、明らかに私のものだった。この事実は、バンク・オブ・アメリカの交渉スタンスに壊滅的な打撃を与えた。

2週間の独占交渉期間の終了も間近になって、バンク・オブ・アメリカに買収価格を提示した。もちろん、最終的な提案ではない。最初は、テーブルに11人いれば、そのうち10人は立ち上がって出て行くような法外な提案をすることが、われわれの戦略だった。われわれは1億9000万ドルを提示したが、まさにそうした事態になった。スティーブ・マクリンは、比喩的にいえば、机に居残った唯一の人物だった。彼は条件をみて、その時点でのバンク・オブ・アメリカの選択肢は何かを考え、同席した取締役たちに「皆、ちょっと待ってくれ。彼らの話を聞こう」といった。

最終的に私は、2億8000万ドルと、将来の利益の一部(「保険だまし」とジョージ・ロバーツは呼んだ)を提供することで合意した。この将来の利益の一部は、われわれがシュワブをすべて買い戻した後に、最終的に5000万ドルとして追加計上されることになった。バンク・オブ・アメリカにとって、4年前に5200万ドルを支払った投資のリターンとして悪くはない合意だった。この条件で合意するにあたり、ジョージは私がだまされていないことを私に納得させようとしていたが、実際のところ、この取引は私にとって非常に有利なものであり、交渉のテーブルで私がもっていた強大な優位性を十分に反映していた。バンク・オブ・アメリカは当初の投資額の6倍を手にしたかもしれないが、われわれも4年前に売上げの3倍の金額で売却し、同じ倍率で買い戻すことができたことに注目してほしい。基本的には同じ取引を、主に借入資本で逆に行ったということだ。

鍵は、非製造業の企業が行った初のLBOの一つとなる革新的な仕組みにあった。LBO自体は目新しいものではなかった。しかしこれまでは、買収される企業が、工場や設備、在庫といった固定資産をもっている場合に限られていた。買収に伴う巨額の負債を返済するために、いざという時には値段をつけてそうした資産を売却できるからだ。われわれの案件はキャッシュフローLBOだった。シュワブはコンピュータが数台と、オフィスの設備以外、固定資産をほとんどもっていなかった。私たちの唯一の、実質的な資産は、取引手数料を支払う顧客だった。言い換えれば、シュワブの価値は顧客そのものだ。その事実を認識し、さらに重要なことに、LBOの債権者にそれを認識するよう説得することで、チャールズ・シュワブの価値を明らかにし、案件を進めることができた。

われわれは、セキュリティ・パシフィック・バンクからの1億5000万ドルのシニア・ローンを皮切りに、多くの資金を借り入れた。シニア・ローンとは、われわれが倒産した場合、セキュリティ・パシフィック・バンクが最初に返済を受けるというものだ。そのほかには、バンク・オブ・アメリカからシニア劣後ローン5000万ドルと、ジュニア劣後ローン5500万ドルの借入れを行った。全体では、買収価格の90%強に当たる2億5500万ドルを借入れで調達した。残りの2500万ドルは、セキュリティ・パシフィック・バンクが優先株式に6000万ドルを投資してくれ、そして、株式の1900万ドルについては、私とシュワブの上級幹部らで折半して出資した。私がバンク・オブ・アメリカの株式を売却して得た資金や、われわれがバンク・オブ・アメリカの一員としてせっせと積み上げてきた従業員ストック・オプション・プランなど、集められるだけの資金すべてを使った。株主になるのはわれわれだけだった。

資産を会計上で認識するのに伴い、税務上の目的で、われわれの顧客リストを１億３７００万ドルの減価償却資産として計上した。証券業界ではこれまでみられなかったことだ。ＩＲＳとの論争も起きたが、最終的に当社は、買戻し時の顧客価値の一部を年々償却できる裁定を得た。それは当社が低めの利益を計上することを意味し、上場した後に問題になった。当社の株価にも悪影響があったに違いない。その一方で、その償却によって税負担が大幅に軽減され、また、債権者を安心させ、最終的に巨額の負債を返済するうえで不可欠なキャッシュが増えることとなった。

最後に、私についてきてくれた人たちが恩恵を受けられるように取り計らった。私はジョージ・ロバーツとＫＫＲのパートナーに、３００万ドル以下のコストで、新生チャールズ・シュワブの持分の15％を提供した。ジョージの投資分のほとんどは彼の財団に行き、彼がその後行う慈善活動の資金として活用された。さらに、私の50％の持分から、私を支援し続けてくれたシュワブの従業員や友人、家族にストック・オプションに似たワラントを付与した。付与したワラントは当社株式の約15％に相当することになった。そのワラントを受け取るためには、従業員はバンク・オブ・アメリカがシュワブを所有していた期間に、バンク・オブ・アメリカ株を所有したことによって失った金額を詳細に記載した請求書を提出しなければならなかった。事実上、私がバンク・オブ・アメリカを提訴しようと考えたときに追求するつもりだった売却無効による遡及的利益をすべてまかなったことになる。これらのワラントは、長年当社で働いてきた多くの従業員にとって莫大な富の基礎となったが、それよりも重要だったのは、シュワブを偉大な会社にしようとする使命を熱心に追求する動機を全員に与えたことである。当時、これほど従業員や顧客を厚遇する事例は前代未聞であり、不必要だともいわれた。しかし私はそうは思わなかった。われわれに忠実についてきてくれたすべての人たちのための、正しい行いだった。

一方で、たしかに非常に有利にみえる取り計らいだったかもしれないが、証券業界が歴史的には浮き沈みが激しいことに鑑みると、非常にリスクを伴う取引でもあった。われわれが1987年1月にワラントの条件合意に至ったとき、株式市場は猛烈な強気相場を5年も続けており、目の前の繁栄に終わりはないようにみえた。

ビジネスの世界に何年も身を置いたことで何か学んだことがあるとしたら、市場が明日どうなるかについてはまったくわからない、ということだ。

しかし、1つだけはっきりしていたのは、われわれにはミスを犯す余裕がほとんどなかったということだ。もし市場が急変し、利益が損失に転じるようなことになれば、すぐに会社を債権者に奪われかねなかったからだ。

この案件にはとてもたくさんの要素がかかわり、また、とてもたくさんのプレーヤーが参加していたため、だれが、何が、最終的に取引を成立させたのかをはっきりさせるのはむずかしい。振り返ってみると、たしかにライセンス条項は鍵だった。しかし、無効訴訟による威嚇も同様だった。バンク・オブ・アメリカに身売りした後でも、自分の弁護士や会計士を雇う権利を確保していた先見性もまた同じだった。ジョージ・ロバーツの創造性と専門知識、そして、彼が両社から得ていた尊敬も同様だった。リッチ・アーノルドもそうだ。彼は物事を成し遂げる才能があり、時として私自身よりも、私の主張をうまく言い表してくれた。そして、仮にバンク・オブ・アメリカがシュワブを第三者に売却するかもしれない、というような厳しい交渉の局面でも、私についてきてくれると表明したシュワブの経営陣全員もそうだ。

多くの要因がわれわれの味方をしたとはいえ、バンク・オブ・アメリカにとってシュワブを手放すことは困難が伴うことだった。私たちは輝きを失った王冠に残っている数少ない宝石の一つだった。シュワブは利益をあげ、成長し、中流階級の貯蓄者が次々と投資家になりつつあった時代に、バンク・オブ・アメリカが株式市場において評価を高める唯一の足がかりだった。4年前にわれわれがバンク・オブ・アメリカを引き付けた理由は、いまだに健在だった。

ではなぜ売ったのか？　古いものに勝る新しい要素が生じたからだ。バンク・オブ・アメリカは資金を必要としていた。チャールズ・シュワブは貴重な資産だった。だから、売却することが理にかなっていた。また、バンク・オブ・アメリカで積極的な事業売却を主導していたスティーブ・マクリンは、クローゼンと同様に、第三者の入札者にではなく私にシュワブを売却することが決定的な利点をもつことを理解していた。適切な取引だった。たとえ私の提示価格が期待外れに低かったとしても、だれもそれ以上の金額を提示はしなかっただろう。終わりのみえない無効訴訟も、経営陣の辞任や会社の名前を失うこともない交渉は私にしかできなかったのだから。

チャールズ・シュワブの買戻しは、私の50歳の誕生日の数カ月前に完了し、非常に満足のいくものだった。私は人生の重要な時期に、一生懸命働くことが報われることをあらためて認識した。自分が正しいと確信していることのために戦う意志がある場合にのみ、良い結果が得られる。当社は非常に短期間のうちに、スタートアップ企業から業界の異端児に、そして成長企業に（この段階ではバンク・オブ・アメリカのような豊かで権威のあるパトロンに頼ったわけだが）、さらにシュワブ自身が業界の一勢力とみなされる現在の地位に駆け上がってきた。われわれはかつてないほどにどっしりと身構えて、繁栄と成長を追求し、投資と株式保有の精神をいままで以上に広く深く普及させようとしていた。

もちろん、私は高揚感を味わっていたが同時に、将来に向けて心配もしていた。エンバーカデロに建つビルにあるラリー・ラブキンのオフィスに集まって、買収契約締結書類に署名をし、記念のスナップ写真を撮るなかでも、借入金を減らす構想で頭がいっぱいだった。もともと債務を抱えることに居心地の悪さを覚えるたちだったが、いままで考えたことがなかったほどの債務に埋もれていることに気づいた。キャッシュフローが持ちこたえている間は問題ないだろう。しかし、キャッシュフローは取引注文件数に依存し、取引注文件数は市場動向に依存し、市場動向はコントロールできるものではない。買収契約締結時、長年会計士を務めるデニス・ウーが、金利の上昇は株式市場の敵だという、基本的で動かしがたい事実を思い出させてくれたことを覚えている。

株式市場が下落する時、それは通常、金利上昇によるものである。

証券会社、特に信用取引が多い証券会社にとって、金利の上昇は、収入の減少と支出の増加という致命的な組合せに繋がる。あの時点で市場はしばらくの間、高騰を続けていたが、ピークにあるようにもみえた。とすると、次は下落というのが論理的な結論だ。

その日の午後、私はセント・フランシス・ホテルの大きな宴会場で1500人以上の従業員に向かって演説し、新しいチャールズ・シュワブ・コーポレーションの設立を正式に発表した。われわれは皆、「遂に自由に」と大胆に青色でプリントされたバッジをつけていた。それは、私の人生における幸せな日々のなかでも、最も幸せな瞬間だった。ステージを渡って演台に上がる時、地に足の付かない気分になった。しかし、すでに次の行動についても考えていた。その日の朝、買収契約締結を終えて、法律事務所を出る前に、私は内密に話をするためにラリー・ラブキンの腕をつかんで廊下に引っ張り出し、静かに告げた。「お願いだ。ＩＰＯの準備に取りかかってくれ」

第18章

調子に乗っている場合じゃない

株式公開を最初に試みてから7年、そしてバンク・オブ・アメリカからのLBOからわずか数日後、私はシュワブのIPOに再挑戦することに決めた。1980年当時、シュワブを成長させ続けるためにはどうしても400万ドル以上を調達したいと思っていた。しかし、投資銀行が株価を2・75ドルと算定し、調達資金総額が300万ドル未満にしかならないとわかった時、私は手を引いたのだった。幸いにも、トニー・フランクがファースト・ナショナル・セービングスおよびナショナル・スティールの代理人となり、20%の持分を納得のいく価格で買うと申し出てくれた。手元にキャッシュができたので、私はIPOの夢を保留にし、仕事に戻った。

振り返ってみると、最初のIPOが成功しなかった理由は明らかだ。人々が懸念するとおり、われわれのディスカウント・ブローカー業界は当時まだ生まれたばかりで、将来の展望に十分な自信をもってもらえるほどの実績を築いていなかった。もちろん、私はディスカウント・ブローカー全体、なかでも特に自社に明るい未来を見出していた。しかし、いまなら、なぜほかの人たちが私のビジョンを共有しなかったのかがわかる。早過ぎたのだ。

しかし、最初の試みから7年がたったいま、多くのことが変わった。ディスカウント・ブローカーは成長し、荒削りなイメージを捨て、伝統的な証券会社から着実に市場シェアを奪っていた。バンク・オブ・アメリカとの合併もかなり役立った。シュワブはディスカウント・ブローカーのなかでも、これまで以上に議論の余地のないほどのリーダーとなっていた。１９８６年には収益が50％増加し３億ドルを超え、純利益もほぼ３倍である３０００万ドルを超えた。そして何年にもわたる積極的な広告宣伝活動によって、シュワブが何者であり、何をしようとしているのかについて、投資家がようやく良い印象をもつようになったといっても過言ではなかった。シュワブはいまや金融サービス業界では有名な存在となり、驚いたことに、私も有名になっていた。大事なことを言い忘れていたが、１９８７年の夏に差しかかる頃のウォール・ストリートのムードはまさに有頂天というものだった。１９８２年８月に始まった強気相場は５年近く続いており、弱まる気配はみられなかった。ダウが２５００ドルを超える勢いで急騰するなか、高いバリュエーションを利用し記録的な数の企業が株式を公開したが、シュワブほど、評判が良く、利益をあげ、急成長している企業はほとんどなかった。これらのすべてが、私をＩＰＯへと駆り立てる強力な原動力となった。

また、内部要因も私を強くＩＰＯに向かわせた。当社の負債構造は、シニア・ローンと劣後ローンで構成する工夫されたものだったが、とにかく大きな金額だった。バンク・オブ・アメリカから自由になったいま、私はできるだけ早く負債を返済することを決意していた。私は借金をたくさんもつのが嫌だった。まるで銀行から囚人服を着させられているように感じるのだ。銀行から資金を借りると、設備投資はこの金額までだ、利益はこれくらいでなければならない、何かあればまず私たちに聞きなさい、といったあらゆる種類の制限条項が設けられる。こうした制約に直面しながらビジネスを運営するのが好きになれなかった。バンク・オブ・アメリカとの合併がそれを証明していた。短期的な利益を犠牲にしてでも、迅速に行動し、新商品や新市場に打って出る自由が必要だった。長期的にみてよりモノになるビジネスになるだろうし、顧客にとっても良い経験になるだろうと確信していた。この先に、素晴らしいチャンスがたくさんあり、私はそれを追いかけたかった。そして、当社が積極的に事業を展開するためのキャッシュフローも堅調だった。借金を返済するのが早ければ早いほど、さまざまな制限から解放される。

IPO以外にも負債を返済する方法は確かにある。シュワブの株を私募で投資家に売ることもできただろうし、そうすることで株式市場への上場に伴う世間の監視や規制当局の監督を回避することができただろう。実際のところ、負債を減らすために株式を公開するということは、銀行の財務制限条項に伴う煩わしい一連の業務上の制限と、成長を犠牲にしてでも安定した、予測可能な利益を求める市場の要求とを交換するようなものだ。そして、後者のほうが負担は重かったりする。駆け出しのキャリアではアナリストとして、その後は上場企業のトップとして、また多くの取締役会の取締役として何度も実感したことは、上場企業の投資家は、売上金の流入が中断することに長くは耐えきれないということだ。

この理由だけでも、多くの成功した非公開企業（フィデリティ・インベストメンツは、投資サービス業界における最たる事例である）は株式を上場しないことを選んでいる。フィデリティのジョンソン一族は、常に自分たちのビジネスに対して大きな投資をする自由をもっている。それを羨ましく感じる部分もある。

競争と市場の力に促され、より多くのことを行い、より向上し、顧客を引き付ける新しい方法を見つけ、革新的になり、資本を効率的に使い、よりたくさんの人々を雇う……成長だ。

顧客や投資家に対する透明性は、時には重荷になることもあるが、最終的にはシュワブにとって良いことだと信じてきた。株式を公開すれば、シュワブのマーケティング・メッセージを強化しながら、既存の顧客に対する当社のコミットメントが示せると考えてきた。思い出してほしい。当社のストーリーは、ストーリーを語らないところにあるのだ。あくまでもわれわれは、顧客にどのように投資したいかを決めてもらい、できるだけ手際よく、効率的かつ安価に取引を実行する。だからこそ、顧客にわれわれのすべてをみてもらってもよいのではないだろうか？　そして、そうした顧客の一部がチャールズ・シュワブの投資家になることを決断すれば、なおさら好都合だ。私はすでに、できるだけ多くの人たちにそうした機会を与えようと心に誓っていた。また、公開企業であることから生じる規律は、自由市場を重視する資本主義の大きな強みの一つであると信じていた。

シュワブをその活力ある仕組みの一部にしたかった。

もちろん、いまだからこそいえることだが、ＩＰＯを遅滞なく実施すべき、このうえない理由があった。ブラックマンデーが迫っていた。市場が暴落し、われわれの資金調達先が枯渇するところだった。

ＩＰＯは絶好の環境下でも大変な仕事であり、しかも歴史に残るようなＬＢＯをバンク・オブ・アメリカ相手に実施した直後であった。バンク・オブ・アメリカから自由を勝ち取ることは、関係者全員にとって途方もないような疲れと集中力の低下を招いていた。ＣＦＯのパット・マクマナスがＬＢＯに先立って退職し、ＩＰＯが完了するやいなや、バックオフィス部門のトップ、ボブ・フィヴィスも失った。ある程度の離職は予想していた。数カ月のうちに銀行の子会社から独立した民間企業となり、ＩＰＯ寸前というところまで行ってしまうと、社員を失うことになる。

その一方で、ＣＦＯがいなければ株式を公開することはできず、だれかが一歩踏み出さなければならなかった。ラリー・スタプスキーは、後任が見つかるまで、その役割を果たすことに同意してくれた。しかし、気の毒なラリーはすでに社長兼ＣＯＯとしての役割を果たしており、これ以上に何かに責任をもつことはありえなかった。ラリーは、われわれがシュワブの資本増強という重労働をひと休みし、しばらくは証券ビジネスにあらためて集中したほうがいいと思っていたに違いなかった。しかし、ラリーはいつもどおり、必要なことをするために立ち上がってくれた。

大変だったのは彼だけではなかった。私は、買収が完了した直後にリッチ・アーノルドの肩をついて、彼を私のオフィスに呼んだことを覚えている。彼はその場に立ち、自分の素晴らしい働きが称えられ、私が握手をして金時計を渡すと思っていたかのように、微笑みながら私をみていた。金時計のかわりに、私は彼に、すぐにIPOに取りかかるように頼んだのだった。彼は、ほとんど懇願するように「チャック。気でも狂ったんじゃないか」といった。リッチは、われわれの健全なキャッシュフローを考えれば、借入比率は大したことではないと主張した。彼は、このまま行けば2年半で借金を返済できると考えていた。しかし、リッチのシナリオは強気相場が続くことを前提にしており、私はその想定に賭ける気持ちの準備ができていなかった。私にはそれは楽観的観測のようにも感じられた。われわれがその時点でどれだけうまくやっていたとしても、またバンク・オブ・アメリカの支配から解放されたことにわれわれ全員がどれだけ興奮していたとしても、そのまま現状維持でいいとは思えなかった。

7年前の初戦と比べると、今回のIPOは従来型ですみそうだった。一つには、われわれ自身で引受けを行うという幻想は抱かなかったからだ。かわりに、モルガン・スタンレーとファースト・ボストンという、ウォール・ストリートの著名な会社を起用した。彼らが喜んで参加したことは、1980年代にわれわれが企業として、また業界としてどれだけ進歩したかを示すもう一つの証だと私はみていた。そうはいっても、私は案件の複雑さを増すようないくつかの要素を取り入れ、そのため、最終的には１９８７年の９月まで公開を引き延ばさざるをえなくなった。

第一に、私は自社の顧客のために大量の株をとっておいた——株式の50％だ。投資銀行はこれに反対した。彼らの顧客に配分できる株式が少なくなるからだろう。前代未聞だと彼らは主張した。多分そうだったのだろう。しかし、このＩＰＯは成功すると私は確信しており、シュワブの口座保有者にその分け前をあげようと決心していた。彼らは熱心な投資家であると同時に、シュワブの熱心な支持者だった。

第二に、バンク・オブ・アメリカからの買戻しの際に、私が割り当てたワラントを、多くの従業員が株保有していることを前提として、このＩＰＯを行ったことだ。このワラントは、シュワブの従業員が株式交換で受け取ったバンク・オブ・アメリカの株式が大暴落したことに対して、私が埋め合わせをするためにつくったものだ。１９８２年の合併完了時には１株当り22ドルのバンク・オブ・アメリカの株式を受け取っていたが、１９８５年には18ドルまで下がり、１９８７年には９ドルになっていた。私の従業員たちは、自分たちの財産の多くが消えていくのを目の当たりにしていた。買戻しの一環として、シュワブの将来の株式を購入するためのワラントを従業員に付与していたのだ。その額はバンク・オブ・アメリカ株の損失に比例して分配された。私にとっては誠実さの問題だった。私は彼らをバンク・オブ・アメリカによる当社買収に導いたが、その結果として生じた彼らの金銭的損失を埋め合わせる機会を何としても提供したかった。だからこそ、このＩＰＯにおいてワラントの行使分も考慮に入れた計算をしてほしかったのだ。結果的に、ＩＰＯが実施された時、ワラントは損失の埋め合わせ以上のものをもたらした。長年のシュワブ従業員の多くにとって、大きな個人財産の基礎となっただろう。

8月、予定を大幅に先送りしていた休暇をとるため、私は家族とアフリカでの3週間のフォト・サファリに出国した。しかし、かなりリラックスできない休暇になった。IPOを決断したいま、障害になるリスクが次から次へと頭に浮かんできたからだ。市場の不吉な地鳴りは大きくなっていた。

意思決定と、それをどう効果的に実行するかをコントロールすることはできる。しかし、情勢をコントロールすることはできない。

機会あるごとに、サンフランシスコとニューヨークに電話した。やるぞ、やるぞ、と私は励ました。株価は7月に急騰した後、8月には横ばいになっていた。いまとなっては、ダウが2722ドルで引けた8月25日が強気相場のピークだったことがわかるが、もちろん当時はだれも知らなかった。ほとんどの人は、それは次の上昇を前にした一服にすぎないと考えていた。それでも私は心配した。春に感じていた切迫感が、いまや大きくなっていた。われわれはギアを上げた。

当社は9月初めにロードショーを行った。ラリーとリッチ、そして私は、1週間かけて全米の主要都市で機関投資家向けのプレゼンテーションを行い、その後コンコルドでパリに飛び、ロンドンとフランクフルトにも立ち寄った。1日に3回、違う都市の違うグループに同じプレゼンテーションをするようなドタバタではあったが、私は楽しみながら取り組んだ。最も思い出に残っている滞在先の一つは、フィデリティを訪問したボストンであった。部屋は20人以上のアナリストでいっぱいだった。フィデリティはウォール・ストリートに大きな影響力をもっており、われわれのＩＰＯ成功には必要不可欠だった。一方で、フィデリティは直接の競争相手でもあったので、われわれの事業に関心を高めていた。彼らは私たちを２時間も質問攻めにしたが、質問すべてに答えてやった。いい反応ばかりだった。よし、行けるぞ！

私がファースト・コマンダーをパートナーたちから買収し、わずかな望みにかけて会社を立ち上げてから15年、そしてバンク・オブ・アメリカから買い戻してからわずか半年後の１９８７年９月22日、チャールズ・シュワブ株式の取引はニューヨーク証券取引所でシンボルＳＣＨとして始まった。

株価は16・50ドルでスタートし、最初に上場を検討していたときに12ドルから14ドルと予想していた水準を大きく上回った。８００万株の公募総額は１億３３００万ドル（16・６２５ドルで引け）だった。24時間以内に、われわれはセキュリティ・パシフィック・バンクに８７００万ドルを送金した。全額ではなかったが、負債の負担を軽減するためには十分な金額であり、また潤沢なキャッシュをわれわれの手元に残し、不安定な市場でも円滑な業務運営ができる金額でもあった。ようやく負債に対する不快感のほとんどが消えてくれた。同時に、私の純資産はさらに大きく飛躍した。私が個人的に保有していたシュワブの株の評価額はいまや１億ドルに跳ね上がっていた。私は自分が想像していた以上に裕福な男となっていた。１００マイルも離れていないカリフォルニア州のウッドランドで、私の両親が心配していたお金のことなど、別世界の出来事のように感じられた。

私は幸運だったかって？　まあ、そうだろう。私は仕事上でこれまでに何度も幸運に恵まれてきた。幸運なことに、自分を駆り立てるのは独立への欲求だと若い頃に学んだ。幸運なことに、アンクル・ビルが必要なときに私の会社に投資してくれた。幸運なことに、中流階級の米国人が株式市場に参加するだけの力をもった時代に、そして規制緩和によってまったく新しい投資の考え方が花開いた時代に、タイミング良く証券ビジネスを始めていた。自分の能力を補完してくれる人たちに囲まれていたことも幸運だった。さらに、１９８７年の株価暴落で投資家がだれもＩＰＯに興味を示さなくなる１カ月弱前にＩＰＯを完了できたことも幸運だった。

幸運は単に幸運ということはほとんどない。特に株式市場に関することや、ビジネスをつくりあげることにおいては。

しかし、幸運だけでは不十分だ。洞察力、合理的な期待と経験のすべてがそろってこそ、幸運がチャンスに変わる。そして何よりも大切なのは、幸運が自分のところにやってきたときに、それをうまく利用するための準備をしておくことだ。常に自分自身で幸運をモノにするのだ。

1987年10月19日にダウが508ポイント、23％近く急落することを知るすべがなかったからといって、あの数年にわたる劇的な株価上昇と市場における当時の不安定さを考えると、遅かれ早かれ何が起こるかわからなかったわけではない。そのようなことに備える必要があることはわかっていたし、借金の山に座っているのは賢明なことではなかった。LBO直後に友人のジョージ・ロバーツと話したことを覚えている。当然のことながら、LBOを終えたばかりなので、私は会社の資本構成の再建を心配するのではなく、商品やサービス、マーケティングに再び集中するべきだった。ジョージはだれよりも、私の負債に対する不快感と、それを返済することへの焦りを理解してくれていた。「資金調達できるんだったら、実行しろよ。金を返そうぜ」というのが彼の率直なアドバイスだった。私の気持ちもまさに「マーケットで有利なタイミングを見計らうような無駄なことはするな」だった。調子に乗っている場合じゃない。

そしてもちろん、まだシュワブが単なるアイデアだった頃、はるか昔の週末のテニスの試合の後に、ジョージが私に尋ねてきた質問に、ようやく私が答えられる立場になったことに2人は気がついた。「株式価値をどのように創出するのか？」機は熟していたのだった。

第19章

津　波

ここ米国の西海岸沿いには、津波警報の標識があり、まれではあるが壊滅的な波の通り道となりうる場所にいることを警告している。津波が発生するには、特定の条件が重ならなければならない。太平洋の奥深くで、その条件に合致した地震が発生すると――海底の断層に沿った突然の亀裂とズレが起きる――海水が海面に向かって上昇し、外に押し出される。海岸に近づくにつれて巨大な波へと圧縮され、津波は破壊的な水の塊となる。

シュワブは1987年に津波を経験した。経営陣主導によるバンク・オブ・アメリカからのLBO、それに伴う負債、その後の株式公開とそれに伴って受けることになった市場からの監視の目、10月19日の市場暴落で顧客から殺到した電話による問合せと注文。さらに、信用取引に伴う顧客への貸付はわれわれが予想していたよりもはるかに大きいリスクの源になることに気づいておらず、また、その準備もしていなかったという事態。こうした条件が重なり、しばらくの間、われわれは愕然としていた。すべてが目まぐるしく起こり、われわれのリスクに対する見方と、リスク管理の方法を永久に変えてしまった。

このような状況の真っただ中に置かれることは、おそろしいことだ。しかし、それを乗り越えることに集中するしかない。運が良ければ、ちょっとした前兆に気づき、身を守る手段が手に入る。知っているすべてのことが試されるわけだ！　とにかくそれを乗り越えること、そこから学ぶことだ。それしかない。

1987年9月22日のIPOからしばらくは、純粋な高揚感に満ちていた。ほかにその気持ちを表現する方法はない。われわれは独立した。シュワブは成長していた……急速に。平均的な米国人が、投資の利点に気づき、投資が実際に自分たちの利益になると信じ始めていた。ますます多くの人々が、自身を投資家とみなし始めていた。シュワブは40万以上の新規口座を獲得し、年末にはそれが200万口座を超え、収入は1986年に比べ50％以上増えていた。当社の利益は1987年の最初の9カ月で、ほぼ3倍の3840万ドルにのぼり、バンク・オブ・アメリカからの独立を発表した際に宣言したとおり、新しいサービスを追加し、成長するための燃料となった。

われわれは新しいコンピュータ・システムに投資し、マーケティングを強化した。シュワブの経営管理の仕組みは完成度を高めていた。業界標準と規制要件を満たす、しっかりとしたリスク管理も実施していた。われわれは、何を決めるにも初めてのことばかりであった1975年当時のスタートアップ企業から卒業していた。あらゆる点で順調だった。注文件数とそれがもたらす収益は、前年比で約50％増加していた。注文一件当りの平均コミッションは72ドル、取引件数は400万件を超えようとしており、未来は明るかった。これほどすべてがうまくいっていたのだからこそ、用心するにはいいタイミングだったのだろう。

市場は8月以来、記録的な取引規模で変動していた。50ポイント上昇、50ポイント下落。景気は、1980年初頭の景気後退後の力強い回復が冷え込みつつあり、それが投資家のセンチメントに重くのしかかっていた。金利は世界中で上昇しており、米国も時間の問題だと思われていた。そして通常、金利の上昇は株式市場の足を引っ張る。いまとなっては、この夏のボラティリティの一部は、「プログラム取引」によりもたらされたことがわかっている。オプションやデリバティブ、そのほかの高度な金融商品を含むコンピュータ化された新たな戦略や、ポートフォリオ・インシュアランスと呼ばれる、大手機関投資家が先物市場を活用して損失リスクをヘッジする手法などである。機関投資家はこうした比較的新しい手法で潜在的な損失を減らすとともに、市場の非効率性から利益を得ようとしていた。トレーダーたちは、こうした新しい戦略を買いたい人々と売りたい人々の間に生じる小さなスプレッドを摘み取ることができた。理論的には、全体の価格発見プロセスを円滑にし、株式の売り手と買い手のマッチングを改善する機能ともいえる。しかし皮肉なことに、こうした手法は最終的に、市場の麻痺と流動性の枯渇、暴落の深刻化といった真逆の効果をもたらした。その夏の間中、われわれを乗せたワゴンは激しく揺れていた。不安が立ちはだかろうとしていた。

私は市場の調整に伴うジェットコースターの乗り心地と、それをうまく乗り切るための覚悟をすることにさほど苦痛を感じない。それは簡単なことではないし、自然に身につくことでもないだろうが。

職業人生のなかで、幾度となない市場の調整と暴落、そして長期の弱気相場も経験したいま、私はうまく乗り切ることができると思っている。しかし、大小を問わず、そうした事態になれば、いまでも一瞬たりとも気が抜けない。そして、この1987年の出来事は決して忘れられないものとなった。

われわれのだれもが、実際に目の当たりにするまで、暴落が迫っていることに気づいていなかった。警告がなかったわけではない。市場は本来リスクに敏感だ。市場は毎日新たな警告を発している。しかし、振り返ってみてはじめて、その警告は間違いなく最高潮に達していたことがわかる。私は暴落が到来することを見通す水晶玉はもっていなかったが、不吉な地鳴りは聞こえていたのだった。しかし、私は不安ではあったが、あれほどまでに早く、そしてあれほどまでの勢いを伴って訪れるとは予期していなかった。

10月12日の週は気合が必要だった。14日水曜日にダウが3・8％下落したのを皮切りに、15日木曜日には商務省からの貿易赤字に関するネガティブな報告と、下院委員会による企業合併に伴う資金調達に関連する税制優遇措置の撤廃法案の提出との話題をきっかけに、さらに2・4％下落するという具合だった。そして10月16日金曜日、ダウ平均株価は108ポイントと、5％近く下落し、1日で初めて100ポイント以上の下落を記録した。ニューヨーク証券取引所では通常の2倍に当たる3億4300万株もの出来高が計上された。市場はこれほど膨大なプログラム取引に対処できなかったようだ。

シュワブにおける注文は、この頃すでにかなりの数に達していたが、さらに日々増加し続け、金曜日の引けには記録を更新した。この週における1日の平均注文件数は1万9000件で、前年における一般的な取引日の注文件数を60％近くも上回った。多くの点で、これは嬉しいニュースだった。注文の増加は、より多くの収益を意味し、ビジネスが活況になるからだ。しかし、私は複雑な気持ちだった。多くの人が支店に来てティッカーを眺めていた。そして何が起きているのかを確認すると、ただ売っていた。これは、顧客が不安にかられていることを示していた。人は株式市場の大きな変動に冷静に対処できるようにはできていない。

その週は、長時間の残業と、普段より多い事務処理によって、オフィスの緊張度も高かった。現在は投資家の口座で何が起きているのかをリアルタイムで明確に把握することができる。しかし、30年前のコンピュータ技術の黎明期では、話は違う。金曜日には市場終了後もしばらく、われわれは世界中の支店ネットワークからデータを収集し、結果を確認していた。同じことが全米のすべての証券会社で行われていた。多くの証券会社では、自らの投資口座のために売買を行う、いわゆる自己勘定取引に関連して、または、投資銀行部門での株式引受に関連したエクスポージャーを抱えていることで、計算はいっそう複雑化していた。最も影響を感じていたのは、ニューヨーク証券取引所のスペシャリストや店頭市場のマーケット・メイカーだった。彼らの機能は、株式の秩序ある取引（すべての注文に対する流動性の供給）を確保することであり、それは、投資家が大慌てで売り注文を出して買い手が見つからない場合、その株式を買うために彼ら自身の資金を投じることを意味した。顧客だけが株価下落の痛みを感じていたのでなく、パニックに陥った売り手から株を買い取らなければならないこうした業者らも、同じような思いで株価が下がるのをみていた。

月曜日を前に、1つはっきりしていたことがあった。出来高が甚大になる可能性が高いということだった。それに対応することが、当社の最大の関心事だった。この1週間は何とかやってきたが、出来高がこれ以上に増えたらどうなるだろうか？　何とか対応できるのか？　当社が直面した問題は2つあった。顧客へのサービスの維持と、市場に目詰まりを引き起こす業界全体にかかわる問題への対処である。1つ目の問題については、当社が全力を尽くすことで対応が可能だった。2つ目の問題については、当社だけの手に負えるものではなかったが、乗り切らなければならなかった。そのため、事前に十分な数のスタッフを確保し、支店に人員を配置し、電話に出られるようにした。休暇は取りやめにし、臨時社員も雇った。約2500名の臨時社員を雇用したが、その多くが証券外務員の資格をもっていた。担当職務にかかわらず、必要であれば社内の全員が月曜日に注文をとるのを手伝うことが求められた。

すべての証券会社が注視していた重要なリスクの一つは、信用取引残高であった。信用取引は洗練された投資家が使用する手法で、時価で評価した自分の投資資産を担保（委託保証金）にして、証券会社から資金を借りて高めた購買力でもともと持っている資金以上に株式投資を行う。株価が下落すると、資金を借りた投資家は、さらに資金を追加保証金として預け入れることを余儀なくされるか、または信用取引で投資した株式の一部を売却することで担保の維持率を高めるか、というマージンコールに直面する可能性がある。個別に生じる限り、マージンコールはその顧客自身にとって好ましくない事態ですむ。しかし、もし価格の下落が広範な顧客に対してマージンコールの引き金になると、それがさらに広範に売りを呼び起こし、ますます株価の下落を進行させる可能性がある。それは、業界全体に広がりつつある大きな脅威の一つだった。

当時、海外支店の責任者であったトム・シープは、彼のチームと会話した後にとても心配になり、週末にオフィスに出勤し、遠く離れた支店からの最新情報を確認し、次の週に向けてできる限りの準備をしようとしていた。ほかの者は、リスクが顕在化する可能性がある口座を探すため、データベースをチェックしていた。

香港支店の顧客で億万長者であるテディ・ワンが、月曜日の朝、数百万ドルのマージンコールに直面することを、トムはその時に初めて知ったのだった。トムは衝撃を受けた。ワンのマージンコールはこれまでみたなかで最大の金額だった。彼はすぐに香港に電話をかけて、現地支店長のラリー・ユーをベッドから叩き起こし、ワンが何者なのかを問いただした。

ワンは香港在住の非常に裕福な顧客で、彼の口座は金曜日に大打撃を受けた、とユーは説明した。金曜日に市場が開く前には、5000万ドル相当だった投資資産の残高は、800万ドルから1200万ドルも目減りしてその日の取引を終えた。ワンは、相当の額にのぼる投資資産にオプション戦略を活用して、ちょっとした稼ぎを得ていた。通常の市場ではうまくいく戦略だが、相場急落によって事態は一転していた。ユーは、金曜日にワンに電話をかけ、マージンコールに応じて直ちに口座に資金を補充しない限り、不足分補てんのためワンの資産の売却を開始しなければならないと伝えた、と述べた。ワンは、自身の投資資産が回復すると信じ、是が非でもそのまま維持したがっていた。いま売ると大きな損失になるからだ。ワンは香港の富裕層のなかでもとびきりのほうで、香港に高層ビルを何棟も妻と共有する億万長者であり、地元では不動産王の一人であった。彼は自分の投資ポジションを維持するだけの資産を十分保有しており、われわれもそれには自信をもっていた。ワンは担保になるものはもっていたが、この市場と状況下において彼が必要としていたのは流動性だった。ワンは土曜日の朝、ユーと直接会い、かなりの残高を有する2つの銀行口座の取引明細書をもってきて、彼がシュワブで保有する投資資産を売却することなくマージンコールをカバーできることを示した。彼はユーに、これらの銀行預金は彼の管理下にあると明言し、われわれも、銀行は彼の署名さえあれば必要な資金を引き出してくれる、と確信した。週末だったため、ワンは銀行取引明細書のコピーをユーに渡し、月曜日の朝に銀行が開店したらすぐに追加の現金を送金してマージンコールに対応する、と約束したのだった。月曜日に何が起こるかも知らずに、だ。ユーは待つことに同意した。トム・シープはユーに連絡を密に取り合うように告げた。

シュワブの取引責任者であるバリー・スノーバーガーは、日曜日の深夜にオフィスに到着し、トレーディング・ルームのほとんどの机がすでに占拠されているのを目の当たりにした。世界中の市場が開くたびに、次々と情報が入り始めていた。売りの波がこちらに向かっているようだった。東京、香港、フランクフルト、ロンドン。株主が売りに殺到したため、株価は軒並み急落していた。ニューヨーク市場が開いた後に何が起ころうとも、それはとんでもない規模になることは明らかで、当社はそれに向けて覚悟を決めていた。

1987年10月19日、夜明けのサンフランシスコ。空気は涼しく、光が澄んでいたのを覚えている。夏の霧が晴れた後のサンフランシスコは、いつもそうであるように、最高の秋の日だった。しかし、その日の朝オフィスに集まったわれわれ全員は、不吉な予感に駆られていた。

私のオフィスから2つ先の小さな会議室に経営陣が集まった。IR、広報、宣伝、コンピュータ・システム、従業員の士気、残業、食事、業務運営など、議論すべきことはたくさんあった。デイブ・ポトラックはその週末に結婚したばかりだったが、ハネムーンの計画をキャンセルした。総力戦で挑むしかなかった。1階にあるリテールの旗艦店には、私自身がパニックに陥っていないことを従業員に知らしめるために、すでに顔を出しておいた。上の階では、できるだけシンプルな言葉でチームに語りかけた。

「切り抜ける方法を見つけよう」

ニューヨーク証券取引所から、取引開始予定時刻の15分前に、すでに5億ドルの売り注文がきている、との報告が届いた。彼らの電話もすでに混線が生じていた。

東部時間の午前9時半に市場が開き、売りの波が世界中からニューヨークに押し寄せた。ニューヨーク証券取引所は10％安で始まった。多くの大手証券会社は、スペシャリストたちが混乱する注文を把握しようとしたり、波のような売り手に対する買い手を探したりで、何時間も取引を開始しなかった。クリックするだけで取引できる、高度にデジタル化された今日の世界では想像するのもむずかしいが、1987年当時、投資家は株を売買したい場合、証券会社に電話で注文し、証券会社はその情報を取引所にいる会社の担当者に渡し、その担当者は情報をフロア・ブローカーに渡し、フロア・ブローカーはそれを、その株のトレーディング・ステーションに持って行った。そこではスペシャリストが買いと売りをマッチングさせ、買い手や売り手がすぐに見つからなかった場合は、自身の会社の資金で取引を行っていた。取引の確認は、その反対の流れで顧客に通知された。通常であれば、それらの一連の流れは、ほんの数分で行われる。しかしその日の朝に限っては、システムはすべての注文をどう処理すればいいのかわからないかのように、だらだらと動作した。心配になった顧客は「私の取引は成立したか？」と徐々に声のボリュームを上げながら、繰り返し電話をかけてきた。

非上場株が売られる店頭市場も、同じように混乱していた。売り手と買い手の仲介役を務め、両者の間のスプレッドで1株当り数十セントを稼ぐことに慣れていたマーケット・メイカーたちは、市場の動きがあまりに速いため、時には5ドルという4倍幅のスプレッドで売買することもあった。それは聞いたことがないほどのスプレッドであり、市場のパニックのレベルを示していた。人々はただただ市場から逃げ出したがっており、もし株価にして5ドル諦めることを意味するのであれば、それでよかった。こうしたレベルのスプレッドでも、株式の買い手としてのマーケット・メイカーのリスクは非常に高くなっており、多くのマーケット・メイカーはお手上げになり、気配値を提示しなくなっていた。流動性が枯渇してきていた。オプション取引所は、ワンがやっていたような複雑な取引の一部を処理できなくなっていた。しばらくの間、オプション取引は証券取引所で停止された。

モンゴメリー101番地の当社は荒れていた。何もかもが経験したことのないことだった。それまで、大量の取引を処理するように設計されていると思っていた当社のコンピュータ・ネットワークは、取引開始から15分もたたないうちに、顧客からの電話が殺到し、支店が取引であふれたため、悲鳴を上げ始めていた。突然、われわれはコンピュータが導入される前の時代に戻り、紙の伝票で注文をとり、マージン・エクスポージャーを手で計算するようになった。一部の顧客が取引成立を期待して、同じ取引に対して複数の注文を出したため、出来高は人為的に急増した。この日の金融業界の経験から、こうしたメルトダウンを防ぐための改革が生まれた。しかし、その時点でわれわれがしなければならなかったことは、顧客にできる限りの安心を提供することだった。

シュワブでは総動員態勢に入っていた。差し迫った問題に対応しているのでない限り、電話に出て顧客の相談を受けた。肩書が何か、社歴が何年か、普段の業務が何かは関係なく、顧客が最優先だった。全員がいかなる任務遂行にも応じたことから、われわれはそれを「シュワブのスイス軍（訳注：スイスでは有事の国民皆兵が国是である）」と呼んだ。

シュワブのコーポレート・コミュニケーション部門の責任者だったヒューゴ・クアケンブッシュは、支店やコールセンター・チームを巡回し、他社の知人にも状況を確認した。「混乱状態だ」と彼は報告してきた。市場を襲ったパニックは、いまや全米に広がっていた。当社が直面していたことは、業界全体でも広がっていた。買いたい投資家に比べて売りたい投資家がはるかに多いという注文の洪水は、売り注文で市場をあふれさせたプログラム取引によって、よりいっそう悪化した。売り手と買い手の合理的な一致は一つも成立せず、市場の自然な均衡もそれとともに失われた。一部の証券、特に複雑な証券の市場は停止し、取引がいっさい行われなくなった。その日の終わりには、NYSEの52社のスペシャリスト会社は、通常の10倍にのぼる15億ドルの売れ残った株式を自社の口座に抱えることになった。

ブラックマンデーで信用取引の限度額を超えてしまった顧客はテディ・ワンだけではなかった。われわれは何百もの小口口座のマージンコールを行った。取引所での取引ができないときは、自らがマーケット・メイカーのような役割を果たし、市場価格で取引を行った。時にわれわれの損失にもなったが、とにかく売りたい顧客を助け、安心させる効果があった。われわれの支店の外には、取引を望む顧客の行列ができていた。シュワブは極限的な危機管理状態に陥っていたが、何とか切り抜けられると思っていた。しかし、投資家が市場に対する信頼を回復するかは確信がもてず、それについてはひどく心配になった。

私は、投資が有効であることを人々に納得させるために懸命に働いてきたし、この暴落は一時的なものだということもわかっていた。何百万人もの人が投資を諦めるかもしれないと思うと耐えられなかった。

この時に苦しんでいた人たちのなかには、従業員と同様に、ほんの数週間前のシュワブのIPOに熱心に参加した長年の顧客もいた。それが私の不安を増幅させた。数週間前には16・50ドルで市場デビューしたシュワブの株価は、ブラックマンデーで12・25ドルまで下落し、その年の年末までに6ドルまで下落し続けた。私は、自分のために働いてくれた者たち、特にバンク・オブ・アメリカ時代を生き抜いた者たちが、確実にシュワブ株の売出しで報われるように、できる限りのことをした。しかし、私も含めて全員が大打撃を受けた。その後、株価が回復するまでには2年、さらに株価がそれを超えて上昇し始めるまでには、さらに2年がかかった。それは、来るべく回復を待てず、早々に売却してしまった人々には、残念ながら遅過ぎた。人間は生来、投資に必要な忍耐力と強靭な心を持ち合わせていないと思う。われわれは戦うか逃げるかしかできないようにつくられている。40年間にわたるS＆P５００のチャート（４３０頁を参照）をみると、ギザギザの山と谷が果てしなく続いているのがわかる。浮き沈みの一つひとつが、パニックと高揚の瞬間だ。しかし、一歩下がり、もっと広い視角でみると、必ず上に向かっていることがわかる。それにしがみつき、感情を取り除けば、真の投資家になれる。

投資には絶対的な真理がある。時間は、たくさんあるときにはあなたの味方になるが、足りないときは最大の敵になりかねない。

その金曜日と月曜日にわれわれは、世界中のあらゆる証券会社が直面した株式市場の問題以外に、シュワブ特有の問題を抱えていた。第一に、株式を公開したばかりだったことだ。ＩＰＯが行われてから90日以内だったため、いわゆる目論見書交付期間中だった。その間、われわれも引受会社も、シュワブに起こることに強い関心をもっていた。双方とも目論見書に署名しており、シュワブの状況を適切に開示しなかった場合には責任を負うことになる。もし募集期間を過ぎて何か悲惨なことが起きたら、それは明らかに経営者の問題だ。しかし、募集期間中に発生した場合は、シュワブ、経営陣、引受会社、弁護士、会計士など、すべての人の問題になる。当社の弁護士の見解はいたって明瞭だった。この数日間の厳しい環境のなかで当社の状況に重大な変化があった場合、あるいはその兆候があった場合、それを投資家に公表する以外に選択肢はないということだ。実際にどのような影響があるのかまだ具体的にわかっていなかったとしても、だ。顕微鏡で調べられているようなものだった。

競合他社はだれもそのような負担を負っていなかったため、SEC以外には口をつぐんでいた。彼らは、公の場では市場暴落について口を閉ざすか、あるいは「会社に負担はかかるが、当社の財務状態は引き続き安定しており、規制上求められる準備金の要件を遵守している」という漠然としたコメントを出した。一方、株式公開から１カ月もたっていない当社は、財務が健全で顧客の資産も安全だったにもかかわらず、あらゆる新たな負債の可能性や、何が起こりうるかについての推測や憶測について公表する責任を負っていた。最も極端なケースの警告を載せなければならない薬の瓶のように、「この商品はあなたに損害を与える可能性があります」とばかりにシュワブの開示は徹底されなくてはならず、また最も保守的な言葉で表現されなくてはならなかった。何かあれば直ちに規制当局に連絡をとり、われわれの状況を知らせた。

ここでワンの話に戻る。当社が直面したどんな損失もすぐに開示されることになるため、ワンが引き起こしたリスクを直ちにコントロールする必要があった。ワンは実のところ、シュワブだけでなくほかの証券会社にとっても上顧客であった。彼との取引は数年間にわたったが、その間当社を心配させるようなことはいっさいなかった。彼は上質の優良株からなる膨大なポートフォリオを保有し、それを証拠金取引として行っているオプション取引の担保として使用していたのだが、オプション取引所で「ショート・プット」として知られる、一部のプレーヤーに限られるようなオプション取引をしていたことで、トラブルに陥っていた。ショート・プットの売り手は、将来一定の価格で株を買うことに同意するかわりに、キャッシュ・プレミアムを得る。ワンは、株価が上がる、あるいは変わらない、に賭けており、実際にそうなった場合、オプションが失効し、彼は手に入れたプレミアムを利益にできる。市場が落ち着いているか上昇している限り、ワンのような投資家はショート・プットでかなりの利益をあげることができる。しかし、市場が下落すると、プットの買い方は、オプションを購入したときに決められた価格で売り方（今回のワンがこれに当たる）に株を売る権利があるので、買い方にとって非常に価値のあるものになる。そして、今回のように市場が大きく下落すると、ワンは大量の株式を引き取らなければならない。自らを守るために、多くのショート・プットの保有者はリスクを相殺できるオプションを保有しているものだ。そのような対策をしていない者は「ネイキッド（裸の）・プット」を保有しているといわれる。ワンはネイキッドだった。

そしていまや、ショート・プットだけではなく、彼の証拠金口座も問題だった。ワンは、通常であれば証拠金取引やオプション取引の担保として十分なだけ大量の優良株を保有していた。ほとんどの場合、ショート・プットの損失をカバーするのに必要なだけの株式を売り、残りのポートフォリオはそのままにしておくことができた。しかし、市場暴落があまりにも急激に起こったため、ワンはマージンコールを回避する術がなかった。保有していたすべての資産の価値が突然下落し、ショート・プットの債務をカバーするには十分ではなくなっていた。

価格が急落して多くの銘柄の取引が枯渇するなか、しっかりした信頼できる情報はまったく入手できなくなり、証券市場は凍結した。クロスト・マーケット（買い気配が売り気配を上回り、一致させることができない場合）とロックト・マーケット（売り気配と買い気配に差がない場合）もあった。通常の市場ではありえないことだ。いずれも株式市場が危機に瀕していること、機能不全に陥っていることの表れだった。ワンはこの下降気流に完全に巻き込まれた。月曜日の取引が進むにつれて、ワンのショート・プットの損失をカバーするための債務が増加するなか、当社は担保になっているワンの優良株を、損失が出るのを承知のうえで売らざるをえなくなっていた。この日、彼が当社に負う債務は、ピーク時で約1億2600万ドルに達した。

ワンは損失を穴埋めできるだろうか？　差し迫った問題だった。われわれは彼には可能だと判断していた。彼のほかの投資資産、銀行預金、不動産などが損失を穴埋めできる手段として使えるはずだった。しかし、シュワブが直面しているすべてのリスクを詳細に報告する必要があったことが、事の緊急性に拍車をかけていた。情報を開示しなければならないという迫りくる薬瓶の義務を前に、「いつ」「どのように」開示するのか、がみえなかった。

当社がこうした問題に直面していることに、私は心中怒りを覚えていた。考えられる限りの市場シナリオをカバーするために、何百ものリスク管理手段を用意していたはずだった。ワンのネイキッド・プット戦略に対する当社のリスク管理はどうなっていたのか？　どうしてこんなことになったのだ？　これを切り抜けることが、いずれにせよ当社の最優先事項だった。危機管理プロセスの穴埋めはその後の課題だった。

ブラックマンデー当日のニューヨーク証券取引所は、すでに記録的な下落となっていた金曜日の出来高の5倍を記録した。その日の午後、市場崩壊の可能性を察知した連邦準備制度理事会（ＦＲＢ）が介入を決めた。アラン・グリーンスパンＦＲＢ議長は「ＦＲＢは本日、米国の中央銀行の責任として、経済・金融システムを支える流動性の源泉としての役割を果たす準備ができていることを確認した」という一文の声明を発表した。この発表を受けて銀行は自信を深め、スペシャリストやマーケット・メイカーへの貸出を増やし始めた。取引は自然な需給を取り戻し始め、この週の間に市場は安定した状態に戻った。パニックは始まりとほぼ同じくらいの速さで過ぎ去った。

一方で、当社の問題はすぐには解決されなかった。週が進むにつれ、当社のＩＰＯを担当した引受証券会社の弁護士は、ワンに関する潜在的なリスクを直ちに報告するよう主張したが、当社はそれを押し返した。テディ・ワンは顧客の一人にすぎず、対応可能な問題だと主張した。当社の経営状態はかなり安定していた。資金も潤沢だった。注文も膨大だった。取引コミッションで強いキャッシュフローと利益を生み出していた。資本調達のニーズが低くすんでいたのは、多くの顧客が株式のポジションを手仕舞い、キャッシュやMMFを保有していたからだ。当社はこの嵐にも競合他社と同じくらいか、あるいはもっとうまく耐え抜いていた。リスクは抑制されており、手に負える範疇だった。それに、香港の事態はかなり前進しているとも主張した。まだ正確な報告にはできていないが、ワンの損失の多くは、彼の銀行預金と当社への契約書によって保証される。いま発表すると、それは情報ではなく誤情報になりかねない。もう少し時間が必要だ、と。

交渉によって10日間の猶予を得た。外国に住む、抜け目のない孤高の億万長者から、巨額の負債を回収するための10日間だ。

この段階ではスピードが重要だった。ラリー・スタプスキーは、ハワード・ライス法律事務所のラリー・ラブキン率いるサンフランシスコの弁護士たちと緊密に連携していた。10月20日火曜日以来、彼らはトロント、シアトル、ワシントンD.C.、ニューヨークの弁護士を動員し、見つけられる限りのワンの資産を差し止めようと躍起になっていた。彼らは資産凍結命令を勝ち取り、ワンがユーに週末に開示した2つの銀行口座の資産は一時的に凍結された。判事は10日後に審理を予定した。そこで、ワンが口座を管理していることを証明できなければ、資産凍結命令は解除される。10日間かけて2つの銀行口座をワンが管理していることを特定し、ほかにも多くの人間が列をなして返済を迫っているだろう男から、返済を確約してもらわなければならない。

香港からの報告によれば、ワンとの1回目の会談は不発に終わった。交渉が始まり、時間が刻々と過ぎていった。私を頼りにしているすべての人たちのために、冷静でいようと最善を尽くした。チームのほかのメンバーも同様に考えていたようだった。私は本心では、奥歯を噛みしめるような思いでいたかもしれないが、懸念を脇に置き、ごり押しで乗り切るしかない。

組織を率いるのであれば、問題を直視し、何をすべきか最善の判断をし、行動に移さなければならない。

私は、すべてうまくいくと確信していた。実のところ、最悪の場合、ワンにかかわる損失計上で悲惨な第4四半期の報告を行わなければならないと覚悟もしていた。しかし、われわれのその年の税引前利益は9000万ドルを超える見込みであり、そうした多額の費用さえも吸収することは可能だった。仮に、ワンが補てんできない場合に残る証拠金の損失に対処するために追加資本が必要になったとしても、ほかにも選択肢はあった。完璧な選択肢ではないかもしれなかったが――銀行借入れを増やしたり、外部の投資家を招き入れたり、どこかの傘下に下ったり、ということを意味していたので――選択肢には違いなかった。

1987年10月29日木曜日。最終期限当日。約束の10日が経過した。その日の午後、セント・フランシス・ホテルで記者会見を開き、約束どおり、すべての情報を開示し、詳しく説明する予定だった。市場が開く前にプレス・リリースが出ることになっていた。香港では交渉が続いていた。その時点では、ワンのポートフォリオが緩やかに回復していたため、当社が負担しなくてはならない損失は最大でも8400万ドル近くにまで下がったことはわかっていた。数週間前に直面した1億2600万ドルに比べればはるかに楽になったが、それでもチャールズ・シュワブ・コーポレーションにとって痛手であることには違いなかった。ワンのことだけが残された唯一の不確定要素だった。それ以外の暴落による損害ははっきりしていた。痛手ではあったが、乗り越えられないほどではなく、また多くの同業他社に比べれば軽傷のようだった。

期限が迫っていたため、当社の社外弁護士ラリー・ラブキンは、2つのプレス・リリースを作成し、広報部は2つの台本を準備した。一つは、ワンとの交渉が決裂した場合に計算しうる最大の損失を報告する内容。もう一つは、われわれがすぐに挽回できる程度の損失だという内容。1つ目のシナリオは、ワンや他の顧客からの損失が、当社の収益と資本を食い潰し、しばらくの間、財務面におけるパフォーマンスと柔軟性が制限されるという、深刻で恥ずべき後退を印象づけるものだ。2つ目のシナリオは、損失については大きな痛手だが、手に負える程度だとだれもが認識できる未来だ。その朝早く、われわれは少人数でラリーのオフィスに集まり、香港からの最後の報告を待った。7000マイル離れた地で、10日間続いた過酷な我慢比べは終わりに近づいていた。最終日の前日、両陣営にはまだ大きな隔たりがあった。ワンの最終提示額が4000万ドルなのに対し、当社からは8000万ドル。これが最大限の譲歩であり、ここで折り合わなければ法廷に持ち越す、と伝えた。

交渉は直ちに再開された。ついに取引が成立し、香港のチームから連絡が入った。合意した内容には積極的な返済計画が盛り込まれていた。ワンからはすべての借金を回収することはできなかった。もう少し時間があれば、全額手に入れることができたのかもしれない。しかし、私は、最後の1銭まで搾り取るつもりはなかった。際限なく交渉して状況を長引かせ、台本1のシナリオで記者会見に踏み切るより、得るものを得て交渉を打ち切ったほうが良いと判断していた。総額で6700万ドルと、大半が返済されることとなった。直ちに1200万ドル、2週間以内に1300万ドルが支払われ、残額は今後5年間で均等返済されることとなった。当社は、(テディ・ワンとは無関係な口座で生じた損失を含めて)市場の暴落によって、税引前損失4200万ドルを発表することになった。われわれの手に負える額だった。それでもその年の純利益は2400万ドル以上となり、1986年からは66%の増益で、黒字も維持できた。

その日の午後、疲れ切った状態で、台本2のシナリオを発表するためにセント・フランシス・ホテルに向かった。会場は満員だった。私は、議会の公聴会に呼ばれた敵意の標的とされる証人になったような気分だった。われわれが睡眠不足と、過去10日間の容赦のない不安によって疲れ切っていたところで、まったく容赦してもらえなかった。会場からの最初の質問の一つは、ネイキッド・ショート・プット・オプションとは何かを知りたがったある記者からのものだった。ラリーは前に出て説明しようとした。いつもなら、彼はそうした説明がとてもうまかった。しかし、この日は違った。彼はしばらくの間言葉につまり、まったく意味をなさず、ついには諦めた。その日だれかの笑い声を聞いたのは、後にも先にもその時だけだった。

その後、私は残りの質問に答えた。私は冷静に、分別をもって、正確に、問題を過小評価しないよう努めた。私のメッセージは非常にシンプルだった。当社は大きな問題を抱え、損害を被った。予想外のリスクだったが、苦しんだのは当社だけではない。業界標準のリスク管理手法を適用していたが、不十分であることがわかった。今後の対応はこうする、ということだ。私は、報道関係者だけではなく、もちろん、当社の顧客、そしてこれからさらにハードワークになるだろうシュワブ社員に対しても、語りかけた。

過ちを犯したとき、それに立ち向かい、それを認めれば、人々は大目にみてくれるものだと、私はいつも感じてきた。

問題を認め、そこから逃げ出さなければ、人々は信頼してくれる。それは、次に問題に直面した時の助けにもなる。だれかを非難し、問題をごまかそうとすれば、一度目はやり過ごせるかもしれない。しかし、だれしもが何度も間違いを犯すため、最初にごまかすことで得られた余地はすぐに失われてしまう。状況を説明し、責任を受け入れ、解決し、前進するのだ。

危機から得たものはあったか？　ブラックマンデーはまず、われわれの既存のシステムは、桁外れの注文量にはまったく対応できないことを教えてくれた。暴落の直前期には、上げ相場が最高潮に達していたため、われわれは毎日平均1万7000件の取引を行っていた。われわれにとって、これまで難なく処理してきた以上の取引量だった。顧客の需要の増減を管理することは以前から大変だったが、当社はよくこなしていると思っていた。私は、支店に少人数の電話レップ（彼らの仕事の多くは、次から次へと顧客に株価を伝えることだった。しかも相手は同じ顧客ということもしばしば）を配置し、外務員登録している営業担当者を支店に常駐させ、さらに店内で注文を処理するという分業による効率性に誇りをもっていた。

しかし、注文件数が1日で5万件を超えたブラックマンデーでは、当社のスピードも対応力も十分ではなかった。シュワブのような成長企業で、その分野でトップを目指す企業ならば、もっと先を見通す必要がある。何が迫っているのかを予測するのだ。顧客のなかにはわれわれを許さないという人々もおり、彼らを永遠に失うことになった。彼らを失ったことによる収益減をまかなうのには、何年もかかった。私が考えるに、より深刻な問題は、顧客からみて当社が落第の烙印を押されたことだった。一度失った信頼を取り戻すことはむずかしい。結果的に、当社はこの経験から、もっと大きな注文量の変動にも対応できるような最先端のコールセンターを開発し、最終的にはタッチトーン電話とインターネットを利用した自動化システムの開発に至った。われわれは失敗から学んだのだ。

第二に、信用取引の実務をじっくりと、厳しく見直したことである。商品のリスクに見合っていたか？　信用供与する前に、顧客について十分に熟知していたか？　担保要件は十分だったか？　要するに、われわれはテディ・ワン問題を未然に防ぐことができたのか、と問うたわけだ。慎重に言葉を選べば「できなかった」だ。みんな無防備だった。証券業界はこれまで、信用リスクの保守的な基準として、規制当局が定める証拠金規制に依存してきた。不幸にも、これらの規制によって1987年の市場暴落で、われわれは窮地に陥った。つまり、より率直に答えれば、「できたはず」なのだ。この特定のリスクに対してあまりにも脆弱だったのであり、将来的にそうしたリスクの管理を改善する必要があったのだ。

公平を期すためにいうと、当時の市場急落に係る最悪シナリオは5％が想定されており、25％ではなかった。ブラックマンデーで起こったことは、それまで想像もできなかった出来事であり、その後ようやく、さまざまな役割を担う関係者が市場と業界を守るための手段を講じたことで、対処可能なリスクとなった。まさに、暗いクローゼットから光のなかに持ち出されて、可視化されるような出来事だったのだ。テディ・ワンは、われわれの防御の穴を白日のもとにさらした。数日のうちに当社は、ヘッジされていない、あるいはネイキッドのオプション・ポジションに対して業界標準より厳しい証拠金要件を課した。この新しい基準が試されたのは、ほんの数カ月後の1988年1月8日、ダウ平均株価が141ポイント急落したときで、この時は回収不能債権の大幅な増加はなかった。その後も1997年と2000年に起きた市場暴落、そして2008年に市場が50％以上急落した際に試されることとなった。いずれの場合も、大きな損失はなく、2008年にも政府から不良資産救済プログラム（TARP）というかたちで支援を受ける必要はなかった。言い換えれば、1987年のブラックマンデー以降、当社は欠点を克服し、将来の強みの源泉とした。今日、当社はこれらの対策を新たな高みへと進め、これまでの経験をはるかに超えた危機シナリオや、未知のものについても、既知のものとまではできなくとも、少なくとも想定はできるようにしている。

さらに、ブラックマンデーはシュワブの枠を超えて、市場全体に必要とされる改革への道を開いた。私は1988年5月に米国連邦上院銀行委員会で「プログラム取引は、われわれの古くからの敵である市場操作のハイテク版である。プールされた資本が、協調して動き、オプションや先物契約を通じた高いレバレッジを利用し、多くの場合、コンピュータ・プログラムによって運用されている——これらは、現代版の泥棒男爵だ」と、プログラム取引の取り締まり強化の必要性について証言した。多くの場合、プログラム・トレーダーが投入する資金を提供しているのは「米国市場への責任を放棄している」ウォール・ストリートの会社だと私は主張した。最終的にはすべての取引所で、市場の変動が激しい時にはプログラム取引を停止する、いわゆるサーキット・ブレーカーが導入されることとなった。

これらはブラックマンデーから直接もたらされた具体的な恩恵の一部だ。それ以外にも当社は、測定するのはむずかしいが、重要性や現実性という点ではひけをとらない恩恵を得た。しかし、私はここで注意して言葉を選ぶ必要がある。というのも、当社が得たものの恩恵は、1987年の暴落で被害を受けたすべての人に分配されたわけではないからだ。当社は市場暴落とその余波によって甚大な損害を被った。これまで行わなかったリストラも断行した。10月19日の週に顧客が殺到した支店は、その後投資家が市場から逃げ出したため、たちまち静まり返った。実際のところ、コールセンターへの移行を促した要因の一つは、支店があっという間に閑散とし、しばらくその状態が続いたことだった。すでに述べたとおり、市場暴落の直前期には一日平均1万7000件の取引があった。再びその水準に戻るまでには、顧客基盤がほぼ倍増した1991年までかかった。仕事の急減にわれわれ全員が愕然としたものだ。悲しいことに、当時需要の減少に直面して解雇した従業員には、回復の恩恵を受ける機会を与えることができなかった。

しかし、残った人間にとって、1987年の暴落は、各々にとって決定的瞬間として永遠に記憶されることだろう。皆がその後何年もの間、われわれ全員が経験した疲弊、一緒になって生き残るためにしなければならなかった作業、そしてそれを生き抜いたことから得た強さ、共通の大義のために戦っている小さなスイス軍の一員であったという仲間意識、を思い出したのではないだろうか。

1987年は、シュワブにとって重大な分岐点となった年だった。津波は当社に試練を与え、成長を促した。その年、当社はバンク・オブ・アメリカから解放された。これによって檻から抜け出して、1990年代を通じて成長の波に乗れた。その直後に株式公開も行った。ギリギリのタイミングだった株価暴落前にIPOを完了していなければ、負債が当社の進む道を大きく変えていただろう。独立性と柔軟性は制限され、株価暴落前に匹敵する数の投資家が市場に戻ってくるまでの長い静かな期間に、当社は失速を余儀なくされていたことだろう。そしてもちろん、だれも望まない経験となった暴落があった。一方で、チャールズ・シュワブがその後に得た多くのことは、その暴落から学んだことに由来している。当社はより保守的になり、リスク管理には慎重になった。その理由だけでも、私は当社がブラックマンデーを経験したことに感謝している。

リスクをとり、管理することは、取組みの成功に不可欠な要素だ。特にビジネスでは、そうする意欲を失えば停滞し、顧客を喜ばせ、さらに上得意になってもらうことはできない。

何か新しいことに挑戦したり、物事を変革したりしなくてはならない時、私はおそらく多くの人よりもその深淵に足を踏み入れることが苦にならない質なのだろう。それは私のDNAのなかにあるのかもしれないし（祖父は競馬が大好きだった！）、これまで未知の世界に踏み出すたびに良いことが起きるということを、成長するにつれて学んだのかもしれない。もしかすると、それは失読症のおかげかもしれない。リスクを厭わないことが、失読症の共通の特性であることを示唆する研究をみたことがあるし、概念的思考や実験、そして推進力が非常に有効に働くビジネスや芸術の世界で、成功した失読症の人々がいかに多いかを目にしてきた。

その原因が何であれ、そうした深淵に飛び込むことは、すべてを危険にさらす蛮勇ではない。少なくとも私にとっては違う。すべてを賭けるのではなく、計算されたリスクをとるのだ。物事をじっくりと考えれば、経験、成熟度、直感、試練を積み重ねていくことにより、打率が上がっていく。1987年はそうした試練の一つだった。

いろいろな意味で、災い転じて福となす、だった。ブラックマンデーとそのタイミングは、いまこうして振り返ると、形成期にあったチャールズ・シュワブ・コーポレーションにとって仕上げに当たるエピソードだと感じている。その後、当社はそれまで以上に大きく、強く、危機への耐性があり、革新的で、収益性が高く、影響力をもつ存在になるのであった。

もちろん、また試練は訪れるだろう。将来、何度も。しかし当社は1987年という試練の年を経て、独立し、より賢く、より良い会社となった。

第3編

好況と不況

3

物事がうまくいっていても長続きするとは限らず、だからこれでもう十分だとはなり切れない。未知の世界に踏み出さねばならない……何度も、何度も。人々が何を望んでいるかを想像し、それを実現するのだ。

私の場合、投資には十分に精通していたので「私のようなだれか」が何を望むかを思い描くことができた。顧客自身は、そのサービスの必要性をまだ認識していない可能性がある。だから、常に一歩先を行っていることになる。

しかし、顧客がついてきてくれるかどうかは、それを実行してみないとわからない。それは役に立つのか？　問題を解決するのか？　それは生活をより手軽に、より快適に、より実り多いものにしてくれるのか？　値頃な価格か？　成功は顧客の需要にすべてかかっている。自由競争の素晴らしいところは、企業の創造性を鼓舞してくれることだ。だれでも斬新で、成功を導くアイデアを思いつくことができる。馬の鞭のような時代遅れのものだって何か改善されれば、一定数の人々は買うはずだ。

最も重要なのは、たとえそれが自身の既存ビジネスと競合する場合でも、顧客重視によるイノベーションを進んで受け入れなければならないということだ。時には立ち向かうべき最も重要な競合相手は、自分自身となる。そうであってこそ、ほかのだれよりも一歩先を行くことができるのだ。自分が大きいから、成功したからといって、自分をディスラプト（訳注：既存の秩序の破壊）することができないなどと考えてはいけない。自分自身をディスラプトすることは可能だし、今日の世界では、むしろそうしなくてはならない。

もちろん、つまずくこともある。計画が間違っていたり、世界が変化したり、タイミングがずれたり——早過ぎたり、遅過ぎたりすることもある。だとしても、できることは、こつこつと努力を重ね、やり直し、また次のアイデアに挑戦することしかない。

第20章

改革の推進

暴落から2年後の1990年の初め、ラリー・スタプスキーと私は、ボストン・コンサルティング・グループ（BCG）のチームを招いて、われわれの事業を詳しくみてもらい、次の成長段階に向けて態勢を立て直す方法を提案してもらった。暴落後はかなり厳しい2年間だった。われわれはそれを力ずくで乗り越え、より強靭になり、さらに将来の危機に備えるために大きな改革も実施した。簡単なことではなかった。1988年の注文件数は、投資家の警戒心が続いていたことにより35%から40%減少した。しかし、11月の大統領選挙後に状況は好転し始め、われわれの新たな電子取引チャネル、イコライザーもすでに3万人近くの顧客が利用していた――これは来るものの前触れだった。われわれはBCGに基本的に次のように話した。当社は1980年代を通して急速に成長してきた会社であり、1990年代に再び軌道に乗り、急速に成長したいと思っている、と。

コンサルタントを雇うことは、当社にとって、過去の戦術からの乖離を意味した。私は、実践から切り離されたアイデアは信用しないし、実践に携わらないコンサルタントはこれまで避けてきた。実践する必要がなければ、大風呂敷を広げるのはたやすいことだ。自分のビジネスを熟知していれば、最善の答えは目の前にあることが多い。そうした私の考え方に変化が生じたのは、シュワブがもうそんなに若い会社ではないということを認めざるをえなかったからだ。自分たちの直感だけに頼るわけにはいかなくなり、ほかの人から学ぶこともたくさん出てきた。それでも、われわれのBCGに対する期待値は高くなかった。ラリーは「非常に簡単な仕事だ」と、BCGのパートナーであり、チームを率いていたダン・リーモン（後にシュワブに加わった）に語った。「われわれは自分たちの戦略が何であるかはわかっている。われわれが必要なのは、それを紙に描いてくれる人間だ」と。

私ならば、当社のビジョンがそれほど明確だ、とはいわなかっただろう。業界のだれもがこの暴落で大きな打撃を受けており、当社も例外ではなかったからだ。暴落の直後に従業員の15％を解雇するという苦渋の決断を、しかも株式公開直後に下した。彼らはそこまで何でも一緒に取り組んできたチームの一員だった。これで年間給与を9－0万ドルも削減した（私も半年間は給与を50％カットした）。収益面では、コミッションを10％引き上げたが、心配どころではすまなかった。現実には、市場で受け入れられる水準を正確に反映しており、当社には必要なことだった。良いニュースは、株式市場が再び上昇しており、売りを我慢した人たちは全体に回復し、谷に飛び込んだ勇敢な人たちがおおいに報われつつあったことだ（ブラックマンデーの翌々日の10月21日、ダウは10％以上も急騰し、当時で史上4番目の上げ幅を記録した）。

いまになってみれば、すでに始まっていた史上最長の強気相場のさなかにいたわけだ。実際、暴落直後の１９８０年代終盤は、おそらくわれわれの世代が市場に飛び込むべき絶好の機会だった。長期的に莫大な投資利益を得る、一生に一度のチャンスだった。しかし、当時それを認識していた人々はほとんどいなかった。暴落によって火傷を負った直後だったため、多くの投資家は傍観者として用心深く見守っていた。これまで9回の市場暴落を経験してきたが、いつも投資家はこのような反応を示し、同じ結果に陥るが、私はいまでもそれを悩ましく思っている。市場は落ち着きを取り戻すにもかかわらず、あまりにも多くの投資家たちがチャンスを見逃してしまう。私は時々、一時的な嵐を乗り切る手助けとして彼らを椅子に縛りつけたくなる。今日に至るまで、われわれのアドバイスは同じだ。「パニックになることは戦略がないのと同じ。投資計画を守り、感情に流されないようにするべし」。パニック状態でこのアドバイスを聞き入れることは本当に容易ではない。人々は良い投資家になるようにはできていないのだ。

シュワブにとって、当時の投資家の警戒心は、空っぽの支店、鳴らない電話、そして注文件数の激減として現れた。コミッションが収入のほとんどを占めていたため、当社は苦境に陥っていた。一日の平均注文件数、純利益、新規口座獲得数などの重要な指標は、再び上向き始めていたものの、１９８７年夏のピーク時を大きく下回ったままだった。

次は何をすべきか？　古い成長モデルは完全に壊れたわけではないが、改革が必要であることは明白だった。どうやって改革の必要があると知ることができたのか？　少なくとも、根拠となる確かなデータを山ほどもっていたわけではないので、厳密には知らなかった。これまで競争相手が何をしているのか、あまり関心も払ってこなかった。彼らの弱点をどう利用するか、といったことを考えるような時間の無駄遣いをしたくはなかった。かわりに、私は常に自分の顧客に着目していた。私の成功の秘訣は、だれよりも先に投資家のニーズを満たす商品やサービスを考え出すことだった。先に行けば、他の者は巻き返しを図るしかない。それさえできれば、競合他社を無視していても大丈夫だ。

それができる唯一の方法は、しっかりした現場の知識をもつことだ。私の場合、多くの時間を支店で過ごした。そこで顧客と話し、彼らが何をしているのかを観察し、彼らが何を考えているのかを理解しようとした。そして、私は、投資家としての自分が取引したいと思えるような会社にするべくシュワブを設立したため、投資家としての自分自身のニーズや習慣の変化に、常に細心の注意を払っていた。何年にもわたって私が正しくあり続けてきたのであれば、それはおそらく私自身が私の上顧客であり続けたからだろう。

スティーブ・ジョブズが「顧客は自分が何を求めているのかわかっていない。われわれが彼らに示すのだ」といったことは有名だ。新しいアイデアを思いつく起業家なら、だれでも似たようなことを言うだろう。イノベーションは、これは素晴らしいアイデアだ、次の一大ブームだ、という内なる声から生まれるのだ。人々はそういうものを気に入る。市場の調査やテストも役には立つが、本能的な直感や、純粋に自分がどうしても欲しいものをつくることのかわりになるものではない。

ＢＣＧが最初に行ったのは、当社のトップ10人だか12人に、当社のあるべき戦略のコンセンサスについてインタビューすることだった。だれもが驚いたことに、回答はまったくバラバラだった。当社は「大衆」のための会社だ。当社は「富裕層」にシフトしたいと考えている。当社は株式の「取引」をしている。当社は株式の「サービス」を提供する会社だ。支店は「重要」だ。支店に「頼らない」方法を見つけなければならない。とにかく重要なのは、コンセンサスがなかったということだ。そこでＢＣＧは、われわれが一、二歩下がって、基本的な分析作業から行うことを提案してきた。われわれが考えた質問には、こんなものが含まれていた。個人投資家がいる世帯はいくつあるのか？　彼らはどれくらいの資産を保有しているか？　収入はどれくらいか？　１つの口座の顧客生涯価値（ライフ・タイム・バリュー）はどれくらいか？　どのような投資商品が顧客資産を引き付け、どのような投資商品が顧客資産を逃しているか？　当社のコスト構造は？　どうすれば収益性を改善できるか？

そこから当社は何を学んだか？　まず第一に、チャールズ・シュワブは１９７５年以来大きく成長してきたが、われわれのビジネスモデルは基本的に変わっていなかったことだ。当社は主に独立した個人投資家、つまりアドバイスを必要としない、あるいはアドバイスを欲しない個人の投資家にサービスを提供してきた。当社にとって最良の顧客は、コミッションと信用取引で安定的に収益を生み出してくれるアクティブなトレーダーだった。彼らが実質的に、あまり活動的でない顧客の赤字分をまかなってくれていた（一度や二度だけ取引して去った顧客をＢＣＧは「フラッシュバルブ（訳注：撮影のフラッシュ用に１回限りで使い終わる電球）」と名づけた。彼らとのビジネスを望まないフル・サービスの証券会社からの紹介で来ることが多かった）。当社は公明正大に、コスト効率よく、しつこい勧誘もせずに取引を実行し、利益を得てきた。これは実証ずみのモデルであり、15年間にわたって成果を出してきた。ＢＣＧはこういった。貴社は今いる市場でのシェアはほぼ獲得し尽くしました、よくやりましたね、と。そのうえで、当社には基本的に2つの選択肢があった。一つには、新たな顧客を見つけることだ。たとえば、アドバイスを求める投資家だが、その場合はフル・サービスのウォール・ストリートの証券会社と競争することになる。もう一つには、既存顧客に、新しい商品やサービスを販売する方法を見つけること、だ。

第二に、ＢＣＧの調査は、当社が、低価格、低業務コスト、高い注文件数、規模の経済など、あらゆる点で一流のディスカウント・ブローカーの特徴を十分に兼ね備えていることを明確にした。テクノロジーは、競合他社よりも迅速かつ低コストで注文を処理するためには、重要な役割を担っている。しかしそれ以上に、テクノロジーはわれわれの存在意義の中心だった。テクノロジーを更新するたびに、当社は他のディスカウント・ブローカーよりも一段階高いレベルのサービスを提供し、同時に、当社の顧客を、私の理想とする、市場への仲介なしの直接参加に導いていった。１９８９年10月に導入した最新テクノロジーはテレブローカーと呼ばれる投資プラットフォームで、顧客が押しボタン電話機を使って、気配値の入手、残高照会や注文（10％引きで）を行えるようにした。この自動化されたサービスを最初に提供した企業として、当社は新規口座獲得と知名度の両面で大きな飛躍を遂げたのだった。

第三に、１９８０年代を通して、投資の世界における個別株の地位が低下していたことがわかった。市場における供給量が減少（ＬＢＯも一役買っていた。上場企業を分解し、切り離された分の株式には投資できなくなるからだ）しており、さらに、個人投資家のポートフォリオに占める割合においても減少していた。おめでとう、とＢＣＧはわれわれにいった。株式市場が悪化するなか、シュワブは成長している。よくやった。これからもがんばって！　しかし、ここからが本当に良いニュースだ、と。彼らは続けた。個別株の所有は減少しているが、投資信託は拡大している。また、今後も投資信託の人気は高まるだろう。実際にわれわれＢＣＧは、１９９０年代は投資信託の時代かもしれないと思い切った推測をしている。シュワブが成長を続けたいなら、今後育んでいくドル箱が必要だ、と。

これは決定的に重要な情報だったが、実は部分的には誤っていたことが後になって判明した。１９９０年代における個別株の保有は減ることはなく、むしろ増加した。ＢＣＧの横ばいになるだろうという示唆は、明らかに間違っていた。しかし、ＢＣＧが指摘したとおり、投資信託の人気は急上昇し、そのトレンドに乗じるべく当社を駆り立てたことは正しかった。

私が投資信託に着目したのは、少なくともバンク・オブ・アメリカにいた１９８４年に、顧客が取引手数料を払うことで、米国内におけるほとんどすべてのノーロードの投資信託を購入することができるミューチュアルファンド・マーケットプレイスというサービスを立ち上げた時からだ。基本的には投資信託版のディスカウント・ブローカーである。私は、自社による、低コストで効率的に運用されたファンドを提供すべきかどうか、考えていた。私は特にインデックス・ファンドが好きだった。リサーチに多くの時間を割きたくない投資家にとって、とりわけ賢明な選択だった。自身でも買いたいと思う商品だった。インデックス・ファンドは市場を出し抜こうとはしない。市場平均が上昇すれば同じように上昇し、下落すれば同じく下落する。結果的に、ほとんどのアクティブ運用の投資信託を凌駕する、優れた戦略であることも判明していた。これはいまでもそうだ。最近の調査によれば、2007年から2016年の間で、7年間パフォーマンスのトップ25％にランクインできたアクティブ運用の投資信託はわずか4本で、8年連続を達成したアクティブ・ファンドは1本もなかった。さらに、そうしたファンドを、あらゆるファンドのなかから継続的に選ぶことができるだろうか？　不可能だ。

また、シュワブがアナリストやポートフォリオ・マネジャーを大量に雇ってアクティブ・ファンドを組成し、それを顧客に売り込むという考えには納得できなかった。それは当社の使命を裏切るような気がした。伝統的な証券会社が、自らが引き受けた株式や自らが運用する投資信託を高いリターンという空虚な約束で売り込むやり方に、あまりにも近かった。そんなことを始めれば、何の差別化にもならないのではないかと危惧した。そのかわり1991年に、シュワブによる最初の株式型投資信託としてシュワブ1000を開始した。シュワブ1000はインデックス・ファンドだ。投資家は、米国の大企業1000社の持分が手に入り、米国経済の成長の恩恵を受けることができるのだ。米国で最も大きく、かつ最も成功した企業群のオーナーの一角を占めることになるのだ。当社はインデックス・ファンドのビジネスにおける初期の参入者として、壮大な取組みの入り口に立っていた。インデックス・ファンドは、投資家にとってはコスト・パフォーマンスが高く、運用内容も比較的わかりやすい。動きが把握しやすいし、パフォーマンスも論理的かつ一貫性があるので、投資家のポートフォリオの中心的存在となった。振り返ってみると、当社はその方向性を必ずしも十分に推し進めてはいかなかったし、その結果、インデックス市場の支配をあまりにも長い期間にわたってバンガードに譲ることになってしまったのは明らかだった。

ＢＣＧによる全体の結論はこうだった。われわれがシュワブで構築したのは、自分で売買を行おうとする投資家に焦点を絞ってサービス提供を工夫し、無駄のない規模の経済性を追求した証券会社である（「見事で、素晴らしい、効率的な工場みたいだ」というのは、リーモンが当社の事業を説明するときに使った言葉だ。また「金の卵を産むガチョウ」とも表現した）。さらに、ＢＣＧは次のような提案をしてきた。いまの姿勢を崩さないこと。フル・サービスの証券会社を模倣してコスト構造を複雑にしてはいけない。証券会社のアドバイスを必要とする顧客を後追いしてはいけない。公平かつ独立性があり、信頼でき、一貫性があり、革新的で、コスパが良い、というシュワブの評判を傷つけるようなことはしてはいけない。一方、テクノロジーや支店ネットワークなど、すでに導入されているものは最大限に活用すべきだ。既存顧客に適した、新しい商品とサービスを提供せよ。新規口座獲得や、規模拡大のための広告をもっと増やすべきだ。こうした提言の要点は「90年代への10のステップ」と題された1枚ものとして、社員に広く配布された。ステップ一は「利益のある成長」で、COOのラリー・スタプスキーは年間収益の成長率目標を20％に、利益率は10％に設定した（ゴールのおもしろいところは、結果を導くところだ。数年後、シュワブ史上最も繁栄した10年間のさなかに、ラリーが「なぜわれわれが毎年、こんなにも成長できると思う？」と声に出して聞いたことがあった。すでにBCGを離れて戦略部門の責任者として当社に加わっていたダン・リーモンはこう即答した。「それはだれがつくる計画であっても、成長率目標に満たないものは受け入れないからさ」）。

ステップ6は、当社のビジネスに関するデータを収集および分析するための「情報プラットフォーム」の開発だ。言い換えれば、直感に基づく意思決定はもうやめようということだ。ステップ8は、支店の増設などだった。

心と努力を集中させるには目標に勝るものはない。ビジネスの構築や、学業の修了においてはなおのことだ。

しかし、いまこのリストを見返していて私が最も驚いているのは、そのうちの多く――10ステップのうち4つ――が、ブランドの強化と、既存顧客を対象とした新商品や新サービスの訴求力強化に関連していたことだ。この点においては、ステップ7の「商品の拡大」がおそらく最も重要であろう。これは、個別株がほかの投資商品、特に投資信託に比べてその地位が低下しているという調査結果に基づいていた。当社の顧客がすでにノーロード・ファンドを大量に買っていることには気づいていた。当社が直面した課題は、顧客が自分の保有する投資信託を当社の口座に統合するように説得することだった。当社が掲げた目標は――当時われわれが提供していたのはわずかなMMFだったことを考えれば、かなり野心的だったが――顧客が保有する投資信託の25％のシェアを獲得することだった。

いずれ判明するが、すでにそれを実現する手段はもっていた。当社がしなければならなかったのは、その可能性を解き放つことだけだった。

当社の顧客による投資信託への投資意欲はきわめて高く、さらに高まっていた。そこで当社は、投資信託業界の実態を綿密かつ厳密に調査して、チャンスをうかがった。当時のノーロード・ファンドの世界は、実質的にフィデリティ、バンガード、トゥエンティエス・センチュリー（現アメリカン・センチュリー）の三大資産運用会社が牛耳っていた。それ以外は、マネー・マガジン誌やバロンズ誌、ウォール・ストリート・ジャーナル紙に掲載されるランキングで注目を集めようと戦っている何百社もの小規模プレーヤーだった。そうした小規模プレーヤーにとっての大きな課題は販売だった。投資信託は、広告や顧客サービス、流通のゲームであり、すべてに高額の費用がかかった。しかし、固定費としては、たとえば広告はスケールメリットが働きやすい。売上げが2倍になるたびに、1単位当りの広告費は半減する。つまり、規模が大きければ大きいほど、販売コストは低く抑えられるということだ。当社は数字に着目し、当社の株式取引による収益が、すでに投資信託業界の巨人らに匹敵する水準にあることに気づき、一つの結論に達した。このままでは小さなファンド運用会社は、大きなファンド運用会社によって駆逐されることになるだろう。しかし当社の規模を活用すれば、ファンド販売にかかる費用を小さなファンド運用会社でも低く抑えられる。そうすれば、小さいファンド運用会社は当社にファンドを売ってもらうために喜んでその費用を支払うだろう。このひらめきから生まれたのが、1990年代における当社の新規ビジネスのなかで最も成功したワンソースだった。

何よりも有利だったのは、一からつくる必要がなかったことだ。骨組みはすでにできあがっていた。当社は便利さを売りにしようとした。ファンド間の簡単な乗り換え、取引翌日のシュワブ口座への記帳、保有するすべてのファンドの月次明細書への記載、確定申告時の事務処理の軽減など、だ。「500本のノーロード・ファンドを、たった1つのフリーダイヤルで」というのが、ウォール・ストリート・ジャーナル紙C2ページの左下隅に週次で掲載する広告のキャッチフレーズになった。貴重なサービスだと感じてくれて、喜んで手数料を払う人もいた。しかし率直にいって、そんなに多数はいなかった。シュワブの顧客は、とにかく手数料を毛嫌いしていた。そもそも彼らが当社のところに来た理由は、手数料の節約のためだ。「シュワブでジャナスのファンドを70ドルの手数料で買ってもいいし、ジャナスに直接電話をして同じファンドを手数料無料でも買える」といえば、ほとんどの顧客が後者を選ぶし、私もそれを責めなかった。当社は最も手数料の高いノーロード・ファンドをつくりだしてしまっていた。ノーロード・ファンドを買うのに最もお金がかかる場所になっていることは、シュワブとして好ましいポジショニングではなかった。だからこそ、私はウォール・ストリート・ジャーナル紙の小さな広告以上に、ミューチュアルファンド・マーケットプレイスを宣伝することはなかった。われわれのメッセージをわかりにくくすると感じたからだ。

当然のことながら、ミューチュアルファンド・マーケットプレイスはあまり注目されなかった。1990年にBCGが顧客調査を行った時、シュワブでノーロード・ファンドが購入できることを知っていたのはわずか25％だった。当社が知りうる限りでは、顧客の投資信託資産の約90％は、他社の口座にあった。私は、もし当社が顧客に彼らのファンドをすべてシュワブの口座に統合する説得材料を与えられるなら、成長の可能性は無尽蔵であると感じた。特に、1990年代における投資信託保有の方向性に関する予測に基づけば、なおさらであった。

バンク・オブ・アメリカからシュワブに加わったばかりで、後に投資信託事業を運営するようになる若きバイス・プレジデントのジョン・マクニーグルも同じように感じていた。ジョンは、BCGコンサルティングチームとの窓口を任された4人のシュワブ社員のうちの一人だった。彼は「90年代への10のステップ」に至った調査と分析に深く関与しており、それが終わった後、ラリー・スタプスキーはステップ6の「新しい情報プラットフォーム」の作業をジョンに任せようとしていた。しかしジョンには別の考えがあった。われわれはいま、投資信託事業の転換点にいるのではないだろうか？　ファンド運用会社にお金を支払ってもらうことで、シュワブが顧客から徴収する取引手数料を撤廃し、新たなマーケットプレイスのアイデアを軌道に乗せることができるだろうか？　そして、ジョンの答えはこうだった。多分その日が近いかもしれない。もしそうであれば、一世一代の大勝負になるだろう。そこに秘められた可能性は、当社にとっても、投資家にとっても大きなものだった。ジョンは新たなマーケットプレイスの取組みをぜひやらせてほしいと懇願してきた。デビッド・ポトラックがラリーとジョンの間に仲裁で入り（「ラリーがかっかし過ぎないように俺がなだめるよ」と）、ジョンはデビッドの助言を得て、その仕事に取りかかった。

ジョンと彼のチームは、そのアイデアをファンド運用会社に売り込むことを決めるまでに、あらゆる場面で、本当にできるのか、という反応にあった。このビジネスの利益率が低いことははっきりしていた――一〇〇ドル投資してもらって、25セントから35セント程度しか入らない。「はっきりさせよう」とラリーはジョンに問いただした。「われわれには、ミューチュアルファンド・マーケットプレイスという、顧客にノーロード・ファンドを販売している、小さいながらも悪くはないビジネスがある。そして顧客はわれわれに取引手数料を支払ってくれる。取引手数料を分子に、顧客資産を分母にして、資産に対する収益率を計算すると、約0・60％になる。つまり、0・60％のビジネスを0・25％のビジネスに置き換えて、それを取引量で補うつもりだというのか？」そのとおりだった、ジョンはまさしくそういっていた。ラリーの指摘は正しかった。

議論の本質は、われわれの信念に基づいて見切り発車をするか否かだった。この新しいビジネスを成功させるには、ミューチュアルファンド・マーケットプレイスをいまの何倍もの規模に成長させなければならない。ラリーはほかにも気にかけていることがあった。「取引ごとの手数料をゼロにしてしまうと、取引回数が増えてしまわないだろうか?」と彼は心配した。いいところを突いていた、ほかのだれも考えていなかったことだ。取引コストは利益を食い潰す。この新しいやり方は、顧客が市場の頃合いを計ろうとして資金の出し入れに夢中にならなければこそ、うまくいく可能性があった。そこでジョンは、保有期間が180日未満の売却に対する短期解約手数料をサービスに組み込むことにした(ファンド運用会社も同じことを懸念していた。解約手数料は当社と彼らの利害の一致に役立った。その後、この仕組みは90日未満に短縮された)。

ラリーは何度もスプレッドシートをジョンに突き返した。1991年の春、ついにジョンとデビッド・ポトラックがラリーと私のところに来て、当時彼らがシュワブの取引手数料無料プログラム(ノー・トランザクション・フィー・プログラム)と呼んでいた新しいサービスの全貌を明らかにした——ひどい名称だったので、その後改称した。みてくれ、この商売は皆が思っているほど悪くない、と彼らは説明した。リスクを軽減する手順はこうで、これだけのスケールを見込んでいる。もちろんこの時点ではビジネスがどの程度の規模になるかはわからなかった。正確にはわからない、でもこれくらいだと考えられる、といった具合だった。ラリーは驚異的な分析能力をもっていて、この期に及んでもどしどし詰める。厳しい質問をするのが彼の役目だった。この新しいサービスの構築には、1991年から1993年における当社のテクノロジー予算の半分が費やされるうえに、1996年半ばまでには、投資総額は

1億5000万ドルを超える見込みだった。ラリーは、われわれが幻想に惑わされて突き進もうとしているのではない、ということをはっきりさせる必要があった。

会議のほとんどの時間、私は聞き役に徹していた。私の役割は、大きな利益を得るチャンスだと確信した時に、リスクを受け入れることだった。私は経営陣に常に、会社の利益に著しい影響を与えるような大きな飛躍をするよう働きかけてきた。

そうした機会があるたびに、私の本能はこうつぶやく。跳ぶのはいまだ、だれよりも先に。

明らかにこれは人々が使いたいサービスだ。利用できるのであれば、私なら使うと思った。やろう、そう思った。いますぐに。どうやってこれで収益をあげるのかについてはまだ完全に確信はもっていないが。ラリーがすべての質問をし終わった後、部屋はシーンとなり、皆は私が話し出すのを待っていた。私は1つだけ質問をした。「なぜ開始までにこれほど時間がかかるのか?」

ジョンは少し不意打ちを食らったようだった。「ええと」と言葉に詰まりながら続けた。「いろいろ誤解を与えかねないメッセージを顧客にきちんと理解してもらうためには、試行段階をふまなければなりません。「ノーロード・ファンドについて、今後取引手数料をとりません」と顧客に伝えることになるわけです。ほとんどの人から特に求められてもいないメリットについて、どのように訴求すればよいのか？　それと並行して、われわれがやらなければならない重要なことが2つあります。顧客の口座でファンドがどれくらいの期間保有されていたかを確認し、マーケット・タイマーから手数料を徴収するシステムを構築しなくてはなりません。また、ファンド運用会社への請求システムも構築しなければなりません」

繰り返しになるが、マーケット・タイマーとは、短期的な相場の動きから利益を得ようと、相場の動きに応じてファンドをやたらと売買する投資家のことである。ファンド運用会社はこうしたマーケット・タイマーを好まない。短期間でのファンドからの出入りは、ほかのファンド投資家の税金計算にも影響を与え、長期的な投資を目的とするファンド運用の頭痛の種となっていた。

「また、ファンド運用会社が証券会社にお金を支払うという、われわれのノーロード・ファンド・ビジネスのコンセプトが、既存の法規制に違反しないことをファンド運用会社に納得させる時間も必要です」とジョンは私たちに念を押した。「われわれにゴーサインを出してくれれば、準備はできています。しかし、やるべきことがたくさんあるんです。時間がかかります」

もしジョンがこのビジネス・アイデアを社内で通すことがむずかしいと考えていたならば、それは社外にサービスの売り込みを始める前までのことだ。われわれが狂っているとおっしゃる前に話だけでも聞いてください、それが、ジョンがファンド運用会社への売り込みをするときのいつもの前振りだった。われわれは、あなた方のビジネスを理解しているつもりです。われわれはあなた方が販売面で大変な課題を抱えていると思っています。われわれはあなた方に解決策を提供できると思っています。それも、手頃な費用で。皆、最初は苦虫を噛みつぶしたような顔をした。ノーロード・ファンドの運用会社は、不安と欲の間で揺れ動いていた。彼らは自分たちで設計した、整然とした小さな世界に住んでおり、商品の組成から販売まですべてを自ら支配していた。顧客とは直接的に関係することができた。そこにシュワブがいきなり現れて、その親しい間柄に入り込むことを提案しているのだ。ファンド運用会社が直面した不安は、自分たちがコントロールを失う可能性だった。しかし、ファンド運用会社も愚かではない。彼らはたった0・25％をシュワブに支払うだけで、販売、投資家サービス、取引管理などの負担が軽減できて、莫大な資金流入の可能性への扉が開かれるチャンスだということも理解した。

それでもジョンは、参加を希望するファンド運用会社は、おそらくパフォーマンスが良くないために販売チャネルを切望している小さな運用会社だけではないかと懸念した。その場合、われわれはだれも欲しがらないファンドを提供することになり、新しいサービスで人気の高いファンドを提供することができず、全体がうまくいかないということになりかねない。そこで、ジョン、デビッド、そしてダン・リーモンが打開策を考えた。シュワブの顧客資産における上位20社のファンド・ファミリー（訳注：同じ運用会社の傘下にある投資信託群を米国ではこう呼ぶ）に限ってミューチュアルファンド・マーケットプレイスに招待することにしたのだ。彼らに対しては特別な契約を提案した。いますぐ署名し、われわれのプログラムの「チャーター・メンバー」となれば、今後新たに参加するファンド運用会社よりも、シュワブへの支払について優遇することを約束した。

そしてついに、1992年7月20日、ジャナス、ドレイファス、ニューバーガー・バーマン、インベスコ、ファウンダーズ、バーガー、スタイン・ロー、フェデレーテッドの8社からなる「チャーター・メンバー」が提供する80本のファンドとともに新プログラムがスタートした。年末までには、毎日2700件の投資信託の注文を扱うようになっていた。まずまずのスタートだったが、ジョンがおそれていたように、投資家にそのメリットを説明するのに苦労した。その後、トゥエンティエス・センチュリー（現アメリカン・センチュリー）、オークマーク、ストロング、ベンハム、バロンを含む20社のファンド会社による200本以上のファンドをラインアップに加え、プログラムの呼称をワンソースに変更した。そのようにして、開始から1年、ようやく売上げが本格的に伸び始めた。

そして驚くべきことが起きた。フィデリティが当社をモデルにして、競合するプログラムを立ち上げたのだ。フィデリティは、この分野で最大手であり、最も成功しているファンド運用会社だった。同社はすでに、考えられるあらゆる投資手法・分野をカバーする自社のノーロード・ファンドのフル・ラインアップを顧客に提供しており、そのファンドで1・20％近くを稼いでいた。なぜフィデリティはわざわざ競合他社のファンドを、それも自社ファンドで稼ぐ場合に比べて6分の1程度にしかならないものを売ろうと思ったのだろうか？　われわれはあっけにとられた。

フィデリティの反撃は、当社が何かしら大きな潮流を生み出していることの現れだった。投資家は、一度でも当社の新サービスを利用すれば、自分のポートフォリオに新しいファンドを追加しようとするたびに、それぞれのファンド運用会社に連絡する不便さに耐えられなくなる。「投資家が望むものは提供しなければならない」と、フィデリティ幹部のポール・ホンドロスはフォーチュン誌に自分たちの決断について説明した。「さもなければ、われわれは干上がり、死んでしまう」。フィデリティがゲームに参入すると、マスコミが注目し始めた。見逃せないゲームとなったのだ。当社は、ファンドそのものに焦点を当てた広告を増やした。これらの素晴らしいファンドを実際に購入できる場所としてのワンソースは、ほとんど後知恵のようなものだったが、人々からの反響は大きかった。われわれはすぐにワンソースが、これまでの当社のサービスのなかで最も強力な新規口座獲得ツールになっていることに気づいた。1993年から1995年にかけて、ワンソースが集めた顧客預り資産は83億ドルから239億ドルに急増した。たしかに利幅は小さかった。しかし、資産拡大という点では、ワンソースは驚くべき成功を収め、多数の新規顧客を獲得した。そして、彼らはあくまでシュワブの顧客であり――ファンド運用会社は顧客の名前さえ知らなかった――彼らの株取引や待機資金を含むほかのすべてのビジネスをシュワブは手に入れた。実際、当社の広告の出し方をみるだけで、当社がどんな社内目標の達成に向けて邁進しようとしているかがわかるくらいだった。収入の伸びで後れをとったときはワンソースの広告を増やせば、新規口座が急増した。利益が伸び悩んだときは、株式取引サービスを宣伝し、個人投資家による個別株式売買を訴求した。

ところで、ワンソースは、その頃拡大しつつあった、シュワブの独立系ファイナンシャル・アドバイザー（Independent Financial Advisor、以下ＩＦＡ）のネットワークによっても育まれた。当初予想していなかったことであり、われわれはこれを、愛情を込めて「偶然の産物」と呼んだ。そのネットワークは、われわれがつくろうとしたものではなかった。実際のところ、コンプライアンス担当者によって迅速に立ち上げられたビジネスとしては唯一のものかもしれない。１９８５年のある日、最高コンプライアンス責任者のガイ・ブライアントが、トム・シープのオフィスを訪れ、厚さ2インチの書類をトムのデスクに置いた。「この書類に載っているのは、一人でいくつもの口座の代理人になっている人たちなんだよ」とガイはいった。

「それで？」トムが尋ねた。

ガイの説明によると、彼はコンプライアンス業務の一環として時々、口座申込用紙をレビューする必要があるのだが、どうも一人でたくさんの家族から委任を受けて口座の代理人になっている人たちがいることに気づいた、とのことだった。自分の親や兄弟、子どものためにお金を運用することは珍しくない。しかしその書類に載っている人たちは、家族関係とは関係なく代理人になっているようだった。全米各地にそうした人たちが広がっていた。ガイは、３００もの口座から委任状を受けて代理人になっている男性の書類をみせた。何が起きているのか知る必要があった。

われわれはまず、こうした人々に電話をかけてみたが、いやはや驚いたことに、胎動を始めたばかりの産業に出くわしたのだった。彼らは証券会社のようなもので、アドバイスを提供したり、発注したり、記録管理などを顧客のために行ったりしていた。ただし、彼らは顧客に取引手数料、すなわちコミッションではなく、資産残高に応じたフィーを年に一度、請求していた。顧客のためにに利益をあげればあげるほど、彼らもより多くの報酬を得ていた。そして、彼らの多くは、ディーン・ウィッターやメリル・リンチではなく、シュワブのサービスが気に入っていて、当社を通じて顧客の取引を実行していることが判明した。彼らにとって、シュワブであれば、顧客口座を盗まれるという心配もなかった。トム・シープは興味をそそられた。すべてが明らかになったいま、彼はデイブ・ポトラックにいった。「デイブ、俺にちょっとした予算と2~3人のスタッフをくれないか。これでビジネスができるかどうかみてみたい」

そこで当社はIFAへのアプローチを始めた。最初は私も懐疑的だった。起業してから私が注目してきたのは、私のようにだれのアドバイスも必要としない個人投資家だった。しかし、世の中には助けを必要とする人、資産配分について知らない人、株式や投資信託について調べる時間もやる気もない人も必ずいることはわかっていた。また、コミッションを避け、年間フィーを好むIFAのビジネスモデルも気に入った。彼らは、アドバイスを必要としている顧客を助ける一方で、伝統的な証券会社のモデルに内在する厄介な矛盾や利益相反の可能性をすべて回避する方法を考え出していたのだった。それであれば、私も支持できる。IFAにはウォール・ストリートの証券会社から口座がもたらされるのでIFAはウォール・ストリートの証券会社に所属している、と思い込んでいた。私が間違っていた。IFAたちは、ウォール・ストリートの会社やその利益相反から独立した立場を望んでおり、また、シンプルなフィーによって客観的なアドバイスを求める顧客を引きつけることができる、と考えているのだった。当社は小ぶりで、機動的で、彼らのためにサービスをカスタマイズすることができるし、その結果は、だれにとっても良いものになるだろう、と考えた。そして、それは正しかった。ＩＦＡは事実上、シュワブの全国的な営業部隊となり、われわれの手の届かなかった多数の顧客と、多額の資産を新たにもたらした。

ワンソースを提供し始めると、ＩＦＡが殺到した。しかし、だからといってミューチュアルファンド・マーケットプレイスの資産が減らなかったことには、非常に驚いた。彼らはミューチュアルファンド・マーケットプレイスに価値を見出していたのだ。当社が彼らにかわってすべてのバックオフィス機能を担い、明細書を発行することに対して、喜んで取引手数料を支払っていた。彼らはワンソースに含まれていないファンドも含め、すべての投資信託にアクセスしたいと考えていた。当社が投資信託の最高のワンストップ・ショップとして知られるようになるにつれて、両方のビジネスが開花した。取引手数料の有無にかかわらず、より多くのファンドを提供すればするほど、ＩＦＡの活動は便利になり、彼らが優良ファンドを提供することで、顧客に好印象を与える機会が増えた。そうした優良ファンドが、特にこれまで見過ごされてきた、目立たないファンドであればなお良かった。実際、当社は、好パフォーマンスであったにもかかわらず証券会社のラインアップから締め出されている中小のファンド運用会社の存在に気づいていた。そこで、こうしたファンド運用会社のいくつかを説得し、彼らのファンドをノーロードに変更させて、ＩＦＡが提供するバリューをさらに高めることを目的としたインスティテューショナル・ワンソース（Institutional OneSource）と呼ぶサービスを通じて、数百本をフィー型で活動するＩＦＡたちに提供した。私は、ワンソースは重要な技術進歩すなわちキラーアプリであり、ファイナンシャル・プランニングを家内工業的存在から金融サービス業界の一角に定着させた、と自負してきた。ＩＦＡたちはその１年間でインスティテューショナル・ワンソースに10億ドル以上を投資した。ＩＦＡたちの熱意と、活気にあふれた右肩上がりの販売チャネルとのつながりをもちたいというファンド運用会社の願望との強力な組合せだった。ＩＦＡがワンソースの原動力となった。

ワンソースの導入から15カ月後、トム・シープと、ＩＦＡ事業のプレジデントであったジョン・コグランはニューヨークで、モルガン・スタンレーにおける資産運用部門のトップとしてレジェンドと称されたバートン・ビッグスと面談した。ビッグスは、彼の視界に突如現れたワンソースについて詳しく知りたがっていた。これは後にフォーチュン誌に掲載されたビッグスの回顧録からの引用だ。「ビッグスは、シープとコグランがすべてを説明する間、注意深く耳を傾けていた。それから彼はコーヒーカップを置いた。「諸君」と彼はいった。「このプログラムは私が精通してきた投資信託の世界を変えることになるだろう、私が引退すべき時が来た」」。ビッグスの発言は的を射ていた。投資信託のスーパーマーケットが誕生したのだった。もはや製造業者、すなわちファンド運用会社に力はなくなっていた。その力は販売業者、すなわちワンソースやフィデリティのファンズネットワーク（FundsNetwork）、そしてそれに続くそのほかのファンド・スーパーマーケットに移ったのだ。「投資運用はコモディティ化する。独自性を発揮できる資産は販売能力になる」と、ビッグスはフォーチュン誌に対し、新たな現実をそのように表現した。

だれもが新しい現実を歓迎したわけではない。自社系列ファンドをもつ証券会社や、フィデリティやバンガードのような大手の資産運用会社といった既存の大手プレーヤーにはプレッシャーがかかった。ワンソースは投資家の選択肢を広げ、市場を開放した。新たに立ち上がるファンドはワンソースに並べてほしいと強く要求してくる。ファンド運用会社間の競争を促進し、ファンドの運営費用などが引き下げられるようになった。

私は常に、投資家に多様な選択肢を与えるべきだという信念を持ち続けてきた。投資家自身が決定を下す自由と権限を得られるような選択肢だ。

そして、モーニングスターのような投資信託の調査や格付をする業者の成長にも拍車をかけた。また、ロン・バロン、ガレ・バン・ワゴナー、ビル・バーガー、ポール・ステファンをはじめとする、多くの有能なファンド・マネージャーが日の目を見るきっかけともなった（実際、ロン・バロンはすぐに点と点を結びつけ、シュワブ株に積極的に投資し始めたのだった。シュワブ株への投資は2017年時点で、彼の最もうまくいった投資の一つとされ、彼のファンドの投資家はシュワブ株の値上りで10億ドル以上もの利益を手に入れた）。投資家を低パフォーマンスのファンドに縛り付けていた、古い人為的な障壁——山のような書類手続、取引手数料、見当違いの忠誠心——はすべて取り払われ、唯一重要な要素であるパフォーマンスに基づく合理的な意思決定への明確な道が開かれた。ワンソースは、生みの親であるディスカウント・ブローカー業界と同様、投資家に自由と権限を与えるものだった。革命を前進させたわけだ。

第21章 人生の中断

1992年1月11日午前7時頃、アサートンの自宅で電話が鳴った。それはラリー・スタプスキーの妻ジョイスからで、彼女はひどく動揺しているようだった。ラリーは病院にいた。金曜日の夜、体育館でバスケットボールをしていて心臓発作を起こしたらしい。もはや差し迫った危険はなかったが、バイパス手術をしなければならず、回復には長い時間がかかる見込みだと彼女はいった。彼がいつ、あるいはそもそも仕事に戻れるのかどうかは聞かなかった。しかし、電話を切ったところで、ラリーの将来、そして私の将来が突然宙に浮いてしまったことを悟った。やりたいことを何でも計画できるが、時には人生の中断も起きる。

事が起きてからというのも何だが、ラリーの心臓発作は、彼を最もよく知っているわれわれには理解できるものであった。ラリーは、控えめにいっても、いつも情熱的で、何にでも首を突っ込んでいた。彼を雇ったのは1980年で、私たちが急速に成長していた頃であった。当時私は、バックオフィスをまとめあげ、全員が責任を自覚し、苦境に陥るようなミスを防ぐためには、従業員に鬼軍曹をつけなければならないと切に感じていた。ラリーを雇ったことは、私がシュワブの草創期において行った最高の人事だった。ラリーは私がもっていなかったものすべてを備えていた。執拗に分析的で、冷静で、やたらと考え方が整理されていて、対立を辞さない姿勢で、結構怖い印象だった。ラリーは、だれかが自分の時間を無駄にしていると判断するとただ立ち上がって会議から立ち去ることで知られていた。そして、非常にゆっくり、非常に正確に話をし、だれもが読めるような表情はまったく顔に出さなかった。彼は長く沈黙することもあり、彼の部下は自分の意見をいおうにも、彼が話し終わったかどうか確認しなければならず、時にそれを痛い目に遭いながら覚えていった。オフィスにふらりと入って考えやアイデアを提供するのは私であったが、ラリーはそれをフォローして、最後までやり抜くような人間だった。ラリーにはマーケティングの才能はなかったが、それは問題ではなかった。私と完璧な補完関係にあったからだ。バンク・オブ・アメリカ時代を通じて、私はシュワブの経営とは関係のない闘争にもいろいろ巻き込まれていったが、ラリーはシュワブを成長させ続けた。やがて紛れもないナンバー2になり、最終的にはCEOを引き継ぐ者と思われていた。

一方、デビッド・ポトラックは、急速に経営チームの中心メンバーにのし上がっていた。デビッドはラリーとはまったく違ったタイプの人間で、知的にはみえなかったかもしれないが、頭のなかはしっかりしていて、実際に行動しながら物事を考えるタイプだった。いろいろな意味で私に似たマーケターやアイデアマンであったため、私はデビッドのことを、船における私の側の追加のバラストとして、つまり自分でできるものの一人では扱えなくなったことをやり遂げてくれる人物であると考えていた。とはいえ、デビッドは決して私のクローンではなかった。私よりずっと表現豊かで意思疎通のうまい人間だった。私はしばしば穏やかだといわれてきたが、彼をそんなふうに表現した人はいなかった。

2人ともまだ若く、ラリーは心臓発作を起こしたとき46歳であり、デビッドは44歳であった。私は3人で理想的なチームをつくってきたと思っていた。私は創業者として預言者のようでもあり、伝導師のようでもある。デビッドは会社のビジョンを情熱的に社内に伝え、ラリーがそれを実行した。ラリーは、私の唯一の直属の部下であり、それは私が好んだやり方でもあった。直属の部下をあまりにも多くもつと、自分の意図がそれぞれに齟齬なく解釈されているか心配しなければならないが、直属の部下が一人であれば、自分のお告げをとても幅広く、あいまいにでも伝えることができる。ただし、それは私がラリーを信頼したように、その人物を信頼できている場合に限られる。われわれは何年にもわたって一緒に仕事をしてきたため、1990年初めまで、ラリーとデビッドの間で激しい競争が起こっていたことに気づくのが遅くなっていたのかもしれない。どちらを選ぶか決められなかったわけではなく、選ぶ必要がないことを望んでいた。リーダーとしての私の強みの一つは、自分より賢い人たちや、あるいは少なくとも自分がもっていないスキルをもっている人たちに囲まれたい、という気持ちである。他方で、私の短所の一つは、対立を避けようとすることである。ラリーとデビッドが、チャックの秘蔵っ子という非公式の肩書のために激しく争っているなかで、私の長所と短所の両方が明らかになった。どちらかを失うことなく、どうやって答えを見つけ出すことができただろうか。2人とも必要だった。彼らはそれぞれ素晴らしい特質をもっていた。何も集中できない気分になっていた。創業者として、すべて自分で決めなければならなかった。CEOとして、そのようなことについて相談できる人は本当にだれもいなかった。2人にとって不幸な事態だったと私は確信している。特にデビッドは、いろいろはっきりしないことにうんざりしていて、社外でキャリアを探っているのではないかと思っていた。もう彼を失ってしまったのではないか、と心配したくらいだった。

そうしたときにラリーが心臓発作を起こしたのだった。2日後、彼はバイパス手術を受け、その2週間後、仕事に戻る準備ができていると私に伝えてきた。しかし、私とラリーは2人とも状況が変わったことを理解していた。コンサルタントのジョー・カットクリフを雇い、ラリーと私は数日間を費やして、マンダリン・オリエンタル・ホテルのスイートルームに籠り、組織図をみながら今後の進め方について話し合った。ラリーには、彼がどうしたいのか話してもらった。ラリーは、辞める意思をもってはいなかったが、現在の職務にとどまることはできないということを明確にしていた。医者があまりストレスのない仕事を見つけなければならない、といっていたに違いない。われわれは一緒にチャートを描いてはまた描き直し、部署や人の名前を書いては幾度となく最初からやり直しもした。そして、遂にこれが当社のあるべき姿だ、という結論に至った。そのうえでデビッドを会話に招き入れ、その後に、残りの経営陣を参加させた。

デビッドの当時の肩書は、証券ブローカレッジ事業のトップだった。基本的には営業とマーケティングを担当し、収益にかかわることは何でもしていた。他方で、ラリーはプレジデント兼COOで、システム、業務運営、財務、人事を担当していた。ラリーは私の直下にあり、デビッドを含むほかの人物はラリーの直下にあった。ラリーと私が一緒に取り組んだ組織再編によって、デビッドがプレジデント兼COOを引き継ぎ、ラリーは新たに設置された副会長に就任し、1997年に引退するまでその地位にあった。実質的にラリーは日常業務から身を引き、デビッドはラリーが退いたことによって生じた空白を埋めるために昇進するかたちになった。その結果に不満な者もいた。実質的に当社の守護神のような存在で、人事・法務部門の責任者として信頼されていたバーバラ・ウォルフは、自らがトップの職に就くべきだと考えていたのだった。そして、それが実現しなかったので、その決定は偏見に基づくものだとして、NASDに仲裁を訴えた。その後、仲裁において和解がなされ、バーバラは会社を去った。

ラリーの病気とその後の異動は、シュワブの歴史の転換点となった。もし彼が突然脇に追いやられなかったら、デビッドに、彼がその後何年にもわたり成功を収め続けることになった追加の役割を与えなかったかもしれない。いずれ判明することになるが、当社の歴史においてイノベーション、リスク・テイキング、そして成長が求められていた時期において、デビッドはとりわけ当たり役だった。

ワンソースのおかげで、当社顧客が保有する投資信託資産の25%を当社口座で獲得するという目標をすぐに達成し、そのまま前進し続けた。ワンソースは、私たちに2つのものをもたらした。1つは、コミッション収入よりも一般的に先が読みやすいフィー収入である。そして、もう１つは預り資産である。他社口座にあった投資信託を当社口座にもってきた既存の顧客からも、ファンド・スーパーマーケットであるワンソースを通してシュワブに魅力を感じてくれた新規顧客からも、預り資産が集まった。もちろん、投資信託への投資が便利になるという革命がもたらされたからだ。資金流入は驚くべきもので、顧客からの預り資産の合計は、１９９４年２月までに１０００億ドルを超えた。実際のところ、預り資産をどう増やすかは、おそらく１９９０年代を通じて最も切実な課題であったが、ワンソースはシュワブの成長にとって１つの要素にすぎなかった。

１９９０年代は、シュワブと金融サービス産業にとって、成長とイノベーションに満ちた時代だった。１９９１年には初めてシュワブが運用する株式投資信託を創設した。米国の大手企業１０００社に投資するインデックス・ファンド、シュワブ１０００だ。１９９３年にはロンドンに新しいオフィスを構えて国際的に事業を拡大し、１９９８年にはカナダに進出した。また、１９９４年には電話における自動音声認識取引システムであるテレブローカーのスペイン語版を提供し始めた。さらに１９９７年にはシュワブ・コーポレーションがＳ＆Ｐ５００指数に加わることになった。１９９９年にはＮＡＳＤＡＱにおける時間外取引の取扱いを開始したほか、慈善事業のためのシュワブ基金を立ち上げた。

ＩＲＡにも力を入れた。それは古い考え方を覆し、結果として競争状況に変化を生んだ事例の一つであった。ＩＲＡは１９７４年から存在している制度だ。退職後のために税引前の資金を積立するという基本的なコンセプトは、すぐに投資家の目に留まったが、１９８２年に議会が従来のＩＲＡを「ユニバーサル」なものとして、70歳未満の勤労者ならだれでも年間最大2000ドルまで拠出への課税が免除されるようになるまでは、あまり普及しなかった。これを契機にIRAでの運用額は、雨後のたけのこのように増え始め、1982年の約50億ドルから1992年には約7250億ドルに急成長した。IRAには季節性があり、確定申告のシーズンと重なる春先の4月15日に最高潮に達する。申告日の直前の土壇場でIRAの所得控除を利用しようとする申請者が殺到するのだ。そうしたIRA締め切りの約1カ月前に当たる1992年3月、顧客獲得を担当するマーケティングのバイス・プレジデントだったジェフ・リオンズは、彼の記憶によれば、会議に参加しつつも空想にふけっていたところ、1つのアイデアが思い浮かんだという。ワンソースは6月に低迷することが見込まれる一方、業界ではIRAのロールオーバーが大きな話題になり始めていた。多額の資産が争奪戦の対象となる。突如リオンズは、IRAの年間手数料をなくしてはどうだろうか？　無料にしてしまおう、と考えたとのことだった。彼のこのアイデアはいただきだった。

当時、IRAについては22ドルの手数料をとっており、業界並みの水準だった。その廃止は当社にとって痛みを伴うものだが、ワンソースの導入に伴い投資信託の取引手数料を廃止したときだってそうだった。リオンズは、何か大胆なことを試みてライバルを出し抜き、同業者には恨まれつつ、運を味方につけて大量の新規口座獲得につながる突破口を見出していたのだった。思惑どおりにいけば、IRA資産の増加は、年間手数料の喪失を補って余りあるだろう。デビッドはすぐに乗り気になりつつも、弱気でもあった。IRAの手数料収入がどんどん転がり込んでくるシーズンの真っただ中で、その多くを逃してしまうことを懸念したのだ。デビッドはその機会損失を900万ドルと見積もっていた。年間収益が9億ドルを超えるようになっていたなかでは必ずしも大きな数字ではなかったが、純利益に直結する900万ドルであった。そこでデビッドは、IRAの資産額について2万5000ドルを閾値にするよう主張した。それ以上であれば無料で、それ以下であればいままでどおり顧客から手数料をとる、と。

デビッドとジェフが私に提案をもってきたとき、最初に考えたのは、なぜ閾値なんていうものを入れようとするのか、ということであった。みんなのために無料にすればよいのではないか。この件も、私自身が投資家の立場で考えて直ちに納得できるアイデアの一例であった。もしシュワブが手数料を請求しない唯一の会社だったら、私はシュワブでIRAを開くに決まっている。会社が短期的に収入を失うことは気にしていなかった。新規顧客を獲得し、顧客からの預り資産という基盤を構築できる機会に比べれば、900万ドルなんてわずかなものだ。最終的には閾値を1万ドルに設定したため、短期的な損失額の予想は500万ドル程度となった。穏当な妥協点といったところだったろうか。1万ドル規模のIRAをもつ大勢の人の関心をとらえて当社の顧客になってもらい、われわれが提供できるものをみてIRA以外のビジネスをもたらしてくれるはずだ、という見込みだった。

素早く行動する必要があった。すでに1992年3月も半ばで、IRAの期限まで1カ月もないどころか、実際のところ2週間であった。この2週間の間に、無謀なアイデア出しからその承認へ、そして、本格的な広告やダイレクトメールによるキャンペーンまで実施しなくてはならない。4月5日に間に合わなければ、このコンセプトを試すのにもう1年待たなければならなくなる。いうまでもなく、期限までにすべて間に合わせた。
シュワブのノー・フィーIRAは、予想を大きく上回っての成功だった。それがやがて業界のリーダーシップをとることにつながったり、顧客資産を引きつけるとても強力な磁石になったりするとは想像もしなかった。最初のシーズンだけで何十万もの新規口座が開設され、われわれのすべての予測を上回った。新規のIRA口座が生み出した収入を厳密に分析してみると、失った年間手数料を1年未満で補っていた。これは、コストの引下げがどれだけ強力な動機づけになるかを証明する数多くの例の一つである。

単純だが重要な真実。ほかの条件がすべて同じであれば、価格がものをいう。

ワンソースによって投資信託でそうなったように、ノー・フィーIRAは、長年フィデリティが支配してきた市場のど真ん中に私たちを据えることとなった。われわれはフィデリティが手数料をカットするわけがないと考えていた。フィデリティのIRAビジネスはすでに巨大で、年間で約3500万ドルの手数料を生み出していた。しかし、結局フィデリティでさえほかに選択肢はなく、1年後には当社に追随したのだった。しかし、その時にはもう手遅れになっていた。ワンソースの場合と同様に、当社は先行者メリットを享受していたのだ。

ワンソースの発明、ＩＦＡネットワークの開発、ノー・フィーＩＲＡの導入。これらは相互に補完し合い、１９９０年代初頭に当社のビジネスモデルを変革するとともに、その後の継続的な繁栄にとって重要なものとなった。コミッション収入だけでやっていける時代、つまり株式取引に70ドルの手数料をとって、かつそれでも競争相手を打ち負かすことができる時代は終わっていた。そして、よりいっそうディスカウントしていく新たな業者群が出現していた。コミッションは急速に低下しており、当時私はまだ気づいていなかったが、インターネットの出現とともに、劇的に低下傾向が加速されようとしていた。

私が気づいていたのは、価格だけで競争するというのは、ますますむずかしくなってきているということだった。実は、私たちは初期の頃でさえ、いちばん安い業者ではなかった。投資家の自分としては、より良いサービスを求めて少しだけ余分にお金を払う意思があった、ということになる。これは私がこの会社を築き上げるにあたって立脚してきた原則の一つであり、どちらかといえば、この原則はより重要になってきていた。１９９０年初頭に導入したすべての商品とサービスはその効果として、単なる収益源の多様化にとどまらず、顧客層の多様化をもたらした。

私は、活発に株式取引を行う個人トレーダーにとって効率的な証券会社としてシュワブを創設したが、いまや急速に幅広い投資家層にとっての金融サービス・ハブとなっていた。そして、当社の経営陣は変わり、ラリーが退任すると新たなリーダーたちが現れた。これは重要な教訓だ。多くの場合、強力な人材と新しいアイデアが輝ける機会を待っているのだ。自分が1人の人間か1つのチームに依存していると思っていても、どんでん返しがあるものだ。

第22章

ネットワーク

以前のオフィスはモントゴメリー・ストリートとサッター・ストリートの交差点のビルにあり、私はその24階において4000平方フィートのスペースで会社を始めた。斜め向かいにディーン・ウィッターの本社があった。ディーン・ウィッターの本社1階には一般公開されている小さな円形劇場があり、そこに設置されている巨大な黒板には株式の銘柄コードと価格が書かれていた。市場が開いている間は一日中、電話と黒板の間を人が走りながら行ったり来たりして、価格を更新していた。それは心奪われる光景だった。一日中黒板の前でたむろしている人もおり、私にはその理由がよくわかっていた。そこにいると、ニューヨーク・シティの中心にあるトレーディング・フロアにいるような錯覚に陥った。しかし、もちろんそれは幻想にすぎなかった。ディーン・ウィッターの黒板の価格が上昇したときには、それはすでに古いニュースとなっており、市場関係者にはすでに知られ、取引され、利益が得られ、忘れ去られていた。黒板に描かれている現実と市場の真の現実との間の溝は、個人投資家と大手のトレーダーやマーケット・メイカーとの間の溝と同じくらい広かった。円形劇場はただの劇場にしかすぎず、現実はどこかに隠されていて手の届かないものであった。

あれから何年もたった後、私がようやくインターネットの可能性を完全に理解した日に、あの古いディーン・ウィッターの円形劇場が頭に浮かんだのだった。1995年12月4日月曜日。アマゾンの設立から5カ月後、ネットスケープが初めてインターネット関連の大型IPO企業となってから4カ月後のことで、当時まだ無名の地方証券会社トレード・プラスがイー・トレード・フィナンシャル（E*Trade Financial）に生まれ変わる直前のことだ。

私にとってテクノロジーは目的を達成するための手段である。新しい機器やソフトウェアが、私の会社と顧客との間、あるいは顧客と市場との間に、より深く、より速く、より直接的な関係を育むかもしれないと思うと、ワクワクする。

あれはテクノロジー・チームが発見した驚くべき新たなアイデアであった。デビッド・ポトラックと私は、チーフ・インフォメーション・オフィサーのダウン・ルポアに招かれて、ベス・サウィが率いる電子取引開発チームに所属する若いITスタッフの一人、ウィリアム・ピアソンと会うことになった。「これをみてください」とベスはいった。

ほんの数カ月前の7月、われわれはシュワブ・ドット・コムというウェブサイトを立ち上げていた。それは未来への大きな飛躍だった。しかし本質的には単なるオンラインのパンフレットだった。非常に最先端ではあったが、問合せや取引まで行える能力を備えた今日のインターネット機能ではなかった。

ウィリアムがキーボードに向かっている間、われわれはパソコンの画面をみつめていた。ベスはもともとマーケティングを担当していたが、直前に証券ブローカレッジビジネスをインターネット時代に引き入れるための専属チームを引き受けていた。その日、われわれがみていたのはデモにすぎず、エンジニアたちがインターネット上で注文がどのように処理されるのか、私が感覚だけでもつかめるように、寄せ集めでつくったものだった。われわれはちょうど、顧客に相対するサービス・チームのプロセスを合理化する機能を構築したところで、その機能を顧客が直接使えるようにできることに気がついていた。数年前からは「イコライザー」と呼ばれるサービスで、オンライン取引の実験もしているところだった。顧客が自分のコンピュータからAOLやコンピュサーブ経由でシュワブの取引システムに注文を送るというものだったが、めんどうくさく、データを送信するのに専用の技術と長い電話接続の時間が必要であった（シュワブの初期のブランドの多くと同様に、イコライザーは、顧客のアクセスがいまやプロに「イコール」になったという明確なメッセージを送ることを意図していた）。インターネットはまだ初期の段階で、特にビジネスでの利用に関してはそうだったが、だれもがその可能性について模索していた。

「インターネット経由でできるというのか？」と私は尋ねた。信じられなかった。世界はまだこの用語をほとんど知らないままであったが、シュワブではインターネットを使って投資という行為を顧客の指先に持って行こうとしているのだった。セキュリティ、プライバシー、信頼性についてはどうか？　何百万という口座の残高、社会保障番号、売買注文がサイバースペースであちこち動き回るって？　これほど多くの機密情報を保護できるとは想像もできなかった。しかし彼らは自信をもっており、可能だといった。すぐに、ではなかったが。解決しなければならないバグがまだ残っていたからだったが、当社は実現に至ることができるというのだった。

この何年も前から、われわれのビジネスにおいてテクノロジーが革命的な役割を果たすことを認識していた。このため、当社がテクノロジーとともにあることを顧客だけでなく社員の全員に明確にしたかったので、シュワブ・テクノロジーという独立した組織を立ち上げた。そのキックオフとして、ミルトン・フリードマンをゲストスピーカーとして招待し、将来のトレンドについての特別イベントを開催した。そこで、われわれは新しいオンラインのファイナンシャル・プランニングのツール（後に役立たずなことが判明した——ほとんどのユーザーにとってあまりにも複雑過ぎた）を発表した。また、個人のオンライン接続サービスにおける新興リーダーであったコンピュサーブ（いまは存在しないが）を介して、顧客が自分のシュワブ口座にアクセスできる特別な方法も開発した。顧客のもとにマーケットをめぐるニュースを届けるシュワブ・ラインと呼ばれるものも開始した（とても価格が高いわりには、ニュースが遅いため、廃止することになったが）。また、当社はビル・ギリスという切れ者をシュワブ・テクノロジーの責任者に迎えたが、「私のやり方に従うか、さもなければ出て行くか」というスタンスだったので、最終的にはあちこち衝突しまくって辞めてしまった。ダウン・ルポアが後任になった。言い換えれば、当社はテクノロジーを進化させるためにできる限り多くのことに挑戦していたのだった。すべてがうまくいっているわけではなかったが、前進を続けた。未来がどんどんこちらに近づいているのだ、未来はテクノロジーにあるんだ、という認識をもちながら。

当社のチームは、コールセンターのレップのために、直感的で使いやすいデスクトップの画面をつくろうと取り組んでいたところだった。その画面は、非常に複雑なメインフレーム・システムに直接接続できるもので、当時出たばかりの技術であったワールド・ワイド・ウェブを使っていた。そして、株価の気配値取得や、証拠金残高の確認、顧客注文の入力プロセスなどが大幅に短縮されていた。やってみたらコールセンターのレップのために実現できたのだから、顧客のためにも使えるのではないか、という発想は飛躍ではないということに気づいた。

ここで私の頭が回転し、大幅なコスト削減の可能性を見出した。当時、当社は、専用電話回線とストリートスマート（StreetSmart）のフリーダイヤルに大金を費やしていた。ストリートスマートはイコライザーに取って代わった第二世代のコンピュータ取引プログラムだった。ストリートスマートでは、顧客が当社のネットワークに直接アクセスできたのだが、シュワブがオンライン・アクセスの費用を負担していた。もしこれがインターネットに移行できるとなると、顧客はすでに個人的にインターネット・サービスに料金を支払っているため、当社のコスト負担が不要になることを意味していた。当社にとっても、顧客にとっても、追加費用は発生しなかった。そして何よりも、ソフトウェアと通信にかかる費用も削減できた（ストリートスマートをアップデートするたびに、多数の新しいディスクを約100万ドルの費用をかけて郵送しなければならなかった。そして、インストールにつまずいた人たちからの大量の電話に備えなければならなかった）。

さらに顧客は、インターネットにアクセスさえできれば世界中のあらゆるコンピュータから四六時中、口座情報と市場データに完全にアクセスできるようになり、それによって市場関係者と一般投資家の間の溝は狭まることになる。オフィスの窓から通りの向こうにみえた劇場ではなくなる。本物になるわけだ。

また、私は、市場で優位に立つチャンスも見出していた。結局のところ、当社はインターネット取引を提供する初めてのディスカウント・ブローカーではなかった。この名誉は、後にアメリトレードに買収されたK・アウフハウザーに1994年に与えられた。ちなみに、当社は必ずしも初のディスカウント・ブローカーでもなかったことは前述したとおりだ。それがだれだったのか、だれもわかっていないと思う。当社はディスカウント・ブローカレッジを始めた一社でしかなく、競合他社よりも速く成長しただけだった。ただ、その急速な成長を実現するために、どの競合他社よりもリスクはとったといっても過言ではない。インターネット取引でも同じことができると思った。フィデリティのインターネット・

プログラムは、私たちより1年遅れたものだったし、伝統的な証券会社は問題にならないほど遅れていた。メリル・リンチやそのほかの会社は、インターネットが自分たちのビジネスモデルを台無しにするのではないかとおそれていた。インターネットが約束したこと、すなわち24時間アクセス、完全な透明性、豊富な（そして最終的には無料の）ニュースとリサーチはすべて、古い大手証券会社のビジネスモデルと、彼らが自己定義した市場のゲートキーパーとしての役割にとっては受け入れがたいものであった。後に業界の一部では、インターネット投資について、銃弾を装塡した銃をだれかに与えることに例えられるほどであった。私はそうした見方については保護主義的で自己保存的なものだと思っていたし、長続きもしないと知っていた。

その日、会議室を出る頃には、シュワブのインターネット計画の実験段階を終え、すぐに実行段階に移す心づもりができていた。われわれが手にしていたものがまだ実務に耐えうるものではなく、まして や完成品と呼ぶには程遠いことはわかっていたが。

完璧になるまで待っているなんてとんでもない。

インターネットが、市場にとっても、投資家にとっても、そしてシュワブにとっても、どでかいものになることもわかっていた。いずれにせよベストを尽くさなければならないのであれば、手遅れになってからではなく、早期参入のほうがいいに決まっている。85％くらいの準備ができていれば、私にとっては通常は十分である。実際に始めて進めながら微調整を行えばいい。この分野に可能な限り早期に参入したいという気持ちだけは固まっていた。オフィスに戻ると、バークレーのクラレモント・ホテルにいたベス・サウィに電話をかけた。彼女はそこでインターネット・チームの企画会議をしていた。彼女が電話に出たとき、私は告げた。「ベス、もっと速く進めなくてはならない」

最初、彼女は私の切迫感をわかってくれなかった。チームは順調に進んでいると彼女は断言した。すべて予定どおりです、やることがたくさんあります、おもしろそうな案件もたくさんあります、などと。「駄目だ、駄目だ、ベス」と私は話をさえぎった。「君はわかっていない。私は始めたいんだ。ウェブ上に顧客に提供できるものを乗せたいんだ。いつまでにできるか？」電話の向こう側は静まり返っていた。ベスが何を考えているかわかっていた。私は、彼女が信頼できるリーダーであり、完璧さよりもスピードのほうが重要であることが理解できているマーケターであることも知っていた。「96年の第1四半期です」とついに彼女はいった。多分、ベスが第1四半期と口に出した時、彼女はハワイ時間の3月31日午後11時59分を考えていただろうし、彼女にとってはそれさえも大胆な目標であっただろう。ワールド・ワイド・ウェブ取引機能の開発・テスト・実装に4カ月もない。しかし、私はさらに申し伝えた。「バレンタイン・デーまでにお願いできないかな」。ベスは会議に戻り、「皆さん、チャックと話をしました。計画をすべて変更します」と告げた。

われわれはこの取組みを「プロジェクト・キューピッド」と名づけた。当社にとって大きな飛躍だったが、少なくとも迅速な動きとともに幸先の良い始まりだった。自分で決められる投資家や流行に敏感な層に応えるのは、当社のようなアウトサイダーの伝統芸の一つである（オンライン取引革命を先導したのが、オマハのアメリトレード、パロアルトのイー・トレード、サンフランシスコのシュワブという、ウォール・ストリートから遠く離れた3社だったのは偶然ではない）。当社は、プッシュフォンを使って注文ができるテレブローカーと呼ばれるサービスを業界で初めて提供し、その後同じく業界初で信頼性の高い音声認識ソフトウェアを導入してテレブローカーをアップデートした。1980年半ばには、シュワブ・ラインと呼ばれる持ち運び可能な端末も試してみた。市場関連のニュースやポートフォリオの最新状況が配信され、それらを小さなロールペーパーに印刷できた。格好良かったが値段が高過ぎたし、ニュースは必ずしもいつも最新ではなかったし、プリンターは全然うまく動かなかった。実のところたくさんの挑戦をしたが思った結果が得られないものばかりだった。しばらくは次から次へと失敗続きだった。しかし、心配したことはなかった。イノベーターは失敗を前提とするべきである。失敗はプロセスの一部だ。組織の責任者として、失敗を罰するのではなく、実験を奨励するのが私の仕事だった。

失敗するたびに何かを学び、より高い位置から成長を再開してきた。当社は業界で初めて、顧客が注文を出すのに、シュワブのどの支店に立ち寄っても、あるいは電話をかけても処理できる社内ネットワークを構築した。イコライザーは、この機能を顧客の自宅のコンピュータにも拡張した。ただし、そのコンピュータに当社が送付するソフトウェアがインストールされていることと、顧客が専用回線に接続していることが条件であり、コンピュサーブが専用回線を提供していた。ウィンドウズ上で起動するストリートスマートは、イコライザーの拡張版であり、ピーク時には約20万人のユーザーをもつほど人気になった。

インターネットの時代に備えようとするわれわれを当社に脈々と続くイノベーションの文化が後押しした。さらにわれわれには、強固に構築された最先端のＩＴプラットフォームもすでに導入されていた。それは１９８７年の大暴落がもたらした別の遺産だった。当社のコンピュータ・システムは、ブラックマンデーに対して持ちこたえることができなかったため、次はもっと備えに万全を期さなければいけないと思ったからだ。この失敗によって、１９９０年初頭にはＳＡＭＳというコードネームのもとで大規模な構想に着手していた。ＳＡＭＳは表向きにはシュワブ・アーキテクチャー＆マイグレーションストラテジー（Schwab Architecture and Migration Strategy）の頭文字であったが、本当のところはサンフランシスコのサムズ・グリル＆シーフード・レストランのことを意味しており、そこに業務後に集まって企画や理想について議論が行われていた。最終的にはクオトロンの端末を廃棄し、より強力で汎用性の高いワークステーションを従業員全員のデスクに配備した。そのうえで、次の標準になると予想し、実際にそうなったインターネット・プロトコル（ＩＰ）・ネットワークを導入したが、総額で約１億２５００万ドルかかった。予算をはるかに上回ったが、ほかに選択の余地はなかった。収益の予測、費用対効果の比較、将来ニーズの分析などあらゆる数字を詳しく精査した後、ラリー・スタプスキーと私は一歩下がって「われわれが本当に達成しようとしているのは何か?」と自問した。当社が創業以来、テクノロジーを強みにしてきたことに鑑みると、テクノロジーにおける業界のリーダーシップを守り、未来でもそうあり続けるために必要であれば、どんなものであろうと投資しないですますなんてことはあるのだろうか? もちろん、われわれは喜んでそれを実行した。SAMSを導入していなければ、インターネットへの移行ははるかに長い時間がかかり、コストもかかり、ややこしい事態になっていたことだろう。

最後のきっかけとなったものの一つに、1995年初めにデビッドがどこかで見つけてオフサイトで共有してくれた、PCの販売台数がテレビを上回ったという興味深い事実があった。それを受けて、われわれは電子取引の戦略について真剣に考えるようになった。競争環境を確認してみると、いくつかのおそろしい事実が目に飛び込んできた。心配していたのは、当時すでに独占的になりつつあったオンライン・サービス・プロバイダーで、かつ金融サービスへの参入に明確な関心をもっているAOLであった。いまとなってはバカげていたといえるが、クレジットカード部門を新設し、潤沢な資金をもっていたAT&Tについても懸念していた。しかし、われわれが特に心配したのはマイクロソフトだ。特にビル・ゲイツがインテュイットに対して当初15億ドルでの買収を提示し、最終的には23億ドルを支払うことに合意したときだ。マイクロソフトは明らかにクイッケン(Quicken、訳注:当時、米会計ソフトウェア最大手インテュイットが提供し、看板商品となっていた家計簿ソフト)を担っていた。クイッケンの、ロイヤリティが高く、資産内容も把握可能な巨大なユーザー層へのアクセスが目的だった。そこは本当に心配した。当社は、ゲイツがウィンドウズによる支配力を利用して、銀行業や証券業での地位を確保しようとしていることを知っていた。マイクロソフトとインテュイットが当社の顧客のPCを支配し、当社よりも低い価格を出してくるのは想像にかたくなかった。当社は依然として、ストリートスマートの利用者に対して、注文1件当り70ドルを10%の割引でチャージしていたが、この価格では少し儲け過ぎになっていることには気づいていた。マイクロソフトにとって、オンライン取引の手数料をさらに下げても利益を得ることはむずかしくなかっただろう。競争環境を調べれば調べるほど、自分たちが丸々と肥えていて、攻撃しやすいターゲットだと思えてきた。私は周囲の人々に「チャック、ビル・ゲイツの下で働くなんてどうだ?」とよくからかわれたものだ。

幸いなことに、マイクロソフトとインテュイットの合併は実現しなかった。司法省から独占禁止法違反の可能性があるとの警告が出たことで、その動きは止まった。結局、マイクロソフトは、金融サービスの主要プレーヤーとして浮上することはできなかった。AT&TやAOLも同様だったが、当時はそうした脅威が現実のものと感じられ、当社の行動を喚起したのだった。当社にとって最善の策は、どこよりも早く、顧客をワクワクさせつつ、他社の市場参入を思いとどまらせるのに十分な低価格で提供できる実用的なオンライン・サービスを考え出すことにある、と感じていた。

インターネットの役割が大きくなるにつれて、金融サービスはこの新しい媒体との親和性がきわめて高いと考えるようになった。インターネットがほかのいかなる媒体よりも優れているのは、取引執行とデータ配信の2点だ。金融サービスを提供する方法として、インターネットに勝るものはない。いまではそれがモバイルにまで拡大し、どこにいても、生活において金融に関連することのすべてを自分のポケットのなかに入れておけるようになった。インターネットは金融サービス業界にとって当たり前のものになったのだ。さらに、シュワブの歴史――当社によるテクノロジーの追求、顧客によるテクノロジーの追求、個人投資家と市場の間の障壁を取り除くという当社の取組み、当社のマーケティングにおける卓越した知見――に鑑みても、インターネット取引で独占的な地位を築けるのは当社であり、それを失ってはならないと感じた。

当社が来るべき革命の一部をなさないなどということはありうるだろうか？　ドーン・ルポアとベス・サウィはそう感じていたに違いない。もちろん、それは未知への思い切った飛躍だった。そして、彼らも、私とデビッド・ポトラックと同じ見方をしていた。当社には選択肢はない、と。実現すれば、顧客による投資の体験を大幅に改善するだろう。ゲームそのものが変わった。オンラインによる金融サービスの世界に注目が集まり始めたばかりだったが、当社にとってはこの新しいスリリングな世界で主導権を握るチャンスが到来していた。当社の歴史においてこれ以上劇的な転換点はなかったかもしれない。

1996年第1四半期末までにインターネット取引のアプリケーションを実用化するという約束を果たすために、ベス・サウィが頼りにしていた人物は、IBMから当社に転職してきたイスラエル人のギデオン・サッソンであった。ＩＢＭの前はＭＣＩで10年間働いていた。ちょうど、インターネットの黎明期に当たる。私はギデオンの技術的資質を評価する立場にはなかった。それはベスとダウンの仕事だった。私たちが初めて会った日、私の唯一の質問は「あなたは株式に投資していますか？」だった。この質問は、採用時の面談で私が必ず尋ねた質問である。

「はい」

合格。

ギデオンが最初に取り組んだ分野の一つは、当社の旧式の電子メール・システムだった。このシステムは多くの問題を抱えており、しょっちゅうダウンしていた。問題はメールが多過ぎることだとわれわれは思っていた。ところが「何をもって多過ぎると呼んでいるのか？」とギデオンは尋ねた。会社全体で40通という返事にギデオンは「１時間当り40通ということか？」と聞き返した。いや、一日当り40通。そのくらい、当時の当社のメール・システムの仕組みは旧態依然としていた。「私は自分だけで毎日40通のメールを受け取るぞ」とギデオンはいった。

明らかに、当社にはキャッチアップすべきことがたくさんあった。当時のウェブサイトは、取引機能がない電子パンフレットにすぎなかった。ギデオンは、当社の新サイトの開発を支援したいと申し出ていたＩＢＭやネットスケープ・コミュニケーションズをはじめとする3、4社の提案を検討したが、いずれも当社のスケジュール感にあわせて作業しようとはしなかった。開発費も法外に高かった。ギデオンはまだシュワブのことをよく知らなかったが、使われているコンピュータ・システムやソフトウェアについても精通していたし、ほかにどういった選択肢があるかも把握していた。彼は、１９９６年第１四半期末までという期限は厳しいが対応できないことはない、と思っていた。結局、彼は、やるべきことは自分たちでできると決めたのだった。振り返ってみると、それは正しい決定であり、その結果として、とてつもないものがもたらされることになった。ベスとギデオンのチームは、何分の１かのコストで期限に間に合わせられただけでなく、さらに重要なこととして、自給自足型のテクノロジー会社としてのシュワブという新たな時代をもたらした。当社はもはや、テクノロジーを外から借りるのではなく、インハウスで備えるようになった。

ギデオンは、補完的に数人のコンサルタントを雇うこともあったが、基本的には、すでにシュワブで働いていて技術的なノウハウをもつクリエイティブな人材を重視した。2月末までにはちゃんと機能するアプリケーションを開発し終え、まさにデッドラインに当たる3月末までには、サービス開始に至ることができた。私が期待していた顧客へのバレンタインの贈り物にはならなかったが、良しとしよう。完璧が求められる世界であれば、もっと長く待たされたことだろう。ギデオンと業務部門の同僚たちは、もう少し時間をかけてバグを修正したかったはずだからだ。しかし、繰り返し申し上げたいが、私はマーケティングの観点を重視していた。私も最終的には素晴らしい商品が欲しかったが、まさにその時点においていちばん求めていたのは、とにかく商品を実現することだった。

最初の月は広告すら出さなかった。システムはまだ不安定で、過度な負荷をかけたくなかった。それでも、どうにかしてウェブサイトにたどり着き、取引を始めた顧客が10万人もいた。ログインに苦労することがあまりにも多く、また、いったんログインしても大抵の場合、遅い処理だった。システムの立ち往生は何度も起きた。それが何カ月もの間続いたのだった。幸いなことに、コールセンターが常に顧客のバックアップとなっていた。当社は新ウェブサイトの対応力を引き上げ続けたが、対応力が上がると稼働量も増え、さらなる増強が必要になった。われわれが誇りに思えるものができるまでにはしばらくかかったが、対応力や機能、操作性を向上させるなど、その後も継続的に改良を重ねた。今日では、こうした機能があることは当然のことと考えがちだが、当社は走りながらゼロから開発しなければならなかった。

顧客にとっても、コンピュータを使うという点だけでも学ぶべきことがたくさんあった。そのため、株式取引とは関係がなく、収益を1銭も生み出さない、しかも通話時間が長い電話がコールセンターにかかってくるようになり、コストが嵩ばった。私はコールセンターのレップの横に座ってみた時のことを覚えている。彼は電話で顧客に対応しながら「画面上で○○がみえますか?」と尋ね、顧客はそれを確認した。「では、箱のかたちをしたものがみえますか?」顧客はそれを見つけられなかった。「箱がみえない? もう一度やりましょう。右上の角ですよ」。15分かけて、顧客はようやくその箱を見つけ、それをクリックしてスクリーンを広げ、探していた情報が表示された。任務完了だ。しかし、20分間の会話で収入はゼロ、注文には関係ない。

価格設定は大きな課題であった。イー・トレードのような新規参入者によって、突如、かつ急速に価格競争が激化した。当社は、最も安い競合他社に比べてはるかに高い価格帯を占めていることに気づいた。変わらなければならなかった。最終的にはコストが下がることはわかっていたし、そうなればインターネット取引において70ドル以下の料金で儲けられるようになりえた（最終的には、コストも料金もはるかに低くなった。インターネット取引の出現は、かつては固定的かつ高価であった取引が本質的にコモディティ化する過去30年のトレンドを加速させたのだった。今日では多くの場合、取引は無料になっている）。

しかし、古いモデルに基づくビジネスも依然として好調であった。当社はそれを放り投げるわけにもいかず、妥協案を考えた。2段階の料金表だ。もし満額の料金を支払うのであれば従来の方法で、つまり、支店あるいは電話で取引できる。また、コールセンターのレップへの電話について回数上限なしなど、フル・サービスを利用できる。他方で、オンライン取引に29・95ドルを支払い、ほかのサービスは使えない、というかたちにした。この新しいサービスはイー・シュワブ（e.Schwab）と命名した。

このような設計の論拠の一つは、洗練されたイー・シュワブの顧客であれば電話をほとんど使わないだろう、という推定だ。彼らが必要としていたもの、すなわち気配値、取引確認、残高照会などはすべてオンラインで可能であった。それでもなお質問がある場合は、メールで連絡するように求めたが、これが大きな間違いだった。概念的には素晴らしいが、実際にはひどいというアイデアの一つだった。すぐにわかったのは、メールで顧客をサポートするのは、電話でサポートするよりも3倍から4倍も費用がかかるということであった。顧客からは「配当金の支払期限を教えてもらえるか？」というような簡単な質問が寄せられ、「どの配当でしょうか？」これが次のメールである。法的な理由からすべての回答を事前に定型化し準備しておく必要があったが、そうした事前に定型化した回答は、顧客からの質問にうまくあっていないことが多かった。さらに、ビジネスとしての規模のメール量を処理する能力がまだなかった。

最終的にわかったことは、イー・シュワブの顧客はオンライン投資は大好きだったが、イー・シュワブに伴う制限は嫌がった、ということであった。彼らはサービスの収容所に追いやられたように感じていた。顧客は月に2、3回だけは電話をかけてきてもよく、当社はそれを記録した。支店のスタッフはこうした詳細な顧客記録にアクセスし、毎月の上限を超過したイー・シュワブの顧客からの質問には答えないことになっていた。もちろん、こうしたやりとりは支店と顧客の両方をイライラさせた。これは間違ったやり方だった。イー・トレードやアメリトレードのような、提供するサービスはより限られるものの、制限回数のようなルールが少なく低価格の小規模な証券会社に市場シェアを奪われつつあった。

私は頭がどうにかなりそうになっていた。デビッドもそうだった。1997年12月、当社はデビッドをプレジデント兼COOの地位から共同CEOに指名し、彼と彼が率いる戦略チームが、この変革を正しい方向に導く責任をもつ立場になった。デビッドは私のようなマーケティングの男だった。「市場シェアを獲得するために負担しなくてはならないのであれば、収益を犠牲にすることをおそれるな」

1997年に当社は、29・95ドルのオンライン顧客に対するサービス制限の撤廃について話し合った。それは大きな決断で、会社の命運を賭けたものであった。これによってインターネット取引への大規模な移行が促され、収益が損なわれ、株価が下がることになるという見方もできた。費用がかかることはだれもがわかっていたが、反論はなかった。戦略チームは、1年目の収益への打撃を数億ドルと推計していた。短期的には採算がとれないが、長期的には儲かると確信しなければならなかった。そして1998年1月1日に、イー・シュワブという区分を廃止し、シュワブのすべての顧客に低コストのオンライン取引を提供開始した。支店もいつでも利用可能で、コールセンターにも回数制限なく電話をかけられるなど、すべてのサービスがあらゆるシュワブの顧客に開放された。オンラインによる投資はもはや当たり前のことであり、例外ではなくなっていた。そうならない理由はなかった。当社がみる限り、それが未来であったからだ。

タイミングは完璧だった。注文件数は急増し、1997年には一日平均約6万から7万件だったのが、1998年にはほぼ10万件に達した。顧客口座の預り資産は3540億ドルから4900億ドル超に急増し、1997年から39%の増加となった。オンライン口座は前年の63万8000口座から1月末には130万口座を突破した。追い風が吹いていた。米国人は年を追うごとに投資に深くかかわるようになってきていた。401（k）プランやIRAの拡大が背景にあったし、ダイナミックな経済の熱狂を反映していることも間違いなかった。老後に備えるための投資口座の増加は、まさに株価が幅広く上昇していた時期に、市場に注意を払うべきことを人々に知らしめることとなった。新聞をみるたびに、より積極的な姿勢になる材料が手に入る。退職時期を迎えつつあるベビーブーマー世代という巨大な人口バブルの大多数が、実際に投資する資金をもつ年齢にまさにさしかかっていた。情報は豊富で、アイデアは至るところにあった。こうした出来事や要因が重なったことにより、1990年代後半は証券ビジネスにとって素晴らしい時期となり、またオンライン投資にとって完璧なタイミングとなった。そして、それはシュワブにとっても転機になった。1998年12月28日、顧客の預り資産が1兆ドルにまで膨れ上がり、起業したときには思いも寄らなかった目標を達成した。一般投資家による当社への投資価値を示す時価総額は255億ドルに達し、メリル・リンチを上回った。もちろん、メリル・リンチはかつてメイン・ストリートをウォール・ストリートに連れてくることを標榜していた。メリルを追い越していくうちに、当社は最終的にまさにそれ――メイン・ストリートの一般投資家にとっての証券会社になりつつあった。

しかし、メイン・ストリートは当社がもともと取り組んだ対象ではなかった。私は常に投資の力を大衆にもたらすことを考えてきたが、シュワブは当初、規制上は洗練された投資家と定義される個人投資家のための証券会社として始まった。株式市場をおそれず、証券会社に頼らなくても自分にとってベストなものを知っていると確信していることから、1人で投資に臨むのを好む人たちである。一般の人たちが大挙して当社にやってきたのは、その後しばらくしてオンライン取引が出現してからだった。これらの投資家は新たな種類のサービス、すなわちオンラインによる個別かつ効率的な対応や、リサーチへの簡単なアクセスに魅力を感じていた。この新サービスは偶然、歴史的な株式ブームのさなかに登場した。ダウは1994年11月に5000ポイントに達し、1996年10月には6000ポイントに、1997

年2月には7000ポイントに達した。21世紀の初めには1万2000ポイント近くに達しつつあった。新たな投資家が市場に殺到し、シュワブが最もその恩恵を被ることになる1社になった。

当社は、インターネット・サービスを追加する一方で、支店ネットワークも積極的に拡大していた。しかし、それは決して自明な方向性ではなかった。実際、社内ではその是非が大きな議論になった。業界全体がオンラインに移行するのではないだろうか？ 支店ネットワークはいまやもう時代遅れになったのではないか？ 多くの人がそう思っていたが、私は同意していなかった。私は、サクラメントにおけるアンクル・ビルとの最初の経験から、支店が新規口座を引き付けるための強力なツールであることを知っていた。人々は最終的にはオンライン取引を選好するかもしれないが、口座を開くときは対面でやることを好む。彼らが求めているのは、洗練されたオンライン取引ツールと、当社の名前が書かれた近所にある支店の両方だ。それが、当社が選んだ方向性であった。この戦略は、当社を業界のほかのだれよりも際立たせ、収益を新たな高みへと導くのに役立った。現在のシュワブが、全国的な支店ネットワークをもたないオンライン・ブローカーの何倍も大きいのは偶然ではない。一般の人々が、当社以外のいったいどこで、近所の支店で数千ドルの口座を開き、オンラインでアクセスし、取引を開始し、投資家革命に加わるという経験ができただろうか？

私は、シュワブが市場を新たな参加者に開放し、多数の貯蓄者を投資家に変えることに貢献してきた足跡を非常に誇りに思っている。しかし、時間がたつにつれて、私は自分が目にしているものの一部が心配になり始めた。こうした新たな参加者の多くは、成長し、時間をかけて学び、当社がこれまで対象としてきたような、洗練された、一人で決められる投資家へと成長した。一方、そうならなかった多くの人々はもがき苦しむことになった。

うまく投資するのは、大変である。だれもが、自分一人で決められる時間があるわけではないし、そうする気があるわけでもない。

市場が上昇し続けている限りは、だれもが満足だった。しかし、市場の常ではあるが、株価下落がついに生じることになり、私は、当社が何者であり、顧客にどんなサービスを提供できるかについて、基本的な前提を再評価しなければならなくなるのだった。

第23章

経験したことのないもの

21世紀に入る直前期は、シュワブにとって前例のない成長と繁栄の時代だった。毎年、計画プロセスを経るたびに、同じ質問をしていた。来年も本当に今年と同じくらいの勢いになるのだろうか？　そして、毎年さらに勢いは増していた。当社は、株式を積極的に売買する個人投資家——毎日ではないとしても1カ月に何度も取引する人たちのおかげで、どんどん稼いでいた。そして、その稼ぎを使って新しいサービスを追加し、対応力とシステムを猛烈なスピードでアップグレードしていた。MMFに入ってきていた追加の資金がどれも当社の儲けにつながっていたのも事実だし、ワンソースの投資信託に積み上げられている資金にも同じことがいえた。しかし、個人で株式を積極的に売買する人たち——そしてこうした人たちはバブル期には非常に多かった——が、当社の歴史のなかで最も収益性が高かった時代の中心だった。

その結果、従業員の数は約10倍になった。1990年初めの2700人から2000年には2万6000人を超えたが、それでも需要には追いつけなかった。当社の管理職らは人手不足だと思っていたし、従業員は働き過ぎだと感じていた。振り返ってみると、従業員を増やし過ぎたのは明らかだったが、当時はほかに方法がなかった。マーケティングを縮小し、新規顧客の流入を食い止めるべきだっただろうか？　それは私のような人間にはとてもむずかしかっただろう。私は常に成長にフォーカスしてきた。たとえそれが混乱をもたらすとしても。一時的にでも目標を引き下げるといったことにも思いが至らなかった。何年にもわたっていつもの浮き沈みが続き、時には身震いすることもある。そして、地震が起きる。大きな地震だ。初めてマグニチュード8・0が、マグニチュード6・0や7・0よりもはるかに強力であることがわかる。いずれにせよ当社はより多くのキャパシティを必要としていたので、採用し、採用し、さらに採用した。

信じられないほど創造的な時代だった。インターネットは、コンピュータの処理能力の急速な進歩と相まって、世界中の起業家のあらゆる種類の夢を可能にしていた。当社は、かつての産業革命や大量輸送、放送メディアの誕生のような新しい時代の始まりにいた。未来は開けていた。当社が独自のインターネット機能を立ち上げてからわずか2年しかたっていなかったが、何ができるのかを吟味していた。私は1999年初めに経営戦略の責任者を務めるダン・リーモンと事業計画をレビューした後、机に腰を据えて、インターネットに関して今後開発すべきだと思うことをメモした。私はそれをシュワブ・ポータル（Schwab Portal）と呼んだ。顧客が必要とするすべてに関して最高のものを提供するというウェブサイトだった。投資、保険、銀行サービスはもちろん、旅行サービス、ITサポート、ファッション、スポーツ用品、そのほか何でも。すべてセキュリティとプライバシーが完全に保護された環境で、だ。シアトルの新規参入者であったアマゾンが、同様の計画を立ち上げていた。そして、オンライン書籍販売からほかの製品へと拡大していた。いまやアマゾンで買えないものなどあるだろうか？　結局、中核事業である証券投資ビジネスが大きく成長していたため、シュワブ・ポータルのアイデアは追求しなかった。当社がシュワブ・ポータルを推進していたら、何が起こっていただろうかとしばしば考える。しかし、その後のマーケットの下落局面では、まったく異なる事態が当社を待ち受けていた。

私は長年マーケットの動きについてよく勉強してきたつもりだったが、1999年春から2000年後半までの期間は経験したことのないものだった。その頃には、私は株式市場の熱狂と市場バブルをお腹いっぱいになるまで目にしていた。株価評価に起きたこと、投資家心理に起きたこと、ドットコム企業やウォール・ストリート、企業倫理に起きたこと――明らかに異様で現実離れしており、当社はそのど真ん中にいた。シュワブが、ヒッチハイカーが島を買っているぞ、といったバカげた広告を流しているのはみたことはないだろう。当社の生業はそういうものではなかった。しかし、オフィスのウォーター・クーラーの周りでインターネット株が話題になったり、CNBCがケーブル・テレビとしてマーケットで最も注目されるネットワークになったり、歯科医やタクシー運転手、主婦や大学生など、どこを見回してもデイ・トレーダーとしての副業を始めようとしていた時、当社はほかのだれよりもその影響を感じていた。消防ホースの放水が玄関のドアをぶち破って家のなかに入ってきているようなものだった。

新規口座がどんどん増え、2000年8月には顧客資産が一時期1兆ドルを超えた。一日の平均注文件数は35万件にも達した。一方、未曾有の需要に直面しつつ、高いレベルの顧客サービスを維持するために、できるだけ急いで人員を採用した。また、稼いだ利益は、サービス機能の拡充に向けて積極的に再投資した。時間外の電子取引や、ポケットベル向けのワイヤレス株式アラート・システム、当時「ワイヤレス対応の携帯電話」（今日では「電話」）と呼ばれていたものを使った最初のワイヤレス取引プラットフォーム——ポケットブローカー（Pocketbroker）と呼んでいた——さらに、非上場株式へのアクセス、完全にペーパーレスな顧客体験を可能にする電子取引確認書、などであった。日本、オーストラリア、カナダ、イギリスにも進出した。さらに、2つの大型買収を行った。資産管理ビジネスで150年の歴史を誇るUSトラストの買収を発表するとともに、積極的に売買を行う個人投資家向けの先進的なテクノロジー・プラットフォームであったサイバーコープと呼ばれるテキサス州の会社を買収した。

心配だったかって？　もちろん心配だった。当社がバブルのなかにいて、いま経験していることがおそらく続かないだろうということは十分に認識していた。1996年初めに、米連邦準備制度理事会の議長であったアラン・グリーンスパンが、「根拠なき熱狂」を警告していたが、株式市場は猛威を振るっていて、だれもが参加したがっていた。顧客に何を伝えることができただろうか？　投資するな？　当社は、賢明な投資家になってもらうべく、理路整然とした情報を数多く提供したが、熱狂は熱狂であり、彼らのペースを落とすことはできない。私は、ダウ・ジョーンズが1万ドルに達した時に、それが単なる数字であることを人々に思い起こさせるためにプレスリリースを出すよう主張した。私自身も投資家として、ダウが1000ポイントの大台を刻むのを何度も経験してきた。大台達成は良い見出しにはなるが、注目すべきは生涯にわたる投資収益率だ。しかし、感情が絡むために、しばしばそうしないし、あるいはそうできない。「投資家には、目先の株価ではなく将来に目を向けてほしい」と私は主張した。「早い市場の動きと高い売買回転率が特徴の世界にあって、長期的な投資計画をもっていることを確認してほしい。物事を大局的にみて、前もって計画しよう」

1999年、私はスタンフォード大学のあるグループから会合に招かれ、市場と経済に対する見方について講演を行う機会があった。「ニューエコノミー」はだれもが念頭に置いていたことだった。ジェリー・ヤンもそこにいて、ヤフーとその爆発的な成長について語り、メグ・ホイットマンはイーベイの代表として来ていた。私は参加者に、ボウリングが大流行し、ボウリング関連銘柄が軒並み暴騰した1960年代初めの自身が初めて体験したバブルについて話をし、現在の状況がそれに似た熱狂感をもっていると語った。数週間後、スタンフォードから私のオフィスにボウリングのボールが届き、私がその会合でいったことが刻まれていた。「魔法は続くのだろうか?」そのボールは今日も、マーケットの陶酔感について警告を発する置物として私のオフィスにある。

当社自身の株も人気が高まり、その結果、当社の報酬体系が意図していたのとは逆の効果をもたらしていた。かなり長い間勤務してくれている従業員は、相当数のシュワブの株を蓄積していた。会社が従業員に自社株を与える理由は、もちろん、理念および将来に対する忠誠心と献身を促すためである。しかし、シュワブの株価が50ドルに向かって急騰するにつれて、逆の効果を発揮するようになった。社員は会社を辞め始め、自分のストック・オプションと401（k）プランを換金し、多くの場合、ミリオネア（億万長者）として引退した。私は彼らを責めない。やり過ごすことのむずかしい機会だった。しかし、会社に残ったわれわれにとっては大変なことだった。多くの経験豊富な人たちを失ってしまった。

当社が直面しようとしていた根本的な問題の一部は、自信過剰だった。

われわれは皆、少しずつ罪を負っていた。物事がうまくいっているのは、自分たちが天才だからに違いないと思い込んでいたのだ。

自信過剰は、成功している人たちが陥る共通の罠である。われわれは当社のビジネスモデル、すなわち全国規模の実店舗ネットワークを伴った最先端のインターネット取引、さらに、それと相まった業界最大のIFAネットワークと急成長を続けるリタイアメント事業（訳注：退職後に備えた資産形成を促進するビジネス）が成功をもたらしている本当の理由であるに違いないと考えていた。たしかに、素晴らしいモデルであった。しかし、当時のシュワブとマーケットとの関係は、帆船と風のようなものだった。風が強く吹いたので、当社は疾走できた。1990年代後半、風は時速100マイルで吹いていた。一日の平均注文件数がかつてない35万件に達したときでさえ、乾杯のために立ち止まることはなかった。

そのかわりに、デビッドと彼の企画チームは、従業員を5万人に倍増して、毎日100万件の取引を執行できるようにすることを話し合っていた。それは途方もない仕事だった。すでに彼らは、太った身体を収容するためのインフラの構築に懸命に取り組んでいた。オフィスの賃貸、椅子や机、コンピュータの購入をはじめとする、考えうるあらゆる方法での収容能力の増強だった。

いまにして思えば、明らかな行き過ぎは、当社の不動産の所有管理に生じていた。米国の証券ビジネスには、季節要因がある。毎年1月から4月の確定申告期日まではとても忙しくなり、当社の稼働力は切迫した。1990年代後半にビジネスが急成長していた頃、この問題は特に深刻になっており、1999年にデビッドが私のところにやって来て、「この問題が二度と起こらないようにしたい」と訴えてきた。それとともに、彼は前代未聞の拡大に乗り出していた。2000年5月8日、私は当社の新たなオフィスの開所式を主催するためにオースティンに飛んでいた。この時ビジネスパークをぐるっと案内してもらったことは決して忘れられないだろう。案内の担当者は、シュワブが占拠することになった建物群をすべてみせようとした。なかにはまだ建設現場でしかない建物もあったが、いずれの建物についてもすでに長期の賃貸契約を結んでいた。その後、だれかが私に不動産業界誌の表紙に載っているシュワブの従業員の写真をみせてくれた。その従業員はたくさんの賃貸契約を締結してくれた人として、不動産ブローカーから表彰されていたのだ。「何てことだ」と思ったのを覚えている。当社は自ら、何という大惨事を引き起こしてしまったのだろう？　自社の不動産担当者が表紙を飾るなんてロクでもないことに決まっている。完全に手に負えなくなっていた。この先何年にもわたって、熱狂に対する高い代償を払うことになった。これらの賃貸契約をすべて解除するのに、最終的に4億ドルをはるかに超える費用がかかった。それは、当社が解雇しなければならなかったすべての人たちに支払った退職金とほぼ同じ額だった。

そして、2000年春の終わりに、それは起こった。風がやみ、当社の帆は萎んだ。ほとんど一晩で、すべてが静かになった。突然、当社は1日20万件の注文しか扱っていないことに気づき、さらにそれが15万件、そして10万件に減少するのをみて衝撃を覚えた。1990年代の信じられないほどの強気相場は、始まった時と同じくらい唐突に、そして不可解に終わりつつあった。テクノロジー・バブルがはじけた正確なタイミングは、これまでのマーケットのピークと同様に、後になって初めてわかる。われわれはいまや、ナスダックが2000年3月10日に5048ポイントでピークに達したことを知っている。しかし、当時はだれがそれを知っていただろうか？　当時われわれが知っていたのは、株価評価がひどく狂っているということだけだった。ある種の正常な状態への回帰は、避けられなかった。しかし、始まったときにそれが何であるかを認識するのに時間がかかったのと同じように、われわれは、はるか後になってその株価崩壊が全貌を現すまで、その終着点を認識できなかった。

その間、不確実性が当社の計画に大打撃を与えていた。注文件数が減少し、利益が低下し、自社の株価が下落するなかで、出血を止めるには明らかに不十分な対応しか結果的にはできなかった。15％や

20％の注文件数の低下には対処することができた。これは予算の予測に織り込まれていて、主にボーナスを削減して人員削減はなしで対処するという非常事態計画をもっていた。しかし当社には、注文件数が70％も低下した時の計画はなく、それは当社を生きるか死ぬかを問われる立場に追い込んだ。デビッドと私がそれぞれ50％の減給とし、執行役員が25％減給、それを頂点にした率で組織ピラミッド全体で減給を行った。しかし、それだけでは不十分だった。当社の素晴らしい研修プログラムと教育プログラムもすべて廃止にしなければならなかった。非常につらかったが、不可避だった。そのままのコスト構造では生き残れなかった。

当社は採用を凍結し、給与を削減し、予算を削り、ワークシェアを奨励し、強制的に休暇をとらせた。しかしそれでも十分ではなかった。２００１年3月末に、当社は最初の人員削減を発表した。２０００人以上の人員を削減し、自然減によってさらに人員を削減した。それは会社のありように衝撃を与えたが、そうせざるをえなかった。当時、当社の経営戦略チームが開催したとりわけ陰鬱なミーティングで、参加メンバー全員が自分が直面しなければならない大変なことを認識した時の表情をみながら、私はこういったのを覚えている。「いいか、みんな。われわれはこのために高給をもらっているんだぞ。大変なのはわかっている。おそろしいことになるのはわかっている。しかし、われわれはこのために高給をもらっているんだ」

シュワブはこれまでこのような経験をしたことがなかったので、私はひどい気分になり、解雇しなければならなかったシュワブの従業員のために何かをしたくなった。ヘレンと私は、解雇された従業員が復学して別の職業に就くことを希望する場合の学費を援助するために、1000万ドルの基金をつくった。このプログラムは、サンフランシスコ財団によって公明正大に運営されたため、多くの人たちがこのプログラムを利用して新しいキャリアを歩み始めた。何年もの間、感謝の手紙を受け取ってきた。「このプログラムのおかげで学校に戻ることができて……看護師になりました。……教職に就きました」……さまざまな新しい始まり。なぜこんなことをしたのかって？　そうしたかっただけだと思う。バンク・オブ・アメリカへの売却後、同社の株式を保有し、その価値の下落を目の当たりにしていた当社の従業員の損失を穴埋めすべきではないか、と思ったのと同じように。あるいは、私の父が、人は個人的な責任をとる必要があると信じており、いつも教会で回ってくる寄付金用のバスケットに最初のドル札を入れていたように。それが正しいことだと思っただけだった。

当社は人員削減と経費削減で悪戦苦闘していたが、それには理由がある。閑散な商いだった市場に活気が戻った場合、それなりの対応力を備えておかなければサービスが十分に提供できず、顧客が去っていく、という過去の経験をふまえた理由だった。しかし、今回は違った。だれの責任でこうなったかはわかっていた。私であり、デビッドであり、有効な計画を立てられなかった組織のトップ全員だった。そして、ほかの人たちが、経営陣の仕事の失敗の償いをしなければならなくなるというのは、私にとっては最悪な気分だった。最初に人員削減の対象となった2000名のうち、ほとんどはコールセンターの若い従業員だった。もちろん、会社に残った人たちには、自分たちが働いていた会社を誇りに思ってもらいたかったし、従業員が「この会社は嫌いだ。ここで働くのは恥ずかしい」と思い始めるサバイバー症候群を避けたかった。

また、人員削減の対象となった人たちには、必要になったときには進んでシュワブに戻ってきてほしかった。だから、できるだけ痛みを感じないようにし、思い切った手厚い退職金を支払った。さらに、われわれはいろいろ議論を重ねた。どうやって人員削減の対象者に知らせるのか？　知らせた後、彼らがデスクに戻ることを認めるのか？　彼らのメールを直ちにオフにするのか？　同僚にさよならをいう機会を認めるか？　当社は、人員削減の経験が豊富な企業よりも、それらのことにおそらくもっと多くの汗を流した。とにかく、当社はドッグフードを売っているのではなく、金融サービスを売っていた。当社のビジネスには、意識が高く、共感力をもって顧客に対応してくれる有能な人たちが必要であり、彼らが来るにせよ去るにせよ、寛大さと敬意がふさわしかった。われわれのアプローチは成果があったと思う。われわれは無事に、最初の人員削減を終えた。しかし、それは始まりにすぎなかった。残念なことにわれわれは、従業員に実際よりも早く軌道に戻るだろうと信じさせてしまった。まさか、回復にあんなに長い時間がかかるなんて、私を含めてだれもが驚くことになった。２０００年頃には「悪くなっているが、弱気相場はそれほど長くは続かない」と考えた。平均的な弱気相場は約11カ月続く。「よし、２００１年を迎えた。事態はすぐに好転し始めるだろう」

しかし、新世紀が始まって半年が経過した２００１年半ばになっても、回復はほとんどみられず、削減を続けなければならないことがわかった。私が思い描いていた会社の将来像を実現することは困難になりつつあった。２００１年７月24日、デビッドに重要なメッセージを伝えるときの習慣であったが、私は腰を据えて熟考し、自分の見通しを伝えるために手書きのメモを書いた。「当社を現在の市場環境にもう一度近づける必要があると思う」と私は切り出した。「当社は前進しているが、残念ながら、2回目の決断の時期に達したようだ」。通常、私はデビッドに会社を経営するうえで大きな裁量の余地を与えていた。彼が共同CEOになったとき、いつか彼に私の仕事をすべて任せられる日が来るだろうとおおいに期待した。その時点で私は会長の肩書をもつことになる。だから私は、変革を必要としているこの局面において、デビッドに自分が適切だと思うとおりに行動するための十分な権限が与えられているのは至極当然なことだと思った。ただし、時々、そっと肩を押してあげる必要があるとも感じていた。これもそう感じたときの一つだった。「私ならボブにオーストラリアと日本を閉鎖するよう指示するだろう。そして残りの海外部門をスティーブのグループに任せて、管理職層を削減する……オースティンにあるコールセンターを閉鎖……オーランドも検討する必要があると思う……その他の間接費分野は、さらに10%から14%縮小する必要がある。こうした決断が当社を完全な回復へと導き、残る社員には十分な報酬とボーナスの機会を与えてくれると思っている。話し合おう」と書いた。私はメモに「チャック」と署名し、廊下を通ってデビッドのオフィスに持って行った。

2001年8月30日、2回目のリストラ計画を発表した。その計画は従業員数をさらに約10%削減することを含んでいた。2000人以上の従業員と契約社員を解雇することになり、前回の削減とあわせると、21世紀に入ったときから約25％の削減に至っていた。また、施設を縮小し、一部のテクノロジーから手を引き、年間で2億2500万ドルという多額の費用を計上した。顧客のために多大な貢献と尽力をしてきた素晴らしい人材を削減することは、大変な困難と苦痛を伴うものだった。そうした従業員に配慮と敬意をもって接することが絶対的な優先事項であり、前回の人員削減の対象になった従業員に適用されたのと同じ転職支援プログラム――退職金と福利厚生、授業料、特別ストック・オプションの付与、再雇用特約――を提供した。舞台裏では、オーストラリアと日本の事業から撤退するために動き始めていた。そして、当社は新たな買収のアイデアを棚上げにした。

会社を偉大にするための近道はない。当社は多額のリストラ費用を費やし、それは苦痛に満ちたものだったが、私は前向きに考え、成長を続け、顧客の生活においてより重要な存在になるための新しい方法を見つけなくてはならない、と思っていた。

シュワブのビジネスモデルをその本質にまで煮詰めてみると、人々が十分なサービスを受けられなかったり、必要なものを手に入れるのに必要以上にお金を払わなければならないという妥協を強いられたりしている金融サービスの分野を見出すことにあったといえる。なかには妥協が当たり前になって、簡単には本来あるべき状況にかえられなくなっていることもあった。たとえば、コストの高い投資アドバイスや、少額の隠れた手数料、銀行の営業時間などがそうだった。当社のビジネスは、そうした妥協を破る方法を見つけることに基づいていた。それが、低い取引コスト、24時間電話サービス、各地の支店、ノー・フィーIRA、インターネット取引の秘訣だった。

1987年にバンク・オブ・アメリカの制約から解放されて以来、当社は猛烈なスピードで変化してきた。そしていま、ITバブルの崩壊に直面し、人員や経費などの削減を進める真っただ中で、私が考えていたのはまさに「銀行」だった。バンク・オブ・アメリカでは、消費者の日常生活におけるリテール・バンキングの重要性や、当座預金口座がいかに最も基本的で必須とされるニーズ、つまり人々の日々のファイナンスのニーズを満たしているかを目の当たりにしていた。バンキングは人々の生活の中心であったとともに、消費者が多くの妥協に直面している分野でもあった。チャンスだ！

私は1990年代後半にも、銀行サービスの必要性を強く主張していた。銀行ですって？ほかの経営陣はありえない考えだと思っていたようだ。私がその考えを持ち出すたびに、彼らは猛反対した。彼らの多くは銀行出身者で、銀行に対しては距離を置いていた。その気持ちはよくわかった。従来の銀行業務は、リスクと規制要件を管理するために大規模で高価なシステムを必要としていた。彼らが繰り返したたき込まれていたのは、当座預金口座にはビジネス上のリターンを得る道筋がほとんどない、ということだった。私が伝統的な銀行を求めていたとすれば、それはすべて理解できた。しかし、彼らは、私が考えていた銀行、すなわち魅力的で、生活を楽にし、シュワブでより多くの取引を促す個人投資家のためのオンライン銀行を理解してはいなかった。それは顧客にとってのゲーム・チェンジャーになる可能性があった。当社は、非常に保守的に顧客の資金を管理しながら、彼らが保有している現金残高からいくらかの収入を得ることができるはずだ。そういう銀行をつくれば顧客は来る、と私はいった。

２００１年までに私は「ノー」という言葉をあまりに繰り返し耳にしたので、ついに断固とした態度をとることにして、ＣＦＯであったスティーブ・シャイドに「とにかく銀行をつくれ」といった。そして、要件を検討し、当社にとって役立つビジネスモデルを考え出すためにチームを編成することを主張した。彼の名誉のためにいっておくと、彼は自分自身がリテール・バンキングの経験があることから、その時まで私のアイデアを必ずしも気に入ってはいなかったが、「銀行をやるのであれば、素晴らしいものにしましょう」といってくれたのだった。

われわれは、小さなチームをつくった。リテール顧客向けビジネス部門でファイナンスを担当していたジョー・マルティネット（その後にＣＦＯとなり、直近ではＣＯＯになっている）、会計担当者のデーブ・マーティン、財務からスコット・ローデス。この３名がプロジェクトをまとめあげるリーダーだった。そして、月次で定例会議を開き、詳細を話し合った。既存の銀行を買収して、そこからつくるか？ジョイント・ベンチャーにするか？　それとも新たな銀行を設立するか？　３つのアプローチすべてに賛成意見があったが、私は新たな銀行を設立するというアイデアが気に入った。それは、リスクをもたらす可能性がある既存の顧客基盤やインフラ、ローンが存在しないクリーンな状態から始められることを意味していたからだ。そういうのは要らない。私は新たなスタートを切りたかったのだ。ユニークで、投資家である顧客を念頭に置いて設計されたものを。

何カ月ものミーティングと計画の肉づけの後、ジョーとスコットは２００１年12月にできあがった計画を取締役会に提出し、承認を得て、われわれは申請書をもって規制当局に出向いた。計画には私が望むすべての要素が含まれていた。シンプルで、オンラインでアクセス可能とし、支店をもたない。住宅ローンは迅速かつ簡単。利便性を最大化するために、顧客の投資口座と統合したうえで、無料の小切手処理、(ほぼすべての銀行のATMからの)無料のATM引出し、無料送金サービスを提供する予定であった。不渡小切手や隠された手数料に伴うイカサマもなし。ほかの銀行では、自行に口座を保有していない顧客がATMを利用すると3・00ドルの手数料が請求された(当社は、それを払い戻す——世界規模で無料のATMネットワークを構築する)。また、ほとんどの銀行は、小切手の不渡り1回に対して35ドルを請求し、その結果、相当の額を稼いでいた。顧客はそれをとても嫌っていた。そこで、われわれは最低残高を維持する仕組みを付加することで小切手の不渡りを回避するという素晴らしい機能を設けた。銀行口座の残高が低過ぎる場合は、証券口座から現金を常に補充することで、あらかじめ設定した水準に残高を維持することができるという安全弁だった。証券口座と預金口座を統合しているため、常に最低残高を維持することができ、不渡りを起こすことはなくなる。顧客は月間または年間手数料を支払う必要がなく、預金残高に対して利子を得る。そしてもちろん、最も重要な特徴は、そもそも銀行だということだ。人々がFDIC(連邦預金保険公社)による保険のもとで安心して当座預金と貯蓄預金を置いておける場所だ。銀行だけがそうした水準の安全性を提供できた。それは金融取引に関してすべての顧客が最も重視している要素の一つであり、当社も対応できないままではいられない、と考えてきたことだった。

２００３年４月、当社は規制当局の認可を受け、投資家のニーズに特化して設計された初めての銀行、チャールズ・シュワブ・バンクを設立した。あっという間に軌道に乗り、向こう３年間の予測を大幅に上回ってしまったため、開始６カ月後には、当社は事業計画を修正しなければならなかったほどだ。初年度の平均当座預金残高は３万ドルを超えた。これは、新規の銀行はもちろん、どの銀行にとっても驚くほど高い水準であった。

それから月日が流れて勃発した２００８年の金融危機が、投資家の間に安全資産へのラッシュを引き起こし、株式の注文件数も劇的に低下した。しかし、シュワブ・バンクの金利収益が株式取引の収益喪失を補ったことから、銀行がシュワブの救いとなることが証明された。チャールズ・シュワブ・バンクは今日まで当社のビジネスモデルの最も重要な要素の一つであり、それは将来においても続いていくだろう。

時に自分に強い直観があるならば、ひた押しにする必要がある。駄目出しだけするような輩は無視するだけだ。

こうした困難な時期にわれわれが下したすべての判断が、必ずしもうまくいったわけではない。その場の勢いで、十分な熟慮を伴わない愚かな判断をするのは簡単だ。それは言い訳にもならない、ただの現実だ。当社は経費を節約するためにあらゆる手段を講じていた。２００２年の後半、当社はシュワブの全従業員の401（k）プランにおけるマッチング拠出の廃止を決めた。それは私の判断だったが、いまとなっては大きな間違いだったと思っている。長年非常に寛大だったのは事実だ。過去10年間で5億ドル以上を従業員の退職給付金のマッチングに充ててきた。このマッチング拠出金をなくしたことで、2003年には約5000万ドルを節約できた。しかし、それによって従業員と顧客に間違ったメッセージを送ることになってしまった。当社の401（k）ビジネスの顧客にとっては、われわれがそんなことをしたなど信じがたいことだったのだ。当社の401（k）ビジネスはもともとウォルト・ベッティンガーが経営していた会社が提供していたもので、当社は1995年にその会社を買収していた。買収後もそのまま401（k）ビジネスを率いていたウォルトのところには、当社の一貫性に疑問をもった顧客からの電話が殺到した。四半世紀以上にわたり、私は退職後のために備えることの美徳を世間に吹聴してきた。そんな私が、自分の従業員の主要な退職インセンティブ制度を廃止したのだ。もっと多くの人員削減を避けようとしての判断だったが、別の方法を見つけるべきだった。

多くのむずかしい決断が下され、現在進行中であったところ、われわれは安堵感をもって「オーケー、当社もようやく好調になってきた、市場の状態はすぐに良くなり始めるだろう」と考えていた。そして9月11日が来た。

その日の朝、私は自宅で仕事をしていて、PGAのアドバイザリー・ボードに電話会議を通じて参加していた時、1機目の飛行機が突っ込んだ。小さなプロペラ軽飛行機のようにみえたが……おそろしい事故だと思った。ただ2機目の飛行機が突っ込んだとき、私は世界中の人々とともに、それが事故よりもはるかにひどい出来事だと気づいた。私はまずニューヨークにいる娘のケイティの安否を確認するために電話し、それから会社に向かった。ニューヨークの社員のことを考えていた。当社は世界貿易センターのメインフロアに小さな支店をもっていた。幸いなことにビルが崩壊する前に全員無事に脱出した。しかし、3000マイル離れているサンフランシスコでも、ゴールデン・ゲート・ブリッジやほかのベイエリアへの攻撃の可能性について噂が飛び交っていた。市場は閉鎖され、安全のために、サンフランシスコにある支店をすべて閉鎖して全員を帰宅させた。

翌日には営業を再開したが、もちろん世界は変わっていた。このような状況では、顧客に連絡をとり、彼らが目の前の状況に反応するのではなく、長期的な視野を維持する手助けをすることが重要であると考えている。それは、投資家として必要不可欠なスキルだが、感情が邪魔するので習得するのは非常にむずかしい。私は、すべての顧客に手紙を送って私の考えを共有した。私はこう記した。米国人にとって、われわれの金融システムがショックを吸収し機能し続けているのは誇りに思えることだ。9月11日の事件の悲惨さと、それがウォール・ストリート付近で引き起こした破壊にもかかわらず、ニューヨーク証券取引所は翌週の月曜日に再開し、再開初日の終わりまでに記録的な出来高を記録し、ナスダックもほぼそうなった。これは、金融システムの機能を確保するために、たゆまぬ努力を続けた人たちがいてくれた証である、と。私は、市場が開いた後の市場のボラティリティと下落は不安のあるものではあるが、過去のパターンに沿っていることを顧客に伝えた。国家的あるいは国際的な危機は常に売りを誘発するが、その下落は最終的には、しばしば短期間のうちに元に戻る。その週の市場は非常に活発で変動も大きかったが、シュワブの顧客の買い注文は売り注文を上回った。経済に対する長期的な信頼を示す良い兆候だった。

そうした落ち着いたセンチメントは重要だった。しかし、2001年9月11日以前は、景気回復が直前に迫っていると期待できそうだった。9月11日以降、そのような幻想はだれももっていなかった。このため、長期投資における「長期」が、より意味のあるものとなった。経済が活性化し成長するには、景気刺激策が必要であることは明らかだった。私は政府に景気刺激策を迅速に実行するよう強く働きかけ、10月初めに大統領と議会に公開書簡も送った。当社は、投資家が財務長官に会って直接意見交換できるようなタウンホール・ミーティングも設けたりした。

年末までにダウは7％以上、下落した。2002年には状況はさらに悪化し、ダウ平均は18％以上、下落した。ウォール・ストリートの大手証券会社の投資銀行部門とそのブローカレッジ部門との間に依然として存在する多くの利益相反を浮き彫りにしたスキャンダルが、この下落の一因となった。米国の資本市場は過去2年間、企業の不正行為や不正会計、利益相反を伴うアドバイスなどが明らかになり、大混乱に陥っていた。ウォール・ストリートのリサーチには、100％のバイアスがかかっているとはいわないまでも、ゼロ以上のバイアスがかかっていることは知っていた。2000年から2003年のドットコム・バブル崩壊の後、ウォール・ストリートが一般大衆をよりリスクの高い株に押しやるひどいインセンティブをもっていたことは、だれの目にも明らかになった。世界で最も評判の良い証券会社による株式推奨は、一般投資家に健全な情報を提供することよりも、インベストメント・バンカーと顧客企業のＣＥＯとの関係を円滑にすることを目的としていることが明らかになった。私はこのことに激怒し、一般大衆にサービスを提供する金融サービス会社の最高幹部レベルに対してさらなる情報開示と透明性の向上、説明責任の強化という、今日ではよく耳にするようなシンプルな解決策の提言を公表した。

しばしば、その状況を非難するのではなく、単に好機としてとらえるのが最善の場合がある。当社のアプローチは常に、金融サービスにおける好ましくない状況を見つけたら、それをディスラプションの機会にし、投資家に快適な生活を送ってもらうことだった。当社は、シカゴにあるシカゴ・インベストメント・アナリティクスという会社の話を耳に挟んだ。この会社のシステムは、株式市場全体の銘柄をＡ、Ｂ、Ｃ、Ｄ、Ｆに分類することに基づいていた。ＡとＢはバイ（買い）銘柄、ＤとＦはセル（売り）銘柄。そして、Ｃがホールド（保留）の銘柄であった。彼らのシステムは、企業に関するあらゆるデータ、決算報告書やその他利用可能なすべての公開情報を通じた非常に客観的な方法論に基づき、機械的に同数のセルとバイの銘柄を見出した。

これは当社の顧客にとって実に興味深いサービスで、利益相反のない支援を彼らに提供できる客観的な方法だと思った。そこで、ウォール・ストリートのスキャンダルの真っただ中で、われわれはシカゴ・アナリティクスを買収し、利益相反を抱えるウォール・ストリートの株式推奨方法に異議を唱えるべく、客観的な株式評価システム、シュワブ・エクイティ・レーティング（Schwab Equity Rating）を立ち上げた。

また、当社のウェルス・マネジメント・サービスへの初めての進出となる、シュワブ・プライベート・クライアントを始めた。シュワブ・プライベート・クライアントの投資コンサルタントには、コミッションではなく固定給を支払うことで、投資アドバイスの客観性を高めた。これによってコンサルタントは、自分の報酬ではなく、個々の顧客ニーズ、状況、目的に基づいてアドバイスを行うようになる。

個人投資家は幻滅していた。彼らは将来のために投資する必要があったが、ドットコム・バブルやエンロン、その他の事件を目の当たりにして、伝統的な証券会社がリサーチやアドバイスを提供する際に内在する利益相反に深い懸念を抱いていた。当社には投資銀行部門がなかったため、個人投資家への証券販売で資金調達しようとする法人顧客との関係からしばしば生じる利益相反を抱えていなかった。個人投資家は、個人のニーズに基づいた投資アドバイスを受ける権利をもっている。この利益相反を回避する方法は非常にシンプルで明確だった。個人投資家をビジネスの中心に据え、彼らにとって正しいことをすることだ。

当社は、2002年6月3日のビジネスウィークの表紙を飾った。5月16日に当社のチームが新しいサービスを発表するためにニューヨークでメディアを回った後だった。「シュワブ対ウォール・ストリート：大手がよろめくなか、チャールズ・シュワブは不満を募らせている投資家の心をつかもうとしている」。表紙には、ウォール・ストリートの雄牛を地面にねじ伏せる私の風刺画が載っていた。正直なところ、気に入った！　当社がこれまでやってきたことを、かなりうまくまとめていた。

私はまた、当社の顧客、つまり景気低迷からの脱却を望む平均的な個人投資家の見方を提示するために、ジョージ・W・ブッシュ大統領と一緒にテキサス州ウェイコにあるベイラー大学で開催された経済サミットにも参加した。ジョージ・H・ブッシュ大統領の任期中に大統領経済諮問委員会の議長を務めた親友のマイク・ボスキンと一緒の飛行機でテキサス入りした。マイクは、スタンフォード大学フーバー研究所の首席（premier）経済学教授でもあった。われわれは飛行機のなかで、経済の活性化に必要な景気浮揚策について話し合った。

数百人の人たちが大学の講堂で行われた経済サミットに集まり、何ができるかについて意見を述べた。私の席は、個人的に知っているブッシュ大統領の隣だった。ジョージは、ヘレンの家族であるテキサス州ミッドランド出身のオニール一族とも知り合いだ。何年も前になるが、義理の弟ジョーとその妻のジャンは、自宅の裏庭でジョージをローラ・ブッシュに紹介していた。そう、われわれは友人だった。とはいえ、こうしたプレゼンテーションで大統領のすぐ隣に座ることができたのは光栄だった。私のメッセージの要点は、株式売買におけるキャピタル・ゲイン税率を下げる必要があり、配当課税を減らす必要があるということだった。これらの変更はいずれも、人々に値上りした株式の売却を、また企業に多額の増配を促すだろう。そのお金の多くが消費に回り、経済成長を後押しするのに役立つだろう。私がコメントを終えた後、ブッシュ大統領は私にいった。「かなりいいアイデアだ、チャック」。そして、気づいたときには、ワシントンD.C.でいくつかのグループとその提案を共有するように頼まれていた。その一環で、当社のヴァージニア州アレクサンドリア支店で、大統領と顧客による討論会を開催することになった。参加者の一人は、「私は引退しているが、この提案は本当に収入の増加に役立つだろう」と賛同した。別の一人は、もっと貯蓄したかったが、そのインセンティブになる、と話した。最終的には、私の提案は法案化され、キャピタル・ゲイン課税と配当課税の軽減が可決された。

イラク侵攻後の2003年3月、市場は引き続き下落を続けていた。一日の平均注文件数は一段と減少し、社内で検討していた人員削減もさらに推し進められた。

結局、否応なく私たちは3回目のリストラにおいて経営陣の削減を始めた。それまでの人員削減の結果、当社には兵士の数は不十分である一方、あまりにも多くの将校が残されていた。この人員削減は私がこれまでのビジネス人生で経験しなければならなかった最もつらいことの一つだった。大義へのコミットメントを忘れたつもりはなかったとはいえ、本当に胸が張り裂けそうな局面だった。われわれは皆苦しんだ。私にとって最もつらかったことの一つは、当社が、常に雇用と解雇を繰り返しているウォール・ストリートの冷酷至極な証券会社となんら変わらないのではないか、ということを認めざるをえなかったことだ。シュワブには、冷酷で横暴な経費削減の鬼はいなかった。当社は成長中毒者の集まりだった。変化や柔軟性、そして次代の革新を求める人たちの集まりだ。当社は、自分たちが背負って立っていることを誇りに思っている。しかし、あの頃はわが身を恥じた。従業員たちは、どこで働いているのかを口に出すのをためらっていた。話をしている相手が元シュワビー（訳注：シュワブで勤務経験のある人のこと）で、自分が人員削減を勝ち抜いた幸運な一人であることに対して憤慨しているかもしれなかったからだ。

ＣＦＯのクリス・ドッズは、その真っただ中にいた。サンフランシスコ湾を隔てたピードモントの故郷で、５、６人が彼の肩をたたき「クリス・ドッズじゃないか？」と声をかけてくるのだった。彼らがなぜそう尋ねてくるのか、彼にはわかっていた。「私は第2ラウンドでクビになった」「本当に厳しかったんだ。本当に仕事が見つからなかったんだ」と彼らはいったかもしれない。われわれ全員にとって非常にきつかった。われわれは、素晴らしい会社をつくるのを手伝ってくれた多くの善き人たちに別れを告げなければならなかった。「あなた方が不要になったわけではない」と彼らに伝えた。「ただ、これ以上あなた方と一緒にいる余裕がないのだ」。少しの慰めにもならなかったに違いない。会社のすべての階層において、給与の約30％を削減し、従業員数をほぼ半減させた。私は二度と同じことを繰り返したくなかった。

デビッドは1998年1月から共同ＣＥＯを務めていたが、２００３年1月に私が取締役会を説得して、彼が単独で会社を率いる機会を与えた。正直なところ、私は彼を失うのが怖かった。人事部から、彼が転職を考えており、彼の後を追うヘッドハンターがいるという話を聞いていた。私は、デビッドにはキャリアの次のステップをほかの会社で歩んでほしくなかった。デビッドが共同ＣＥＯになって以来、われわれは一緒に、目まぐるしい日々を過ごしてきた。取締役会の承認を得て、２００３年の年次株主総会で彼をＣＥＯに昇格させた。このタイミングは奇妙に思えるかもしれない。われわれは深い縮小フェーズに入っており、まだレイオフは終わっておらず、長い間待ち望まれていた景気回復がいつ始まるのかもまだわからなかった。しかし、総じていえば、私はすでにデビッドに、彼がやりたいように会社を運営できるよう、多くの裁量を与えていた。私のほうも、この2カ月の大半を娘のケイティの世話に費やしていた。ニューヨークの友人のアパートで起きた大火事にケイティが巻き込まれたからだった。ケイティは助かったがしばらくの間は不安定だった。火事は２００２年3月に起こった。彼女は5週間入院していた。私はずっとニューヨークにいて、時々会社の状況を確認したが、それ以外はケイティにかかりきりだった。私がようやくサンフランシスコに戻ったとき、デビッドに権限を譲るのに適切な時期だと思えた。実のところ、仕事の引継ぎは時間をかけて慎重に進められていた。デビッドこそ会社を将来に向けて前進させられる人物だと信じていた。彼は、必要なすべてを備えており、私のように、当社が築いてきたものと、われわれが業界のなかで際立つようになったやり方を深く信じていた。

デビッドのシュワブにおける20年間のキャリアを振り返ってみると、その才能と実績に目を奪われるほどだった。デビッドは非常に有能な幹部だった。彼は、経営陣のだれにもまねのできない精神と熱意をもって、会社のために多大な貢献をしてきた。当社のブランディング戦略や当社を主要な広告ネットワークに載せることについて、中心的な役割を担った。そして、オンライン取引と大規模な支店網を組み合わせるという全体戦略については、情熱的に信奉し、何よりもその推進のために献身的に働いた。多数にのぼる支店（ピーク時には、当社は約４００店舗をもっていた）の開設や運営の費用は目を見張るものだったが、それが、当社がインターネット専業の競合他社の最大手に比べて数倍もの顧客預り資産を有していた主たる理由であることもわかっている。

デビッドはまた、意思疎通の達人であった。リーダーにとってとても重要な能力だ。しかし、私は何年にもわたって、ある時点では最高のリーダーであっても、別の時点では必ずしもそうではない、ということを学んでいた。当社が急速に成長していた環境では、そういった成長に特有の課題があり、デビッドは当社が猛烈に前進していた1980年代後半から1990年代の間に全社を導くにあたっては非常に強い力を発揮した。その後突然、投資環境全体が鈍化するという新たな現実に直面した。手数料の引下げ圧力がかかり、当社の成長にはブレーキがかかってしまった。どの道をたどって成長すべきか、どの経費を削減できるのか、あらゆる方法を検討しなくてはならなくなった。それは、経営にとっては従来とはまったく異なる課題であり、異なるアプローチが必要であった。そんなふうにモードを切り替えるのは簡単なことではない。

新しい手数料体系が2003年に導入された。それは、当社がいかに顧客から乖離していたか、を示す象徴的な事例だった。フィデリティが、新たに低いコミッション体系を発表したばかりで、当社はそれに応えなければならなかった。残念なことに、当社が思いついたのは多層的な手数料体系であった。非常に複雑で、当社の従業員でさえちゃんと理解することができなかった。長く複雑な手数料体系は、資産規模が最も少ない顧客、つまり25万ドル未満の口座をもつ顧客に最も不利に働いた。当社が彼らとのビジネスを望んでいない、と伝えているようにみえてしまった。

繰り返しになるが、当社はこれまで一度も最安値のディスカウント・ブローカーになったことはなく、常に顧客に最大の価値を提供するよう努めてきた。投資家が当社に大きな価値があると思わなくなったとき、私は、当社のアイデンティティが失われたと感じた（当社は、2004年後半から2005年にかけてアイデンティティを積極的に再構築しようとした。要すれば、全部で8回の値下げを行ったのだ）。

手数料水準が問題になっていることは、管理職の活躍に対して個人表彰を行うチェアマンズ・クラブの年次会合ではっきりと感じられた。2003年の会合はジャマイカで開かれたが、あまりお祝いの場という感じではなかった。当時の社内には暗い雰囲気が立ち込めていた。ある日の午前、経営陣が企画会議を開いた。そこで若手幹部のジョン・クレンデニングが、当社の手数料水準がどれだけ他社から乖離してしまっているか、についてプレゼンテーションを行った。私は信じられなかったが、目を逸らすことができない事実だった。成功を続けるためには、大幅な値下げをしなければならないということに気づいた。当社の状況を率直に分析してくれたジョンには、いつも感謝している。

当社は重視すべきものを見失っていた。他社に比較して高い手数料は多大な収益をもたらしていたが、その収益によって社内の非効率性が覆い隠されてしまっており、さらに、より強い未来を築くようなかたちで成長を促すものにはなっていなかった。つまるところ、ほとんど手遅れになるまで、真の構造改革の必要性をうやむやにしてしまっていた。

その後ずっと私は「多くの人員削減を防ぐために、そして会社全体の大幅な縮小を避けるために、もっと早くにできたことはあっただろうか?」と自問してきた。たしかに、私はこれまでの節目、節目で危惧を感じてきた。たとえば、オフィス・スペースをやたらと追加していた時などだ。

何度もいうように、私は成長に大賛成だ。しかし、同時に私には、支出を嫌う起業家としての生来の傾向と、過剰な固定費に対する慎重さがある。

私は、自分たちが分不相応なことをしようとしているのではないかと心配していた。当社の国際展開は、各国規制への対応の複雑さに常に悩まされてきた。それは毎回、新しい事業に参入するようなものだった。単純に当社のビジネスモデルを複製するというわけにはいかなかった。進出先の各国における金融サービスに係る法令と銀行保護の仕組みが原因で、当社のビジネスモデルを移植すればすむ、というものではなかった。それぞれの国で銀行を設立したくはなかった。

また、投資銀行分野やリサーチ分野への拡大は、表面的には事業の分散化という考え方に適した動きに思われたが、個人投資家にサービスを提供するという当社の原点からわれわれを引き離すものだった。私は時々デビッドとこうした自分の不安を分かち合ったが、配慮もしなければならなかった。私は決して彼の権威を傷つけたくなかった。彼に否定的なことをいうときは、自室でドアを閉めたまま伝えた。

そして、彼は自分が最善と思うことを実行した。それが正しい姿だった。私はデビッドにもっと大きな役割を演じてもらいたかった。共同CEOというものは、デビッドがCEOになるための過渡期にすぎなかった。デビッドは多くの点で素晴らしい仕事をしてきた。当社が急成長した期間、彼のリーダーシップで拡大し、繁栄し、ドットコム・バブルに向かっていった。そして不運にも、新しい現実に直面することになった……それはいままでとはまったく別の獣であった。

第4編

第2幕

4

ビジネスの一生はサイクルをたどる。新しいアイデアから会社は成長し、ビジネスが成熟して新しい競争相手が参入するにつれて成長は衰え始める。新しいアイデアで衰退と戦い、サイクルが再び始まる。時に、新しい方法で再び成長できるように、組織を縮小しなくてはならない場合もある。その場合、コストを削減することが不可欠だ。特に、競争力を維持するために価格を下げる必要がある場合は、持続可能なレベルまでビジネスのコストも下げなければならない。

しかし、お手あげ状態になってそれに取り組めないか、やりたくないと思っている多くの経営者をビジネスの現場ではみかける。コストの削減はとてもつらく、人受けも悪い。彼らには必要なことを実行するためのビジョンと決意がない。結局、自ら会社を売却せざるをえなくなったり、だれかがやってきて会社を取り上げられたりすることになる。

私の考えでは、そのような状況になってからでは、軌道に戻すのに十分な速さや積極性も発揮できない。環境の大きな変化に直面したとき、多くの経営陣が失敗するのはこの点だと思う。変化の必要性を認識しておらず、迅速に対応しない。彼らは自分たちが築き上げたものや仕組んできた戦略に固執し過ぎており、変化がもたらす結果を心配し過ぎる。

業績回復には非常に厳しく鋭い目が必要であり、それを成し遂げるための手段がまだあるうちに、成し遂げなければならない。長く待てばそれだけむずかしくなり、変化の衝撃を受け止める余地がなくなってしまう。もがくことになるか、さらに悪い場合には、大胆に行動することをいとわない新しい経営者が現れ、突然ドアの外に放り出されることになる。

実際、人生の多くの事柄にもサイクルがあると信じている。仕事から人間関係に至るまで、困難や挫折に直面したときに頭を砂のなかに突っ込むことは、選択肢にはならない。課題に向き合って、前進するしかないのだ。

第24章

非常にむずかしい決断

いろいろな意味で、2004年は2つの会社の物語だった。年初は、人員削減を経て顧客へ新しいサービスを提供するなど前向きの見込みがあったが、その後、投資環境が悪化し、手数料競争が激化し、過去数年におけるコスト削減やイノベーション開発といった努力では不十分だということが明らかになってきた。財務面はしっかりしており、問題はなかった。しかし将来を考えてみると、成長にもがいていることは明らかであった。シュワブは常に成長企業であった。成長しているからこそ、顧客の投資体験を向上させる新しい商品やサービスの提供を、ひいては、顧客のための再投資が可能となる。また、成長しているからこそ、顧客が家族や友人に当社を推奨し、さらなる成長が促される。しかしこの時期は、「顧客」に迷惑をかけてしまっている「当社」の問題解決に取り組んでいた。手数料水準には競争力がなく、逆に顧客からはもらわなくてもいい類いの手数料がじわりと計上されていた。当時、支店網を率いていたウォルト・ベッティンガーは、これらを隠された手数料と呼んだが、前述したように、顧客が支払わなくてすむようにしたかったし、そのために一生懸命に取り組んだ。当社は顧客が抱える問題を解決することに尽力していた。現状を何とか変えたかった。

企業は成長する意欲をもっている。これは私が投資を愛する理由でもある。

企業の株式を所有することで、その利益の分け前が手に入る。

優れた企業は成長し、またさらなる成長のために賢明な方法で再投資する。当社はとてつもない成長の期間を経験してきた。1970年代には、自力で投資する投資家向けに低価格の独自サービスを提供したことが追い風となって急成長し、規模を拡大するために再投資した。1980年代には、普通の米国人が自力で投資をすべきであり、またそれが可能でもあることを認識するようになり、当社のようなサービスに対する高い需要が生じて、その恩恵を受けた。普通の米国人が、投資をするのにウォール・ストリートの証券会社に頼る必要がないことに気づいた時だ。

当社は依然として、証券業界の大部分とは明らかに大きく異なっており、急速に拡大するコミッション収入から大きな利益を得ることができた。1990年代を通じてその成長から得た利益を再投資し、ドットコム・バブルに乗って驚異的なスピードで成長し、インターネットのような新技術を利用して、投資家がより多くのことを自力でできるようにし、より高度な利便性を提供した。ただし、振り返ってみると、そうした利益を使って挑むべき一つの機会を無駄にしていたことは明らかだった。当時、もっと大胆な手数料を設定していれば競合他社を淘汰することができたはずだったが、それをしていなかったことが後々悩みの種になったのだった。２００４年には、当社はあまりにも進むべき方向性から乖離していたので、私は軌道に戻そうと注意していた。それまで以上の取組みと大胆な行動が必要であった。

デビッドは、ＣＥＯに就任して１年たった２００４年春、付随事業のいくつかを手放す計画を立てていた。彼は会社の停滞にひどく失望していたが、われわれ皆がそうだった。その年は前述したような前向きの見込みとともに始まり、１月は当社の一日平均注文件数が21万５０００件と、ここ数年ではみられなかった数字を記録した。多分、最悪の事態は終わったのかもしれない、と期待した。しかしその後、注文件数は急落した。キャッシュフローは引き続き好調だったが、２００４年の第２四半期の税引き前利益率は16・３％に低下し、１９９０年代後半に見慣れた水準を３割も下回った。それには、熾烈な大統領選挙から生じた悪影響や、持続的な景気回復に賭けようとする人々の意欲を削ぐようなイラク戦争の影響など、多くの要因が絡んでいた。業界全体が苦しんでいたが、当社は特にそうだった。

デビッドはその危機の重みを肩に感じていた。彼は、機関投資家向けリサーチの新しい子会社であるサウンドビュー・キャピタル・マーケッツが期待どおりになっていないことを懸念していた。これは彼にとって、結構な打撃だった。ほんの数カ月前にデビッドの主導のもとで、サウンドビューの買収のために3億ドルを超える巨額の支払をしたばかりだった。当社は当初、機関投資家向けに中立的なリサーチを提供するシュワブの子会社として、サウンドビューの役割におおいに期待していた。しかし、いまやまったく良いものにみえなくなっていた。従業員の人件費などによる運営コストは膨大で、それをまかなえるような戦略的な恩恵は当社のビジネスモデルでは考えられなかった。180度の方向転換が選択肢として浮かび上がっていた。

2004年の半ば、デビッドはとてもイライラしながら私のところにやってきた。彼は会社の進むべき方向について混乱していた。そして何と彼は、「シュワブの売却を検討すべきだと思う」と言い出したのだ。ショックだった。これを転機に、会社をより良い未来に導くデビッドの能力への私の評価はすっかり変わった。それは、その後の展開に大きな影響を及ぼす瞬間だった。会社を売るなど考えたこともなかった。私にとって絶対にありえないことだった。一度バンク・オブ・アメリカに出資を仰いだことがあったが、決して繰り返すまいと決めていた。当社の価値は他社の傘下では実現できそうになかった。売却すれば、この価値観とカルチャーは破壊されてしまうだろう。独立を守り続けることは絶対に必要なことだった。

トラブルの兆候はほかにもあった。従業員への最近の調査では、特に幹部たちの士気が低いことが示されていた。リーダーシップを発揮する階層がかくも不満を抱え、将来を心配していることほど悪い兆候はない。社員が斜に構えるようになっているなんて、どんな組織にとっても好ましくない状況だった。私をはじめとする取締役会のメンバーは、幹部の辞任が相次いでいたことに不安を抱き、経営陣に何か機能不全の兆候のようなものを感じるようになっていた。なかでも最悪だったのは（トラブルがいかに深刻だったかを示す兆候でもあるが）顧客満足度の調査結果が目も当てられなかったことだった。顧客は常に当社のビジネスの中心に据えられていた。顧客の不満は最悪中の最悪の兆候だった。

これほどになった危機は長い時間をかけて構築されたものだが、その過程で危機に対処するための大きな試みがなされなかったわけではなかった。２０００年のドットコム・バブルの崩壊は、証券業界の好景気に突然終止符を打ち、シュワブは大きく落ち込むことになった。当社はそれまで急速に成長し、そして一方では、さらなる成長のために一生懸命に計画を練り、その計画に沿って人員と不動産に巨額の投資をしていたので、新しい現実に目を向けるのに2年近くかかった。２００３年までに、三度にわたる苦痛に満ちた人員削減の後、結局事態がすぐには好転しそうにないこと、また、健全な状態に戻すためには事業を大幅に縮小すること以外に策はないことを認めざるをえなかった。

顧客第一主義に基づいて構築されてきた企業として、シュワブを将来に向けて立て直すには、アイデンティティ、会社としての目的意識、ミッションを再発見するしかなかった。

それはすなわち、さまざまな削減を我慢して進めなければならないということだった。つまり、クリス・ドッズがその後何年にもわたり何度も繰り返し指摘していたように、複雑性を極力排除することを意味した。事態を好転させるつもりなら、問題の核心を突かなければならなかった。顧客とのつながりを失ったという厳しい現実を直視しなければならなかった。前進するためには、われわれを強くしてくれた原点に立ち返る必要があった。顧客へのフォーカスを強化することしかない。

2004年7月19日月曜日の朝、チャールズ・シュワブの取締役会は、社外取締役だけで行うエグゼクティブ・セッションにおいて、下そうとしていた決定の最終的な詳細を詰めていた。

当社のCEOで私が後継者として選んだデビッド・ポトラックは自分のオフィスに座り、エグゼクティブ・セッションが終わるのを待っていた。彼は取締役会に対して経営陣による戦略的な青写真を提示する予定であり、取締役会からの呼び出しを待っていた。後になって私は、デビッドが何が起こるかを察知していたという話をほかの人から聞いている。彼は、会社が苦戦していて、それが彼の指揮下で起きているということをしっかりと認識していた。取締役会における最初の議題としてのエグゼクティブ・セッションが長引くのは、良いことであるはずがない。

私は議論される内容については事前に把握しており、議論が始まった直後に参加した。取締役会のメンバーの多くは、いまの状況に満足していなかった。その少し前に当たる7月16日の金曜日、私はモンタナ州でゴルフ・トーナメントに参加していたところ、長年役員を務めるナンシー・ベクトールから、取締役会が私に話をする必要があるとの緊急の電話を受けた。取締役会は月曜日の早い時間にサンフランシスコで開催される予定だったので、私はその前日の日曜日にサンフランシスコの私の自宅で会うことを提案した。私はモンタナ州から飛んで帰り、日曜日の午後4時30分頃に取締役たちと会った。幸い、ほとんどの取締役が来ることができた。

私は、ナンシーがデビッドのリーダーシップに対する不満についての議論を先導したことを、とても評価している。こうした議論を先導するには明確な考えと強固な意思が必要だ。サウンドビューの買収とその後の売却に鑑みると、一部の取締役の目にはデイブが当社を発展させていくには適任者ではないことがはっきりと映っていた。前述したとおり、当社はサウンドビューを買収して数カ月以内に売却した。売却自体は悪い選択ではなかったが、コロコロと方向転換したことと先見性が欠如していたことは良くなかった。当社が、買収対象を吟味し、それがシュワブにどのような機能をもたらすかについて評価を行うことが、いかに下手なのかを示してしまっていた。私からすれば、この案件は、見境なく暴れ回っているようなものにみえた。事態は急迫していた。

その日曜日の午後、われわれは一人ひとり順番に全員が話す機会をもった。会合の最後には、デビッドがCEOとして会社の経営にあたるのを終わりにする必要があるという合意に至った。取締役会のメンバーは私のほうを向いて、私がCEOに戻るかどうか尋ねた。もちろん、この会社は私にとってすべてであると話した。社外のだれかに放り投げる気はなかったし、社内にはまだ候補者がいなかった。私はもう2年間やりましょうといった。当時の私の年齢になってまでCEOを務める意思はもともともっていなかったが、状況が変わってしまった。

月曜日の朝、取締役会は社外取締役だけで行うエグゼクティブ・セッションを終了し、デビッドを辞任させて私がCEOに就くという前日の夕方の合意を再確認したうえで、まず私に対して会議に参加するよう要請した。そして、筆頭社外取締役であるフランク・ヘリンジャーとともに私は、自分のオフィスに歩いて行った。フランクがそこで座って待っている間、私はさらに廊下を歩いてデビッドのオフィスへ行き、話があると告げた。

私、デビッド、フランクの3人が私のオフィスにあるテーブルに座り、私はデビッドに、取締役会がデビッドに辞任してほしいという決定をしたことを伝えた。デビッドは感情をこみあげさせながら「いや、辞任というわけにはいかない。デビッドはクビになった、と真実を語る必要がある」といった。私は彼に、自分の評判のためには辞任の道を選ぶほうがいいだろう、と助言した。しかし彼は断った。デビッドは、現実に正面から向き合い、クビになったということについて率直かつオープンでありたい、とはっきりと望んでいた。ごまかしはしたくない。デビッドは取締役会が彼をクビにしたことを広報を通じて明らかにしたがっていた。それは、この種の物事のやり方として一般的ではなかったし、世間の耳目を集めかねないやり方ではあったが、われわれは受け入れた。デビッドは見栄を張らずに会社を去りたかったのだ。

翌日の当社の発表には、デビッドのコメントも掲載された。「30年近くにわたり、シュワブはひたすら顧客と株主のことだけ考えてきた。その30年間のうち20年間、私はシュワブのチームの一員として、チャックをはじめ投資の世界で最も有能で献身的な人々とともに働く機会を与えられたことを光栄に思う。しかし、ここ数年、証券市場は厳しい状況が続いており、取締役会が私を退かせるべき時期が来たと判断し、それを私は受け入れる。素晴らしい道のりだった」

デビッドはその後のインタビューで、不本意ながらもコストを削減し、事業を縮小するという途方もない仕事をするにあたって、もっとタフになる必要があったと感じていたことを認めていた。「もう一度やるとしたら、もっとタフになれるだろう」と彼はいった。組織を構築することから解体することにギアを切り替えるのがむずかしいことは間違いない。しかし、それが前に進む唯一の道であることもある。

そうした経緯で、2004年7月19日の朝、67歳になろうとしている私が、30年ほど前に自身が設立した会社のトップに戻ることになった。人生のこの時期に想定していたポジションではなかったが、受け入れる準備はできていた。私は会長として十分忙しく、そのまま続けていくことに満足していた。しかし、自分が一からつくった会社がもがいているのをみて、傍観できる人はいないだろう。少なくとも私にはできなかった。会社は私の子どもであり、立て直すためにできる限りのことをしたかった。これ以上に重要なことはあるだろうか?

私の考えでは、当社はいまでも、設立時から続く重要な存在意義をもっている。普通の米国人が貯蓄と投資を通じて、子どもと自分自身の教育や、長期的な幸せといった将来に向けての資産形成をすることの手助けである。結局のところ、われわれの社会において良い生活水準を維持するためには、貯蓄と投資で培った資産に依拠して生活しなければならない。

社会保障は、せいぜい最低限の生活水準だけを保証している。それ以上のことを望むなら、投資家にならなければならない。

外から来た人はそのようにはみないだろう。会社の買収者であれば、会社のビジョンや価値観、目標を変えようとするだろう。価格を上げたり、サービスを減らしたり、手数料を追加したりすることで、顧客からより多くの収益を得ようとするだろう。私はそれを考えると、我慢ができなかった。

デビッドが去り、私がCEOとしての職務の引き継ぎをしていた最初の数週間は慌ただしく、何が何だかよくわからなかった。7月19日、フランクと私がデビッドに話をした後、取締役会室に戻った瞬間、私は感じた。決断を下すことの責任は自分が一身に負っている、と。CEOという立場はほかとはまったく異なるものであり、私は直ちにそれを感じた。

トランスアメリカ・コーポレーションの元会長で、長年の友人、かつシュワブの取締役会のメンバーであるフランク・ヘリンジャーは、私の復帰について非常に率直で正直な意見をもっていた。後日フォーチュン誌のインタビューで、フランクは、CEOへの復帰で求められる変化を私が引き受けようとするかどうか、疑問に思っていたことを認めていた。彼はその先に待ち受けるものを理解していた。「チャックは本当に準備ができているのか、おおいに疑問を感じていた」と彼は語った。

デビッドは7月19日の取締役会で、当社の再生プロセスの経過を説明する戦略アップデートのプレゼンをする予定だった。エグゼクティブ・セッションが終わり、デビッドを突然欠くという土壇場で、CFOのクリス・ドッズが進み出てそのプレゼンテーションを行った。クリスと彼のチームは戦略を進めるうえで不可欠な存在で、いくつかの大がかりな変革を強力に推し進めていた。彼は、着実に拡大する株式市場と預り資産に足並みをそろえた収益成長という一定の環境を想定して構築されたビジネスモデルが、人々があまり取引をしなくなったうえにインターネットでの競争がコミッションを押し下げている現在の環境において、いかに間違っているかを、一点一点強調しながらわれわれに解説した。彼は、その状況を変えるためには劇的な措置をとる必要があることも説明した。大きな課題が待ち受けていることは明らかだった。クリスが説明を終えた後、元行政管理予算局長で、レーガン政権では国務長官と労働長官、財務長官を務め、ベクテル・グループのプレジデント兼取締役であったジョージ・シュルツがいった。「私がいままで聞いたなかで最高のプレゼンの一つだ」

厳しいロードマップであることは確かだった。しかし明確なものだった。われわれは、特に２つの重要な分野において取り組むべきことが数多くあることがわかった。

１つ目は、クリスがプレゼンで説明したように、デビッドのもとで開始された、組織のあらゆるところにおける合理化と簡素化を完遂すること。そして２つ目は、私がはるかに重要だと感じたことでもあるが、シュワブの創業とその後の成長を形成してきた強い使命感と精神を取り戻すことだ。

そのため、当社は顧客との関係を再び構築する必要があった。つまり、成長するために、手数料を引き下げ、短期的には収益源を削減しなければならなかった。これは、どのようなビジネスにとっても非常にむずかしい決断だ。見切り発車か、真の確信に基づくかのどちらかである。後者のほうが良い。取引がコモディティ化しつつあり、手数料が下がるだろうということをわれわれは知っていた。インターネットはすべてを変えた。インターネット・バブルのピーク時には、取引注文からの収益は全体の40％以上を占めていた。そういう時代は急速に終わろうとしていたが、私としては、それでよかった。顧客との関係から生まれる価値、ひいては収益は、アドバイスや投資信託、投資資産からの収入確保の提案、銀行業務など、ほかの商品やサービスを通じてもたらされるだろう。当社は成長するために進化しなければならなかった。

再建のために必要とされ、しばしば痛みを伴う大がかりな措置を断行できるのは、創業者をおいてほかにいない場合もあると確信している。少なくとも、企業文化と存在意義を維持したまま再建したいという場合には。従業員は、ほかのトップとは違うかたちで創業者を信頼する。従業員は、創業者が会社設立時の価値観を中心に据えて行動していることを知っており、共有されたビジョンを追求する時には、創業者による困難な決断を支援し、苦境に耐えることさえできる。そして、信頼の要素がある。創業者がこの苦境から抜け出す方法を知っているはずだという信頼。アップルでも、ナイキでも、デルでも、スターバックスでも同様のことが起こったのはご存じのとおりだ。どの会社も、重要な局面で創業者が戻ってきて、変革を推し進めることで苦境を乗り越えた。シュワブでも同じだ。完全なる顧客目線という創業理念が、依然として会社を支え、前進させる原動力であることを理解する必要があった。そして、その理念を従業員が支持してくれるだろうということを私は知っていた。

　だからといって、従業員がショックを受けなかったわけではない。特にデビッドの直属だった経営陣は士気が下がっていた。役職員に前を向いてもらうためには、できる限りのことをしなければならないと思っていた。その夜、ヘレンと私は、経営陣や取締役会メンバーを伴って、コッカリというレストランで食事をした。未来に目を向けるときが来た。

第25章

やるしかない

ＣＥＯに復帰して2日目、私は、2年間にわたる再建プロセスを困難だが実現可能なものと楽観視しており、カーニー・ストリート120番地の30階にあるオフィスで、ＣＦＯのクリス・ドッズと当社が置かれている状況を精査していた。

その後の数カ月間にわたって多くの経営幹部が重要な役割を果たしたが、それ以上に、私には再建プロセスのなかで、日々、おおいに頼りにしていく比較的少人数で構成されたチームがあった。チームの一人は法律顧問チーフのキャリー・ドワイアー。当社は大胆な行動に出ようとしていたので、シュワブについて、そして証券法・証券規制について非常に深い知識をもった者を私の側に置いておきたかった。

もう一人はジャン・ハイア・キングで、人事部門の責任者だった。私は人事が得意ではない。ご存じのとおり人事は私がビジネススクールで惨めにも落第した科目である。しかし、われわれは組織を隅から隅まで見直そうとしており、彼女の役割は重要だった。ジャンは私たちと何年も一緒に仕事をしていて、彼女自身、社内のさまざまな分野でリーダーシップを発揮してきた。それは簡単な仕事ではなかった。ある時、彼女が多くの人員整理にかかわらなければならなかったために「首切り王のジャン（ジャン・ファイア・キング）」と呼ばれているのを耳にしたことがある。多大なストレスを感じていたに違いない。

3人目はクリス・ドッズだった。クリスは、バンク・オブ・アメリカから株式を買い戻して公開した頃から会社にいた。頭が良くて、理路整然としていて、ビジネスの内も外も理解している嘘偽りのない男だ。クリスは物事をやり遂げることができ、私と同じようにシュワブの価値感を大事にしていた。

クリスと私は腰を落ち着けて、やらなければならない途方もない仕事を確認した。困難であるのは明らかだが実現可能であり、以前からむずかしい決断をしてきたように今回もできる、と私はいった。あと一度だけ、この会社を立て直して救うチャンスが残っている。それができないとしたらわれわれにもう出番はない。さらにもう一度チャンスをもらう資格はない。クリスはいった。「チャック、まったくおっしゃるとおりです。われわれがやらなくてはならないのはとにかく実行するということです。やるしかありません」

その週には、すでに進行中の戦略策定プロセスの一環として、コンサルティング会社のベインと2日間のミーティングが予定されていた。そして、ベインを採用することに決めた。ベインは当社を点検し、組織を統合・削減する方法を提言するために雇われた。この2日間のセッションは重要なキックオフとなった。彼らを雇って、隅から隅まで会社全体のコスト構造をみてもらったが、彼らは素晴らしい仕事をしてくれた。私は当時の組織を点検し、いくつか直ちに指摘したい点があった。まず、顧客中心にすること、物事を簡素化すること、そして分権化すること。また、従業員が会社の損益に関して自身の責任範囲をもってほしかったし、個々の能力に応じた評価をしたかった。そして、すべてをうまく機能させるために、私は特に収益の創出に集中したかった。それこそが、いま陥っている苦境から、当社を引っ張り出してくれるものだ。私は大きな変革のための舞台を整えつつあり、従業員にはそのことを知ってもらいたかった。私の印象では、従業員はこの時点で精神的に疲れているようだった。2000年からすでに三度の大きなリストラを経験しており、「まだ終わってないのか？」と従業員は思っていた。精査してみると、「まだ終わっていない」という答えがかなりはっきりしていた。それどころか、「否、終わりに近づいてもいない」だった。目立って問題を抱え、軌道から外れてしまった事例の一つはパーソナル・チョイス（Personal Choice）と呼ばれるサービスだった。パーソナル・チョイスでは、顧客のさまざまなニーズに対応して設計されたさまざまなタイプの口座が用意されていた。これは、ケーブルテレビ会社がいろいろなチャンネルの組合せを異なる価格で提供するようなものであった。めちゃくちゃだと思った。顧客にとっては複雑過ぎたし、説明や理解が難解過ぎたし、値段も高過ぎた。

クリス・ドッズが率いるチームは、スティーブ・エリスとマニー・メセダがベイン・グループからの手強い要請をさばきながら、当初開催されたベイン・グループとのミーティングに基づいて、プロジェクトの推進体制を築いていった。分析作業のために5つから6つの作業グループが設定された。それぞれのグループには、グループを率いるベインの社員とシュワブ幹部が参加しており、シュワブの業務ラインごとに、どのようにビジネスを行ってきたか、それにどれだけコストがかかり、どれだけ効率的だったか、ということを確認した。ベインのアプローチについてなるほど！と思ったことの一つは、単純なコンサルタントの視点だけでなく、各作業グループにおいて当社の幹部を責任者に置いたことだ。彼らは、ビジネスを本当に知っている人を求めていた。そうして、われわれは協力して客観的に考えることで、分析作業の終わりには、私がＣＥＯとして復帰したときの経費の約15％に当たる６億５０００万ドル以上を18カ月間で削減する計画を策定した。

　計画は明確だったので、後は実行するだけだった。当社は次の３つのことに合意していた。まず、手数料体系を手直ししなければならなかった。当時の手数料体系は市場で競争力を失っており、また手数料の種類も多過ぎた。それはシュワブの本来の姿ではなかったし、目指していたものでもなかった。だから手数料を下げ、簡素化しようとした。当社はもはや単なる「ディスカウント・ブローカー」ではなかったが、間違いなく顧客に提供するバリューにこだわっており、手数料水準は重要だった。私にとって当たり前のことだ。第二に、説明責任と効率性の向上のため、コストを削減し、顧客にバリューや適切な投資収益を提供しないサービスをなくすことによって、組織の改革と合理化をすることだ。それにより、当社の利益や資本利益率が改善するだろう。そして第三に、顧客と再び接点をもつことだ。手数料設定が問題の大部分を占めていたが、ほかにも間違っているところがないか見つけ出して修正する必要があった。

当社は驚くほどに官僚主義的になり、必要とするリターンを生まない、もっと言えば生み出せないビジネスを増やしてしまっていた。とにかくあまりに複雑になっていた。当時のシュワブの姿をじっくりとみると、何度も人員削減や事業縮小が行われたにもかかわらず、社用ジェット2機、肥大化した経営陣、驕れる官僚主義など、何よりもかつてのバンク・オブ・アメリカが思い起こされた。1980年代初頭、シュワブは無駄のない収益マシーンであり、バンク・オブ・アメリカは滅びゆく大型の恐竜だった。いまや、シュワブも当時のバンク・オブ・アメリカのような恐竜にみえた。依然として厳しい事業環境と、私が即座に行ったコミッションとフィーの引下げを埋め合わせる必要性を考えると、事業コストの削減が鍵だった。まず私が行ったのは、経営陣を再編することだった。それにより、個人投資家向けブローカレッジ・サービス、投資信託、銀行、IFAといった主要な収益部門の業績を本当の意味で測定できるようにした。各事業部門のトップには、それぞれの担当領域での価格設定、顧客サービス、マーケティングについて、はるかに大きな責任をもたせた。私は事業部門の責任者を特定し、説明責任を求められるようにしたかったのだ。クリスは「やらなくてはならないこと」に「だれがやるのか?」という一行を追加した。各責任者は、収益の増加と費用の削減という2つの基本的な任務を担った。私はビジネスにおける最も重要な要素に皆を集中させたいと思い、そのために、日々顧客と接する従業員により多くの責任を与えることにしたのだ。

これは企業文化の大きな転換だった。意思決定の権限を新たに設けるのは初めてのことだった。説明責任がある場合には、決定権限ももつことになった。IFAビジネスの責任者、USトラストの責任者、リテール部門の責任者……彼らは、収益の拡大と利益率に責任をもつことから、その事業における意思決定権ももつことになった。後方支援体制を提供するミドル・オフィスについてはそうしたかって？　文字どおりの組織に変わってもらった。これは大きな変化だった。後方支援を行うグループは組織の肥大化が進み、フロントとは無関係な目標や課題などにも取り組むようになっていた。それは変える必要があった。顧客と直接向き合うフロントが不要とする、あるいは費用を負担できないとする仕事は、もはや存在しないようにした。後方支援グループの仕事はあくまでフロントの仕事を支援することであり、できる限り効率的な工場のように運営が行われるようになった。

かくして、私は組織をフラットにしたわけだ。経営陣が多過ぎて、ややこしい肩書がたくさんあった。私は何人ものEVP（Executive Vice President）を解雇したが、それぞれが指揮系統を通じて少なくとも500人以上は配下に従えていた。それは、全体的な合理化の一環だった。解雇した全員が当社の幹部ともいえる人たちであり、貢献度は高かった。しかし、改革は組織上部から始めなければならないことはわかっていた。組織下部から始めてしまうと、何も生み出せない。トップから始める。それが物事を変えるということだ。

それから、2つの重要な評議会を社内に設置した。キャッシュ評議会とマーケティング評議会だ。当時、キャッシュとマーケティングは私が握っていた最も重要なツールだった。キャッシュは、当社にとって重要な収入源となっていた。顧客がシュワブに預けているキャッシュを、信用度がとても高い短期資産に投資することで、わずかなスプレッドを得ることができた。私は、当社のなかでキャッシュにかかわっている全員と、月例でミーティングをしていた。当社の財務状況ではキャッシュの存在が非常に重要なので、シュワブ・バンクがあって本当に良かったと思っている。マーケティングも同じで、私はすべてのフロント部門のトップを一つの部屋に集め、顧客や見込み客に何を伝えるかについて、全員が共通の考えをもつようにした。それまでは、マーケティングが最も苦労したものだった。言い争いがあり、決定に時間がかかり、縄張り争いもあった。それでも私は、マーケティングが会社のイメージを一新し、顧客を引き付ける鍵であると認識していた。当時のマーケティングの結果に満足しておらず、決定を合理化する必要があると感じていた。マーケティング評議会はそのための場所になった。一つの会議室に、参加する必要のあるすべての人を集め、決定を下した。「この会社は何のために存在しているのか？」と私は繰り返し問うた。「もう一度はっきりさせないと！」

どのような大規模な変革においても、最も重要なことは、従業員、顧客、株主、そしてすべての人に対して、経営者がプロセスをしっかりと制御しているという点について、不安を抱かせないことだ。冷静さを保ち、自己制御ができて、自分の目指すところについてきわめて明確にしておかなければならない。私がシュワブを立ち上げたときにコミュニケーションが中心的な役割を果たしていたように、いまのシュワブを立て直すにもコミュニケーションが中心的な役割を果たさなければならないことはわかっていた。われわれの苦境はだれもが知るところとなっていた。ドットコム・バブルの絶頂期の2000年、フォーブス誌の「年間最優秀企業」に選ばれ、2000年、2001年、2002年にはフォーチュン誌の「最も称賛されるべき企業」のリストにおいて証券業界でトップに位置づけられるとともに、フォーチュン誌の2001年度「最も働きたい職場」では5位にランクインしていた。しかし、2004年の半ばには、ブランドと評判が低下しており、これらのリストから脱落してしまっていた。私は顧客、IFA、従業員、記者と話をし、チャールズ・シュワブのすべてのステークホルダーを安心させるために最善を尽くす必要があった。このような大がかりな変革を進めることによる一時的な動揺はあるけれども、問題なくやっていける、と。私は虚勢を張っているわけではなかった。状況を好転させることができるとわかっていたのだ。

コミュニケーションの仕事は、デビッドの退任が発表された日から始まった。私は全従業員に宛てたメールで、当社のビジョンを明確に語った。「当社は成長軌道に戻らなくてはなりませんし、創業の礎となった原則を再確認しなくてはなりません。真の投資家にサービスを提供し、金融サービス業界のイノベーションを推進し続けるという原則です。当社はまた、コストを削減するという約束を成し遂げなければなりません。社員一人ひとりが、効率を高め、コストを削減するためには、できることすべてを行なわなくてはなりません。簡単なことではありませんが、当社にとって、そして株主、顧客、最終的にはわれわれ全員にとって、もたらされる利益は莫大なものになるでしょう。私は顧客と市場に対して、他社とは異なる、より優れた価値を提供するためにこの会社を設立したのです」

私は再建作業を始めて3カ月足らずで、世間に向けて宣言できるくらい、今後の計画について十分に把握していた。強い当社が今後もいっそう強くなり、成功するためには何が必要かを正確に理解しているということに、だれからも疑いをもってほしくなかった。こうした再建はまた、経営者の主義主張を広く伝える絶好の機会でもある。人々は注目する。経営者は、自分にとって何が本当に重要なのか、伝えるべきだ。10月5日、当社はニューヨークのメディアのために昼食会を開いた。私はメディアからいささかの信頼を得ていたものの、当時の当社の状況から、懐疑的な見方もおおいにあった。

マンハッタンのダウンタウン中心部にあるホテルの小さな会議室で、私はメディアに当社の計画の詳細を説明し、順調に推移している点を強調し、新しいマーケティングの事例を紹介し、当社の成果の測定に使えるきわめて具体的な指標を提示した。その指標には、顧客満足度の向上、新規口座・預り資産の増加、市場が低迷した場合でも2桁の収益成長率、25％を超える税引前利益率、15％以上の自己資本利益率、従業員1人当り30万ドルの年間収益、顧客資産1ドル当りの収益率0・5％、といったものが含まれていた。懐疑的にみられている時は、明確ではっきりした態度をとる必要がある。これらの目標は高いハードルだったが、明確なメッセージでもあった。やるしかない。しかし、記者は疑っているようだった。あそこにいた記者たちは、あの日説明したとおりに当社が成し遂げたことに気づいているだろうか。今日になっても考えてしまう。

また、顧客にも何が進行中かを伝え、当社が間違いなく安泰であり、顧客のニーズだけを真剣に考えていることを示す必要があった。タウンホールや少人数でのグループ・ミーティング、1対1のミーティングを開催した。8月にはすべての顧客に手紙を送り、当社の財務状況、顧客への献身、顧客の投資ニーズを支援する体制についての不安を取り除こうともした。顧客がどれだけ確信をもってわれわれを信頼しているかを再確認することができて、私は安心した。ほとんどの顧客は、経営陣の交代を認識していなかった。顧客は、顧客サービスのスタッフを通じてのみ当社とかかわりをもっているのであった。シカゴでのある昼食会で、私は2人の顧客の間に座った。1人が私のほうを向いて封筒を渡した。周りが騒がしかったので、彼が何をいったのか聞こえなかった。その時は、たぶん私に読んでほしいと渡された記事か何かだろうと思い、上着のポケットにしまい込んだ。数時間後、次のミーティングに向かう飛行機のなかで封筒を開けたら、43万ドルの小切手が出てきた。彼はただ、私に預り金を渡しただけだったのだ！ これが信頼である。もちろん、到着したらすぐに入金されるようにした！

11月には、年次経営会議を開催し、それまでに達成した成果を確認した。当社は、組織再編を通じて、事業部門のトップに対してより大きな権限と説明責任を与えた。また、事業部門トップの管掌範囲、すなわち直属の人数を拡大し、従業員と事業部門トップの間の階層を削減した。当社は厳しい決断を下し、多くの同僚に別れを告げた。3月の経営委員会のメンバー10名のうち、残ったのは2名のみであり、また「副会長」職を完全に廃止した。管理職の人数は約30％減らした。さらに総人員を11％削減した。8月にはUBSとキャピタル・マーケッツ事業の売却で合意した。売却資金のほとんどは、店舗を閉鎖するのに必要な費用に費やされた。しかし、当社の中核ではないキャピタル・マーケッツ事業から解放されたし、顧客にはUBSを通じて素晴らしい取引執行が確保されることになった。われわれは全国を回り、顧客が語る2つの要望に注意深く耳を傾けた。いっそう低水準な価格といっそう強固な個人的信頼関係だった。

年末には状況はさらに良くなっていた。当社の事業戦略は明確でシンプルになっていた。価格を下げたことで再び競争力が向上し、営業費用が減少し、資本収益率が改善した。預り資産は1700億ドル増加し、その残高合計は1兆ドルを回復した。年間収益は前年比で8%増加し、コスト削減策による効果は年間で3億5000万ドル近くに達した。私や取締役会は、株主に迷惑をかけてきたので、還元策として、配当を43%引き上げ、4億ドル近い自社株買いを行った。

2004年を、会社を立て直して新しい道を切り開くことに力を注いだ、シュワブにとって方向性を決定づける年と位置づけたとしたら、2005年は仕上げの年だった。私は、自分たちのルーツに忠実でありつつも、新しいエキサイティングなものをつくりあげていると感じていた。それには莫大な努力と犠牲、献身が必要とされた。すべての企業は、どこかの時点でこのような困難に直面する。戦略的なミスを犯したか、不況など環境面で変化球を投げつけられたか、新しいテクノロジーが登場して従来のビジネスのやり方が崩壊したか、のいずれかが理由だ。断固とした行動をとらないと、事業環境によってビジネスは簡単に駄目になってしまう。

大胆かつ迅速に行動しなければならない理由はたくさんある。まさにこの点において多くの素晴らしい企業がつまずく。マンネリに陥って消えていったり、変身を遂げようとして失敗したりする。

私はシュワブをそのようにするつもりはなかった。

2004年に出発した道を歩み続けるなかで、当社が何をしようとしているのか、なぜそうしようとしているのか、を人々に思い起こさせることが重要だと感じた。2005年は顧客への公開書簡で幕を開けた。当社の財務状況や、顧客体験の向上に専念する姿勢に疑いの余地を残したくなかった。洗練された広告のほうが良いときもあれば、明確で心のこもった宣言や約束のほうがふさわしいときもある。この時は後者で、私から顧客に向けた個人的な新年の感謝の言葉も添えて、すべての主要新聞に全面広告を掲載した。

その頃には、シュワブ全社においても、再建に係る命題を明確化していた。私はシュワブが何のために存在するのかを3つのシンプルな言葉で明示した。バリュー、パフォーマンス、そしてサービスである。機会があるたびに、それを繰り返した。これらを十分に言い尽くすことも、大ざっぱにいうこともできないことはわかっていた。もはやスローガンになっていた。私は全従業員に、これらのスローガンと、日々実施するように要請していた変化がどのように関連しているのかについて、詳細に説明したホワイトペーパーを配布した。バリューとは、払われた手数料を超える見返りを顧客に提供することだ。パフォーマンスとは、顧客がより良い投資家となり、顧客の目標達成を支援すること。アドバイスや素晴らしいツール、投資への容易なアクセスを通じて、だ。そして、サービスとは、顧客のことだけに専念するエキスパートやプロフェッショナルになることだ。私は、支店を訪問して顧客と話をしながら、記者に会いながら、顧客サービスセンターを訪問しながら、このスローガンを広めた。

当社はまた、実行中の計画とその進捗を世にアピールするために注目を集められる機会を探した。広告や日刊新聞の記事、テレビのインタビューなども良かったが、大手のビジネス誌の特集記事が当社の主張を示すのに最も有用だと思った。だから、フォーチュン誌のベッツィー・モリスが、シュワブの変化について話し合うために会ってくれないかと尋ねてきたとき、私は同意した。それに反対する人もいた。「まだ早過ぎる」「再建が終わるまで待ったほうがいい」「マイナス面だけが注目されてしまう」。断る理由はいくらでもあった。しかし、良いストーリーにはある程度の緊張感が必要だということはわかっていたし、すでに十分な進捗を生み出していたのでこのような機会を活かすべきだ、と感じた。振り返ってみると、この記事は思っていた以上にデビッドの離脱に焦点を当てていた。ドラマチックな話にするためだったと思う。しかし、その根底にある、われわれがシュワブを立て直しているというテーマは明示されていた。

引き続き手数料水準の調整が必要だったので、小口の投資家向けの口座維持手数料を引き下げ、それに続けて新たな取引コミッションを35％減の12・95ドルとした。この引下げは、平均的な投資家、つまり預り資産が5万ドル程度の顧客に主眼を置いていた。特に大口の取引先や非常に取引が活発な顧客に対しては、もっと低い手数料体系を提供しつつ、市場の中核を占める顧客層でビジネスを勝ち取るために、当社は積極的な戦闘態勢に入っていた。私は記者発表で「当社は、個人投資家にとって最高のバリューをつくるために妥協しない、と主張してきた」と、これで手数料の引下げを終えるつもりはないことを競合他社に伝えた。手数料水準がずっと下がり続けてきたことに鑑みると、あのフレーズは先見性のあるものであり、今日に至るまで何年にもわたり大きな意味合いをもつことになった。そして9月15日、私がどうにも取り除きたくて仕方なかった手数料を廃止した。口座維持手数料や他の証券会社への注文取次手数料など、もらわなくてもいい類いの手数料だった。私はほっとした。

その数年の間、一見すると小さな一歩を数多く積み重ねていった。しかし、まだ解決すべきことがたくさんあった。当社は、少しずつ水温を上げてゆでられていることに気づかないカエルのようなものだった。過去5年間で積み上げられてきた組織内の複雑さと混乱があまりにも大きくなり、それらを元に戻すための変革が続いた。シュワブでの顧客体験を向上させるために、われわれにはまだやるべきことがたくさんあった。そして次に来るのは、未来に向けて当社を前進させる、これまでで最大の動きだ。当社は、取引中心のサービス・モデルから、顧客との個人的な信頼関係に焦点を当てたサービス・モデルへと転換する必要があった。

第26章

すべて実行する

２０００年代に入る頃には、それまでの米国の歴史上かつてないほど多くの人々が株式や投資信託を保有していた。実際にその数は米国人の半数以上にのぼり、その割合は所得の高い世帯ほど高かった。こうした世帯にとって投資の重要性は大きく、単なる余資の運用というだけではなかった。将来の住宅購入や子どもの教育、そして何よりも退職後に備えるための投資だった。２００６年にはベビーブーマーの最初の世代が60歳になり、２００７年以降も長い期間にわたって、毎年４００万人以上が60歳になることが見込まれていた。これらの新たに退職を迎える世代は、私の世代よりもはるかに経済的に脆弱だった。だいたいの人には年金がなかった。彼らは社会保障制度を当てにできるとも思っていなかった。医療費はますます高騰していた。これらすべての要素が人々に、自分のことは自分でめんどうをみて、経済的に余裕のある老後を迎えられるようにするための準備をするよう、かつてないほどの圧力をかけていた。

それは大きな負担だ。率直にいって、ほとんどの人が自分だけでは対応しきれない。投資は複雑で、金融教育は甚だ不十分だ。シュワブに関していえば、投資に精通した投資家に対し、意思決定をするのに必要なツールの提供に徹するという、整然としたビジネスをしていれば十分という時代もあった。しかし、私がシュワブを成長させ続けたいと思っていた以上、それだけでは不十分になっていた。いまだに多くの人に不適切な商品が高過ぎる手数料で売られていると感じていた。株式や債券、海外証券といった多様な資産クラスにまたがる分散投資も十分に行われていなかった。多くの人は資産の分散とは何かを理解していなかったのかもしれない。彼らはまた、受けたサービスにいくら払っているのかを簡単に知る方法もなかった。

投資を成功させるのは容易ではない、ということが肝心な点だ。投資には、投資家の感情や自尊心、エゴが作用するからだ。

投資は簡単な作業ではなく、成功させるには手助けが必要なことが多い。私は、いまこそシュワブをその手助けを提供する存在にしたいと考えていた。

当社の変革の種はすでに植えられていた。デビッドは会社を去る前月の2004年6月下旬、ウォルト・ベッティンガーに支店網と顧客サービス・センターの責任者になるよう頼んでいた。当時、ウォルトはシュワブにおいてベテラン格になっていたが、私と同じように起業家でもあり、20代の頃にはリタイアメント事業を営むハンプトン・カンパニーという会社を設立していた。1995年、私たちはリタイアメント事業に進出するためにハンプトンを買収したが、ウォルトは買収された後もシュワブにとどまり、リタイアメント事業を運営することを約束してくれた。そして2004年の危機のさなか、彼はシュワブのリテール支店戦略を見直す任務を与えられたのだった。顧客のシュワブ離れや、優秀な従業員による転職で、支店戦略は苦境に立たされていたためである。

ウォルトの最初の取組みは非常にシンプルで、私には良い兆しに思えた。しかも、彼は素早く取りかかった。これまた良い兆しである。彼は直近シュワブと取引しなくなった重要顧客50人と、支店従業員50人のリストを入手し、電話インタビューを実施した。また、出張して100以上の支店を訪問し、管理職のメンバーと会った。そして、飛行機で都市から都市へと移動する間、わかったこと、すべきだと思ったことを書き留めてメモにしていた。

デビッドが去ってから1週間後にウォルトがつくった計画をみたとき、私はそのなかに明確な道筋を見出していた。その計画は、リテール分野における顧客とのかかわり方を見直すというものだった。フォーカスを当てたのは顧客とのリレーション、それも可能であれば地域密着型のものだ。顧客満足をすべての中核に据えて、従業員のチャレンジ精神を喚起するという新しい考え方だった。ウォルトが示した根拠によって、インターネットによる自動化とセルフサービスに向かう業界のトレンドとは関係なく、顧客とのリレーションが顧客満足度で最も重要な要素であることがはっきりした。当社は、その点に関する能力を向上させる必要があった。当社は常に、成長するためにマーケティングを活用してきたが、優れたマーケティングの効果を増幅させるには、顧客とのリレーションを強化する必要がある、と彼はいった。

なるほど!と思った瞬間だった。シュワブが顧客にとってどのような存在であるべきか、についてもう一度大きな変革が必要だという考えが私のなかで明確になった。私は、それこそわれわれがやるべきことだと思ったので、ウォルトに、やってくれ、すべて実行してくれ、と伝えた。

われわれは、自分で投資判断を行う投資家が、コミッション主体の証券会社に左右されることなく、安価に取引をするのを手助けするために、シュワブを創業した。自分で投資判断できる投資に精通した投資家は、おそらく市場の5%程度を占めていた。残りの95%の投資家はさまざまなレベルの支援を必要としており、そこにファイナンシャル・コンサルタントの活躍する余地があった。私はウォール・ストリートとはまったく違う方法でやりたかった。シュワブのファイナンシャル・コンサルタントはコミッションを稼がず、固定給制だった。彼らは顧客数と顧客の預り資産に基づいてボーナスを得た。コミッション収入とは何の関係もなかった。リテール支店戦略を抜本的につくりかえる仕事を引き受けていたウォルトのチームが、その年の残りを費やして計画を練り上げて細部を調整する一方、われわれは完全な間違いだったパーソナル・チョイスを廃止することに取り組んでいた。当社は、手数料が嫌で自力で取引するためにシュワブをみにきた顧客を取り込み、別の手数料を課すサービスに引き入れてしまっていた。取引全般に関する手数料水準を引き下げているもとで、パーソナル・チョイスは廃止しなければならない間違いだった。取引全般に関する手数料水準の引下げとパーソナル・チョイスの廃止は、ウォルトが顧客と従業員へのインタビューから持ち帰った二大テーマだった。手数料水準が高過ぎたことと、パーソナル・チョイスでの大失敗が顧客だけでなく従業員をもシュワブから遠ざけてしまっていた。彼のチームはまた、支店における従業員の報酬体系とインセンティブが、顧客との良好なリレーション構築につながっていないことや、優れた顧客サービスの提供が会社に評価されなくなったとコールセンターの従業員が感じていることを耳にしていた。彼のチームはそのような状況を変え、「サービスの尊さ」と彼らが呼んでいた考え方を、再び会社の中心に据えようとしていた。

ウォルトは、膨大な任務を抱えていた。サービス・モデルを再考する。シュワブのセールスのカルチャーがどのようなものであるべきか考え直す。従業員の役割を再定義する。複雑な報酬体系を変える。支店網や支店自体の規模を最適化する。顧客とのリレーションを深めるための変革を実行に移す。そして、これらの取組みには予算が割り当てられなかったので、ウォルトは総コストを増加させずにこれらを実行する必要があった。

私はウォルトを一つひとつの取組みのたびに励まし、その戦略への支持を表明した。彼はたくさんの人と一緒に取組みを進める必要があった。当時、彼はリテールの全組織を統括していたわけではなかった。しかし、ウォルトの取組みは大がかりなものであったので、われわれが足並みをそろえて取りかかっていることを皆に理解してもらい、そして、私が後ろ盾になっていることをウォルトに認識してもらう必要があった。その年の後半、私がウォルトにリテール組織全体の運営という大きな役割を任せたことによって、当社がこの取組みを途中でやめることはない、という非常に強力なメッセージが発信された。これは正しい方向だった。途中で多少調整が必要になったが、これが当社の向かうべき方向だった。

私はウォルトが起業家的な経歴をもっていると述べた。それは重要なことだろうか？　素晴らしい経営者はそれぞれ異なる経歴をもっている。しかし、ゼロから会社を築き上げてきた経験は、切迫感とオーナーシップの感覚を与えてくれると思う。創業オーナーは、販売、小切手の振出し、封筒詰めなど、何から何まで自分でやらなければならず、そうした経験をしたことがない人たちには見出しにくい感覚だ。ウォルトはシュワブでの大半の期間を、シュワブ本体とは別建てにされたリタイアメント事業の運営に携わってきた。場所もオハイオで、シュワブのサンフランシスコ本社ではなかった。そのため彼は、外部の視点をもつという利点も持ち合わせていた。彼は過去の重荷を気にせずに決断を下せた。もし彼が採用や解雇についての厳しい判断をしなければならないとしても、個人的な関係ではなく、本人の能力に基づいてその判断を下すことができた。以前、あるミーティングでウォルトは、リストラに伴い、解雇する可能性のある勤続期間の長い管理職のリストを作成しているといい、そのリストをみたいか、と私に尋ねてきたことがあった。私がリストに載った者と個人的なつながりをもっていたかもしれないと考えると、妥当な質問だ。しかし、正しいことをするのであれば、私との関係でゆがめてしまわないようにするべきなので、私はウォルトに、しなければならないこと、正しいと信じていることをすべきだ、と答えた。結果として、当社は、何の落ち度もない非常に才能のある人たちを数多く手放さなければならなかった。とにかく人が多過ぎただけだ。そして、私はウォルトの外部からの見方を尊重した。それはより公正な選択をするのに役立ったと思う。

リテール部門のセールスおよびサービス組織を、顧客とのリレーションを重視する体制に移行する際、最初に実施したことは、25万ドル以上の資産をもつ顧客の一人ひとりに、経験豊富なファイナンシャル・コンサルタントを割り当てることだった。ファイナンシャル・コンサルタントは、顧客の口座をチェックして、たとえば「テクノロジー業種に資産の90％を配分されていますが、本当にそのままでよろしいのでしょうか？」あるいは、「キャッシュが何もせずに寝たままになっていますが、運用する意向はありませんか？　短期債券ファンドはいかがでしょうか？　それとも、より高利回りのCD（譲渡性預金）ではいかがでしょうか？」といったことを電話で尋ねる。コンサルタントは、１人当り３００人以下の顧客しか担当しないようにした。コンサルタントは顧客が取引してもコミッションを得ることはなく、特定の株式や投資信託に投資させるインセンティブをまったくもたなかった。それでも、コンサルタントのインセンティブは組み入れた。顧客が満足していれば（顧客がより多くの利益を獲得して、シュワブの口座を維持していれば)、シュワブが顧客資産から得る収益の一部を受け取るというかたちで、コンサルタントも恩恵を受けられるようにした。そうすることで、すべての人の利害が一致した。そして、ファイナンシャル・コンサルタントのサービスは、顧客とシュワブとの間に築かれているリレーションシップ全体の一つの側面にしかすぎないことを顧客に理解してもらえるように、当社はファイナンシャル・コンサルタントによる対応には慎重を期した。営業担当者が顧客を「自分のものにする」従来型の証券会社をつくろうとは考えていなかった。ファイナンシャル・コンサルタントを顧客にとってさまざまなサービス資源をもつシュワブへの入り口として位置づけるという新しいやり方だった。当社はまず、いくつかの支店でこの新しい取組みをテストしたが、希望する顧客だけに提供した。希望しない顧客もたくさんいたが、それはそれでかまわなかった。結果は素晴らしかった。顧客満足度がすぐに上昇したのだ。

一方で、このレベルのサービスをすべての顧客に提供することはまだできていなかった。長期的には、すべての顧客とこのようなリレーションシップを構築することを計画していた。すでに始めているファイナンシャル・コンサルタントの取組みの成功をふまえ、個々の顧客にあわせたサービスを提供するというものだ。1対1のやりとりや専任チームでの対応に、個々の顧客にあわせたオンラインや電話での対応を組み合わせて提供する。ウォルトのチームは、シュワブの物理的なプレゼンスをコスト効率的に拡大する計画を策定した。また、顧客が電話を利用して、より少ない待ち時間で、迅速な対応を受けられるようにするためのプロセスの改善にも重点を置いていた。シュワブはすでに証券のトランザクション・スペシャリストの範疇を超えていたが、それをさらに推し進めようとしていた。

取組みは順調に進み、私はウォルトがより大きな役割を担う準備ができていると判断した。すなわち、ウォルトが最重要の役職であるCEOを務められる能力があると考えた。私は2004年にCEOに就任し、2年間務めると取締役会に約束していたが、もう少し続くだろうということはわかっていた。とはいえ、私の頭のなかや、おそらく取締役会の頭のなかにも、後継者の問題が浮かんでいた。ジャン・ハイア・キングはいつも後継者の話題を取り上げていて、そのことについて私は彼女に素っ気なかったかもしれない。「ジャン、まだ棺桶に入る準備ができてないんだよ!」と怒っていったこともある。

ある時、ジャンが人材コンサルタントを雇うことを提案してきたので、私は、後任のCEOはシュワブ内部の者でなければならない、ということをはっきりさせた。「必要なら人材コンサルタントを雇ってもよいが、私は社内からの候補者を抜擢したい。社内の人間が望ましい」と私はいった。

われわれがシュワブでつくりあげたカルチャーと価値観は特別なものであり、それを一から理解するには時間がかかる。また、CEOになる者がそのカルチャーや価値観を受け入れている、と私が確信をもつに至るまでにも時間がかかる。外部の人間にとって、当社のカルチャーと価値観をすぐに理解し、受け入れるのはむずかしいことだろう。

第27章 Talk to Chuck（チャックに相談しよう）

「シュワブは何のために存在しているのか!? われわれはそれをきわめて明確にする必要がある」

私はこの言葉を2004年の終わりまで何度も繰り返しており、この時はシュワブのチーフ・マーケティング・オフィサーに就任したベッキー・セーガーにいっていた。「準備は万端だ。効率も高い。いまこそ大胆に攻める時だ」。ベッキーとそのチームは、手がかりを得るため、2005年1月頃に広告代理店を探し出してきた。そしてその年の初め、われわれはマーケティング・チームとカーニー・ストリート120番地にある会議室に集まり、コンペを勝ち抜いた広告代理店のユーロRSCGによるキャンペーンの提案を受けた。

「Talk to Chuck（チャックに相談しよう）。このフレーズですべてが伝わります。電話、オンライン、来店のどのチャネルであっても、チャックと同じ志をもつ従業員が応対するということを、顧客に約束するのです」

部屋は静まりかえり、私は、皆が私の返答を待っていることを理解した。彼らは山ほどの思考と努力を注ぎ込んでこのアイデアを生み出しており、そしてリスクが伴っていることも認識していた。彼らは、私の名前をとてもカジュアルに使うことを提案していた。「チャールズ」ではなく「チャック」。そして彼らは、「Talk to Chuck」における「チャック」が、私だけでなく、シュワブの従業員全員を意味しているということを、顧客がわかってくれるだろうと考えていた。

ブランドの親近感を高めるとともに、当社が顧客とのリレーションを築こうとしていることを示すうえで、このキャンペーンは大きな前進になると私は思った。シュワブは、単に取引をしたり、投資信託を購入したりするのに最適な場所というだけではなく、投資を考えるのに手助けが得られる場所であり、率直でごまかしのないアプローチを提供する場所だ。またシュワブは、個性が感じられる場所であり、一貫したアプローチを提供してくれる場所であり、業界他社とは異なる場所でもあるのだ。

彼らは私の要求を真剣に受け止め、当社を現状から大きく前進させようとしていた。私は再び、私の名前を広告に使うことの是非を問われていた。彼らも、無理な頼み事ではないかと心配していた。1976年のある日、リチャード・クルーザーとディー・ホワイトが、日次取引記録ファイルの束に腕を乗せている私の写真をみせてきて、その若かりし私の笑顔の写真でビジネスを盛り上げようと提案してきたのを思い出した。私は今回も友人たちが「チャックは何か自己陶酔的なことをしているんじゃないか？」と思うだろうかと考えた。正直なところ、このように重要なビジネスを表現するのに「チャック」というカジュアルな表現を使うことには驚いたし、少し居心地が悪かった。チャックは家族や友人が使う呼び名であって、会社としては前面に出していなかった。

「チャールズに相談しよう、では駄目なのか？」と、私は考えていたことを口に出して聞いた。とはいえ、私はその質問をする前から答えがわかっていた。ユーロ・チームの一人が、「チャックでなければ駄目なんです」と答えた。それから彼はさらに文章を何行か読み上げた。

「いい株式の情報が欲しいんだって？　そんなの聞くんじゃない。Talk to Chuck（チャックに相談しよう）」

「市場が回復するのを待っているんだって？　市場はあなたを待ってはくれない。Talk to Chuck（チャックに相談しよう）」

彼が次々に読み上げる間、皆の目が私に注がれた。一つひとつのフレーズが、投資の世界でいわれている決まり文句を考え直し、違った観点を求めてシュワブに来てもらえるようにけしかけるものだった。この広告がどれだけうまく機能するかは明らかだった。シュワブのチームの一人は、この広告のフレーズがまるで友人からの頼み事のように、親近感の湧くものに感じられるといった。「Talk to Chuck」は、私が思うシュワブの理想的な姿と一致していた。自分で考えられる投資家にとって魅力的で、ウォール・ストリートの堅苦しいスタイルとは一線を画した姿だ。同時に、これは当社にとって大きな前進だった。なぜなら、シュワブが顧客の金融に関する決断を手助けするために存在しているということを、初めて明確に打ち出したものだったからだ。正直にいえば、当社はまだ、顧客からそのような存在とは思われていなかった。私がシュワブを創業して以来、シュワブは大きく進化してきたが、それでも人々はシュワブのことを、安価に取引を行う場所だと考えていたのだ。

私は、このキャンペーンによって、他社と差別化を図ることができるだろうと思った。お金に関しては現状に甘んじるな、は今後も通用する普遍的な考え方だ。

「ベッキー、この広告でシュワブをもう一つ上のステージに進めてくれないか？」

彼女は笑顔で「はい」と話した。

「よし、やってみろ」と私はいった。

数カ月後、チラシでのキャンペーンと同時に進められていたテレビCMのアイデアを確認するため、われわれがユーロ・チームも含めて再度集まったとき、もう一度驚くことになった。シュワブのチームですし詰め状態になったベッキーのオフィスで、ユーロ・チームは、テレビCMで人の意識を変えるのがいかにむずかしいかについて、ひねりを加えて説明した。

チームの一人は、「テレビCMの環境はノイズやガラクタだらけで、人はすぐにチャンネルを変えてしまいます」と話した。それは特にシュワブが直面していた課題だった。ある調査結果によると、人々は証券会社同士の違いがわからないということであった。証券業界はとても同質性が高かった。当時、シュワブのブランドは「差別化」の指標、つまり、人々がシュワブを他社から抜きん出た存在として認識している割合の低下に苦しんでいた。この低下の原因は主に、2000年から2004年にかけて他社が価格競争を主導したことによるものだった。当社は改定したばかりの低い手数料水準でその構図を変えようとしていたが、それでも差別化を図るにはさらなる手当が必要だった。

「どうやってノイズやガラクタを打破して、視聴者の注意を引くようなCMをつくるのですか？ どうやったら彼らに真剣に聞いてもらえるのでしょうか？」とシュワブの一人が質問すると、ユーロ・チームは自分たちがやりたいことの例として、当時のある映画の一部分を流した。われわれは、その薄気味悪いともいえる60秒のアニメーションが流れるのを、催眠術にかかったように黙ってみつめた。それは実在の人物のアニメ化映像だった。ロトスコーピングと呼ばれる手法で、コンピュータに実際の映像を取り込み、それをアニメに変換した映像だ。控えめにいっても人目を引くし、CMで流れるすべての言葉に対して視聴者の注意を向けさせる映像だった。シュワブのリテール・ビジネスのリーダーの一人が、皆が考えているのと同じことを口にした。「これは外し過ぎています。みている人の興味を逆に失わせたり、当社が伝えようとしていることの重要性を阻害したりするリスクはありませんか？」

たしかにリスクだった。しかし、私はこのCM手法が効果を発揮するとわかっていた。視聴者がこのCMに注目せず、シュワブに関心を向けることもない、なんてだれもいえなかった。当社はリスクをとる必要があったし、前進する必要があった。私は待っていられなかった。

「これは素晴らしい。やろう」と私はいった。

その後の数カ月間で、このテレビCMがあらゆるガラクタを通り抜けて、視聴者に当社のメッセージや個性、投資に対する見解を伝えるのに有効な手段であることが証明された。広告が不気味で、いかさまっぽく、投資の品位を損なうものだという批判もあった。しかし、現実の商売ではうまくいっていた。新規顧客数は急速に増加し始め、ブランドの評価も向上した。

およそ1年後、私がペブル・ビーチ・プロアマトーナメントに出場した際にゴルフ・コースを歩いていると、ギャラリーのだれかが、「おい、チャック！　チャックに相談したいことがあるんだよ（I want to Talk to Chuck）－！」と叫んだ。当社は注目を集めていた。最高だった。

第28章 宝石

２００６年の終わりまでに、われわれの努力の成果は表れてきた。財務を強化し、社内の官僚主義を排除し、緩慢な意思決定の大部分をなくし、効率性が向上していることをアピールできるようになっていた。また、新しいマーケティング・キャンペーンも順調に進んでいた。ようやく過去を清算することができた。利益は増加し、顧客の預り資産も増え、顧客満足度スコアは上昇していた。ブランド力も向上し、新規顧客数は２００５年比で20％増加し、シュワブの株価も上がっていた。８月までに、株価はわれわれが変革を始めた２００４年７月20日の始値から倍増した。当社は立ち直り、再び競争力を取り戻していた。

シュワブの変革が完了したといえるようになる前に、最後の仕上げをする必要があった。２００６年11月20日、シュワブは、超富裕層向けウェルス・マネジメント業務を担う子会社であるＵＳトラストを、バンク・オブ・アメリカに33億ドルで売却することに合意したことを発表したのだ。

その6年前にUSトラストの買収を発表したときから、シュワブとUSトラストは「奇妙なカップル」と呼ばれていた。シュワブはもともとディスカウント・ブローカーだった。西海岸発のテクノロジーを活用したイノベーターであり、普通の米国人が利用できる低コストの投資を広く普及させた会社だった。一方、USトラストは、米国で最初の信託会社で、非常に複雑な個人の資産管理や、世代間の資産承継業務を取り扱っていた。同社はマーシャル・フィールドとエラスタス・コーニングら非常に裕福なニューヨークのビジネスマンたちによって、まさに彼らのような超富裕層をターゲットとして設立された、150年の歴史をもつプライベート・バンクであった。当社が買収した時点でUSトラストは、預り資産上位の5000口座について1口座当り5000万ドル以上の資産がある、と豪語していた。そのような預りの大きい家族の多くは、何世代にもわたってUSトラストに口座を保有していた。USトラストとシュワブは、まるで真っ白な高級手袋と軍手のように、まったく異なる存在のように思われた。ウォール・ストリート・ジャーナル紙のランディ・スミスは、「シュワブによるUSトラストの買収は、世紀の結婚と呼ばれたAOLとタイム・ワーナーの合併のミニバージョンだ」と記事にしている。

私はそのような反応を喜ばしく思った。買収は注目を集め、シュワブとシュワブの目指すものについて大きく発表することができた。両社がまったく異なる存在だったことで、シュワブとUSトラストは結婚できたし、その違いは両社にとってとても重要なことだった。USトラストの経営陣は、成長するためには他社との提携関係を築く必要があることを認識していたが、ほかのプライベート・バンクに吸収されることは望んでいなかった。彼らの目標は、ウェルス・マネジメントにおいて米国における最も有力なブランドになることだった。経営の自由を維持できることは、USトラストにとって非常に重要だった。彼らは、シュワブの傘下に入ることが理想的な対応策であると考えていた。なぜなら、彼らの専門分野である富裕層向けのウェルス・マネジメントにおいては独立性を維持する一方、シュワブのテクノロジーとマーケティングに関する専門知識を活用できるからであった。そして、当時はドットコム・ブームのピークだったので、USトラストもある程度の「近代化」を必要としていたのだ。

シュワブはといえば、ウェルス・マネジメント分野の拡大を進め、ディスカウント・ブローカーからの脱却を図っていた。その必要性は切迫していた。当時、シュワブで多くの資産を蓄積した顧客が、その後に必要なサービスを受けられず、シュワブを離れていってしまう流れがあり、それを食い止める必要があった。USトラストは新たな専門性と能力をもたらし、シュワブのウェルス・マネジメント業務を前進させてくれるものだった。

では、なぜここで180度方向転換しようとしたのか？ なぜ結婚から6年、私がCEOに復帰して2年で、USトラストを売る気になったのか？ 結局、われわれは奇妙なカップルであり、そのミスマッチは自然に解消するものではなかったのだ。

われわれは、USトラストが抱える富裕層顧客とその顧客対応能力をふまえて、シュワブと補完的な関係を築けると考えていた。私はその可能性を心から信じていた。しかし、私が2005年にUSトラストの会長に就任して、さらに深く掘り下げていくうちに、2つのまったく異なるカルチャーを融合させることのむずかしさがわかり始めた。USトラストのカルチャーは営業担当者と彼らへのインセンティブ体系を中心に形成されており、シュワブとはかなり違っていた。ストライク・ワンだ。

私はいつも自分で試すことが好きなので、買収直後、USトラストで自分の口座を開設しようと頼んだ。「素晴らしい、営業担当者のなかでも特に優秀な者から、あなたにとって最適な担当者を私が見つけましょう」とUSトラストの社長が私にいった。言い換えれば、「あなたにはいちばんできる営業マンをつけましょう」という、ウォール・ストリートにおける陳腐な言い回しと同じだ。USトラストは他社を買収することで全米に展開してきたが、支店ごと、また従業員ごとに異なる方針がとられていた。会社としての一貫性がなく、間違いなく規模の利益は伴わないモデルだった。

私は、USトラストとしてのハウス・ビューがあり、すべての顧客は同社が設定した資産配分に基づいて同じようなリターンを得て、そこから大きく逸脱することはないはずだ、と思っていた。しかし、伝統的な証券会社と同じようにUSトラストでも、会社としてではなく、営業マン・営業ウーマンの視点でアドバイスがなされているということがわかった。USトラストでは、顧客の資産配分は会社の投資戦略委員会の方針ではなく、顧客の担当者によって行われていたので、顧客のリターンはバラバラだった。USトラストとして汎用性のある組織的なアプローチはなかった。ニューヨークとサンフランシスコとミネアポリスの支店では、投資の方法は異なっていた。会社ではなく、よくいっても連合体だった。一部の顧客が10%のリターンを得ていても、ほかの顧客が10%の損失を被ってしまうようなビジネスモデルは、私のみたいものではない、と思った。そして、顧客にとって、投資が成功するかどうかは営業マンと、どの営業マンに当たるかという運にかかっていた。これでストライク・ツーである。

しかし、当社は2000年にUSトラストの買収を行い、この結婚を成功させるために懸命に努力してきた。買収後、シュワブは2001年から2004年にかけて困難な状況に直面したため、われわれはコストと収益、そして自社の成長に集中する必要があった。USトラストに対しても、プレッシャーは強くなっていた。新しい経営体制を確立するとともに、拠点数と機能を拡大するためにステート・ストリートのプライベート・アセット・マネジメント事業を買収したが、いずれにおいても必要とした効果がもたらされることはかなわなかった。彼らは収益の足を引っ張っていたし、メディアではシュワブがUSトラストの売却を考えているかもしれないという噂まで流れていた。

2005年、私はシュワブのCEOに復帰して1年もたっていなかったが、USトラストをめぐって変革が必要であるということを認識し、選択肢を検討した。私は、何かを学ぶことができないかと思い、ジャン・ハイア・キングに、USトラストのニューヨークにあるオフィスでのミーティングを設定するよう頼んだ。「当社のオフィスの食堂でお昼をご一緒しましょう」とUSトラストのCEOがいってくれたことは、私にはとても嬉しい提案だった。私は、シュワブのサンフランシスコのオフィスにあるカフェテリアのようなものを想像し、従業員でざわつく食堂で雰囲気をつかむことができる機会をありがたく感じた。従業員の気力はどれくらいか？　どのようにお互いに接しているか？　幸せそうか？　熱意にあふれているか？　しかし、現実は想像とは異なっていた。われわれは、白いリネンと豪華なテーブルサービスのついたダイニングルームで、とてもフォーマルな昼食をとった。私のなかで、これは両社のミスマッチの象徴的な体験になった。これでストライク・スリーだ。

ちょうどその時、元シティバンク役員のピーター・スカトゥーロが私に手紙をくれた。その手紙のなかで、彼は、USトラストは「宝石」であり、それは「適切なリーダーシップがあれば」大きな成功を収められるだろうと述べていた。ピーターはシティバンクの日本部門を任されていたが、行政処分を受けて、少しばかり隠居していた。私は、シュワブがバンク・オブ・アメリカから出資を受けていた時代からの知人で、当時はバンク・オブ・アメリカのCEOになろうとしていたサンディ・ワイルにピーターの身辺について確認してみた。サンディはピーターが身ぎれいであり、日本の問題はピーターの責任ではないと断言した。

5月8日、私はニューヨークのアパートにUSトラストの取締役会メンバーを招待し、ピーターをUSトラストの新CEOに就任させて変革を始めるべきだと考えていることを伝えた。ピーターは自身の計画をその場で発表し、取締役会はこの人事に同意した。翌日、われわれのチームはUSトラストを訪れ、ピーターが新CEOに任命されたことを伝えた。USトラストの従業員は驚いていた。しかし、一度決定がなされてしまえば、伝えるまでに時間を置くことに意味はなかった。あと数時間遅ければ、社内でCEO交代の噂が飛び交うことになっただろう。それで、われわれは素早く発表するという行動をとった。

ピーターはその後の数カ月で非常に有能な新経営陣を迎え入れ、積極的に事業を拡大しようとした。彼らは収益状況を大きく好転させることに成功した。しかし、残念なことに、費用も同じくらい急速に増加していた。シュワブでは、すべての資産を財務パフォーマンスという面から厳しく精査していたが、USトラストにおいてはシュワブの基準に適合するだけの進展がみられなかったのだ。

私とクリス・ドッズ、そしてピーターたち経営陣とのミーティングで、事態は山場を迎えた。われわれは彼らに、ビジネスモデルを経済的に魅力あるものに変える必要があると説明した（USトラストは資本コスト分をギリギリ稼ぐ程度だった）。彼らは、USトラストがブランドや無形価値という観点で非常に多くのものをシュワブに提供しており、またサービスは富裕層向けでシュワブとても異なっているので、求められる経済合理性も異なるべきだ、と主張した。どの発言も私やクリスには響かなかった。

私はクリスに、USトラストの売却を検討することについて許可を出した。クリスは、非常に有能なインベストメント・バンカーであるオリビエ・サルコジが率いるUBSのチームを連れてきた。クリスとオリビエは現実的だと考えられる売却金額を算出した。そして10月、私とクリスはワシントンD.C.で開催された顧客向けイベントに出席しているさなかに、バンク・オブ・アメリカとの電話会議を設定した。当時、バンク・オブ・アメリカの会長兼CEOだったケン・ルイスは、次々と銀行を買収し、同行を米国最大の銀行へと成長させていた。われわれは400人ほどが座れるくらいのがらんとした広い部屋に座った。私とクリスの座る2つの椅子の間には、小さなテーブルと電話が置かれていた。われわれの声が部屋に響いた。クリスが私に、電話番号を書いた紙を渡してくれた後で、私はケンに電話した。ケンはUSトラストの買収にとても興味がある、といった。「ケン、当社はオークションはしたくない。顧客や従業員が気にし始めて企業価値を下げてしまうような冗長なプロセスにならないよう、迅速に取引を決めたい。当社が適切だと思う金額がケンの基準に見合うものであれば、喜んで取引させていただく」と私は彼に伝えた。そして、私は電話で、その金額は33億5000万ドルだということを彼に伝えた。ケンはUSトラストを本当に欲しがっていた。適切な買い手にとって、USトラストはまさに宝石だった。シュワブが買い手としてふさわしくなかっただけだ。ケンは買収意欲が満々で、48時間以内にデュー・デリジェンスを行うためのチームを派遣するとのことだった。

私はバンク・オブ・アメリカと、再び大型の取引をすることになったのだ！　途中でいくつかの障害があったものの（もっとも、このような大きな売却には障害はつきものだが）、2006年11月20日、当社は最終的に契約に署名した。

結果的に、すべてうまくいったといえるだろう。当社は莫大な金額で売却ができ、バンク・オブ・アメリカはウェルス・マネジメント部門で重要な預り資産を獲得し、USトラストの顧客はバンク・オブ・アメリカが提供する新しいサービスや商品にアクセスできることになった。ウィン・ウィン・ウィンの関係だ。一方で、買収に関する教訓も得られた。買収しようとする会社のカルチャーを真に理解し、把握するということだ。自分の会社のカルチャーと一致するか？　または、自分の会社のカルチャーにあうように、買収する会社のカルチャーを変えられるか？　USトラストの買収には、これらが欠けていた。たとえば、シュワブの報酬体系をUSトラストに強制していたら、営業担当者たちは皆、会社を去り、会社全体を失うことになっていただろう。そして、価値観の違いもあった。USトラストは、その歴史と富裕層向けのビジネスからニューヨーク中心の世界観をもっており、ディスカウント・ブローカーとその存在そのものを軽蔑していた。「USトラストでは、顧客が必要とするのであれば顧客の飼い犬の散歩をすることもある」と、彼らはわれわれに念を押していた。そして、お互いにわかりあえないのであれば、USトラストに顧客への一貫したアプローチ、効率性、コスト削減、総合的なサービス提供といったシュワブのやり方に従わせることもできなかった。USトラストと違い、シュワブには白いリネンのランチルームは不要なのだ。

会社の買収は容易ではない。失敗するか、少なくとも当初の思惑を果たせないことが多い。シュワブではこれまで、マイヤー・アンド・シュヴァイツァー、ハンプトン・カンパニー、ウインドヘブン・インベストメンツ、トーマス・パートナーズ・インベストメンツ、コンプライアンス・ソリューションズ、オプションズエクスプレスなど、買収がうまくいった案件もあったが、われわれはほかにも何百もの会社の買収を見送ることで大きなミスを回避してきたのだ。大きなミスに注意することが、会社を経営するうえで重要なポイントであることは間違いない。確信をもって何が何でも買収したいと考えるなかであっても、「買収する会社が自社に本当にフィットするか?」ということを確かめるために注意深く分析する必要がある。私の経験では、最も問題になる可能性が高いのは、常にカルチャーに関することなのだ。

補足資料Ⅰ　野村資本市場クォータリー　2006冬号　掲載

再評価されるチャールズ・シュワブ

関雄太

要約

1　ITバブルの崩壊後、業績と株価の低迷に悩んできた米国大手証券チャールズ・シュワブに対する評価が見直されている。

2　再評価のポイントとして、同社が①収益構造の改革、②コスト削減、③ブランド・イメージの回復などへの取組みを成功させていることがあげられよう。

3　特に収益の中核が残高フィー型ビジネスに転換しつつあること、SMA（セパレート・マネージド・アカウント）の本格投入によって、よりその傾向を強めようとしていることは注目される。

4　低価格の証券サービスを提供できる会社というイメージを維持・回復しながらも、アクティブトレーダーやマス・リテール層だけではなく、マス・アフルエント層に対するアドバイスやポートフォリオ提案型のサービスを着実に強化しているシュワブの戦略は、日本の金融機関からも注目を集めよう。

Ⅰ　株式市場から再評価されるシュワブ

２００４年に業績不振と株価下落に悩まされたチャールズ・シュワブが、２００５年半ば以降、投資家から再び注目を集めている。同社の株価は、２００４年7月19日につけた安値8・30ドルから２００５年12月末（14・67ドル）まで、77％の上昇を記録し（同じ期間のS&P５００指数の上昇率は13％）、それ以前の低い評価を相当程度、挽回したといえる（図表1）。

そもそも、チャールズ・シュワブほど、１９９０年代と２０００年以降で評価が転換した証券会社は少なかった。シュワブは、ディスカウント・ブローカーとしての成長の第一ステージから、投信スーパーマーケット構想とワンソース（乗換手数料なしの投信ラップ口座）によって、リテール投資家からの人気を確立、１９９５年以降はインターネットの普及の波に乗ってさらに成長拡大を実現した。１９９９年には時価総額が６３０億ドルに達してメリル・リンチを抜き、２０００年には米国最古の信託会社であるUSトラストを買収するなど、最強のリテール証券会社に擬せられるほどの高い評価を得た。

ところが、ＩＴバブルが崩壊すると、オンライン株式取引の量が急縮小し、シュワブは競合他社以上に収益性悪化に悩まざるをえなくなった。その後、２００３年の米国の株式相場好転によって、いったんは回復軌道に乗ると思われたシュワブの業績と株価は、２００４年に入ると再び下降に向かい、２００４年7月20日には、デビッド・ポトラックCEOが事実上解任され、創業者のチャールズ・シュワブ会長がCEOを兼務し経営の最前線に復帰するという事態になった。その後、営業店舗の閉鎖、２００４年8月

図表1　チャールズ・シュワブとモルガン・スタンレーの株価推移
（2003年1月3日終値＝100として指数化、2005年12月30日まで）

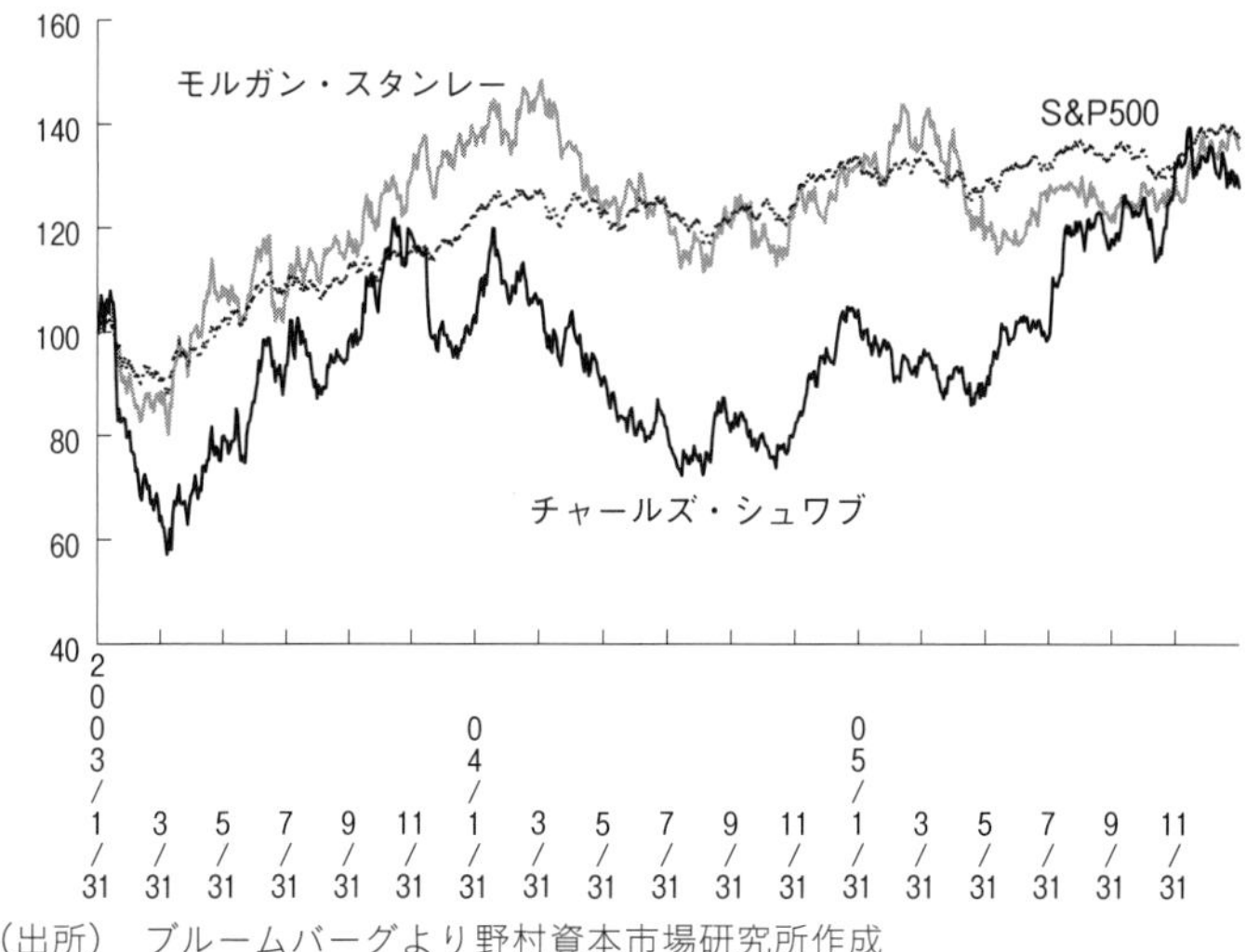

（出所）　ブルームバーグより野村資本市場研究所作成

31日には２００３年暮れに買収したばかりのサウンドビュー・キャピタル・マーケッツ売却を発表するなど、リストラ策も打ち出したが、シュワブ自身が身売りを迫られるとの厳しい観測まで出た（注1）。

この混乱には、いくつかの要因が考えられた。たとえば、２００４年に入ってオンライン株式取引の回復が速度を緩めるなかで、オンラインブローカーの間では手数料引下げ競争が激化し、シュワブより低水準の手数料を実現したフィデリティ、アメリトレード、Eトレード、スコットトレードなどに後れをとったとみなされた。また、USトラストの買収などをテコに食い込むはずだった富裕層顧客は、リストラを終えたメリル・リンチやスミス・バーニー、UBSなどに囲い込まれ、強みを発揮するのは困難なことが明らかになってきてしまった。いずれにせよ、2004年のシュワブは、ターゲット顧客、あるいは強みのある分野を絞れない中途半端な証券会社という評価に直面していたといえよう。

シュワブが、こうした苦境から評価を逆転させられたのは、下記にみるように①収益構造の改革、②コスト削減、③ブランド・イメージの回復などに対する取組みが成功したことによるものである。

Ⅱ　収益構造の変化

まず、四半期ごとの収益の内容から、シュワブの変化をみてみる。収益額は、2004年第4四半期以降、継続的な回復がみられるが「資産運用・管理フィー（Asset management and administration fees）」と「純金利収入」が収益増を支えている一方で、トレーディング収益が比重を下げていることがわかる（図表2）。「トレーディング収益（Trading Revenue）」とは、シュワブが2005年に入ってから損益計算書で使用し始めた勘定科目だが、それ以前の損益計算書では「コミッション（Commission）」と「自己勘定取引（Principal Transactions）」の2つの勘定に分かれていた。もともとシュワブの自己勘定取引による収益は、コミッションの10分の1程度しかなかったので、現在もトレーディング収益のほとんどはコミッションとみることができる。すなわち、シュワブは、2004年の混乱の前後を通じて、コミッションからフィー収益への依存度を高めてきたといえる。2002年末におよそ1対0・7であった資産運用・管理フィー対トレーディング収益の関係は、直近の2005年第3四半期では1対0・3と格差が広がっている。

ちなみに、シュワブの資産運用・管理フィーの源泉は、2004年の年間実績をみる限り、約4割が、

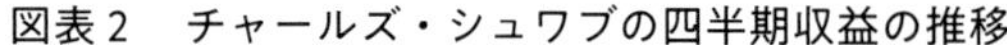
図表2　チャールズ・シュワブの四半期収益の推移

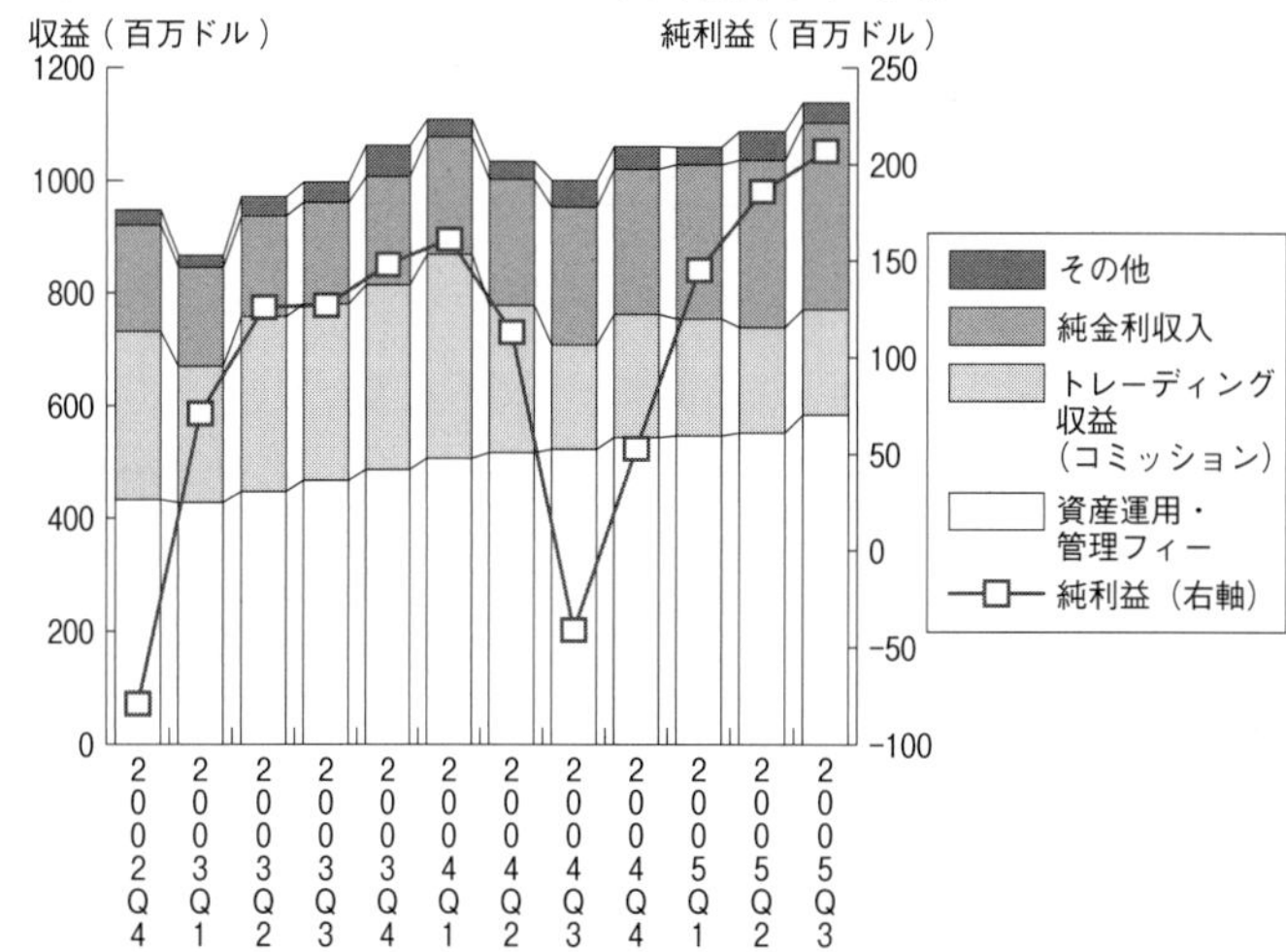

（出所）　チャールズ・シュワブ決算資料より野村資本市場研究所作成

自社運用の投信への運用報酬、トランスファー・エージェント業務収入、投資主管理サービスなどからなる「投資信託サービス」から、約2割が投資信託スーパーマーケットプログラムである「ワンソース」から、残りが「資産運用および関連サービス」からとなっており、フィー収入の増大といっても、残高フィー型口座への顧客資産のシフトを進めることで生じているとは単純に言い切れない点は、注意を要する。実際、2004年7月のトップ交代以降、シュワブは、オンライン取引手数料を繰り返し引き下げ、小口ながらもアクティブな売買を行う従来からの中心顧客層に対して、積極的なプロモーションを展開してもいるのである。

しかし、趨勢としては、最低預り金額50万ドルで、最低4000ドル/年もしくは約0・75%の残高手数料を徴収する「シュワブ・プライベー

図表3　チャールズ・シュワブのフィー収入の内訳

（単位：百万ドル、構成比％）

	2002年		2003年		2004年		2005年（1-3Q）	
投信サービスフィー								
自社運用ファンドへの運用報酬	874	49.9	883	48.2	870	41.6	672	39.9
「ワンソース」フィー収入	264	15.1	283	15.4	376	18.0	328	19.5
その他投信関連フィー	41	2.3	50	2.7	59	2.8	44	2.6
資産運用および関連サービス収入	574	32.7	616	33.6	786	37.6	639	38.0
資産運用・管理フィー計	1,753	100	1,832	100	2,091	100	1,683	100

（出所）　チャールズ・シュワブ決算資料より野村資本市場研究所作成

ト・クライアント」などの展開を通じて「資産運用および関連サービス」フィーは、フィー収入全体のなかで確実に比重を増している（図表3）（注2）。

Ⅲ　SMAサービスの本格拡大を目指す

さらに、新たな動きとして注目されるのは、シュワブが2005年10月にSMA（セパレート・マネージド・アカウント）の拡大を発表したことである。

シュワブはこれまでシュワブ・プライベート・クライアントあるいはシュワブの機関投資家部門と取引のある一部の資産運用会社を通じてしか、SMAプログラムを提供してこなかった。富裕層向けサービスとみられてきた米国SMA市場において、シュワブのSMA資産は200億ドル前後と、スミス・バーニーやメリル・リンチからはかなり

図表4　米国SMA市場：スポンサーランキング（2005年第3四半期）

（単位：十億ドル）

	会　社	セパレート・アカウント（サードパーティ）資産	マネージド・アカウント(全体)資産
1	スミス・バーニー	121.5	250.0
2	メリル・リンチ	115.0	267.8
3	モルガン・スタンレー	57.1	130.9
4	UBSフィナンシャルサービス	47.3	114.8
5	ワコビア証券	35.0	99.7
6	チャールズ・シュワブ	21.7	44.1
7	BONY／ロックウッド	15.8	25.9
8	バンク・オブ・アメリカ	14.6	23.0
9	AGエドワーズ	13.4	30.2
10	レイモンド・ジェームズ	9.6	25.9

（注）「セパレート・アカウント」は、SMA、コンサルタント・ラップ・アカウントとも呼ばれ、ブローカーが投資方針を策定し、具体的な運用は方針に基づいて選択された複数の投資顧問会社に一任されるプログラム。「マネージド・アカウント（全体）」には、フィーベース・ブローカレッジ（一任はされず、取引回数にかかわらず残高フィーだけが徴収される口座）などを含む。

（出所）The Cerulli Edge Managed Accounts Edition（2005 4Q）より野村資本市場研究所作成

差をつけられている状況である（図表4）。

シュワブは今後、最低投資金額（ほとんどの株式運用型で10万ドル、債券運用型では25万ドル）を満たす顧客すべてに、資産運用会社によるSMAを提供し、投資スタイルの選択などについてシュワブのファイナンシャル・コンサルタント（営業担当者）が説明と支援（guidance and assistance）を行う。

このSMA全面展開にあたり、シュワブは①マネージド・アカウント・セレクト（外部運用会社（約40社から選択可能）が運用）、②マネージド・アカウント・アフィリエイツ（チャールズ・シュワブ・インベストメント・マネジメントまたはUSトラストによる運用）の2通りのプログラムを用意した(注3)。預り資産に対して徴収するフィー水準については、②の株式ポートフォリオで1・45％、①の株式ポートフォリオで1・75％が予定されており（大口顧客や債券ポートフォリオにはディスカウントを適用）、業界平均よりも低く設定されているのが特徴である(注4)。

Ⅳ 奏功したリストラ

そのほかのリストラも、シュワブの収益性回復に貢献した。

シュワブの収益内容のうち、フィー収入同様に拡大が著しい純金利収入は、かつては証券総合口座におけるキャッシュ資産をマネーマーケットで運用して得られる収益が主たる源泉であったが、最近では、信用取引（マージン・ローン）の増加や、2003年4月に設立されたチャールズ・シュワブ・バンクを通じた住宅ローンの増大などにより、収益性（スプレッド）が改善しているとみられる。10月10日のウォール・ストリート・ジャーナル紙記事では、運用会社T・ロウ・プライスのアナリストが、シュワブ・バンクに100億ドル資金を流入するごとに、シュワブのEPS（1株当り利益）10セント分、すなわち約1・29億ドルの増益が可能と指摘している(注5)。

また、コスト削減も進めている。図表5にみられるように、顧客資産に対する四半期の収益額の比率は、2003年第2四半期の0・48％から2005年第3四半期には0・40％まで減少したが、同じ期間に支出／

図表5　チャールズ・シュワブ：利益率の回復

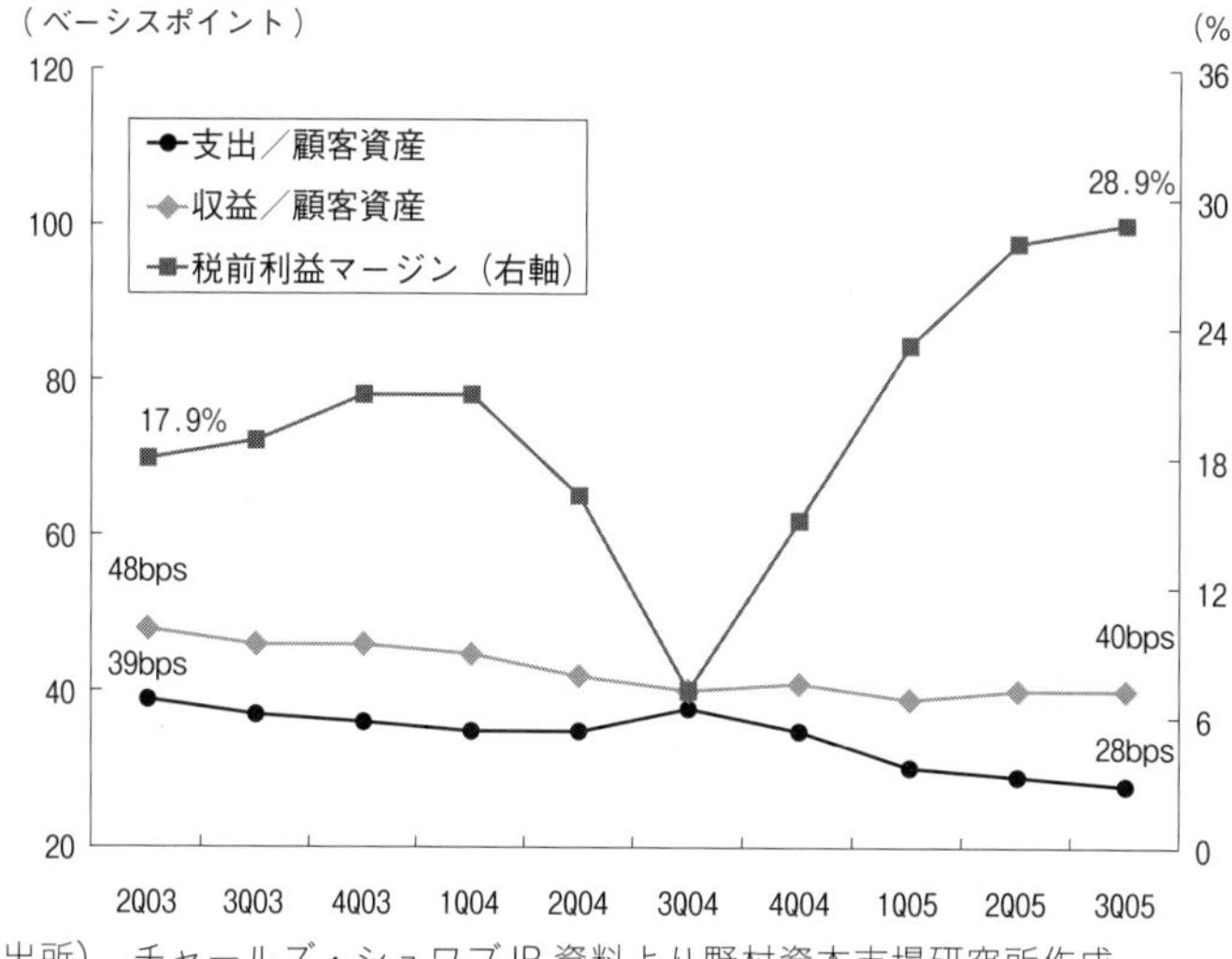

（出所）　チャールズ・シュワブIR資料より野村資本市場研究所作成

顧客資産比率を0・39%から0・28%へと、コスト側をより大幅に低下できたことで、税前利益マージンは改善した。コスト削減の大きな部分を占めているのは、キャピタルマーケット部門（サウンドビュー・キャピタル・マーケッツ）の売却で、シュワブは四半期分だけでも7000万ドル強の支出削減効果があったとしている。

V　おわりに

シュワブは、こうした戦略を通じて、低価格の証券サービスを提供できる会社というイメージを維持・回復しながらも、アクティブトレーダーやマス・リテール層だけではなく、マス・アフルエント層に対するアドバイスやポートフォリオ提案型のサービスを着実に広げ、残高フィーを中心に収益成長を実現しようとしているようである。

図表６　シュワブとメリル・リンチ：新規獲得資産の比較

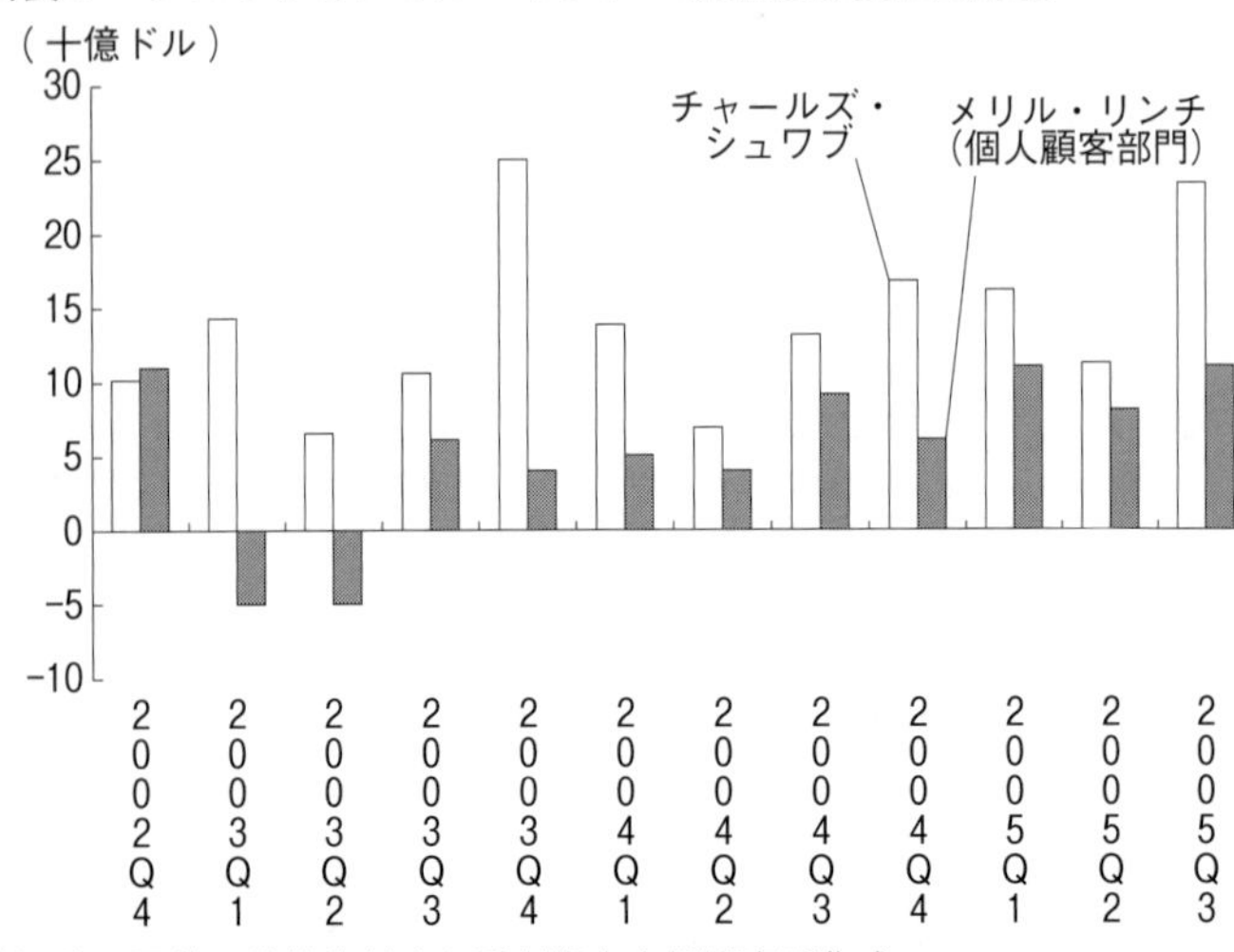

（出所）　両社の決算資料より野村資本市場研究所作成

２００５年９月までの12カ月間におけるシュワブの新規資産流入（ネット）は６７５億ドルと、メリル・リンチ個人顧客部門の同３６０億ドルを大きく凌駕するなど、もともとシュワブのリテール資産獲得には定評があるわけで、切下げ競争と変動が激しいコミッションではなく、残高フィーを収益の核にできるシナリオがみえてきたことで、市場の評価も復活したとみることができよう（図表６参照）。

なお、現在、米国のリテール証券業界のなかでは、混乱から復活したチャールズ・シュワブとともに、同じく経営改革に挑むモルガン・スタンレーの行方が注目されている。２００４年のシュワブと同様の混乱状態に置かれたのが２００５年のモルガン・スタンレーという見方が可能だからである。

特に、全社のなかでも収益性の低さが目立つモルガン・スタンレーの個人顧客部門の動向は、２００５年６月30日にジョン・マック氏がＣＥＯに復帰した直後から、注目を集めている。部門売却もありえるとされたが、マック新ＣＥＯは８月に、メリル・リンチで個人顧客部門を率いたジェームズ・ゴーマン氏を個人顧客部門ヘッドに迎えることを決め、富裕層顧客へのフォーカスを中心においた、いわばメリル・リンチ流の営業改革を展開するという意図を示した。

個人顧客部門の改革へ向けて、モルガン・スタンレーが乗り越えなければならない課題は、営業担当者の再教育、幅広い商品・サービス群の整備、情報システムの改革など多岐にわたるとされ、またゴーマン氏が２００６年２月まで役員に正式に就任できないこと（同氏が競合先への移籍を制限する契約をメリル・リンチと結んでいたため）などから、時間がかかる可能性も高い（注６）。

しかし、シュワブやモルガン・スタンレー個人顧客部門の取組みには、リテール証券ビジネスの競争力を考えるうえで重要な課題が含まれており、わが国の金融機関にとっても参考になる事例になっていくものと思われる。

注

1 "Schwab Story: Could the Plot Include a Sale?", *Wall Street Journal*, 7/22/2004, "Schwab to Shut 16% of Branches", *Wall Street Journal*, 7/29/2004, "Chuck Schwab's Mission", *Bloomberg Markets*, October 2004 など参照。

2 チャールズ・シュワブの各種個人顧客向けアカウントとサービス・フィーについては、会社ウェブサイト（www.schwab.com）あるいは沼田優子「チャールズ・シュワブの個人顧客拡大策」『資本市場クォータリー』２００３年秋号を参照。

3　また、提携する独立ファイナンシャル・アドバイザー（ＩＦＡ）向けにもＳＭＡプログラムを拡大する。シュワブの２００５年10月5日プレスリリース参照。

4　“Schwab Is Seeking to Expand Separately Managed Accounts”, *Wall Street Journal*, 10/10/2005

5　“Schwab Again Has Wall Street Fans…foe Now”, *Wall Street Journal*, 10/10/2005

6　“Morgan Stanley Sees Salvation at Higher End”, *Wall Street Journal*, 9/14/2005 など参照。

（なお、野村資本市場研究所が発行した、チャールズ・シュワブに関連するレポートは以下のウェブサイトでもご覧いただくことができます。http://www.nicmr.com/nicmr/publications/report.html）

独立系アドバイザーの拡大により成長を遂げるチャールズ・シュワブ……………………長島　亮

要約

1　顧客資産全米第2位の証券会社であるチャールズ・シュワブは、同第1位のメリル・リンチを2010年までに追い抜くとの声があがっている。独立系アドバイザー向けビジネスを展開するシュワブ・インスティテューショナルが資産獲得の原動力となっており、シュワブ全体の顧客資産の45%を占めている。

2　独立系アドバイザーに対して証券業務に係る注文執行や決済管理などを提供しているシュワブ・インスティテューショナルは、独立系アドバイザー5500人、顧客資産5560億ドル、顧客口座数150万口座の規模にまで拡大している。

3　独立系アドバイザーは、顧客と密接につながりをもち、財産状況や運用方針にあわせて、中立的な立場で投資アドバイスができることが強みである。市場の不確実性や、長生きリスクの高まりから、継続的な資産管理提案ができる独立系アドバイザーの需要が伸びている。

4　シュワブの経営戦略の変化は、業界の競争の構図が、以前の「フル・サービス証券会社」対「非フル・サービス証券会社」から、新たに「フル・サービス証券会社」対「独立系アドバイザー」へと変化してきていることを象徴する。

I チャールズ・シュワブの躍進

顧客資産全米第2位の証券会社であるチャールズ・シュワブ（以下、シュワブ）は、成長性の高い証券会社として再評価されており、同第1位のメリル・リンチの顧客資産を2010年までに追い抜くとの声があがっている（図表1）(注1)。特に、個人向け投資顧問業者、いわゆる独立系アドバイザー経由での資金流入がシュワブ全体の顧客資産拡大を後押ししていることから、本稿では独立系アドバイザー向けビジネスを展開するシュワブ・インスティテューショナルについて概説してみたい。

まず、近年の主だったシュワブの動向をみてみると、2000年3月に買収したUSトラストを、2006年11月にバンク・オブ・アメリカに33億ドルで売却することを発表した。それまで、シュワブは、①自社店舗の営業担当者、②個人向け投資顧問業者、③プライベートバンクのUSトラスト、という3つのアドバイス付チャネルを備えていた(注2)。しかし、伝統的顧客層に特化してきたプライベートバンクのUSトラストは、対象顧客がきわめて限定されていたことから、規模の拡大、収益の改善がむずかしく、USトラストの売却によりマス・アフルエント層に特化するという経営方針の転換を明確に打ち出した。

一方でシュワブは、オンライン証券の地位低下という逆境のなかから順調に個人金融資産を取り込んできたが、ネット・バブルの崩壊以降、取引ごとのコミッションを標準としたオンライン株式取引から、顧客資産額に応じたフィー・ベースの手数料体系をとる対面取引への方向転換を行った。シュワブは従来、自ら投資判断を下す自己解決型の投資家を主なターゲットとしていたが、いわゆるネット・バブルの崩壊

図表1　大手証券会社顧客資産の推移　（単位：十億ドル）

	2001年	2002年	2003年	2004年	2005年	2006年	2007年1Q
メリル・リンチ	1,185	1,021	1,165	1,244	1,356	1,483	1,503
チャールズ・シュワブ	722	657	830	940	1,054	1,239	1,306
スミス・バーニー	848	762	912	978	1,130	1,230	1,277
ワコビア	574	553	603	653	684	760	773
UBS WM USA	504	471	556	600	606	675	713
モルガン・スタンレー	595	516	565	602	617	676	690
AG エドワーズ	252	236	283	311	331	370	374
TD アメリトレード	32	37	65	80	245	278	282
E トレード	45	44	62	71	146	164	170
合　計	4,757	4,296	5,041	5,480	6,169	6,875	7,087

（注）　顧客資産に独立系アドバイザー経由の資産を含む。
（出所）　各社資料より野村資本市場研究所作成

と不安定な相場を経験したことによって、証券会社からの投資アドバイスを求める投資家が増えたため、シュワブはアドバイスの提供なしには投資家を取り込めないと考え、付加価値となる相談機能を高めたフル・サービス証券会社を目指したのである。

2004年7月、創業者チャールズ・シュワブ氏がCEOに復帰した後、顧客チャネルを問わず、顧客資産の増大に努める経営戦略を明確化した。すなわち、ベビーブーマー層をターゲットとしたマーケティングに加えて、ベビーブーマー層より若い世代からの資産獲得にも注力するようになった[注3]。たとえば、"No matter how much you're worth（あなたの資産がいくらであっても）"、"Big Account, Small Account, They all account（口座の大小を問わず、すべて同じ口座)」といった宣伝コピーが使われ、投資口座の開設に必要となる最低額は1000ドルまで引き下げられるとともに、シュワブ・バンクの普通預金金利は業界最高水準に引き上げられた。また、「ヘルプ&ガイダンス」をテーマに掲げ、保有資産の多寡にかかわらず、対面、電話、オンライン、すべての顧客チャネルで資産運用に関する無料のコンサルティング・サービスを50万人以上の顧客に対して提供しており、顧客資産25万ドル以上の顧客は、専属の担当者からの投資アドバイスを受けるようになっている。その結果、顧客資産ベースで約7割を占める約20%の顧客が投資アドバイスを受けており、マネージド・アカウントなどのフィー・ベース資産は、2006年第2四半期の640億ドルから、2007年第2四半期の800億ドルにまで拡大している。

シュワブの収支状況をみてみると、2007年第2四半期の純利益は前年同期比16%増の2億9200万ドル、純収入は同10%増の12億500万ドルであった。そして、純収入のうち資産運用手数料など非トレーディング収入が同14%増の10億ドルと大半を占めている。一方、株式売買仲介を中心とするトレーディング収入は前年同期比6%減の1億9800万ドルにとどまっている。同期間に、顧客資産は23%増の1兆3840億ドルにふくらんでいることから、主要収益源は顧客資産をもとにフィーを徴収する非トレーディング事業に移行しつつあることがわかる。特に、2002年末から2007年第1四半期までの約5年間で、シュワブの顧客資産は約2倍に拡大し、これはメリル・リンチの同1・5倍を上回ることから、メリル・リンチの顧客資産を追い抜くともいわれているのである。

この躍進の原動力となっているのが、独立系アドバイザーへのビジネスを展開するシュワブ・インスティ

図表2　チャールズ・シュワブの部門別顧客資産推移（単位：十億ドル）

	2002年	2003年	2004年	2005年	2006年
シュワブ・インベスター・サービシズ	411.6	509.5	547.7	583.6	670.9
シュワブ・インスティテューショナル	222.4	287.1	348.2	407	502.5
その他	23.5	34.1	46.1	62.09	65.8
合　計	657.5	830.7	942	1053.5	1239.2

（注）　シュワブ・インベスター・サービシズは、チャールズ・シュワブのリテール部門に該当する。
（出所）　チャールズ・シュワブ社IR資料より野村資本市場研究所作成

テューショナルの成長で、シュワブの顧客資産全体の45％を占めるようになっている（図表2）。セレント社の調べによると、金融業界全体における独立系アドバイザー・チャネル（特に後述するRIAチャネル）の顧客資産は、2006年末には2・1兆ドルに拡大しており、最も成長性の高い分野となっている。

Ⅱ　米国における独立系アドバイザー業界の状況

近年、米国では、証券会社に所属せず、独立した専門業者として資産管理に関する包括的な提言を行う独立系アドバイザーが増加している。独立系アドバイザーには、大きく2つの形態があり、1つはIBD（インディペンデント・ブローカー・ディーラー）、もう1つはRIA（レジスタード・インベストメント・アドバイザー）である（図表3）。

IBDは、一般的に登録先の証券会社の経営方針、社内規則に従い、提供できる商品とサービスは限定されるが、営業担当者に対するコンプライアンス管理や、会社独自のシステムとノウハウを利用できることが特徴であり、アドバイザーを取り巻くサポー

図表3　独立系アドバイザーの分類

登録 ←		→ 独立
証券会社所属： ・会社所属のブローカー ・証券会社は経費を負担 ・アドバイザーに対するペイアウト率 30%～45%	IBD： ・独立したブローカー ・経費は会社とシェア ・アドバイザーに対するペイアウト率 80%～92%	RIA： ・投資顧問業者として裁量権をもつ ・経費は自己負担 ・アドバイザーに対するペイアウト率　100%

（出所）　シュワブ・インスティテューショナルのウェブサイトより野村資本市場研究所作成

ト体制が比較的充実しているといえる。米国証券取引委員会（SEC）と金融業界監督機構（FINRA）の監督下に置かれ、ブローカーの販売資格として証券外務員免許（シリーズ7）が必要であり、顧客に投資アドバイスを提供することが認められている。手数料の徴収方法はアドバイザーにより異なるが、フィーベース60%、コミッションベース40%の併用が一般的であるという（注4）。通常、経費を登録先の証券会社と折半することから半独立といえ、コモンウェルス・ファイナンシャル・ネットワーク、ロイヤル・アライアンス、LPLファイナンシャル・サービスに所属するアドバイザーが、IBDの典型的な例である。

他方、RIAは、自営の投資顧問業者として独自の裁量に基づいて幅広い金融商品を提供することが可能であり、注文の執行、決済機能は証券会社に委託するという形態をとる。通常、フィー型のビジネスモデルに基づいてアドバイス料を徴収し、取引ごとのコミッションは徴収しない。登録に際しては、SECに届出を行う必要があるが、証券外務員登録の必要はなく、通常、投資顧問業者資格としてのシリーズ66（シリーズ7を保有するRIAの場合）、もしくはシリーズ65（シリーズ7を保有していないRIAの場合）が必要となる。2001年の富裕層の大手証券利用率は35％、RIA利用率は30％であったが、2004年においては前者30％、後者45％と逆転しており、富裕層が資産管理業者としてRIAを利用することが通常になっているという（注5）。たとえば、シュワブ、フィデリティ、TDアメリトレードに注文の執行、決済機能を委託提携している独立系アドバイザーがRIAに該当する。

これらのIBDやRIAといった独立系アドバイザーは、顧客と密接につながりをもち、個別銘柄選択よりもアセット・アロケーションに重点を置くファイナンシャル・プランニング的なアプローチをとる者が多く、顧客の財産状況や運用方針にあった金融商品を案内できること、顧客と販売サイドの中立的な立場から投資アドバイスができることが強みである。2006年末のアドバイザー数をみてみると、RIAは4万3008人、IBDは11万27人、大手証券所属アドバイザーが7万2691人となっているが、大手証券からRIAへ独立する者も多く、セルーリの調べによると、2005年から2006年にかけてアドバイザー数全体の増加率は3％であったのに対して、RIAの人数は13％増加している。また、RIAチャネルにおける顧客資産は安定的に拡大が続いており、2002年末の1・3兆ドルから年率13・7％で増加して2006年末で2・1兆ドルとなっている（図表4）。独立系アドバイザー興隆の背景として以下の要因が考えられる。

第一に、市場の不確実性の高まりや寿命の長期化に伴う長生きリスク（注6）の高まりから、顧客が複雑な

図表４　RIA マーケットにおける顧客資産の拡大推移

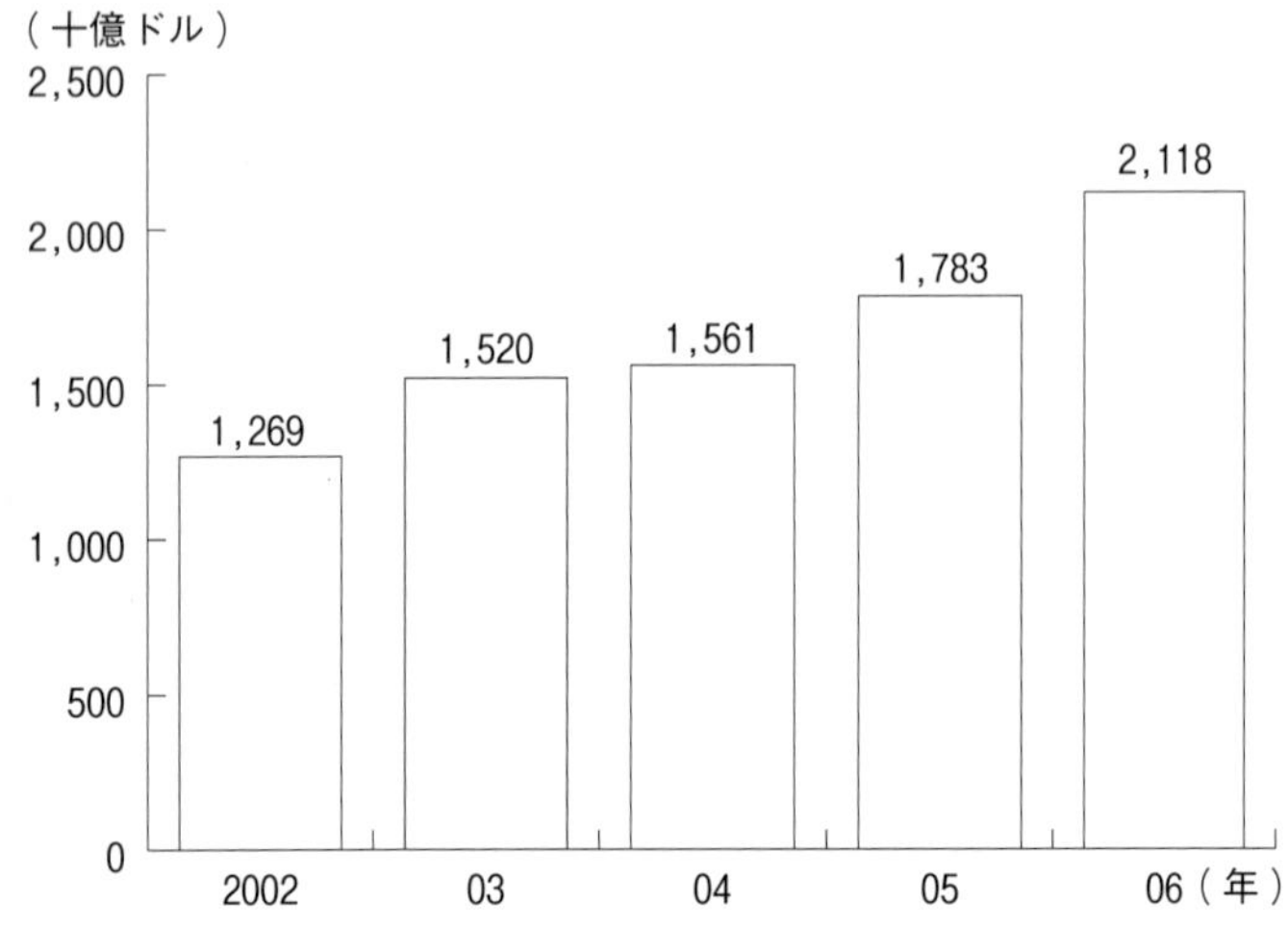

（出所）　チャールズ・シュワブ社 IR 資料より野村資本市場研究所作成

ファイナンシャル・ニーズの解決を望むように変化しており、継続的な資産管理提案ができる投資アドバイザーが求められていることがあげられる。以前と比較して、顧客は目先の利益よりも長期の視点に立った運用を望むようになっており、地元に根差した独立系アドバイザーであれば、生涯にわたり資産管理の相談ができるといった利便性から顧客の信頼を得るようになっている。

第二に、アドバイザーの取り分（ペイアウト率）の高さ、報酬の透明性といった環境の変化が、独立系アドバイザーへの転向を後押ししていることがあげられる。大手証券では、アドバイザーのペイアウト率は、コミッションの４割程度である。これに対して、独立系アドバイザーにはフィー手数料の９割前後とするかわりに事務所やアシスタント等の経費を負担させているが、独立系アドバイザーは自宅を事務所とするなど自己裁量で固定費を抑えることができる。顧客とアドバイザーの利害が一致し、顧客資産に応じてフィー手数料を徴収するビジネスモデルが主流になっていることから、顧客資産の獲得が報酬の増加につながる独立系アドバイザーを選択するメリットが大きくなっている（注7）。

第三に、大手証券のアドバイザーが、個別商品販売主体の論理で顧客に商品を押し付けるといった企業利益と顧客利益の矛盾や、法令違反や不祥事による会社への失望で独立系アドバイザーに転向する動向がみられる。独立系アドバイザーに対するコンプライアンス管理に関しては、規制当局により策定された一定の行為基準を満たすことに対し説明責任を負うほか、本社のシステムにより、取引に係る不正を発見することができ、仮に本社のシステムを経由しないで取引が行われた場合には、アドバイザーとの契約が破棄される。また、コンプライアンスに係るニュースレターの定期発信、専門家によるウェブセミナーへの参加、サードパーティーによるコンプライアンス管理サービスにより、不正取引や適合性原則に欠けた販売の防止に努めている。

第四に、独立系アドバイザーは、大手証券と遜色ない金融商品を取り扱えるようになっていること、また、自前の商品をもたないことにより中立性を強調できることが強みとなっている。このことは、２００３年秋以降に米国で注目を集めた投資信託・保険不正問題などの影響で、運用会社が系列の証券会社の営業担当者に対して販売インセンティブを拡充することがむずかしくなり、運用会社の中立性が従来以上に意識されると同時に、投資信託業界のオープン・アーキテクチャーに拍車がかかっていることが影響している。

図表5　RIA登録先会社の顧客資産の比率

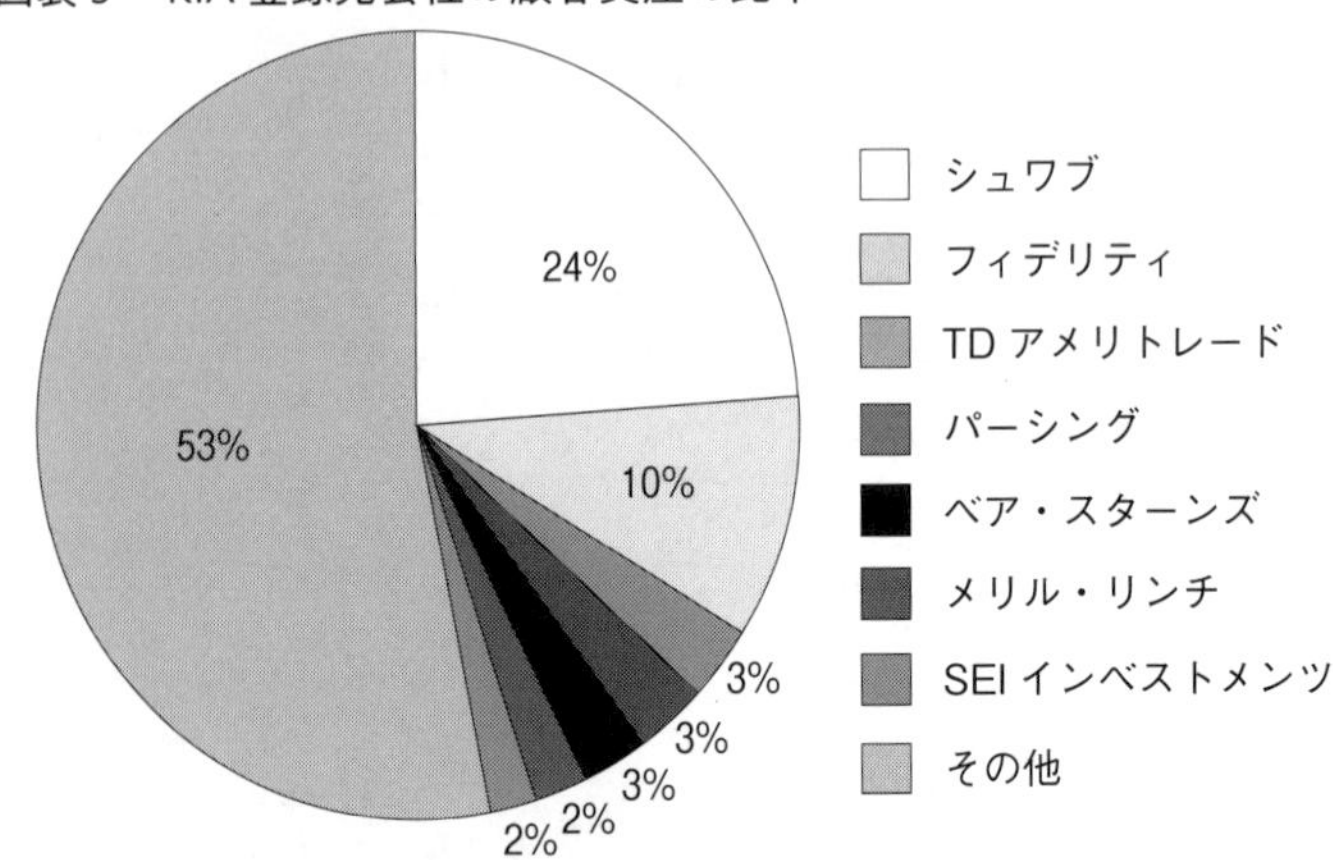

（出所）　チャールズ・シュワブ社IR資料より野村資本市場研究所作成

Ⅲ　シュワブ・インスティテューショナル

1　シュワブ・インスティテューショナルとは

1987年に設立されたシュワブ傘下のシュワブ・インスティテューショナルは、独立系アドバイザーに対して、証券取引の過程で発生する株式の売買注文の執行、資金決済、口座開設、取引報告書の作成・封入発送、株主名簿管理など証券取引業務の大半のサービスを提供している。

2007年6月末、5500人以上の独立系アドバイザーを抱えるシュワブ・インスティテューショナルは、口座数150万口座、顧客資産5560億ドルに拡大しており、RIA業界1位の規模となっている。顧客資産は、RIA業界全体の24％を占めており、競合他社のフィデリティ（2040億ドル、10％）やTDアメリトレード（670億ドル、3％）に登録する独立系アドバイザーの顧客資産を大きく引き離している（図表5）。また、

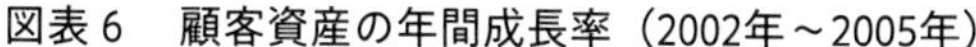
図表6　顧客資産の年間成長率（2002年～2005年）

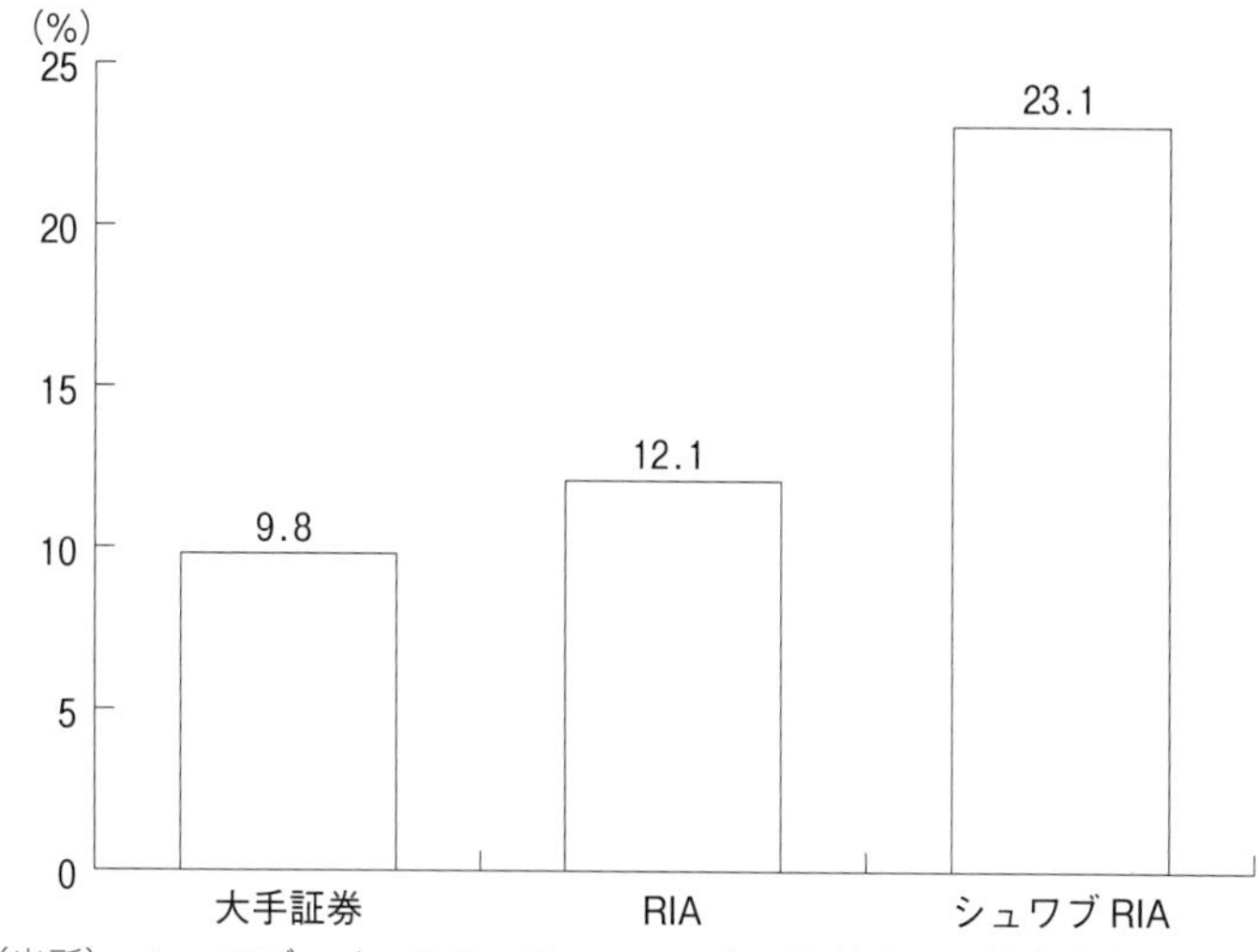

（出所）シュワブ・インスティテューショナル資料より野村資本市場研究所作成

顧客資産の年間成長率においてもシュワブ・インスティテューショナルの成長性が非常に高いことがわかる（図表6）。2007年10月に発表された自社の登録アドバイザーに対する調査（注8）によると、2006年の1年間で顧客資産は20％、利益は16％増加している（いずれも中央値）。2003年から2006年の期間では、顧客資産は年率8％で増加、顧客資産の平均残高は42％増加して104万ドルに拡大しているという。特に、資産純増の50％は新規顧客によるものであり、新規顧客の88％は紹介（既存顧客からの紹介59％、会計士や弁護士からの紹介29％）によるものであるという。シュワブ・インスティテューショナルでは、顧客ニーズにあった幅広い商品とサービスが提供できること、自己裁量に基づいたビジネス展開が可能であること、報酬の

図表7　シュワブがウェブ上で紹介する典型的なアドバイザーの一例

John Krambeer, Camden Capital Management, LLC

独立した理由
・かつての証券会社の経営方針にうんざりしたから。
・顧客にコンサルティング型の資産管理によってアドバイザーとしての付加価値を与えたかった。
・優れたウェルス・マネジメントのプラットフォームを構築したかった。
新しく独立した会社について
・バイアスのない投資アドバイスと、付加価値のある資産管理・資産承継・慈善寄付・信託サービスを提供。
対象顧客
・保有資産500万ドル以上の超富裕層。
・現在の顧客は、25世帯、総預り資産1.8億ドル。
成長戦略
・オーダーメード型のプランニング・サービスにより超富裕層を開拓。
・顧客からの紹介、ダイレクト・マーケティング、戦略パートナーとのリレーションシップによる新規開拓。
独立アドバイザーとして心がけていること
・フィー手数料のみを徴収する客観的なウェルス・マネジメント・サービスを提供する。
・顧客の利益を失わないようにする。
・大手証券会社よりも透明性がある幅広いプロダクトの提供を行う。

（出所）　シュワブ・インスティテューショナル資料より野村資本市場研究所作成

向上が期待できることをセールス・ポイントに、大手証券の優秀なアドバイザーを積極的に獲得しようとしている（図表7）。

2　シュワブ・インスティテューショナルが拡大している背景

アドバイザーのビジネス拡大を助ける「サポート体制」と、テクノロジー、プロダクト、カスタマー・サービスといった「サービス」が、大手証券からRIAに転向する際の重要な基準となっているが、シュワブ・インスティテューショナルが、アドバイザーから選ばれている理由、顧客資産の獲得を加速させている背景には以下の要因が考えられる。

第一に、独立支援プログラムが充実していることである。大手証券からの独立を後方支援し、現在の顧客資産とともに転籍した場合のビジネスモデルをシミュレーションすることによって、転身後のビジネスプランを立てることが可能となっている。ここで重要なのが、単に独立することによってペイアウト率が高まるという理由を示すだけではなく、独立という中立的な立場を活かして顧客満足度の高いサービスが可能になることを説いていることが評価できる。そのほか、独立資金を優遇して貸し付けるサービスによって、顧客資産7500万ドル以上のアドバイザーは、10万ドル以上の融資を受けることができる。また、シュワブが不動産会社や保険会社と提携し、独立アドバイザーが個人オフィスを開設する際の不動産賃貸料や損害賠償保険料の割引を行っている。

第二に、テクノロジー・サポートが充実していることである。たとえば「シュワブ・パフォーマンス・テクノロジー™」は、顧客のポートフォリオ管理、顧客情報管理、顧客へのレポーティング機能が利用できるほか、アドバイザーがウェブ・ラーニング研修によりスキルアップを図ることもできる。また、アドバイザーに対する評価システムである「グロース・ポイント™」(図表8)は、アドバイザーの顧客資産を基準とした母集団のなかで、自社の顧客資産や利益率の成長性、新規開拓などの項目を5段階の評価で指標化することができる。これにより、シュワブに登録しているRIAのなかで、自社がどの位置にランクしているかを確認でき、ビジネスの改善を図ることができる。そのほか、2007年9月より、アドバイザー・ソフトウェア社が提供する「ポートフォリオ・リバランサー™」の利用によって、株式、債券、投

図表8　アドバイザーに対する評価システム「グロース・ポイント」

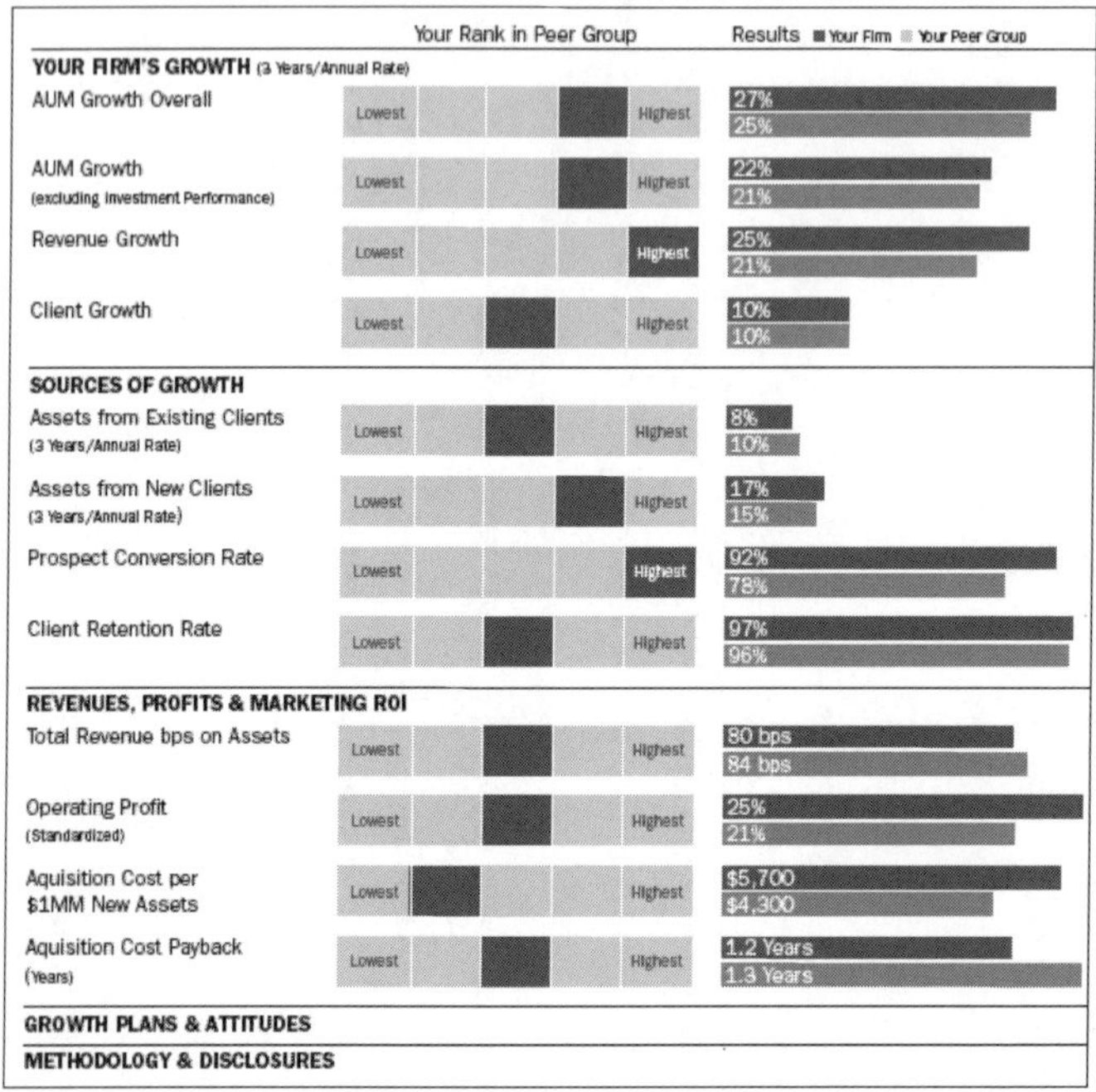

（出所）　シュワブ・インスティテューショナルのウェブサイト（2007年当時）より転載

資信託、ETF、キャッシュのポートフォリオ内の資産を自動的にリバランスすることができ、将来的に目標とするポートフォリオへの移行を自動調節できるシステムが導入され注目を集めている。

第三に、シュワブ本体で取り扱う金融商品と同等のラインナップをそろえていることである。たとえば、投資信託の販売においては、シュワブとサードパーティーを含めた6500本の投資信託を販売することができ、シュワブの「ワンソース™」サービスを利用することにより、投資家が多数の運用会社のノーロード・ファンドを1箇所に品定めして購入でき、乗換手数料なしで投資信託の入替えが可能である。投資家にとっては、ワンストップ・ショッピングの利便性もさることながら、従来は複数の運用会社のファンドを購入すると運用会社、あるいはファンドを提供する証券会社の数だけ口座をもち、その数だけ書類が送られてきたが、それらをワンソースで購入すれば1つの証券口座にすべてを統合した口座書類を得られるという便利さがある。また、シュワブ・バンクの利用によって預金、住宅ローン、クレジットカードのサービス提供ができることから、RIAがこれらの各種金融サービスを一括して顧客に提供できるメリットは大きいといえる。

第四に、RIAが、シュワブ本体の既存チャネルから顧客の紹介を受けることができる。対面型のアドバイスを希望する顧客や、シュワブの店舗利用が不便な場合、シュワブと提携しているRIAが紹介される。この仕組みによって顧客を対面型ビジネスに誘導して顧客を取り逃さないよう効率的な囲い込みが可能となり、一方で金融資産数十万ドルの階層はシュワブの既存チャネルで、富裕層はシュワブ・インスティテューショナルでカバーできる体制を固めているともみられる。

以上のように、アドバイザーに裁量をもたせながらも、業務効率を高めるための環境を全面的に支援していることが、シュワブ・インスティテューショナルの興隆の背景となっている。

3　シュワブのなかでの位置づけ

シュワブ・インスティテューショナルでは、現在の顧客資産5560億ドルを2010年までに1兆ド

図表9　部門別収支状況（2007年上半期）　（単位：百万ドル）

	インベスター・サービス	インスティテューショナル	コーポレート&リタイアメント	合　計
収　入	1,588	531	237	2,358
支　出	1,045	314	173	1,543
税引前利益	543	217	64	815
税引前マージン	34.2%	40.9%	26.8%	34.6%

（出所）シュワブ機関投資家向けセミナー資料より野村資本市場研究所作成

ルまで増やすことを目標として掲げている。シュワブ全体の顧客資産は1兆2392億ドルであることから、顧客資産の約45％がRIA経由であり、シュワブ・インスティテューショナルの税引前マージンは40.9％と他部門と比較しても高いことから、グループ全体への貢献度が高いことがわかる（図表9）。フィー手数料を標準とするRIAを囲い込むことによって、シュワブ全体として大手ディスカウント・ブローカーから、フル・サービス証券会社へと効率的に方向転換していることから、シュワブのなかでもきわめて重要な部門へとなりつつある。

Ⅳ　終わりに

ネット・バブル崩壊以降、米国証券会社は顧客ニーズの変化にあわせて、新たなビジネスモデルを模索してきた。フィー型ビジネスが定着してきたことにより、大手ディスカウント・ブローカーであったシュワブは、対面型ビジネスへの方向転換をもって顧客ニーズの変化にあわせてきたといえる。シュワブの変化は、彼らがディスカウント・ブローカレッジという業種から撤退したというよりも、リテール金融のサービス自体が変化したことを象徴しているようにも思える。

また、シュワブの経営方針の変化をみていると、以前の「フル・サービス証券会社」対「非フル・サービス証券会社」という業界構図が、今日では「フル・サービス証券会社」対「独立系アドバイザー」という構図へ移り変わったことを感じる。これは、顧客が中立的な立場で資産を継続的に管理できる金融サービスを求めていることの表れといえるかもしれない。

注

1 "Schwab Seen Surpassing Merrill in Assets by 2010", *American Banker*, July 17, 2007

2 沼田優子「チャールズ・シュワブの個人顧客拡大策」『資本市場クォータリー』２００３年秋号参照。

3 関雄太「再評価されるチャールズ・シュワブ」『資本市場クォータリー』２００６年冬号参照。

4 モス・アダムス社の調査による。http://registeredrep.com/mag/finance_going/

5 スペクトラム・グループの調査による。http://registeredrep.com/mag/finance_going/

6 長島亮「注目を集める長生きリスクと米国金融サービスの変化」『資本市場クォータリー』２００７年夏号参照。

7 コミッションの場合は、顧客ポートフォリオのパフォーマンスにかかわらず、取引高が増えれば、アドバイザーの収入が増えるため、過剰取引の懸念が生じる。これに対して資産残高の一定割合を手数料とする場合は、顧客資産の拡大が、アドバイザーの手数料増加につながるので、利害が一致するといわれている。

8 http://www.aboutschwab.com/press/releases/press-release.cgi?release_id=1058975

（なお、野村資本市場研究所が発行した、チャールズ・シュワブに関連するレポートは以下のウェブサイトでもご覧いただくことができます。http://www.nicmr.com/nicmr/publications/report.html）

第5編

時の試練を経て

5

私は早い時期に、成功を収めるには、自分の足りないところを補完してくれる長所と能力をもつ人を見つける必要があることを学んだ。私が発想を重視しながら、新たな商品やマーケティングのアイデアを生み出すことに熱中できたのも、社員をまとめ、複雑なプロジェクトを実行する人たちがいてくれたからだ。自分の長所と短所をできるだけ早く認識すれば、それに見合ったチームも早めに組成できる。

すべての優れたリーダーは、自らの潜在能力とスキルについて謙虚でなければならず、また、周囲の人たちのスキルや能力、知性を真剣に尊重しなければならない。権限を委譲することだ。仔細には踏み込まずに良き指示を出すことだ。そうすれば、自分一人だけで成し遂げる以上のことができるようになる。そうすることで、任された人たちもまた、自分がチームの重要な役割を担っていることを自覚できる。

完璧なリーダーはいない。性格は外向的でも内向的でもどちらでもかまわない。しかし、自分が真に身につけた、本物の中身や知識がなければならない。ごまかしはきかない。そして、そのためには実践的な経験が必要だし、実践を積めばこそ、なぜそれが重要なのか、どのようにそれを実行すべきか、をほかの人に教えることができる。同時に、この仕事は重要だが取組方は任せる、というある程度の寛容さも必要だ。

情熱をもった人を見つけ、その人に多くの権限を渡すことで、自分のアイデアがいっそう創造的になって戻ってくる経験は本当に驚きであり、人間がもつ熱意や創造性、精神に対して私が強い信頼を置く理由になっている。人は適切な支援を受けて集中し、献身的に取り組めば、必ずや頭角を現すものだ。

第29章

楽観的であれ

2007年の初めには、シュワブではほとんどのことが落ち着いた状態にあり、危なげなく進んでいた。新規の顧客の預り資産は、前年のほぼ2倍のペースで流入していた。当社は、競合他社の口座より高めの利息を支払う新たな当座預金口座の提供を始めるとともに、インベスター・ファーストと呼ぶクレジットカードの企画に着手していた。どちらも、投資家のために当社が金融サービスのワンストップ・プロバイダーになるように設計されたものだった。2004年から続けてきた手数料引下げについても手を緩めることなく推進しており、また、若い世代の投資初心者向けの基盤を強化するために、投資信託の最低投資額をわずか100ドルに引き下げた。当社の経営は盤石だった。ウォルト・ベッティンガーは素晴らしい仕事をしており、プレジデント兼COOに昇進していた。

私自身は、公共政策と投資家啓発にもっと時間を割けると感じていたところ、ブッシュ大統領に頼まれて、金融リテラシー大統領評議会（the President's Council on Financial Literacy）の議長を引き受けることになった。家計を管理する方法をきちんと知ることは、すべての米国人にとって重要なスキルだ。お金で困らないようにするためには、キャッシュフローの管理、負債の役割、複利の力、投資の活用といったことをすべて理解する必要がある。各学年のカリキュラムで金融リテラシーの基礎教育が義務になっていないのは、本当に困ったものだ。今日の世界において、金融リテラシーこそ最も必須な生活スキルのはずではないか？

米国財務省が主催する資本市場競争力会議で話をする機会もあった。金融業界の課題についてさまざまな意見が出るであろうことは知っていたが、資本市場全体の支柱である個人投資家についての議論はどうか？　個人投資家の役割と重要性はしばしば見過ごされてきた。個人投資家が膨大な投資資金を提供してくれるからこそ、資本コストの抑制、生産性の向上、高い雇用水準、インフレの抑制が実現できる。米国は過去30年間にわたり、個人が将来のお金を自助努力と自己責任で十分に備えるよう、政策決定を行ってきた。アメリカでは５７００万世帯近くが株式を保有していた。ＩＲＡの残高だけで14兆ドルを超えていた。自動加入制度の導入などにより４０１（ｋ）プランへの加入者数はうなぎのぼりになっていた。個人投資家が資本市場に参加することはまた、米国企業の革新性を鼓舞するものだ。米国は、リスクをとり、選択権を行使し、自ら決定を下す人たちの歴史の上に成り立っている。資本市場は、チャンスをつかみ、革新的な企業を褒賞し、株式市場に情熱と熱意をもたらす個人投資家の参加があってこそ、躍動してきたのだ。そして、私が当社でみてきた限りでは、個人投資家は投資に関していくつか基本的なことを要求している。公正さと公平な競争の場、低コストで効率的な市場へのアクセス、自ら投資決定を行うのに役立つ情報、利益相反のないアドバイスだ。市場に対する投資家の信頼は、こうした基本的なことが市場において期待できるかどうかに直結していた。

しかし、その個人投資家の市場に対する信頼が厳しく試される時が、まもなく到来することになろうとは、私は気づきもしなかった。

シュワブにおいては進展がみられる一方で、すべてが順風満帆ではないという不吉な兆候が現れていた。私が心配したのは、経済の不安定さだった。私がUSトラストの売却を2006年中に終わらせたいと切望していた理由の一つはそれだった。市場がどんな振る舞いをしようとしているかなんてだれにもわからないのだ。

もし、あなたが何かを売ろうという決断をしたのであれば、とにかく迅速に行動せよ、が私からのアドバイスだ。待つことにはリスクしかない。

その年の春、事態が深刻化しつつあるのを感じながら、私はその数年前にゴルフのラウンド中にキャディーと話したときのことを思い出した。彼はその頃、投機目的で家を買ったばかりだったが、その家の評価が購入後に上昇したので、その上昇部分を担保にしてさらにお金を借りようとしていた。われわれはその手続について話題にし、私は彼に銀行から年収について聞かれたかと尋ねた。たしか彼は家を買ってからも収入はあまり変わっていなかったと思っていたし、そんなに多額のローンを組めるものだろうか、と訝しく感じたからだ。

「年収を伝える必要はないんですよ」と彼は答えた。「僕は新しいタイプの「うそつきローン (liar loan、訳注:提出書類がほとんど不要なローン)」を利用しているだけなんです。銀行は僕の年収なんて気にもしていないんです」

こうした借入れは「忍者 (NINJA)」ローンとその後呼ばれるようになったものだ。「収入は問いません、仕事は問いません、資産も問いません (訳注: no income, no job, no assets の頭文字からNINJA)」。おもしろい話だなと、われわれは笑ったのだった。膨大な信用供与に住宅市場が不安定化し始めているのは明らかだった。人々は自宅をキャッシュ・レジスターのように扱っていた。自宅の評価額が上昇した分を担保にお金を借りては、投機的な値上りを期待して住宅を購入していた。それを、評価額の上昇に応じて何度も繰り返していた。銀行もそれを奨励した。銀行はその過程でたくさんのお金を稼げるからだった。手数料で稼ぎ、不動産評価して稼ぎ、金利で稼いでというわけだった。政府もまた、だれもが住宅を所有できるという夢を推し進め、住宅ローンの借入れを国のあらゆる地域に拡大し、深化させ、リスクを高めた。伝染病が広がったようなものだ。人々がお金を借りたり、銀行がお金を貸したりすることに自制が求められるようなことはなく、金融システムの隅々まで浸透した。さらに銀行と投資会社はこうした動きを活用する方法を見つけ出していた。クレジット・スワップや不動産担保証券、シンセティック何とかにレバレッジ何とか。ほとんどの人は理解していたとは思えないが、信用格付機関はそうした証券にトリプルAを与えていた。そして、機関投資家は、それらを高い格付に基づいた素晴らしい商品だと考えて購入したが、やがてその格付の無意味さが判明することになった。トリプルFのほうがお似合いだった。

2007年初頭、不動産バブルが弾け始めると大きな亀裂が見え始めた。特にここ数年で急成長した、あのキャディーのNINJAローンに代表されるサブプライム・ローン関連の投資が問題だった。世界的な大手銀行HSBCは2月初め、リスクが懸念されるとしてサブプライム・ローンに関して110億ドル近くを引当てしたことを発表した。不動産の価値は下がり、サブプライム・ローンの市場は縮小し、銀行や投資家は貧乏くじを引いて立ち尽くした。4月には、米国最大の貯蓄貸付組合であるワシントン・ミューチュアル・バンクが、保有する債権の10％近くがサブプライム・ローンであることを明らかにした。同行はそれが主因となって破産管財人による管理下にまっしぐらとなり、最終的にはFDIC（連邦預金保険公社）によってJPモルガン・チェースに売却された。ベア・スターンズはヘッジファンドを閉鎖し、8月9日には欧州の短期金融市場が一時的に凍結した。不吉な前兆だった。

いまやサブプライム・ローンのバブルが破裂しつつあった。金融市場は突然旋回し、巨大な金融機関はもがき始めていた。私はUSトラストの売却がまだ完了していないことにやきもきしていたが、2007年7月の第一月曜日に財務部から電話があり、バンク・オブ・アメリカから売却完了を意味するキャッシュ33億ドルの送金を受けたとの連絡が入った。私は急いで下の階の財務部に降りて行き、送金確認書を自分の手で受け取った。金額が巨額だったので、2回に分けて送金が行われていた。33億ドルがまさにこの両手のなかにある。2回分の送金確認書は私がいままでみたなかで最もほれぼれするものだった。とても嬉しかった。取引はついに完了した、しかもわれわれの周りで地獄が爆発する直前に。

2007年の夏、サブプライム・ローンを専門としていたカントリーワイド・フィナンシャルを救済する必要が生じ、バンク・オブ・アメリカが支援することになった。9月には、イギリスの銀行ノーザン・ロックが同国で100年ぶりの取付け騒ぎを起こし、イングランド銀行からの公的支援が必要になった。同行は最終的には経営破綻した。ここ米国では、11月にバンク・オブ・アメリカと資産運用会社レッグ・メイソンが現金注入によってMMFを支える事態が起きていた。連邦政府は2008年1月になって1500億ドルの大規模な景気刺激策を開始したが、それでも状況は悪化を続けた。米国はいまや完全な不況に陥っていた。3月にはJPモルガンが経営難に陥っていたベア・スターンズを買収し、7月にはサブプライム・ローンを取り扱うインディ・マックが倒産した。

9月は米国金融史上で最悪の月の一つとなった。ファニーメイとフレディマックは住宅ローンの供給を拡大するために設立された巨大な政府支援企業だったが、いずれも公的管理下に置かれることとなった。米国内4位だった投資銀行リーマン・ブラザーズは破産申請した。巨大な保険持株会社のAIGは政府により救済された。バンク・オブ・アメリカは、金融システムの崩落を食い止めるため、かつて一時代を築いたメリル・リンチを買収した。米国人は「大き過ぎて潰せない」という言葉を学ぶことになった。

9月16日、私はロンドンに滞在していたが、リザーブ・プライマリー・ファンドというMMFが「元本割れになった」というニュースが飛び込んできた。通常は1口当り1ドルのMMFだが、リザーブ・プライマリー・ファンドは1ドル以下の価値になってしまったのだ。MMFは銀行預金ではなく、元本保証が付与されていない投資商品だが、金融の世界では何十年もの間、MMFの元本は割れることはないと扱われていた。投資家はMMFが元本を維持することは当たり前と思っていた。MMFは経済の要となり、企業が発行するコマーシャル・ペーパーの、つまり取引や給与支払の資金源となっていた。リザーブ・プライマリー・ファンドは、リーマン・ブラザーズが発行したコマーシャル・ペーパーを保有していたが、同社が前日破産申請を行ったことを受けて、その価値は1口当り0.97ドルに下落していた。人々はリザーブ・プライマリー・ファンドの混乱をみてパニックになり、数十億ドルの資金が短期金融市場から引き揚げられた。連邦政府は、このパニックが経済を崩壊させないように行動を起こさなくてはならなかった。ヘンリー（ハンク）・ポールソン財務長官は、業界関係者と電話で連絡をとり、最善策を探っていた。ハンクはまさにあの局面において適材適所そのものだった。彼はゴールドマン・サックスの経営者だった時代からすべての大手銀行のことを知り尽くしており、何をすべきかについて直感的に把握していた。

ロンドン時間で夜半に私はハンクと話をし、業界が必要としていた策、すなわち政府からMMFに対して信用供与を行うというアイデアを共有した。電話の声を通じて、彼が完全な危機管理モードにあり、方々に四六時中電話をかけているのだろうと感じた。最終的に、彼と彼が率いるチームは、MMFについて1ロードルを無条件で保証するという大胆な政策を打ち出した。この賢明な措置によって、1ロードル割れに陥るMMFがもっと増えるのではないかという懸念は払拭された。MMFへの取付け騒ぎはギリギリのところで収まった。

1つの危機は回避された。しかし、広範な意味での金融危機はまだ進行中だった。まるでアミューズメント・パークにあるモグラたたきのようだった。1つの問題が解決したかと思うと、他の問題が浮上した。コマーシャル・ペーパー市場は凍結し、短期信用を必要とする企業に圧力がかかっていた。10月3日、ブッシュ大統領は緊急経済安定化法に署名した。この法律に含まれていた不良資産救済プログラム（TARP）は、銀行をはじめとする金融機関が売却できなくなった資産を購入することによって、信用市場と銀行システムの安定を回復することをねらっていた。当社は全面的にTARPを支持したが、そもそもシュワブは強固で柔軟なバランス・シートと豊富なキャッシュ、高い信用格付を維持できており、他の多くの銀行よりもきわめて健全かつ安泰な状況にあった。ウォルトと私は、当社にとってはTARPから資金提供を受けることが逆に信用低下を招き兼ねないのではないかと懸念し、議論の末、取締役会もわれわれの意見に同意した。当社はTARPに参加しないと発表した。最終的に、当社はTARPに参加しなかった数少ない大手金融機関の一つになり、信頼性と安定性について、当社の顧客と見込み客に対して強いメッセージを送ることができた。いま振り返ってみると、これこそが、あの危機の真っただ中、そしてその後の数年間に、あれほど多数にのぼる新規顧客がシュワブに来ることになった理由の一つだと思う。

もちろん当社も無傷ではなかった。われわれが運用していたファンドの一つに、2006年から2007年にかけて人気を博しながら、その後、不動産業界の崩壊とともに価値が下落したものがあった。イールド・プラス・ファンドと呼ばれた商品だが、当社の投資信託の品ぞろえのなかでは比較的小規模のものだった。高格付で好利回りのモーゲージ証券を保有し、定期的な分配金を志向する人たちに人気があった。金融危機が発生したら、そうした証券が有害になるなんてだれも想像していなかった。私もそのファンドを非常に信頼していたので、わが家は当ファンドの大口の投資家の一角を占めていた。シュワブは最終的に、顧客に対する多額の払戻し（もちろん私やシュワブの従業員は対象にはなっていない）を含む訴訟での解決に至った。また、シュワブ・バンクが保有していた投資商品で金融危機により損失が生じたものについては、最初に原資産にあたる証券を売却していた銀行からその損失を回収することができた。こうした証券は中身のリスクが把握できないような不正確な目論見書に基づいて売却され、結果として価値が下落したのだった。

2008年9月29日のダウ平均は777ポイント下落し、過去最大の下げ幅となった。ヘッドフェイクでの戻しが何度かあったものの、さらに半年下がり続けた。いまとなっては2009年の3月初めには株式市場が底を打ったことがわかる。ダウ・ジョーンズ平均株価は、2007年10月9日の1万4000ドル超をピークに、17カ月間で54%下落して6507ドルになり、ようやく下げ止まった。被害は大きかった。およそ12兆6000億ドルの家計資産が、2007年半ばから2009年第3四半期の間に消え失せた。

金融危機とその後の不況の原因は何だったのか。何十冊もの本や何百本もの記事が分析を行っているが、血なまぐさい詳細についてはほかの人に譲るとしたい。私としては、ハンク・ポールソンが素晴らしい事後分析を記述しているので、それをお勧めしたい。彼の著書『On the brink（邦題：ポールソン回顧録）』は、あの危機の対応に休むことなく従事した人たちの視点から描かれている。

危機の原因を説明するのに「流動性危機」や「デリバティブ」「カウンターパーティ問題」といった難解な概念を含む、無味乾燥な説明を数多くみかけるが、私にとってはシンプルな答えしかない。あまりにも多くの金融サービス関係者が、自分たちが扱っているお金が単にお金ではなく、「人々」のお金なんだ、ということを忘れていたのだ。お金はそのように扱わなければならないものだ。レバレッジは不適切なレベルのリスクを生み出した。そして、あまりにも多くの善意の人々が、賢明であろうとなかろうと、安易な信用を押し付けられ、借金を奨励された。あまりにも多くの消費者が絶好の機会とばかりに無理な買い物をし過ぎた。私は常々シュワブの銀行部門の担当者たちに「お金を返せる人にだけ、お金を貸すように」といってきた。簡単に聞こえるかもしれない。しかし金融危機が示していたのは、お金を融通する人々がその工程を悪用していかにして稼ぐか、に夢中になっていたという事実である。申込兼信用審査の手数料、住宅ローンの転売(銀行はめったに住宅ローンを貸借対照表上には残さなかった)、転売された住宅を束ねて著しく複雑にした証券化商品。個々のローンについては、そもそも借り手は返済できるのかというところに焦点が十分に当てられていなかった。クレジット市場と金融サービス産業の本来の機能は、何が何でも収益や利益を増大させたり、あるいは国全体を栄華に導くための策を弄したりすることではなく、国民の信頼と信任を維持するために、合理的な成長を支援し、慎重にリスクを管理することにあるはずだ。信頼と信任がなければ、金融システムは立ち行かない。

金融危機が起きているもとで、シュワブは好調だった。ただ好調だったのではない、絶好調だった。たとえば、危機真っただ中の2008年10月には、前年比88%増の月間3万口座にのぼる新規口座開設があった。当社の支店を通じて2008年に500万件に及ぶ顧客とのやりとりがあったが、これは私がシュワブを創業した時には想像もできなかった数字だ。2004年から2006年にかけて組織再編を乗り切るためにわれわれが取り組んだことは、嵐を乗り切るための確固たるポジションを当社に与えてくれたのだった。もうわれわれは、市場が低迷していた1987年当時の経験の浅い若輩企業ではな

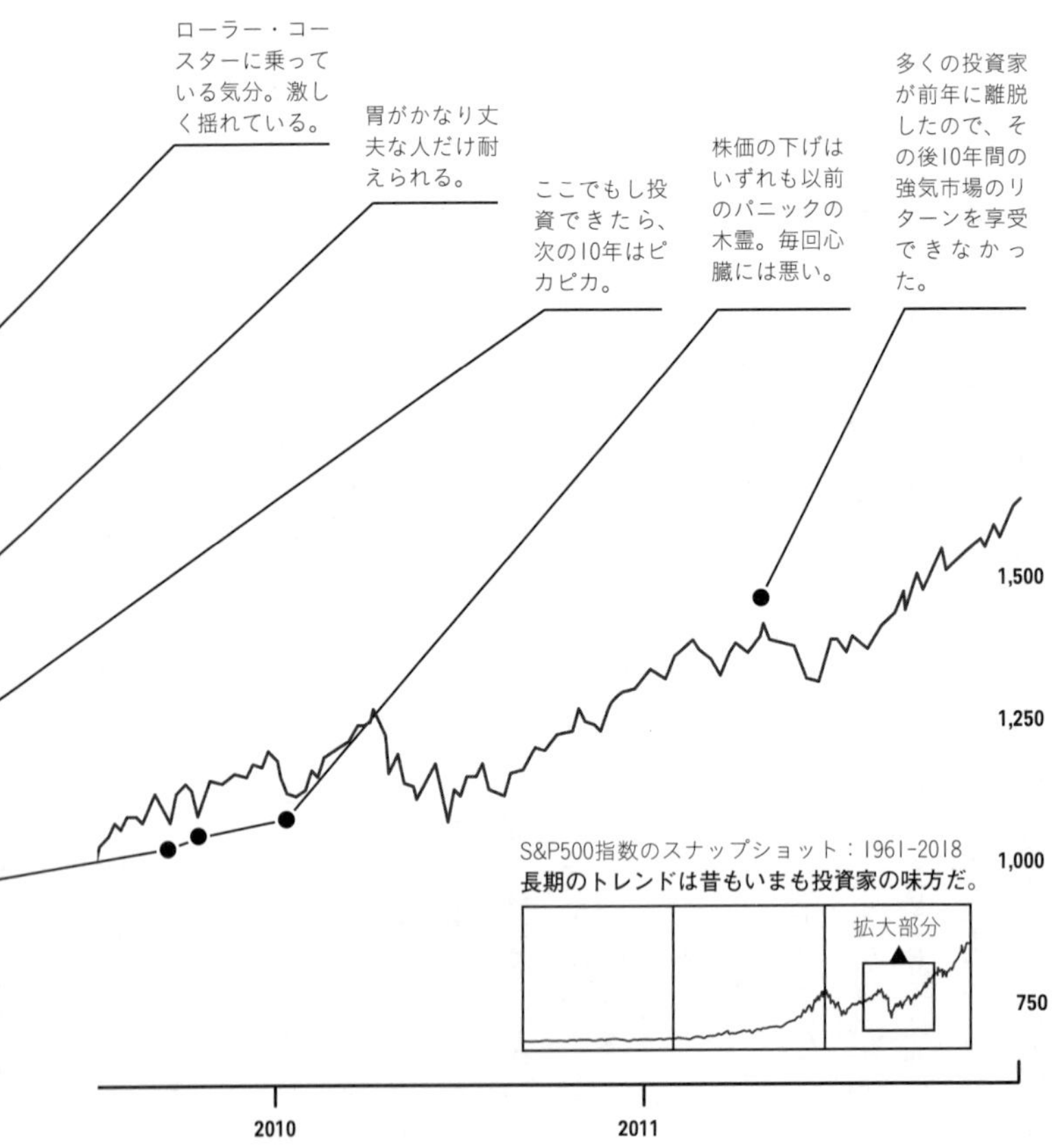

ローラー・コースターに乗っている気分。激しく揺れている。
胃がかなり丈夫な人だけ耐えられる。
ここでもし投資できたら、次の10年はピカピカ。
株価の下げはいずれも以前のパニックの木霊。毎回心臓には悪い。
多くの投資家が前年に離脱したので、その後10年間の強気市場のリターンを享受できなかった。
1,500
1,250
1,000
750
2010
2011
S&P500指数のスナップショット：1961-2018
長期のトレンドは昔もいまも投資家の味方だ。
拡大部分

株式市場のサイクルを通じてみる投資家心理

投資家はどう感じ、どう動くのか？

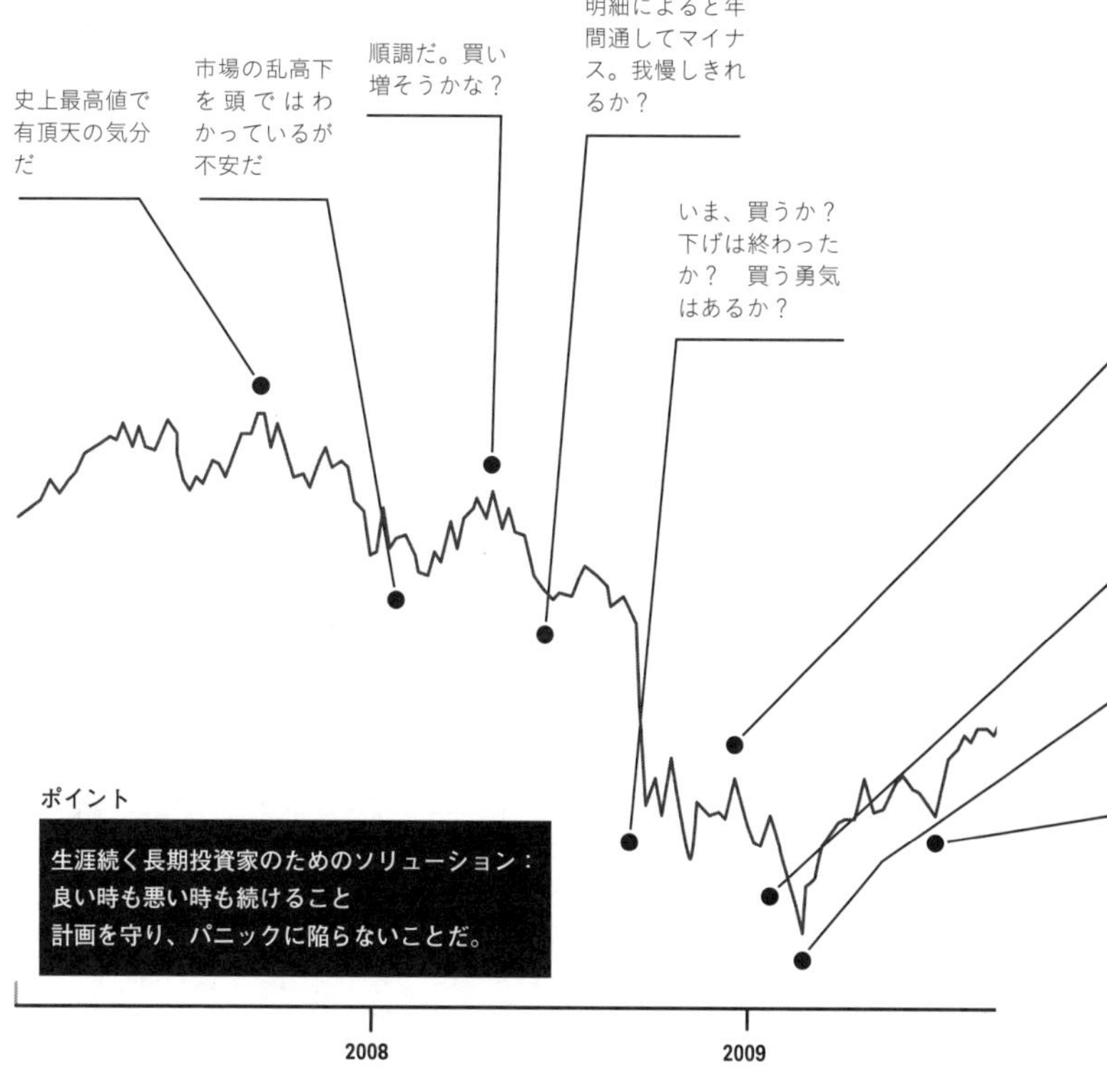

かった。

しかし、こうした成功にもかかわらず、私は必ずしも居心地が良い気分にはなれなかった。政府が金融危機を食い止めようとし、当社が顧客のために尽力していたにもかかわらず、投資家がパニックに陥るのを目の当たりにしていた。当社の顧客も例外ではなかった。支店やコールセンターには、どうすればいいのか、という質問が、さらに悪いことには「全部売ってくれ」のパニック注文が殺到した。

「投資はもうやめた方がいいですよね？」それはよく聞く質問だった。

こうしたやりとりは以前も目にすることだったが、私はもっと声を出して沈静化させる必要があると感じた。株式市場が急落したときに、慌てて逃げようとするのは投資家として不自然なことではないが、間違っていることだ。歴史がそれを証明していた。私はマーケティング・チームにできるだけ早く収録に入れるように頼んだ。われわれはニューヨークに飛び、２００８年10月のある寒い日、私の一連のビデオ・メッセージを制作するために、収録スタジオに改修した14丁目のロフトで終日を過ごした。私の周りには、照明と音響の担当者たちをはじめ制作スタッフがぎっしりと詰め込まれて並び、監督は何テイクも私に台本どおりに読むように指示した。

私は体がこわばって、不快な気分になった。これではうまくいかない。これではリアリティがまったく感じられない。堅苦しくて慎重な、完璧な台詞によってではなく、できる限りはっきりと誠実に伝わるやり方で顧客に語りかけたかった。何十回も撮り直しをした後、私はいったん収録を中止し、台本を捨てて、かわりに私のコミュニケーション担当者にいくつかの質問をしてもらうことにした。それに対して私は心から答えた。

「外に向かって逃げ出そうとするのは、至極当然なことです。売りだ、全部売ってくれ、ですよね」「ただ、そうした感情と戦って、市場の回復に向けて持ちこたえなければなりません。市場がいずれ回復することは、私のビジネス人生では今回のようなことを経験するたびに起きています。……いまからかれこれ40年前もそうでした。……こうした市場の崩壊は9回経験しました。賢い投資とは何年も続けることです。いまは少し悪夢のように感じられることでしょうが、私たちはそれを乗り越え、いずれ来る良き日を楽しみにしながら、対処するのです」

この私のアドバイスはグッド・タイミングだったかって？　必ずしもそうじゃなかった。タイミングをあわせるなんてだれにもできない。そして、それこそが重要な意味をもつ。市場は、当社が２００９年１月にテレビＣＭで私のビデオ・メッセージを流し始めてから数カ月の間は乱高下し、その後、３月９日に最終的に底打ちに向かった。市場のタイミングを計ることは不可能だ。よくいわれるように、重要なのは市場でタイミングを計ることではなく、市場にいる時間（タイム）だ。２０１０年末にはダウは２００８年９月29日の大暴落前の水準に戻っていた。もし、当社があのテレビＣＭを流し始めた当日に、ダウ・ジョーンズ工業株平均でもＳ＆Ｐ５００でも、あるいはシュワブ１０００指数のようにもっと広範な企業を対象にした指数（シュワブ１０００を構成するのは米国の大企業１０００社で、米国市場の時価総額の90％を占める）でも投資を始めていたら、その後5カ月間は株価がさらに下落したものの、1年足らずで25％近くの値上り益を享受していたことだろう。残念なことに、あまりにも多くの人々が、その苦しい18カ月間の弱気市場に我慢できずに飛び出してしまい、その後の株価の戻りを逃してしまったのだった。株価の戻りはこれまでも同様だが、予告なしに始まる、あっという間の出来事だ。

投資家として成功するためには、楽観主義者でなければならない。人類の知恵と精神から生まれるイノベーションを信じなければならない。

投資とは、新しい価値を生み出す企業活動の一角に当たる。このことは今後も真実であり続けるはずだが、その確認のためには引き続き多くのうねりを乗り越えなくてはならない。肝心なことは、ある程度楽観的になることであり、未来は過去よりも良くなると思うことだ、と私はビデオ・メッセージで語った。

私自身は昔からそう信じていたし、かなり分が悪そうだったシュワブの起業時もそう信じてやまなかった。いまでも信じている。投資家として成功するには、楽観的でなければならない。

第30章

準備万端

2008年7月にウォルト・ベッティンガーをCEOに任命するという決定について、何か私からいうべきことがあるとすると、CEOとしての任期中に行うべき最も重要なことの一つに、次のCEOにバトンを渡すことがある、ということだ。次世代のために会社をあるべき場所に位置づけ、あるべきバリューの持続を確保する機会となる。自分がそのビジネスの創始者であり、自分が築き上げたものとその目的を深く信じている場合は特にそうだ。われわれのようなビジネスにおいては2つのことに集約される。1つは、人々の生活に変化をもたらす大きなアイデアの存在であり、もう1つは、そのアイデアを信じて、どんな邪魔が入ってもその実現に向けて日々邁進する人たちの存在だ。どちらも必要だ。

CEOに復職して3年余り、私は引き継ぎをする準備を整えていたし、その仕事に適任と思う人間を見定めていた。2回目に当たる試みだったので、私は慎重に計画と熟考を重ねた。私はよく周囲に、シュワブはまさに私の一部であり、私の赤ん坊のようなものと冗談めかしていってきたが、そういう思いをだれかに委譲するのは大きな一歩を踏み出すようなことだった。こうした選択は軽々しく行われるべきものではないし、将来に向けて数珠がつながれていくことを望むようなものだ。つまり、自分の価値観を共有する者をリーダーとして選び、彼もまた同じ姿勢で将来のリーダーを見出していくのだ。

デイブが当社を解雇された2004年、取締役会と私は、だれもCEOになる準備ができていないと感じ、私がCEOに復帰することになった。しかし、それが永遠に続くわけではないことはわかっていたし、そうなることも望まれていなかった。CEOになるのはとてつもない仕事に就くことであり、2004年においては特に、当社がなすべきことの多さと、それらを迅速に行うべきという緊急性とによって、CEOの任務はより重大さを増していた。大きな変革の実施が必要だったたし、創業者としての私にしかできない変革だったと思う。2004年に復職した時、私は周囲に、CEO就任は2年間の移行措置期間だと考えていると話した。しかし、次々と変革を実施している間に、時間は飛ぶように過ぎてしまい、あっという間に2008年になっていた。

取締役会はCEOの承継計画については最初から私に任せてくれており、ウォルトは長らく私が念頭に置いていた人物だった。2005年の終わり頃、私はウォルトに電話をして、個人投資家向けリテール・ビジネスのヘッドだったビル・アットウェルの降格を決めた、と伝えたところ、驚いたことにウォルトは、自分も同様に降格になると思ったのだった。もし私がビルの仕事の進捗に不満ならば、ビルの直属の部下だった自分もまた私の不満の対象になるはずだ、と考えてのことだった。私は即、君にリテール・ビジネスを引き継いでほしい、と明確に伝えた。

ウォルトは2005年にリテール・ビジネスのヘッドに就任したが、待ち受けていたのはビジネス環境の課題に加え、組織的な課題だった。戦略およびその実行のあり方に関して合意が形成されておらず、大規模なスタッフを指揮する多数の経営幹部が各々、何がなされるべきで、何がなされるべきではないか、について勝手な見解をもっているような状況だった。私がCEOに再任された時に認識したのと同じように、ウォルトも進めるべき戦略を明確で簡潔なものにする必要があると気づき、迅速に展開を始めた。彼が最初に行ったのは、「個人投資家向け事業(Individual Investor Enterprise)」と呼ばれていたリテール・ビジネス組織の名称を「投資家向けサービス(Investor Services)」に変更したことだった。「当社は人に奉仕する仕事をしている」からだ、と彼は説明した。それがすべてに通底する彼の考え方となった。新しいリテール・ビジネスの名称は、当社のミッションを具現化していた。

彼が次に手がけたのは、組織の結束を強め、組織を活性化させることだった。彼は「当社の戦略をこう呼ぶことにした。顧客目線、だ」と宣言した。それは、当社は顧客の最善の利益に合致し、顧客の投資経験をできるだけ良いものにできると信じる商品やサービスだけを提供するのだ、を集約した表現であった。それはまた、顧客と利益相反が生じるあらゆるビジネス行為を回避することも意味していた。当社は1年にわたり、戦略がどうあるべきかについて議論していたのだが、ウォルトはリテール・ビジネスのヘッドに就任してわずか1日、2日で戦略を議論から実践に移行したのだった。この戦略には、選択に迷ったときにどうフィルターをかけて意思決定を行うか、についての一連の指針が組み合わされていた。こんな内容だ。「顧客とのやりとりはすべて、当社の将来に直結し、プラスの方向にもマイナスの方向にも左右する。顧客がバリューを見出すのは信頼でき、自分の最善の利益のために行動してくれると信じる人や組織とのリレーションシップである。手数料の低さは重要だ。顧客は当社に大きなバリューを期待している」。こうした指針に照らせば、組織のだれもが、ウォルトや経営幹部が行うことすべてについてリトマス試験紙のように是非を判断できた。クリアで簡潔で直接的だ。

ウォルトが自分の役割を展開し、計画を実行に移すのに伴って、私とウォルトは週次で打合せをするようになり、その場で私は彼が直面している課題について助言を提供した。2007年2月、私は彼をプレジデント兼COOに昇進させた。私とウォルトは良きパートナーシップを築き、その絆はますます強まっていた。

2008年は新しいCEOを据えるには必ずしも最適なタイミングではなかったかもしれない。金融システムは危機の様相を強めており、経済は不況の真っただ中にあった。しかし、それまでの2年間にわたり、私はウォルトがCEOの後継者になるべきことについて信じて疑わないようになっていた。全幅の信頼を寄せる関係を構築するには時間がかかるものだが、私とウォルトがそうなってから結構な時間がたっていた。私は彼の働きぶりを15年間みてきて、彼のことをよく知っていた。彼も私のことをよく知っていた。彼の気質は私に似ており、派手好きではなかった。要求された仕事を着実にこなす姿勢については、本当に感心していた。それも私の性格と通じるところがあった。ちなみに私は表向きには社交的だが、あれは自然に身についたものではない。公の場所で派手にやるのは不得手であり、自分が知っていることを話す。それだけだ。

私とウォルトはお互いに尊敬し合っていた。初めて会ったとき、ウォルトは若い起業家で、私は彼のこの起業経験を買っていた。私にとって、彼の実績はとても重要だった。彼は、私と同じように、何もないところから会社を立ち上げた。私は、彼が401（k）ビジネスの領域で、インデックス・ファンドを基本とする投資と低コストを重視するというユニークかつ先見の明がある考え方でこれまでなしえたことについて見届けてきた。彼は同様な判断と創造的な考え方を、支店を統括する立場として、またリテール・ビジネスのヘッドとして、さらにCOOとして発揮してくれていた。なかでも、当社が株式取引を行う場から、顧客とより深いリレーションをもつ場へと移行することが重要なのだという彼の主張は、当社が今日ある姿に変革を進めるにあたり重要な鍵となった。彼の責務は、私が彼に委譲する権限が増えるのに伴い、急速に大きくなり、彼はその必要が生じると、私を共鳴板として活用するようになった。彼の私に対する敬意と、私がどのように首を突っ込むかは、2人がうまく機能するのに重要だった。私がすぐにどこかに消え失せるわけではないことを彼は理解していたし、また、良いこととも思っていたはずだ。われわれは定期的に会ったり、メールを使ったりして、当社の現状について連絡を取り合い、それはいまも続いている。素晴らしいオープン・コミュニケーションだ。私はアドバイスをする、それだけだった。私は彼がCEOとしての複雑な責務に対処できることは知っていたし、彼はそれにふさわしい気質と判断力を兼ね備えていた。彼は謙虚な人柄でもあり、手柄がだれかと共有されるべき場合や、自分が下した判断に基づいているわけではない場合には、自分のものにしようとはしなかった。彼は、当社が何者であるか、当社が何のために存在しているのか、について敬意をもつ一方で、決して過去に縛られているわけでもなく、進んで変革を起こすことができた。同時に、彼が提案する変革は、常に当社の独自の個性を際立たせるものであり、変革のための変革ではなかった。彼はよく働き、思慮深く、公平で、自信に満ちている一方で、親しみやすかった。特に他人とのコミュニケーション能力が高かった。彼は自分以外の経営陣にも敬意を示し、私とのミーティングでも彼らを引き立て、しかるべき評価を与えていた。彼の仕事の一番のモチベーションは彼自身を向いていなかった。彼はお金に困っているようすはなかったし、お金に駆られているとも思えなかった。金銭欲があまり強くないことは、彼をCEOにするまでのすべての会話において明白だった。彼は、私が果たしてきた役割と、創業者かつ会社名としての私の実践的な価値に敬意を示してくれて、引き続き会社の利益のためにチャールズ・シュワブの名前を使うことをいとわず、だからといって嫉妬を感じているようなこともなかった。われわれは現実的なアプローチを共有し、今日の競争環境が継続性を求めていることについて確認し合った。われ

最も重要なことは、彼の価値観が私の価値観と一致していることと、彼が当社のミッションを深く理解していることだった。彼はビジネスで何か決定しなくてはならない場合、真っ先に顧客のことを考えていたし、それが自然体で行われているのに私はとても注目した。たとえば、私はウォルトに早い段階から、彼が真剣かつ正確に把握すべき最重要事項として、当社が預かっている相当量に及ぶ顧客からの

キャッシュをどのように管理するかがある、という私の考えを伝えていた。これこそがビジネスの基盤であり、当社は究極的には顧客資産の保管、ひいては顧客の金銭面での安心確保を担う立場だ、と。当社に課された絶対的な責任として受け止めるべき顧客からの信頼と信任は、決して破るわけにはいかないのだ。バランス・シートに対するこの覚悟があったからこそ、当社は金融危機を無傷で乗り切り、TARPを必要としないですんだ。彼はそうした見方を吸収し、自分のものにした。「OPMだ」と彼はよく口にする。「他人のお金（Other People's Money）なんだ」

2008年7月22日、当社は、その年の10月1日付けでウォルトがチャールズ・シュワブのプレジデント兼CEOに就任することを発表した。「CEOになるのには最悪の時期でした」と、ウォルトはそれ以来何度も笑顔で語っている。問題になるのは金融危機ではなかった。金融危機自体はハンク・ポールソンやほかの何百人にものぼる人たちのたゆまぬ勇敢な努力のおかげで、2008年末から2009年初めまでにほぼ封じ込められた。厳密にいえば、景気後退は2009年7月には終わっていた。しかし、その余波を受けて、当社のような会社にとってのパーフェクト・ストームが巻き起こっていた。金利は潰され、取引注文はすずめの涙になり、投資家の楽観主義は長期的な恐怖と無感心に変わり、その結果、当社はこれまでで最悪の減収局面を生き抜かなければならなくなっていた。幸運にも、ウォルトと彼が率いる経営陣は準備万端であり、私も準備万端、シュワブ全体が準備万端になっていた。

第31章

ゼンマイばね

2010年6月25日、私はウォルトから当社の戦略に関する彼の考えを概説するメモを受け取った。株式市場は金融危機後しばらくたってそこそこ回復していたが、個人投資家は依然として砲弾ショックを受けたままのような状況だった。ほんの少しの株価下落でも人々は動揺した。5月初めに経験した大幅な下落はすぐに回復したものの、一般投資家の自信を打ち砕くような追加の打撃になった。景気が回復してから1年以上が経過していたが、一般投資家たちはまだ慎重な姿勢を崩さなかった。通常よりも多くのキャッシュを抱え、投資もせず、不安な気持ちで過ごしているようだった。

連邦政府はそうしたムードの改善に動いてはいなかった。金融危機と景気後退のさなか、連邦準備制度理事会（FRB）は経済を始動させるために歴史的な低金利の実験（「ザープ（ZIRP）」と呼ばれているゼロ金利政策（zero interest rate policy））に乗り出していた。6週間ごとに定期的に開催される会合では、金利が0％に据え置かれたままであったが、これは経済がまだ病んでいることを示していた。見渡す限り、終わりがみえなかった。実際、だれもが予想していたよりもかなり長期間にわたり、FRBはZIRPで走り続けることになった。2015年末まで利上げは行われず、しかも、わずか0・25％しか引き上げられなかった。それ以来、非常に緩やかにしか正常化へのプロセスは続かなかった。2019年の時点でも、金利は歴史的にみて正常な水準とされる約5％には至っていない。FRBは内向きの姿勢になっていた。利上げが景気回復の足を引っ張り、再び景気後退に陥るのではないかと懸念していた。低金利を維持することは、銀行の回復と経済の回復に役立つかもしれないが、何かが犠牲になっているのではないだろうか？　経済が依然として不健全だというメッセージを送り、企業の投資意欲が削がれてしまう。

銀行の普通預金がほとんど0％近くの金利になっていたので、生活資金を利息に頼っている退職世代はかなり苦しむことになった。思うに、FRBは金融危機のさなかでは適切な利下げを行ったと思っていたが、その後はできるだけ早く正常に戻すべきだった。そうしなかったので、市場における通常の資産価値の評価メカニズムが失われることになってしまった。市場には、資産が提供しうるリターンと損失が出るリスクとがバランスする価格について自然な均衡が求められる傾向がある。基本的に、すべての資産は常に相互に比較されている。FRBは低金利を継続することで、その自然な均衡システムを混乱させていた。私はそれが間違った道だと思っていたし、低金利が続くことで、だれもが自分たちはまだ生命維持装置のなかにいるような気になり、士気がくじかれていた。特に、退職後に金利で暮らそうと考えて、現役時代にお金を貯め続けるという正しい行為をしてきたはずの貯蓄者にとっては、気力がくじかれる思いだった。しかし、ＦＲＢは低金利に固執した。

２００９年に市場が底を打ってから着実に上昇していたシュワブの株価は、２０１０年半ばまでに金融危機のレベルまでズリ落ちてしまった。当社のようなビジネスにとっては最悪の環境になっていた。あらゆる収益源が影響を受けていた。顧客は取引をしないどころか、実際のところ、大量の資金を投資信託や株式からＭＭＦやキャッシュに移していた。通常、顧客勘定のキャッシュをかなり保守的に運用していれば（たとえば、償還までの残存期間が非常に短い米国債の投資）、ある程度の金利を稼げるので、金利スプレッドは当社の収益の重要な部分を担っていたが、いまやそれもＺＩＲＰによって制約を受けていた。ＭＭＦについても、顧客にわずか０・０１％のリターンを何とか確保するために、通常の運用手数料徴収を放棄していた。そうした結果として、株式市場は当社の利益見通しを引き下げていたのだった。

株価の動きに左右されて会社を経営しているわけではないが、株価を無視するわけにもいかない。

ウォルトから6月に届いたメモは、そうした状況下で人々の頭に浮かんでいるだろう質問に答えるために作成されたものだった。当社は新しい方向に進むべきか？ 彼と私は、私のオフィスで週次開催される打合せにおいて、このメモについて話し合った。メモのポイントのナンバー1は、われわれは現在の経済環境と当社の株価下落に関してパニックになったり、過剰反応したりすべきではない、だった。

「先を見通そうとしても、超低金利以外は何もみえないなかで、パニックになって、ビジネスの何もかも変えようとするのは容易なことです。しかし、奇跡が起こるのを期待するリスクをとるわけにはいきません。当社はこれまでのやり方を貫徹すべきです」とウォルトはその話合いのなかで語った。

彼はまったく正しかった。当社は2000年の初めにも同じ過ちを犯していた。2004年以降、再建のために必要なことはすべてやり遂げて、その結果、金融危機とそれに続く厳しい試練を乗り切れる体質になれたのだった。実際のところ、当社が最も重視していた顧客満足度、新規の預り資産、新規開設口座数、新規顧客数といった指標では非常にうまくいっていた。たとえば、金融危機の最悪期とそれを引きずった期間に当たる2008年から2011年にかけて、シュワブにおける新規の預り資産は3000億ドル以上の純増になっており、これは、上場している競合他社が公表する同資産の数字を全部足し合わせたものを上回っていた。当社は大きな変更を加える必要はなかった。むしろ当社には、これまでのやり方を貫徹するという決意こそが必要であった。それまでと同様に、経費を抑え、顧客体験の向上に資する投資を実行し、ほかに気を散らさず皆で集中すること、だ。ただ、これまでのやり方を貫徹しようとするのは、往々にしてむずかしい選択になり、忍耐と自信が必要とされる。新しもの好きな記者や独断的なウォール・ストリートのアナリスト、あるいは短期志向のアクティビスト的な株主らが、取組みが不十分だと主張したがるからだ。

ウォルトと彼が率いる経営陣はまた、従業員の目的意識を統一するという課題にも直面した。おそらく、これが最大の課題だった。なかには、特にインターネット・バブルがはじけた後に入社し、当社が本来の戦略から乖離した時のあり様をみていない人たちが、これまでのやり方を貫徹する戦略について懸念を表明していた。「何か違うことをする時ではありませんか?」という質問をウォルトはあちこちで聞いていた。彼のメモはだれよりも彼らのために記されたものだった。

ウォルトのオフィスからは、ベイブリッジを半分渡ったところにあるトレジャー・アイランドがみえる。サンフランシスコのトレードマークでもある霧に包まれて、トレジャー・アイランドがみえないことがよくあった。従業員へのプレゼンテーションのなかで、ウォルトは霧を当社の状況を表現するメタファーとして使い、こう語った。「あのトレジャー・アイランドでは、サンフランシスコ市街の素晴らしい眺めのある、住んでも働いても素晴らしい場所になるようにと、多くの人たちが再開発に勤しんでいます。しかし、島が霧に包まれているので、いまはその進捗をみることはできません。シュワブでも同じです。たくさんのことがなされてきましたが、異常なまでの低金利と失速した株式市場という霧のなかで、そうした成果がみえなくなっています。しかし、間もなく、霧が晴れる日が来て、すべての努力が明らかになることでしょう。われわれは自信と忍耐強さを保ちながら、達成してきたこと、それがいずれ報われることについて、お互いに確認し合おうではありませんか」

金融危機の前に、多くの同業他社が行ったような、豊富なキャッシュを使って金融商品に投資したりするようなリスクをなぜとらないのか、と折にふれて聞かれることがあった。たとえば、リスクの高い投資を資産に加えてみてはどうでしょうか？といった質問だ。「財務的なリターンを高めるにはなかなか良い方法のはずです」といわれたものだ。しかし、当社はそのような道をたどることはなく、バランス・シートに関しては常に保守的だった。それがその後正しかったことが証明されたことに鑑みると、再びいま、より大きなリスクをとるべきではないか、という質問を受けたところで、それを真に受ける理由はなかった。その数カ月前、ブルームバーグ／ビジネス・ウィーク誌が「シュワブは生き残れるか？」という特集記事を書くために当社のオフィスを訪れた。ウォルトによると、記者は競合他社が弱体化しているのに、なぜ買収という大きな賭けに出ないのか、と質問してきたとのことだった。たとえば、イー・トレードは苦戦しており、売り物に出ていると噂されていた。われわれは同誌に対して、バランス・シートに問題が生じるようなことに取り組む気はまったくない、と述べた。不良資産など詳しくもなかったし、好きでもなかったし、欲しくもなかった。安定性は顧客が非常に重視するものになっており、シュワブを訪れる新規顧客の波――２００９年は１年だけで１００万口座、２０１０年12月は１カ月だけで９万９０００口座（過去８年間で最も好調な１カ月だった）――は、当社が決して安定性を損なうわけにはいかない証であった。顧客は安定性を求めている。彼らは特に金融危機の後にそうだった。そして、シュワブはあの暴風雨のなかで彼らのセーフ・ハーバー（安全港）になりえたのだった。

創業者、会長、そして大株主として、私は経営陣を支援し、経営陣に正しいことをするための裁量と許可を与えることができるユニークな立場にあった。もし私の立場にだれか別の人間がいたとしたら、ウォルトと彼が率いる経営陣にとって状況はまったく違っていたかもしれない。長期的な視点をもつのは非常にむずかしいが、その直感が多分間違っていないという自信を監督者がもっていれば、そのむずかしさも軽減される。幸いなことに、取締役会と私以外の大株主たちからはわれわれに対する100%の支持を得ており、当社がこれまでのやり方を貫徹することを鼓舞してくれた。結果的に、こうした支持を示したことで投資家たちはかなりの利益を手にすることになった。

われわれは展開すべき戦略について非常に明確に打ち出していた。2005年にウォルトが提唱したスローガン「顧客目線」にこだわった。このスローガンは当社のこれまでの歩みと現在の姿の本質を示していた。収益および利益の成長というかたちでは結果がまだ顕在化しておらず、株価に動きはみられなかったが、適切な戦略のもとでわれわれの気運は盛り上がっていた。私は、当社は時機が来るまで待てるはずだと確信していた。われわれは、そうした当社の当時の状況を「ゼンマイばね」と同じだと表現した。いずれ金利が上がり始め、投資家が自信を取り戻した暁には、巻き上げられていたばねが一気にほどけて大きな力が放出される。金融危機以降、新規顧客や新規預り資産の取り込みは順調に伸びているなかで、そのバネにいっそうの力を蓄えていった。とにかくわれわれは、2000年から2004年に経験したような、生業からかけ離れた領域でのビジネスに手を出したり、自分たちの手に負えない経費を使ってしまったりといった過ちは犯さないように細心の注意を払った。そこで、2009年には経営陣上層部を中心に人員をリストラし、お金を浮かせ、約5億ドルもの資金が必要だった顧客のためのR&D投資――サービスの向上、コストの削減、新商品の開発のためのR&D投資――を会社全体の費用が嵩むことなく実施できた。このリストラは、当社においては収益の伸びが低いからといって、ビジネス向上のためのR&Dをやめることはない点をはっきりさせるためのものだった。健全なビジネス環境であれば、この新規の取組みも、もっと立派なリストができただろうが、当社は深刻な向かい風に直面しながらも実践していた。

2009年から2017年までの8年をかけて、1回の取引株数にかかわらず株式売買コミッションを一律8・95ドルに引き下げ、その後さらに4・95ドルに引き下げた(4・95ドルとは! 個人投資家にとって大勝利だ。1975年には夢にも思わなかった水準だ。私は当時、ウォール・ストリートで標準とされているコミッションを75%もディスカウントして商売していたが、それでもこの20倍近くになる)。当社はまた、コミッションなしで取引できる低コストの上場投資信託(ETF)も創設し、今日では他社も追随している。さらに、われわれが低コスト投資のリーダーであることを投資家に示すために、投資信託の手数料も引き下げた。高利回りの当座預金口座に加えて、同じく大手銀行よりも高い金利の普通預金口座を設けた。顧客にかわって投資運用の意思決定を行うサービスを追加した。活発に取引を行う投資家のために最先端のテクノロジー・プラットフォームを構築した。フランチャイズ方式による新たな独立支店ネットワークを立ち上げた。何百万人もの顧客に対するファイナンシャル・プランニングと投資戦略についての相談サービスを導入した。業界初の無条件満足度保証を提供した。人工知能の力をポートフォリオ管理に応用した自動投資サービス「ロボ・アドバイザー」を開始した。

当社は以前、痛い目にあったわけだが、今後は徹底することにした。時間を超えて通用する方針に注力し続けるのだ。

パニックにならず、経済環境や株価に過剰反応しないことだ。本当に大事なことだけに注力し続けるのだ。

コストを低く抑え、顧客体験の向上のために投資を行う。投資家に利便性をもたらすために、現状を打破する方法を見つける。そうすれば、顧客は競合相手よりも当社を選び、事業は成長し、株主は最終的に利益を得る。これを何度も繰り返すのだ。

2010年にウォルトと私がこの先の進め方について話し合った時に予想したとおり、形勢は一変した。投資家の自信は、その年の後半から徐々に回復し始め、その後も改善を続けた。それに伴い、人々の投資へのかかわりも一段と強まった。

長きに及んだゼロ金利による乾季も過ぎ去り、人々は貯蓄から再び利息を得られるようになった。シュワブも何百万もの口座の一つひとつからごくわずかの金額を稼がせてもらい、それをひとまとめにして、さらなる成長と新たなサービス開発に向けたR&Dの資金源にできるようになった。現在、顧客口座数、預り資産、収益、利益はいずれも過去最高の水準にあり、当社の株価も過去最高値を更新している。また、将来に向けて強力で活力に満ちた幹部たちが層厚く控えている。引き続き米国における投資可能な金融資産に占める当社のシェアも拡大を続けている。何よりもワクワク感じるのは、こうした機運を活かして顧客のために新しいものを構築できることであり、それこそがわれわれの仕事の醍醐味だ。

現在の当社は私が起業した時に比べるとだいぶ異なるものになったが、実はそんなに変わっていないところもある。当社はいまや、銀行サービス、証券サービス、ファイナンシャル・プランニング、個人向けのテイラー・メイドな投資アドバイスを含むあらゆる金融サービスを個人が1カ所で利用できるという顧客体験の理想を現実のものにしているが、そうした顧客体験を可能な限り気軽なもの、効果的なものにするために最新のテクノロジーと驚愕のコンピュータ能力を駆使している。2004年から現在に至る期間は、当社が取引に専門特化した業者から、顧客とより深いリレーションをもつ存在へと移行できたという点で、当社の発展に向けた改革にとって仕上げの段階であったといえる。そしていまや、規模の経済を活かすことで信じられないほどの低コストでビジネスを提供できている。当社は、他のプレーヤーにはまねのできない、途方もない競争力をもつに至ったのである。

補足資料3　野村資本市場クォータリー　2014冬号　掲載

金融危機後に成長が加速する米国マネージド・アカウント業界

星　隆祐・岩井浩一

要約

1　金融危機後も米国マネージド・アカウント市場の拡大が続いており、2013年第2四半期時点の資産残高は3兆919億ドルに達している。金融危機後の成長を牽引しているのは、レップ・アズ・アドバイザー・プログラムやユニファイド・マネージド・アカウント（UMA）など、伝統的なセパレートリー・マネージド・アカウント（SMA）以外のサービスである。

2　担当ファイナンシャル・アドバイザー自身が助言や投資判断に関与できるレップ・アズ・アドバイザー・プログラムやレップ・アズ・ポートフォリオ・マネジャー・プログラムなどでは、金融市場の激変時も顧客資産を機動的に見直せる点が評価されている。

3　投資家の間では、複数の金融機関に資産を預けることが一般的であったが、金融危機を経て、一元的に資産管理し、かつ、分散投資もできるUMAへの関心が高まっている。さらに、マス・リテール投資家の間では、わかりやすさや手数料の低さを理由に、投資一任型ファンドラップやETFアドバイザリーの人気が高まっている。

4　米国では、投資家もファイナンシャル・アドバイザーも、金融危機を教訓として、多様化したマネージド・アカウントを主たる資産管理の手段としてより活用するようになったといえるだろう。こうした米国の一連の経験は、わが国のリテール金融にもおおいに参考になると思われる。

Ⅰ　はじめに

米国マネージド・アカウント市場が拡大を続けている。金融危機の影響から2008年末に資産残高が大きく減少したものの、翌年の2009年には回復軌道に戻り、2010年以降は毎年、既往ピークを更新している。この結果、2013年第2四半期時点の資産残高は3兆919億ドルに達している（図表1）。

マネージド・アカウントにはさまざまな種類があるが、金融危機を境にして、市場拡大を牽引するプログラムに違いが生じている。2008年までは、セパレートリー・マネージド・アカウント（以下、SMA）とミューチュアルファンド・アドバイザリー（以下、ファンドラップ）が市場拡大を牽引していたことが確認できる。この時期のマネージド・アカウント業界では、大手証券会社を中心に、この2つのプログラムをフィー型ビジネスの主力サービスとして位置づけていた。ところが、2009年以降の動きをみると、レップ・アズ・アドバイザーやレップ・アズ・ポートフォリオ・マネジャー（両者を総称して「アドバイザー主導型プログラム」と呼称）、さらにはユニファイド・マネージド・アカウント（以下、UMA）の資産拡大が目立つようになっている（注1）。実際に、プログラム別の市場シェアをみると、2007年末時点に41％であったSMAのシェアが2013年第2四半期に23％にまで低下する一方で、アドバイザー主導型プログラムは30％から41％へ、UMAは2％から8％に大きく上昇している。

このように、金融危機を契機にして、主力プログラムが入れ替わりつつある背景として、マネージド・アカウント業界の主要プレーヤーであるアドバイザー、投資家、金融機関の考え方や行動が変化してきた

図表1　マネージド・アカウント業界の資産残高推移

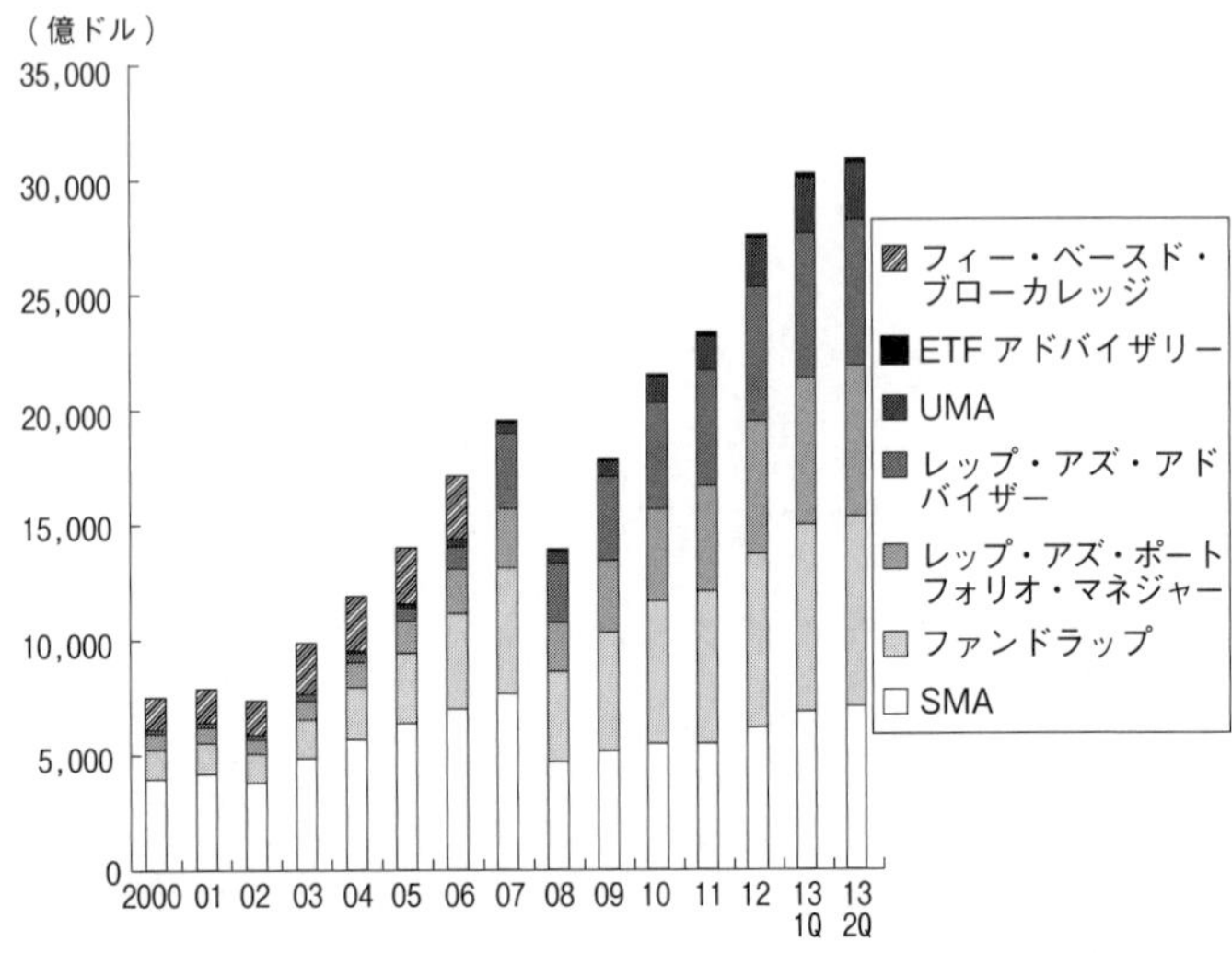

(注)　2000年から2012年は年末時点。
(出所)　セルーリ・アソシエイツ資料より野村資本市場研究所作成

ことを指摘できる。

Ⅱ　金融危機前後のプログラムの移り変わり

1　柔軟な資産配分変更によって拡大するアドバイザー主導型プログラム

2000年代前半のマネージド・アカウント業界は、大手証券会社が中心であった。当時の大手証券会社は、ブローカレッジ型ビジネスからフィー型ビジネスへの転換を図っており、自社のアドバイザーを通じてSMAやファンドラップを積極的に取り扱っていた。大手証券会社のねらいは、相場の良し悪しによって利益が変動しがちであったビジネスモデルを見直し、顧客預り資産に対して一定のフィーを徴収するフィー型ビジネスを強化することで、収益の安定化を達成することにあった。

ところが、金融危機を通じて、ＳＭＡやファンドラップの限界が明らかとなった。すなわち、当時最も普及していたＳＭＡや投資一任型ファンドラップでは、アドバイザーが自ら顧客資産の資産配分や運用商品を変更することができず、また、キャッシュ・ポジションをとることもできなかった。このため、資産価格が全般的に急落するなかで、アドバイザーは市場の変動が顧客資産へ与える悪影響を回避することができなかったのである。多くのアドバイザーがこうした経験をしたこともあり、金融危機をきっかけに顧客預り資産の運用方法として、ＳＭＡや投資一任型ファンドラップではなく、アドバイザー自らの運用判断に基づいた提案ができる、あるいは、自ら投資判断自体を行うことができる仕組みを求める声が高まることになった(注2)。

こうしたなかで注目を集めるようになったのがアドバイザー主導型プログラムであった。アドバイザー主導型プログラムのうち、レップ・アズ・ポートフォリオ・マネジャーはアドバイザーに投資判断が一任されるプログラムである。ただし、このプログラムを取り扱うには、資産配分等に関して高度な知識が必要となるため、すべてのアドバイザーが利用できるわけではない。たとえば、大手証券会社では、アドバイザーがレップ・アズ・ポートフォリオ・マネジャーを利用する条件として、アドバイザーの経験年数、成績、コンプライアンスの遵守実績等の観点から厳格な社内試験や審査に通過することを求めている。一方、レップ・アズ・アドバイザーは最終投資判断が顧客にあるため、レップ・アズ・ポートフォリオ・マネジャーと比べると、必要となるアドバイザーとしての経験や知識は高くない。このため、多くのアドバイザーに普及することになった。

いずれにしても、両プログラムはともに、従来のSMAやファンドラップに比べて、アドバイザーの判断を資産配分に反映させやすいという特徴をもっている。すなわち、アドバイザーは、顧客投資家の投資方針やニーズに基づいてポートフォリオを提案し、市場環境に応じて適宜に資産配分の変更を提言することができる(注3)。また、大手証券会社を中心に一部の金融機関は、アドバイザーのこうしたニーズに応えるかたちで、アドバイザー主導型プログラムを推進し始めている(注4)。

なお、レップ・アズ・ポートフォリオ・マネジャーについては、アドバイザーにとって別のメリットがあるとも指摘されている。すなわち、同プログラムは一任勘定であるため、アドバイザーは顧客の承諾を得ることなく運用商品を変更することができるため、運用戦略や資産配分の見直しを行うたびに顧客投資家と面談する必要がない。こうして顧客との相談に利用する時間を削減し、そのかわりに、新規顧客開拓等に時間を割くことができるため、レップ・アズ・ポートフォリオ・マネジャーはアドバイザーの業務効率を改善する効果をもつと指摘されている(注5)。

2　投資家ニーズの変化を受けて拡大するUMA、ファンドラップ、ETFアドバイザリー

金融危機の影響を受けた投資家のなかに、資産運用の管理方法を見直す動きが生じている。金融危機以前は、複数の金融機関を利用して資産管理を行う傾向があったとされるが(注6)、多くの投資家が、金融危機を経験するなかで、こうした資産管理では市場変動時に適切な資産配分を行えないと認識し始めた。す

なわち、複数の金融機関に資産を預けていた投資家は、個々の金融機関それぞれから、預けている資産に関しては運用アドバイスを受けるが、資産全体の運用戦略やリスク回避手段については、必ずしも十分なアドバイスを受けることができなかった。このため、金融危機時に保有資産を全体として最適な方法で運用・管理することができなかったのである。このほかにも、複数の金融機関を使う限り、投資家は、それぞれの金融機関からプログラムや契約ごとに送られてくる取引報告書等を確認することが必要となり、資産管理が必然的に煩雑になっていた。

こうしたなか、投資家の間で金融資産を包括的かつ一元的に管理したいというニーズが高まってきた(注7)。たとえば、中高年層以上の投資家や富裕層が、特定の資産に限った運用提案だけではなく、税金対策や相続対策も含めた資産全体に関するアドバイスを求めるようになってきた。他方、30代ぐらいの世代では、退職に向けた資産形成と子どもの教育資金の積立等を一括して管理したいというニーズがある。こうした投資家のニーズに応える商品として注目を集めているのがUMAである。UMAは、1つの口座のなかに個別証券、投資信託、ETF、ファンドラップ、SMAなどさまざまな口座が含まれ、資産全体の管理を行うプログラムである。SMAのモデル・ポートフォリオをもとにアセット・アロケーションを決めることもあるため、SMAを顧客ニーズにあわせて進化させたプログラムとみなすこともできる。投資家はUMAを用いれば、1人のアドバイザーに資産全体の管理をしてもらうことができ、税優遇口座と非優遇口座の使い分けも含めて、効率的な資産管理を行うことができる。

たとえば、現時点で市場シェアが最大のモルガン・スタンレーのUMA(注8)では、SMA、ミューチュアルファンド、ETF、オルタナティブ投資等を包括的に1つの投資口座で管理することができる。運用判断をモルガン・スタンレーが裁量的に行う場合には、顧客のリスク許容度に応じて、8つのモデル・ポートフォリオからアロケーションが組まれる仕組みになっている。このほかにも、アドバイザーが運用判断を担うタイプと顧客自らが運用判断を行うタイプがある。後者の場合でも、アドバイザーは顧客に対して、モルガン・スタンレーの推奨ポートフォリオ等をもとにして、アセット・アロケーションのアドバイスを提供している。手数料はこれら3つのタイプに応じて異なった水準に設定されているが、おおむね2%から3%程度となっている。また、最低投資金額が2万5000ドルに設定されており、50万ドル以上の資産を預けた場合には税金関連のアドバイスを無料で受けることができ、富裕層向けサービスとしての一面ももっている。

UMAに対する投資家の関心が高まるなか、大手証券会社に限らず、UMAを導入する金融機関が増加し始めている(注9)。ただし、金融機関によってUMAの提案戦略には違いがある。独立系証券会社や地方証券会社の間では、UMAを富裕層向けのプログラムと位置づける先がある一方、一部の銀行等では、さまざまな口座を1つにまとめて管理できるというUMAの特徴はマス・リテール層に相応しいと考えている。たとえば、2012年末時点のUMA平均口座残高をみると、独立系証券会社や地方証券会社(注10)では70万ドル前後と高水準となっており、富裕層顧客を対象にしていることがうかがえる(注11)。これに対して、銀行(注12)では17万ドル程度となっており、後述のように、マス・リテール投資家に提案されることが多いファンドラップと同水準になっている。

このように金融機関によってUMAの戦略上の位置づけには違いがあるが、金融危機以降、さまざまな金融機関が投資家ニーズの変化に応えるための手段としてUMAに注目するようになってきている。

マス・リテール投資家の間では、この数年、わかりやすいプログラムや手数料の低い商品への関心も高まっている。具体的には、投資一任型のファンドラップが再評価され、また、ETFアドバイザリーへの関心が高まりつつある。まず、投資一任型ファンドラップに関しては、金融危機直後に投資家離れが一時的に発生していたが、最近になり、ミューチュアルファンドを組み合わせて分散投資を行うというわかりやすさや自動的にリバランスされる点が投資家から再評価されている。マス・リテール層からのニーズが拡大するのにあわせて、一部の証券会社がファンドラップの最低投資金額を2万5000ドル未満に設定するなど(注13)、金融機関もファンドラップをマス・リテール向けの商品と位置づけ、積極的に取り扱っている。

他方、ETFアドバイザリーは、ETFを中心にポートフォリオを組成するプログラムであり、手数料に敏感な投資家や分散効果を重視する投資家のニーズをとらえたサービスとしてこの数年注目され始めている。たとえば、市場シェア50%を占めるウェルズ・ファーゴ・アドバイザーズ(注14)では、7年から10年間の投資期間を顧客に推奨するとともに、手数料を低位に抑えている。具体的には、投資金額が50万ドルまでは手数料が1・5%に設定され、50万ドルを上回るにつれて手数料が低減する仕組みになっている(注15)。なお、最低投資金額は2万5000ドルと低水準に設定されている。このように同社は、ETFアドバイザリーを、マス・リテール層も含む幅広い投資家に対して、低水準の手数料で長期分散投資を行えるサービスと位置づけている。

また、アドバイザーの間で、機動的な運用に適した特徴をもつETFを顧客への運用アドバイスに活用する動きが広がっていることをふまえると、今後、投資家だけでなく、アドバイザーからも、ETFアドバイザリーへの関心が高まってくることも考えられる（注16）。

3 金融機関の戦略の変化

アドバイザーや投資家ニーズの変化を受けて、証券会社や銀行等、マネージド・アカウントを取り扱う金融機関の戦略も変化し始めている。各金融機関の戦略は、基本的には、各社の強みや置かれている状況、また、ターゲットとする顧客層によってさまざまである。ただし、金融危機以前からマネージド・アカウント業界の主要プレーヤーであった大手証券会社とそれ以外の金融機関の間で、注力するプログラムに違いを見出すことができる。

図表2は、大手証券会社、独立系および地方証券会社、その他の企業の3つのグループに分けて、2008年第2四半期と2013年第2四半期のプログラム別の資産残高を比較したものである。これをみると、まず、大手証券会社については、アドバイザー主導型プログラムとUMAの資産残高が目立って増加していることが確認できる。この背景には、前述のとおり、大手証券会社が金融危機時にSMAやファンドラップの運用を機動的に見直すことができなかったことを反省し、アドバイザーがアセット・アロケーション等を裁量的に変更できるプログラムを重視してきたことがある。なお、SMA全体の残高が変化しないなか、アドバイザーが投資顧問の選定を行うことができるオープン型SMAの残高が増大している点

図表2　金融機関のタイプ別にみたマネージド・アカウント残高の変化

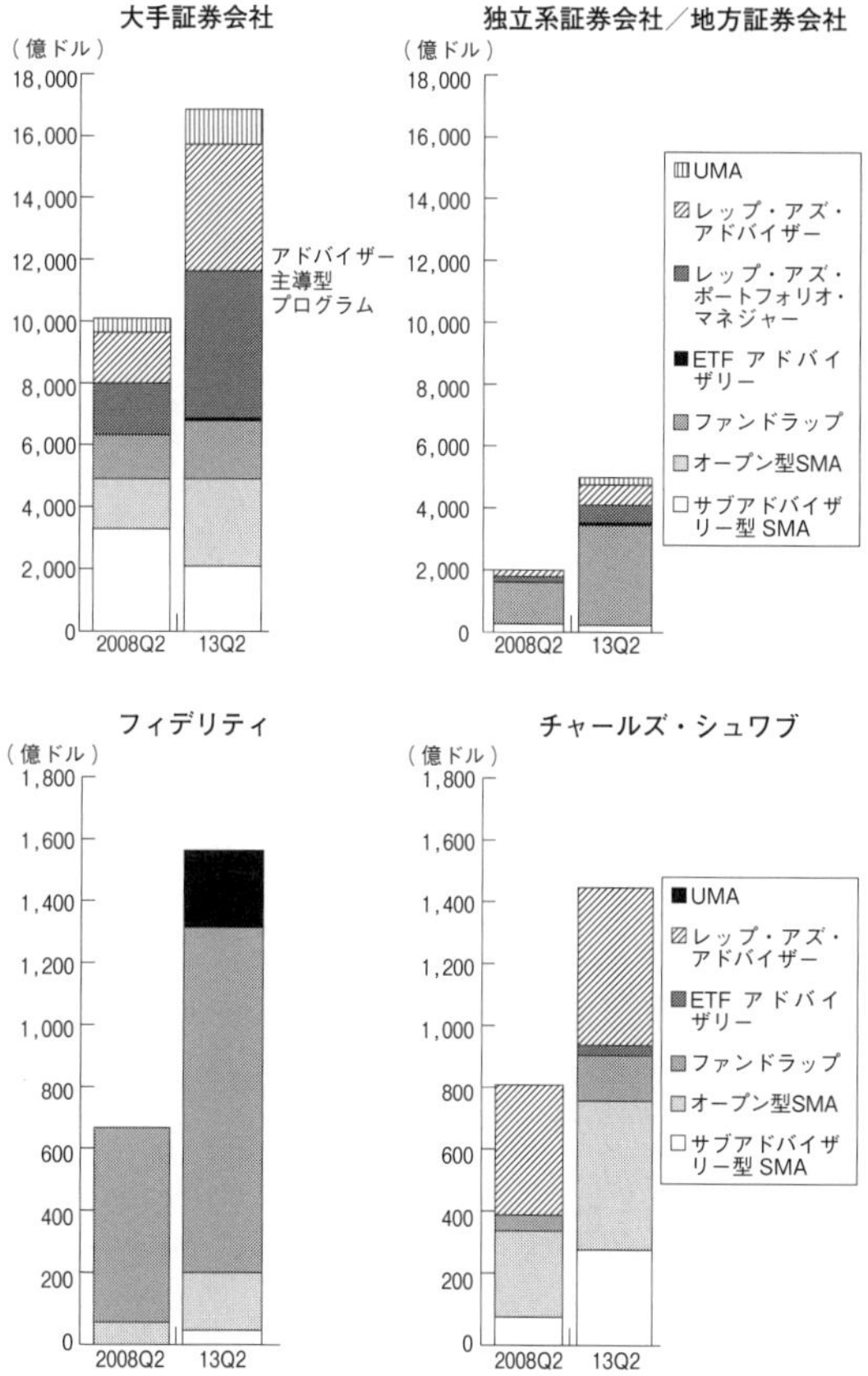

(注)　データは2013年第2四半期時点のマネージド・アカウント残高の上位10社を対象としている。具体的には以下のように分類した。

大手証券会社：モルガン・スタンレー、バンク・オブ・アメリカ・メリルリンチ、ウェルズファーゴ、UBS。

独立証券会社／地方証券会社：アメリプライズ・ファイナンシャル、LPLファイナンシャル、レイモンド・ジェームス、エドワード・ジョーンズ。

(出所)　セルーリ・アソシエイツ資料より野村資本市場研究所作成

も特徴的である(注17)。

他方、独立系証券会社と地方証券会社では、ファンドラップの残高が目立って増加しているほか、大手証券会社と同様にアドバイザー主導型プログラムも増加している。また、フィデリティとチャールズ・シュワブは、これら2グループとは明らかに異なる動きを示している。すなわち、フィデリティでは、アドバイザー主導型プログラムを取り扱っておらず、そのかわりにファンドラップとUMAに注力している。これは、同社が個々のアドバイザーを通じた資産運用アドバイスを重視するのではなく、本社で一括して資産配分や投資信託の選択を推奨する体制をとっているためであろう。チャールズ・シュワブは、アドバイザー主導型プログラムのうちレップ・アズ・アドバイザーのみを扱っているほか、ほかのグループと比べると圧倒的にSMAの比重が大きい(注18)。SMAの残高が増加している背景には、大手証券会社からアドバイザーが独立する動きがあるなかで、独立したアドバイザーが同社のオープン型SMAを利用していることがあげられる(注19)。つまり、大手証券会社から独立したアドバイザーは、独立した際に従来のSMAを提供できなくなるため、類似したSMAをチャールズ・シュワブのSMA上で組成しているのである。

こうした取組みの結果、マネージド・アカウント業界の市場シェアにも変化がみられている。図表3は、マネージド・アカウント業界全体の市場シェアとプログラム別の市場シェアを、2008年第2四半期と2013年第2四半期で比較したものである。これをみると、大手証券会社では、アドバイザー主導型プログラムのシェアは上昇しているものの、従来の主力プログラムであったSMAとファンドラップの市場シェアが低下し、この結果、マネージド・アカウント市場全体のシェアも、60%から55%に低下している。

図表3　プログラム別の市場シェア

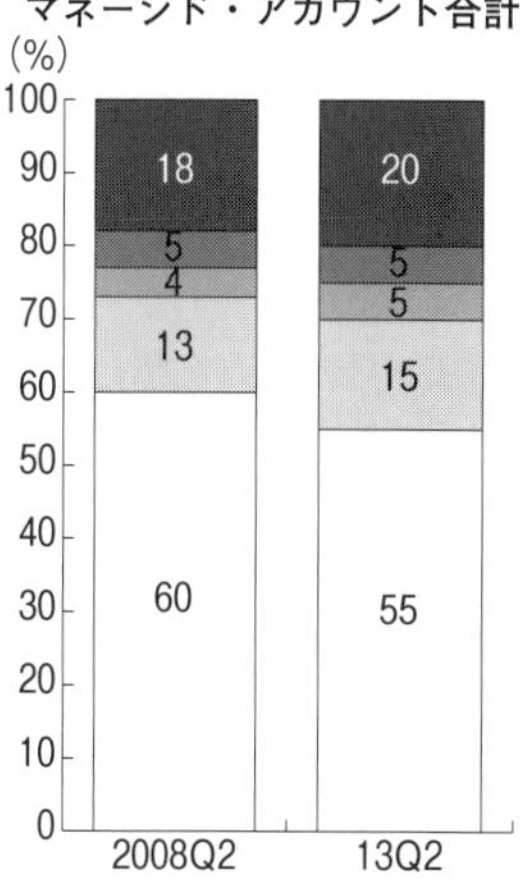

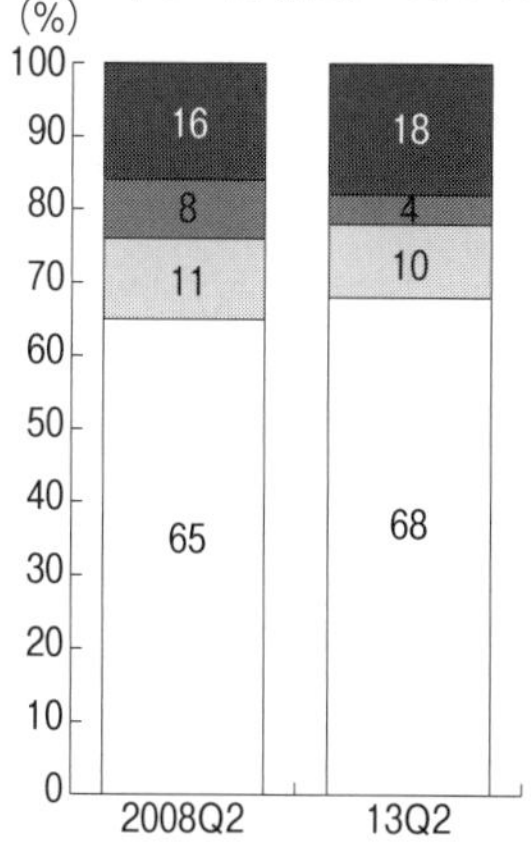

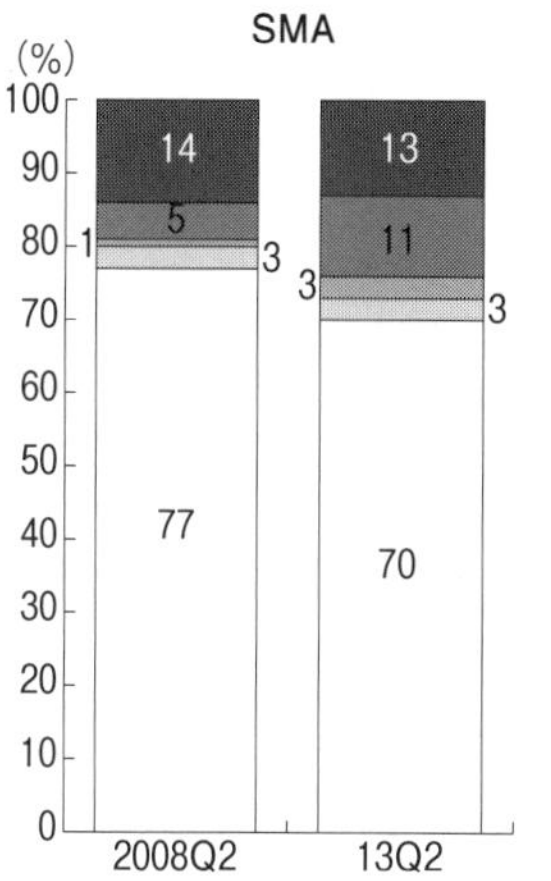

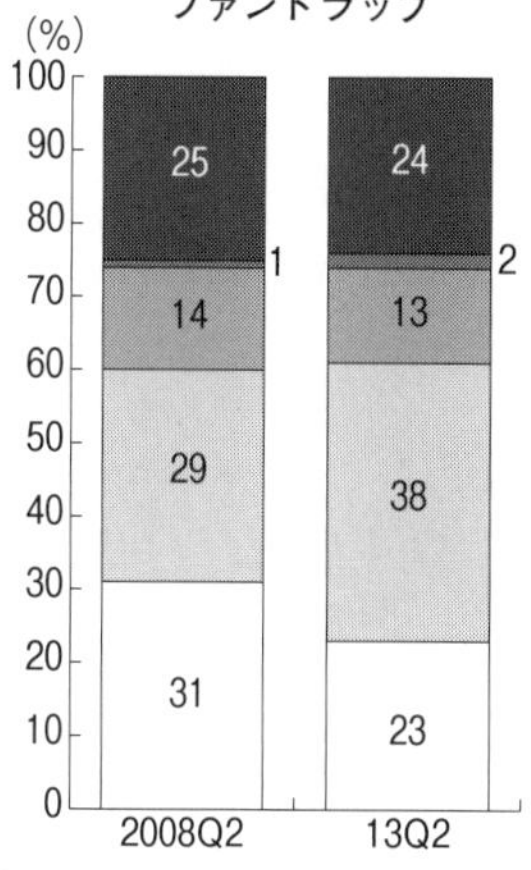

□ 大手証券会社　□ 独立系証券会社／地方証券会社
■ フィデリティ　■ チャールズ・シュワブ　■ その他

（出所）　セルーリ・アソシエイツ資料より野村資本市場研究所作成

他方、独立系証券会社や地方証券会社では、ファンドラップの市場シェアが大幅に上昇し、市場全体のシェアもわずかではあるが上昇している。

Ⅲ　規制上の課題と今後の展望

米国マネージド・アカウント業界では、金融危機を契機に、アドバイザーと投資家のニーズが構造的に変化した可能性がある。さらに、こうした変化が金融機関の戦略にも影響を及ぼしている。各金融機関は、自社の強みを活かし、アドバイザーと投資家の変化に対応することで市場シェアの拡大を目指しているのである。こうしたなか、大手証券会社では、アドバイザー主導型プログラムという比較的新しいサービスを積極的に取り扱う戦略に転じ、すでに、これらの市場では一定の成果をあげつつある。この意味では、大手証券会社については、マネージド・アカウント市場全体の市場シェアこそ低下しているものの、成長への布石を打っていると、前向きに評価することもできるかもしれない。

ただし、マネージド・アカウントを含むフィー型ビジネスに関しては、投資家保護を如何にして確保するかというむずかしい課題もある。特に、アドバイザー主導型プログラムのように、アドバイザーに運用面での裁量が与えられている場合には、アドバイザーの判断が投資家の利益につながっているかについて懸念が抱かれることが多い。特に、フィー型プログラムの手数料が投資家の利益に反するように設定されている可能性が問題視されやすい。たとえば、2000年代中盤に、フィー・ベースド・ブローカレッジ・プログラムにおいて、取引を行っていない証券口座にも手数料が課されていることが問題視され、同プログラムが利用できないように法的な措置がとられたことがある(注20)。足元では、マネージド・アカウント市場の拡大が続いてきたこともあり、米国証券取引委員会(SEC)から、同様の問題意識が示されている。たとえば、2013年10月に開催された全米コンプライアンス専門家協会(National Society of Compliance Professionals)の会合において、SECのホワイト委員長が、過去数年間の金融取引データを分析した結果、フィー型プログラムにおいて、リバース・チャーニング(取引を頻繁に行わない顧客の資産残高に手数料を課すこと)が発生している可能性について言及している(注21)。

投資家保護を確保するという課題に対して、チャールズ・シュワブは2013年12月に、サービス内容に不満をもつ顧客投資家に対して、直前四半期の手数料を返却するとともに、運用戦略の見直しを行うサービス(「アカウンタビリティ・ギャランティ」と呼称)を導入している(注22)。対象となるプログラムは、ファンドラップ、ETFアドバイザリー、レップ・アズ・アドバイザーを含む、すべてのマネージド・アカウント・プログラムである。現時点では、手数料返却というスキームが多くの金融機関にすぐに広がるとは予想しがたいものの、マネージド・アカウント市場が拡大するなかでは、マネージド・アカウントを取り扱う金融機関は、フィー型ビジネスに寄せられる懸念に対して、何等かの対応を迫られていくことになるだろう。マネージド・アカウント市場が引き続き成長を続けるためには、こうした課題に対して、金融機関が能動的に対応していくことが必要になると考えられる。

わが国のリテール金融ビジネスにおいても、退職者が増加し、包括的な金融サービスの需要が高まると予想されることをふまえると、米国マネージド・アカウント業界において、主要なプログラムが移り変わってきたことや金融機関やアドバイザーが顧客層によってプログラムを明確に使い分けていること等はおおいに参考になると思われる。

注

1　細かくみれば、レップ・アズ・アドバイザーの資産はすでに２００７年に増加している。この背景には、後述するように、フィー・ベースド・ブローカレッジにおける手数料体系が法的に認められなくなったため、フィー・ベースド・ブローカレッジからレップ・アズ・アドバイザーに資金が流入したこと等がある。たとえば、"The Cerulli Edge Managed Account, First Quarter 2010"、および、野村資本市場研究所編『総解説　米国の投資信託』日本経済新聞出版社、２００８年９月を参照。

2　"Advisors Crave More Control Over Asset Management: Aite", *Think Advisor*, Nov. 11, 2011 を参照。

3　たとえば、前掲図表1をみると、金融危機時にアドバイザー主導型プログラムの残高の減少額は相対的に小さい。この一因として、同プログラムでは、市場下落時に、キャッシュ・ポジションを機動的に増やす等の対応がとられたことがあると考えられる。

4　特に大手証券会社が積極的に取り組んでいる。たとえば、アドバイザー主導型プログラムの残高をみると、バンク・オブ・アメリカ・メリルリンチでは金融危機前のピーク時（２００８年第２四半期）に１１６６億ドルであったが、２０１３年第２四半期には２５１８億ドルに達している。同様に、モルガン・スタンレーでも、同期間に、５４４億ドルから２６８５億ドルに拡大している。

5　一方で、同プログラムについては、マーケットを的確にとらえた運用を行う必要があるため、ほかのプログラムのアドバイザーよりもマーケットをみる時間が長くなり、業務効率が悪くなるという指摘もある。このほか、同プログラムについては、以前より、アドバイザーの裁量が大きいため、投資家保護の観点から厳しいコンプライアンスが求められるという意見が聞かれている（たとえば、"Rep-as-Portfolio Manager Programs Taking Off", *Wealth Management.com*, Nov. 4, 2011 を参照）。

6　２０１３年11月15日に開催されたアイテ・グループ主催のウェブセミナーによると、１００万ドル以上の金融資産を保有する投資家のうち、68%は3社以上の金融機関と取引があり、52%は4社以上の金融機関と取引があると指摘されている。

7 *"The Unified Household"*, *The Money Management Institute*, May. 19, 2010 を参照。

8 同社は「セレクトＵＭＡ」というプログラム名称でサービスを提供している。２０１３年第２四半期時点の残高は６６２億ドル、市場シェアは約27%である。

9 フィデリティは、２０１１年1月12日に、顧客の総合的な資産管理や税金対策のニーズに応えるためにＵＭＡのプラットフォームを導入している。このほか、ウェルズファーゴは２０１２年7月に、これまで注力していたＳＭＡではなく、ＵＭＡを推進する方針に転じている。さらに、チェース銀行やレイモンド・ジェームスのような独立系証券会社等でも導入されている。

10 セルーリ・アソシエイツの調査による。独立系証券会社にはＬＰＬファイナンシャルやアメリプライズ・ファイナンシャル等が、地方証券会社にはＲＢＣウェルス・マネジメント等が含まれる。

11 ちなみに、モルガン・スタンレーやバンク・オブ・アメリカ・メリルリンチといった大手証券会社の平均口座残高は約40万ドルである。

12 チェース銀行やサントラスト銀行等が算出対象である。

13 セルーリ・アソシエイツによれば、証券会社のうちファンドラップの最低投資金額を2万５０００ドル未満としている企業は全体の14%、5万ドル未満としている企業は全体の55%とされる（２０１２年第3四半期時点）。

14 同社のＥＴＦアドバイザリー・プログラムは「アロケーション・アドバイザーズ」という名称で提供されている。ちなみに、ＥＴＦアドバイザリー市場では、上位5社の市場シェアが95・7%（２０１２年末時点）に達している。

15 投資金額が50万ドルから１００万ドル未満であれば1・25%、１００万ドルから２００万ドル未満では1%、２００万ドル以上になると、手数料の水準について顧客との間で交渉して決定する仕組みになっている。

16 セルーリ・アソシエイツによると、今後、ＥＴＦを運用に活用する考えをもつアドバイザーは90%にのぼるとされる。詳しくは、"Managed Accounts 2013", Cerulli Associates, Aug. 8, 2013、"More Advisors and Institutions Turn to ETF Managed Portfolios", ETF Trends, Sep. 27, 2013 等を参照。

17 オープン型ＳＭＡの一つの特徴は、アドバイザーが選定できる投資顧問が多い点にある。このため、オープン型ＳＭＡは会社を転籍したアドバイザーによって利用されることがある。すなわち、アドバイザーが職場（金融機関）を変わる際には、一般的には、顧客投資家が契約していたＳＭＡを新しい職場に移管することはできない。このため、転籍したアドバイザーは、従来の顧客との関係を維持するために、新しい職場において、オープン型ＳＭＡを用いて、従来と同じような資産アドバイスをすることが多い。オープン型ＳＭＡがこのように利用されることが多いため、一部の金融機関ではオープン型ＳＭＡの取扱いを拡大させている。

18 同社は、２００５年10月にＳＭＡの拡大を発表していた。詳しくは、関雄太「再評価されるチャールズ・シュワブ」『資本市場クォータリー』２００６年冬号を参照。

19 "Schwab steals a big chunk of SMA market share from wirehouses, according to new Cerulli data", *RIA Biz*, Nov. 9, 2011 を参照。また、同社における独立系アドバイザー向けの業務展開については、長島亮「独立系アドバイザーの拡大により成長を遂げるチャールズ・シュワブ」『資本市場クォータリー』２００７年秋号を参照。

20 詳しくは、注1の書籍、および、沼田優子「米国に見る証券営業担当者のアドバイスのあり方に関する議論―制度改革議論が進めた証券アドバイスの類型化―」『資本市場クォータリー』２０１０年春号を参照。

21 "U.S. regulators intensifies scrutiny of fee-based accounts", *Reuters*, Dec.12, 2013、"United States: SEC Intensifies Scrutiny Of Fee-Based Accounts And Reverse Churning", *mondaq*, Jan. 3, 2014 を参照。

22 詳しくは "Schwab to give unhappy clients a fee refund", *Investment News*, Dec.10, 2013 を参照。

（なお、野村資本市場研究所が発行した、チャールズ・シュワブに関連するレポートは以下のウェブサイトでもご覧いただくことができます。http://www.nicmr.com/nicmr/publications/report.html）

第32章

チャックの秘伝のタレ

２０１６年１月12日、寒いニューヨークの冬の夜。私は米国金融博物館（the Museum of American Finance）の資金集めのために年次で開催されるパーティーに出席し、イノベーション特別功労賞を受け取る予定だった。この博物館は、ニューヨークでも歴史的に古い地区であるウォール・ストリート68番地にあり、１８１７年に鈴懸の木の下で始まったニューヨーク証券取引所からちょうど2ブロックのところにある。

私はまさにウォール・ストリートのど真ん中で、何百人もの金融サービス会社、銀行、資産運用会社、証券会社の人たちを前にして、博物館が創設した金融サービスのイノベーション特別功労賞を受け取るためにステージに立とうとしていた。彼らのなかには私が過去40年間、必死に戦い、ディスラプトしようとした会社の人たちもいた。一度ならず私を阻もうとした会社だ。シュワブのイノベーションの多くは、私が起業したときに存在していた競争相手やビジネスモデルに大きな犠牲を払わせて進んできたため、当社が何か取り組もうとしては、業界のなかでのけ者にされるという時代もあった。

「投資家が自分で取引できるようにするって？　彼らは素人じゃないか？」

「コミッションを下げるって？　何て非倫理的なやつらだ！」

「うちのオフィスが最上階にあるビルの1階に支店を出すって？　出て行ってくれ！」

「投資信託の運用報酬を御社とシェアするだって？　投資家が直接私たちと取引できるのに、なぜそんな必要があるんだ？」

「オンライン取引だって？　まるで子どもの手に弾を込めた銃を渡すようなものだ！」

「ノー・フィーIRAだって？　そんなことをしたら業界は潰れてしまうよ！」

「取引コミッションがたった4・95ドルだって？　価格競争を勃発させたいのか！」

「どこの銀行のATMも無料で利用できるって？　そんなのずるいよ！」

われわれはただすべてを飲み込むだけだった。

何か賞を受けるというのはもともと苦手だし、できればひっそりと辞退できることを望んでいる。受賞というのはちょっと仰々しいし、居心地も良くない。私は淡々と建設的な仕事を続けたいだけだ。が、この博物館から贈呈されるイノベーションを表彰する賞に対する感慨は特別なものがあり、受け入れることに決めた。この受賞は私にとっても、シュワブにおける過去、現在、そして（願わくば）未来の同僚たちにとっても、当社が何者であるか、何者になろうと常に挑んできたか、の核心を突いているという点で、有意義なものだったからだ。

すごい人出だった。ポール・ボルカー元連邦準備制度理事会議長、ティモシー・ガイトナー財務長官、ロバート・ルービン元財務長官、シティグループ、そしてAIGを統括したボブ・ウィルムスタッド、ウォール・ストリートを代表する一社ドナルドソン・ラフキン・アンド・ジェンレットの共同創業者ダン・ラフキン、友人でアメリトレードの創業者ジョー・リッケッツ、投資信託業界の巨匠ロン・バロンなど、米国の金融サービス業界で重要な役割を果たした人たちが一堂に会していた。

妻のヘレンと子どもたち、キャリー、バージニア、ケイティ、マイクが私を手助けするためにシュワブの役員らと一緒に来てくれていた。そのなかにはクリス・ドッズもいた。彼は2004年に始めた当社の驚異的な第2幕を成功させた後にシュワブを退職し、取締役会の一人に加わっていた。その会場には私の心のなかにいる友人たちも参加していた。アンクル・ビルは1970年代後半に、ヒューゴ・クアケンブッシュは2007年に、ラリー・スタプスキーは2013年に他界していた。新たな機会を求めて転職したり、引退したりした多くの従業員をはじめ、われわれと一緒に働いてくれた人たちのこと、つまり米国人がどのように投資するか、について今日に至る変革をもたらした仲間たち皆のことを考えていた。

シュワブを始めた時には、こんな時が来るなんて想像もできなかった。当社は西海岸の零細なスタートアップで、伝統的なウォール・ストリートのやり方にうんざりしている顧客を引き付けようとするよそ者として身を立てているだけだった。もちろん、われわれには大きな希望と夢があったが、巨大な金融サービス業界が築いている壮大な仕組みのもとでは話にならないほどだった。当社のビジネスは、既存のプレーヤーたちとは一線を画すものとして設計はされていたが、この受賞にあるように、いつの日か業界の中心として認められるような日が来るとは考えてもいなかった。正直なところ、ビジネスを始めたら日々目の前に現れる課題で精いっぱいで、遠い先を見越す余裕などまったくない。

親友のジョージ・ロバーツが私の紹介役を担ってくれた。彼自身、金融イノベーションの達人であり、シュワブの歴史への重要な貢献者だ。それを受けて、私が舞台に上がった。私はまず、米国の金融史が世界のなかでもどれだけ進歩に満ちたものなのか、米国を経済的にも民主的にも偉大な国家にするのに役立ったか、さらに、米国のような活気ある、開かれた経済にとって投資がどれほど重要か、について語った。

また、シュワブで働く者皆が、個人投資家がどのようにして投資に対する見方を変えたのか、とてつもない数の人たちがどのようにして将来に備えた資産形成のために投資にかかわるようになったのか、に参画できたことを誇りに思っていると話した。それは常にわれわれの目標だった、とも。このイノベーションの競争は当社1社だけではなかったこと、ほかにもたくさんの会社や人々がこのサクセス・ストーリーに参加していたことについても感謝の言葉を述べた。

そして、シュワブがいかにして小さなスタートアップからわずか40年で公開会社としては世界最大の投資サービス会社へと成長したかを説明した。何度となく恵まれた幸運にも礼を述べた。最後に私は、われわれに成功をもたらしてくれた核心について触れた。それは私が事あるごとに「チャックの秘伝のタレ」と呼んだ、使命のために熱意をもって一丸となって臨んだ人たちのことだった。彼らは全員が足並みをそろえて、単純明快なイノベーションを追究してくれた。すなわち、投資家にとってより良く、より簡単に、より成果が出るように、という顧客に対する全面的な共感だ。

私はそれを、イノベーションの源泉とも呼んでいた。単なるテクノロジーや新商品を超えた重要性をもち、顧客目線で物事を決定するという基本的な信念に基づいて会社を築くことを意味した。

チャックの秘伝のタレは、顧客がもつニーズとゴールというレンズを通じて何をするか判断する、というとてもシンプルで基本的な信念に基づいて会社を築くことであった。彼らは何を考えているのだろうか。彼らの生活は何によって改善され、便利になり、実りあるものになるのだろうか。彼らは何をするのが正しいことだと信じているのだろうか。もし、これらを実践できるのであれば、後はすべてが続いてくるはずだ。

新しいアイデアやより良いサービスの提供方法、信頼や成長、経済的な成功や魅力的なブランド、そして永続的な良い評判。すべては顧客中心のサービスへ身を捧げることから派生するものだ。自分のためにつくるつもりでつくり、それを母親に勧めるつもりでつくる、ということでもある。

素晴らしい夜だった。博物館も目標額を超える資金を集めることができた。集めたお金は、学校の生徒たちなど博物館の訪問者向けに米国の社会構造における金融の役割と発展を解説する教育プログラム構築に活用された。

その夜、博物館を出たとき、私はシュワブの物語とイノベーションについてあらためて思いを寄せた。シュワブが今日あるのは、われわれがルールを破ったり、物事をひっくり返したりしたからだろうか？多くの人たちは当社のことをそう思っている。生意気、成り上がり、革新者、挑戦者という言葉を何年にもわたって何度も耳にしてきたが、すべてディスラプションという問題だけに結びつけられるべきものだったろうか？そうじゃないはずだ。当社は実際に物事をひっくり返したり、元には戻れない変革をつくりだしたりしたが、イノベーションのためのイノベーションを起こしたことは一度もない。そんなこととはまったく異なる目標と目的をもって臨んできた。私の物語は独立したい、ビジネスを築きたいという単純な夢、多くの米国の起業家たちが共有する夢から始まったにすぎない。たまたまその夢が、古いルールは変えられるし、変えるべきだという信念へと発展し、その目的意識からわれわれのイノベーションや成功が生まれたのだった。何か特別な方法に従ったわけでもない。アイデアを実践に移すのはいつも簡単なことではなかったが、一人では決してできないことを実現するために皆が集まって力を合わせることには、何か摩訶不思議な、いつまでもワクワクするようなものがある。そして、われわれの仕事、すなわちイノベーションはまだ続く。常に別の新たなアイデアがあり、新たに挑戦すべき古い慣習があり、より快適に投資をするための無数の方法がある。われわれはイノベーションを続けるだけだ。

エピローグ——個人的な回想

私はチャールズ・シュワブという会社について、すなわち私が経験した出来事や過去数十年間に下した決断がどのようにしてシュワブをかたちづくり、ひいては投資の世界をかたちづくったのかについて述懐した。

振り返ってみると、シュワブの物語には私があまり語らなかったもう1つの別の側面があったことに気づく。それはこうした年月が私チャールズ・シュワブという人格をどのようにかたちづくってきたか、である。いうまでもないが、大小さまざまな影響を受けてきた。

それらを語ることは本書の目的ではなかったが、起業家やビジネス・リーダーの人生を志す人たちには、仕事の旅路が人格にも深い影響を与えることを知ってほしい。ここにいくつか、この数十年という年月に私が個人的に受けた影響と学んだと思うことを紹介したい。

家族——家族は人生の基盤であり、目的と力の源泉である

チャールズ・シュワブが本格的に始動する直前の1972年に、ヘレン・オニールと私は結婚した。自分の零細な証券会社で何を目指そうとしているのか、すなわち会社の名称をファースト・コマンダーからチャールズ・シュワブに変更し、ディスカウント・ブローカレッジに面かじを切ったことを彼女に

伝えた直後だった。常軌を逸したアイデアを実現しようとする私に対する彼女の支えは本当に大きなものだった。ビジネス、家族、そして人生をあわせ築いていこうとするのに伴って生じるあらゆる浮き沈みを乗り越えて夢と目標に向かおうとする自分を支えてくれる伴侶がいれば、ほとんど不可能にみえることも可能になる。ヘレンの支えは終始一貫変わらないものだった。われわれは生活を切り詰めなくてはならず、ビジネスで必要な資金確保のために早くから自宅を抵当に入れたことをはじめ、あらゆることをビジネスのために犠牲にしてきた。私は毎晩、夕食をすますと仕事に戻ったし、週末も働いたが、ヘレンとともにわれわれの2人の子どもたちを育て、また、前妻との間に生まれた3人の子どもたちを交え、結びつきの強い大家族を築いた。

ビジネスを始めた頃は、街から街へとあちこち出張しては支店を開設したり、PRを行ったり（私は地元のテレビやラジオに出演して、ディスカウント・ブローカレッジとそれが個人投資家にもたらす利便性を説明できるチャンスを一度たりとも見送ったことはない）と、ビジネス立ち上げのためのあらゆることに私は時間と気をとられていた。自分を支えてくれる力強い家族がいることは、一人の人間が成功を収めるにあたり最も重要な要素であり、私の歩みに寄り添い続けてくれたヘレンにはどれほど感謝してもしきれない。

どんなにビジネスの浮き沈みがあっても、家族の存在があってこそ士気はくじかれることなく、また、未来志向を続けられる。5人の子どもたちはそれぞれ個性豊かで、興味も性格も価値観も異なり、また、それぞれ異なった自己実現の道を歩んでいる。キャリーが1人だけ、シュワブで働いている。さらに、子どもたちは私に13人に及ぶ孫という最高のボーナスを授けてくれた。孫たちもまた素晴らしく個性豊かで、みていても一緒にいてもとても楽しい。孫たち一人ひとりに驚くような創造性を見出すことを貴重な体験として感じている。孫たちは私とヘレンの喜びそのものであり、しばしば会いに出かけている。

人材——ビジネスにおいて一人では大事は成し遂げられない

私は早くから自分には限界があることを知った。それで最初は謙遜気味に行動していたが、自分がもっていないスキルをもたらしてくれる人材を見つけなければならないことに気づき、また、それに気づいたことでまったく異なる世界が開けた。私は人に任せることとチームワークがもたらす力、そして私が「人的なレバレッジ（梃子の効果）」と呼ぶものも早くから見出していた。それは、アイデアがもつインパクトを、1人だけで取り組んだ場合には想像もできないほどの大きな波へと拡大させるものだ。

ビジネスは人材がすべてであり、自分のビジョンと価値観を共有してくれる人、自らの情熱と強みを仕事に注ぎ込もうとする人を見つける必要がある。そうした人材は、庶務から取締役会に至るまで、組織のあらゆる階層で必要とされる。その点で私はこの40年間、信じられないほど幸運だった。

富と慈善行為——得たものを還元し、寄付を人生の情熱につなげよう

富をもっていることはもっていないことよりはずっと良い。私は無一文から始めたので、それを実感している。富をもっていることは悪いことではない。特に若い人たちには成長と努力に向けた動機が必

要でもある。相続財産が、若い人たちの成長と努力を妨げることもある。

もし富を手に入れるに至ったら、それを使って何ができるか、そして、自分の地位をもたらしてくれたコミュニティに対してどのように還元できるか、を考えなくてはならない。私は、大きな成功を収めた人たちには、慈善や善行を目的に富の相当部分を還元する義務があると確信している。

私にとって、慈善活動と私の人生および成功に影響を与えたものとを結びつけることは、魅力的、かつやりがいがあるものだった。

妻のヘレンと私は、学習障害、特に失読症の子どもたちを支援する研究とプログラムに多大な投資をしてきた。われわれが2人で取り組んだ最初の慈善活動は、1990年代において、失読症の子どもを抱える親を支援する財団としてペアレンツ・エデュケーション・リソース・センターを設立することだった。われわれは当センターの運営を10年以上にわたり行い、当センター所属の専門家が対応した子どもと親は数千人にのぼった。失読症は、私の若い頃はまったく不可解なものとされていたが、いまはよく理解され研究された医療診断へと変わっており、この障害をもつ子どもの治療法も浸透している。われわれが一定の役割を果たした新たな方法で多くの家族が失読症による苦労を乗り越えるようになったことを誇りに思っている。

教育は私の人生において非常に重要な役割を果たしたので、私は学校、特にスタンフォード大学に進んで寄付を行っている。私が大人になってから発揮できた強みと能力の構築は同大学でおおいに培われた。また、教育がいかに重要で人生に影響を与えるものであるかの認識のもと、恵まれない環境にある人たちのための学校、たとえば、教育的に恵まれない地域に焦点を当てて運営され、無料で通える大学進学準備学校であるKIPPチャーター・スクールなどにも寄付をしている。

適切な医療を受けることは、だれの人生においても成功のための要であることから、私はこの分野に多くの時間とお金を提供してきた。何年か前に、幸運にも私はサンフランシスコの聖フランシス病院の役員を務める機会に恵まれ、病院が資金不足という問題に直面していること、地域社会のすべての人々に奉仕するという使命を果たすうえで、なかでも医療費を払えない人たちに対して、個人の慈善活動がいかに重要であるかということに気づかされた。

幼い頃から私は視覚学習をよくしていた。芸術がいかに世界についてまったく新しいとらえ方を提示するかをみてきた。良心のある芸術家は人生の大きな問題を考え、芸術を通してそれらに対処しようとする。同じ傾向が私にもあり、ビジネスにおける従来とは異なるやり方や、伝統に束縛されないやり方が導かれた。ヘレンもまた芸術に情熱を注いでおり、私と一緒に、かなり早い時期から美術品の収集を始めた。最初は、小さな作品、あるいはまだ高額に評価されていない芸術家の作品から始めて、その後いろいろ学びながら現在に至っている。芸術への投資には熱中することになった。私はサンフランシスコ近代美術館の役員に就任し、10年間も会長を務めた。同美術館を米国で最も優れたモダン・アートの美術館にするために、同美術館のディレクターであるニール・ベネズラと協働できたことは、非常に楽しいことだった。サンフランシスコの地域社会とともに、私たちは何億ドルもの資金を集めたり、新しい棟も建設したり、ドン・フィッシャーとドリス・フィッシャー（衣料品のGAPの創設者）による素晴らしいモダン・アートのコレクションの展示館を新設したりした。

米国政府は、ほかの国とは異なり、寄付を促進するための金銭的インセンティブを多く設ける政策を採用している。その結果、社会的ニーズの多くが慈善活動によって満たされている。今日の米国では、慈善活動は社会にとってきわめて重要な要素となっており、私は富裕層が地域社会に恩返しすることは義務のようなものだと考えている。

健康――健康を最優先に考えるのは自分のためだけでなく、組織のためでもある

私が健康について深く考えるようになったのは、企業向けの健康プログラムを開発した心臓病専門医に出会ってからだ。それは1980年代半ばのことで、当時の新しい研究は心臓発作と脳卒中の主要な原因はコレステロールだと突き止めていた。

彼の考えによると、仕事におけるストレスと多忙なライフスタイルが従業員をより高いリスクにさらしているが、会社が従業員のための健康プログラムを提供することでそのリスクをコントロールできる、とのことだった。それは会社にとって意味があると思う一方、自分は大丈夫じゃないかと思った。

私はほかの幹部と一緒に検査を受けた。結果は驚くべきものだった。その心臓病専門医は、私がひどいストレスと高コレステロールにもかかわらず健康であることが信じられないようだった。彼はさらに追加の検査を行い、造影剤まで使って血管の閉塞を発見してくれた。危なかったですよ、と彼はいった。

その後、私の右腕だったラリー・スタプスキーが心臓発作を起こすなど、多くの有能なビジネスパーソンたちが健康上の問題で足踏みするのを何年にもわたり目の当たりにしてきた。

現在では、会社が費用を負担して、従業員に人間ドックを受けさせたり、彼らの健康増進を図ったりしている。社員食堂では健康増進のための活動や健康食の促進に努めている。従業員はビジネスにとって最も重要な資源であり、彼らの健康管理を支援することはビジネスの向上に直結する。自分自身の健康に気をつけることも同様だ。

個人的な情熱——心の別の部分を刺激するような情熱を見つけよう

弁護士だった父は私が小さい頃、投資を目的に数百エーカーの田んぼを所有していた。私が銃をもてる年齢になると、父は私に4－0ゲージのショットガンを買い与え、その撃ち方を教えてくれた。鳥がやってくる秋には休閑期になった田んぼで、私はよく狩りをした。獲物はいつも食べたから、単なるスポーツというわけでもなかった。いまでも毎年秋に狩猟に出かけると、自分がサクラメント・バレー出身であることや当時の友達のことを思い出し、胸に刻む。

私はまたフライ・フィッシングを心から愛するようにもなり、そのために世界各地を訪れた。野や川の近くで1日を静かにくつろぐことに勝るものはない。狩猟や釣りに対する興味が自然を愛するきっかけとなり、50代に入ってからジョージ・H・W・ブッシュ大統領に任命されて国立公園基金の理事会に参加することになった。人生においては、1つのことが別のことのきっかけになるものだ。

それからゴルフだ。私は本書で、ゴルフがどのように自分の成長のために重要な役割を果たしたかについて語ってきた。ゴルフは私に自信と新しい友情をもたらし、社会的なスキルを強化し、競争力を高めてくれた。何よりもゴルフは私を、卒業後に多くの恵みをもたらしたスタンフォード大学へと送り込んでくれた。ゴルフはもう70年近くも私にとって大切なものになっている。終わりのない挑戦と仲間意識を伴うスポーツで、一生楽しめる。テニスについては腕が衰えた。ここ数年はスキーに出かける回数も減っている。しかし、ゴルフはいつも私の人生の中心にあり、その重要性に注目するあまり、ゴルフを活用して若い人たちに強い価値観をもってもらうファースト・ティーという団体の活動にも全力を尽くしている。2つのゴルフ場の建設にも手を染めた。

こうしたすべての活動が私の人生を豊かにし、必要な時にはいつも精神をリフレッシュしてくれた。こうした活動がなかったら、私は熱意あふれる起業家にはなれなかったことだろう。

政治――かかわりあいをもち、参加し、未来をかたちづくろう

私は憲法が意味することを愛している。それは米国の偉大さの支柱になっている。私にとっては、その最も重要な特徴は個人の自由に焦点が当てられていることにある。なぜなら、それによって個人的な情熱と、自分自身と自分のコミュニティのために何かを実現したいという願望とが解き放たれるからだ。

私は幸運にも世界中を旅してきた。１９８０年代後半には、タイム誌が企画したＣＥＯだけで組成される海外派遣団の一員として、他国で物議を醸しているリーダーを訪問したり、国境を超えた視点をほかのＣＥＯと共有したりした。たくさんの訪問先のなかにはハバナやモスクワ、バンガロール、そして

香港もあった。この体験と、それ以来の私の旅を通じて、私は米国ほど個人の自由が解き放たれている場所はないと確信した。その基礎となっているのがアメリカ合衆国憲法だ。私が政治へのかかわりで目標にしているのは、個人と経済の自由の源になっている憲法と、そこからもたらされるすべての結果とを支持することだ。反対に、全体主義や社会主義はただ魂をくじくだけだ。

私たちの将来にとってとても重要なことにかかわることは、非常にやりがいがある。私たちは現在、政治的な不協和音に苦しんでいるが、多くの相違点を解決し、共通の大義を見出すことができると確信している。私たちは皆心のなかに、国を良くしたい、生活を良くしたいという共通の願いをもっている。

ビジネス——好奇心と創造性という人間の精神を大事にしよう

ビジネスは創造的なプロセスである。未知の未来に進み、新しいことに挑戦し、その過程で発見をし、さらにそれを繰り返す。学習と成長がすべてであることは、私がビジネスを愛し、またビジネスに可能性を与え、多くの素晴らしい新しいことを可能にするアイデアの自由なやりとりを愛している理由でもある。ビジネスは生命そのもののように有機的で、常に変化しているといいたい。ビジネスは、好奇心と創造性という人間の精神が具現化する場であり、だからこそ私はいつも未来について楽観的なのだ。

チャールズ・R・「チャック」・シュワブ

チャールズ・シュワブの経営理念と事業戦略

岡田 功太・下山 貴史

要約

1　近年、チャールズ・シュワブの台頭が目覚ましい。同社の預り資産総額は約3・7兆ドルに達し、過去10年で約2・5倍となった。また、同社の新規証券口座開設数は2018年に約158万件に達し、過去10年で約2倍に増加している。同社は、グループ傘下に約2000億ドルの預金を有する銀行も保有しており、これら証券・銀行・資産運用エンティティが連携することで、預り資産の最大化を目指している。

2　チャールズ・シュワブは、リテール関連事業を中核とする総合金融機関として、「顧客目線に立った経営戦略」という経営理念を掲げ、同社が定義する「好循環」の創出を徹底している。「好循環」とは、①顧客の負担やコストを削減できれば、②顧客から新規資産を預かることが可能であり、③同社の収益が増大し、④同社の株主資本利益率が増加し、⑤新規プロジェクトを運営する支出を増やすことができるという考え方である。

3　チャールズ・シュワブは、「好循環」を機能させるべく、「米国リテール資産」を獲得することを営業戦略上のターゲットとしている。これは、①銀行預金、②資産運用および証券事業、③確定拠出年金制度、④独立系ファイナンシャル・アドバイザー（IFA）の販売チャネルにおける資産合計と定義される。同社は、その全体をターゲットとみなしており、そのなかで取引を望むすべての個人が利用可能な価格設定に努めている。

4 チャールズ・シュワブは、「米国リテール資産」を獲得すべく、多面的な営業体制を構築している。インベスター・サービス部門には、電話および対面サービスを提供する担当者や、独立店舗を運営する担当者が所属している。アドバイザー・サービス部門は、IFAと提携し、個人に間接的にサービスを提供している。各営業担当者は、所属部門にかかわらず、新規の預り資産を増加させることに対しインセンティブが付与されている。

5 チャールズ・シュワブの各事業は、「米国リテール資産」を獲得し、「好循環」を機能させるべく、あたかも、顧客からの預り資産を最大化するための「装置」として機能している。同社が、事業を拡大しつつ、今後も「顧客目線に立った経営戦略」を一貫して保持できるのか、チャールズ・シュワブの動向は注目に値する。

Ⅰ 銀行・証券・資産運用の包括的なサービスの提供者

近年、米国リテール金融業界において、チャールズ・シュワブの台頭が目覚ましい。同社は、米国の個人投資家に対して、①個別銘柄やETF等の証券取引サービス、②ミューチュアルファンドやマネージド・アカウント（ファンドラップやSMAの総称）等の資産運用サービス、③預金口座や証券担保ローン等の銀行サービスを提供している。チャールズ・シュワブの預り資産総額は約3・7兆ドル（2019年第2

図表1　チャールズ・シュワブの証券口座数の推移

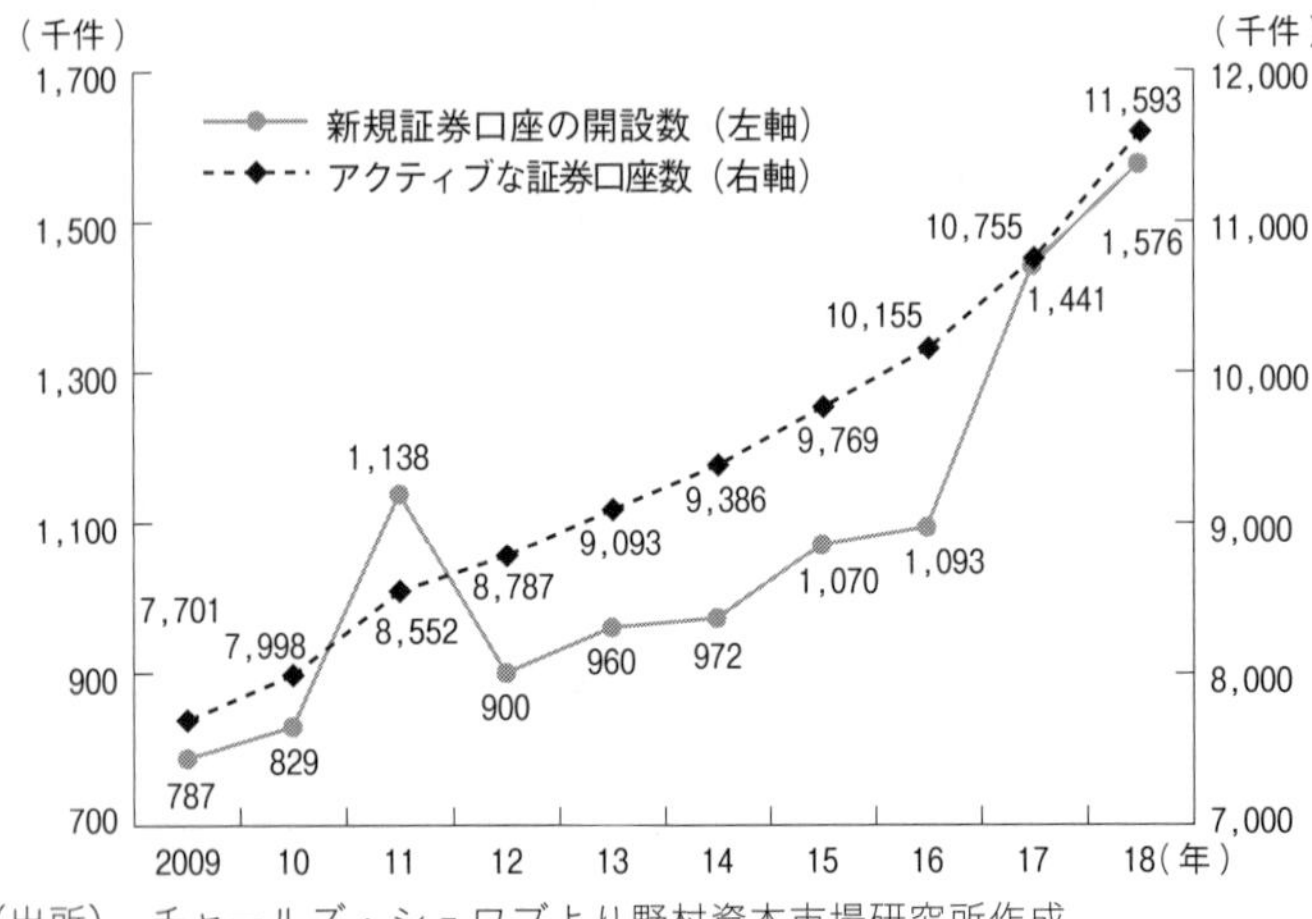

（出所）　チャールズ・シュワブより野村資本市場研究所作成

四半期末）に達し、過去10年で約2・5倍となり、モルガン・スタンレー等の大手証券会社を上回っている。また、チャールズ・シュワブの新規証券口座開設数は2018年に約158万件で、アクティブな証券口座数は1160万件に達し、過去10年で約1・5倍に増加している（図表1）。同社は、現在の米国リテール金融業界において、最も成功した金融機関の一つであるといっても過言ではない。

かつて、チャールズ・シュワブは、米国最大級の個人投資家向けディスカウント・ブローカーとして知られていた。しかし、現在は、リテール関連事業を中核とする総合金融機関として存在感を増している。たとえば、チャールズ・シュワブのETFの運用資産総額（Asset Under Management, AUM）は約1150億ドルであり、米国市場において第5位のAUMを有し、2018年の資金流入額が約286億ドルと急成長を遂げている（図表2）。

図表2　米国のETFスポンサーのAUM別ランキング（2018年末）

	ETFスポンサー名	AUM（十億ドル）	シェア（％）	資金流出入額（十億ドル）
1	ブラックロック	1,322	39.2	135.4
2	バンガード	855	25.3	84.8
3	ステート・ストリート	567	16.8	−6.0
4	インベスコ	170	5.0	5.0
5	チャールズ・シュワブ	115	3.4	28.6

（出所）ブラックロックより野村資本市場研究所作成

チャールズ・シュワブは、また、独立系ファイナンシャル・アドバイザー（Independent Financial Advisor, IFA）向けの資産運用サービスを提供しており、約1・8兆ドルのIFAの顧客資産を管理し、20年以上の間、フィデリティと競合関係にある（2019年第2四半期末）。つまり、チャールズ・シュワブは、個人投資家に対して直接的にサービスを提供しているだけではなく、近年増加傾向にあるIFAに対するサービスの提供者でもある。

さらに、チャールズ・シュワブは、約2000億ドルの預金を有する銀行であり、個人向け銀行業務の領域においても、バンク・オブ・アメリカやシティグループ等の大手米銀と凌ぎを削っている（2018年末）。実際に、チャールズ・シュワブは、システム上重要な金融機関（Systemically Important Financial Institution, SIFI）に認定されており、連邦準備制度理事会（FRB）の管轄下にある。

本稿では、チャールズ・シュワブの事業概要、ユニークな経営理念、それを実現するための多面的な営業体制や、販売チャネルおよび各営業員の評価体系、純収益の多くを占める金利収入をあげる銀行としての財務戦略等、チャールズ・シュワブが創業以来の50年間、ドッ

図表3　ROEの推移

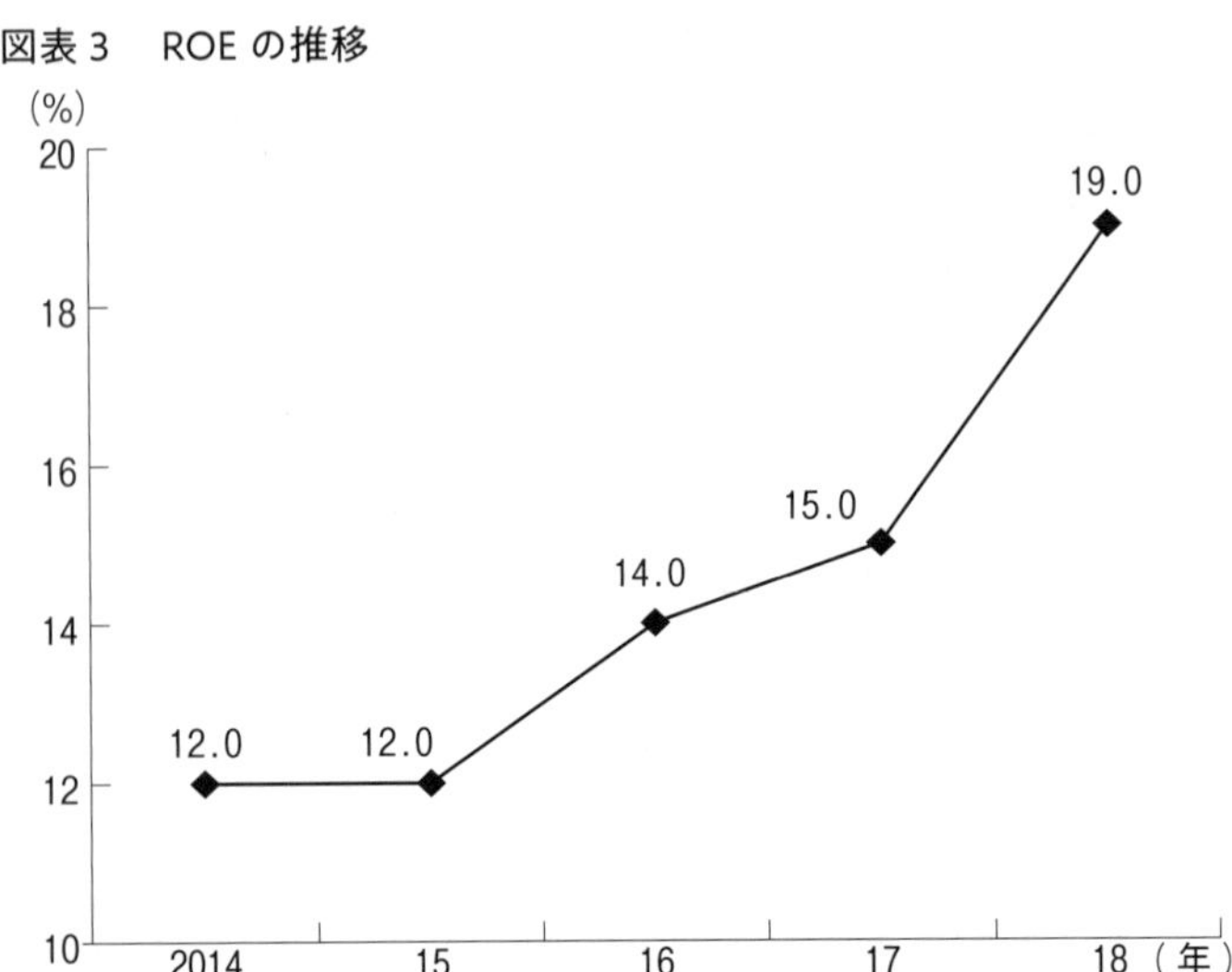

（出所）　チャールズ・シュワブより野村資本市場研究所作成

トコム・バブル崩壊やグローバル金融危機を乗り越えて、リテール金融事業に特化した総合金融機関へと事業を発展させてきた経緯について整理を図る。

Ⅱ　リテール金融事業に特化した総合金融機関

1　証券および資産運用事業を行うエンティティの概要

チャールズ・シュワブは、カリフォルニアに本拠地を有する大手金融グループである。純収益（Net Revenue）は約100億ドルに達し、過去10年間で約2・4倍になった（2018年末）(注1)。同社の株主資本利益率（ROE）は約19%（図表3）、希薄化調整後1株当り利益（EPS）は約1・79ドル（図表4）とそれぞれ増加傾向にあり、株主に対して高いリターンを

図表4　希薄化調整後EPSの推移

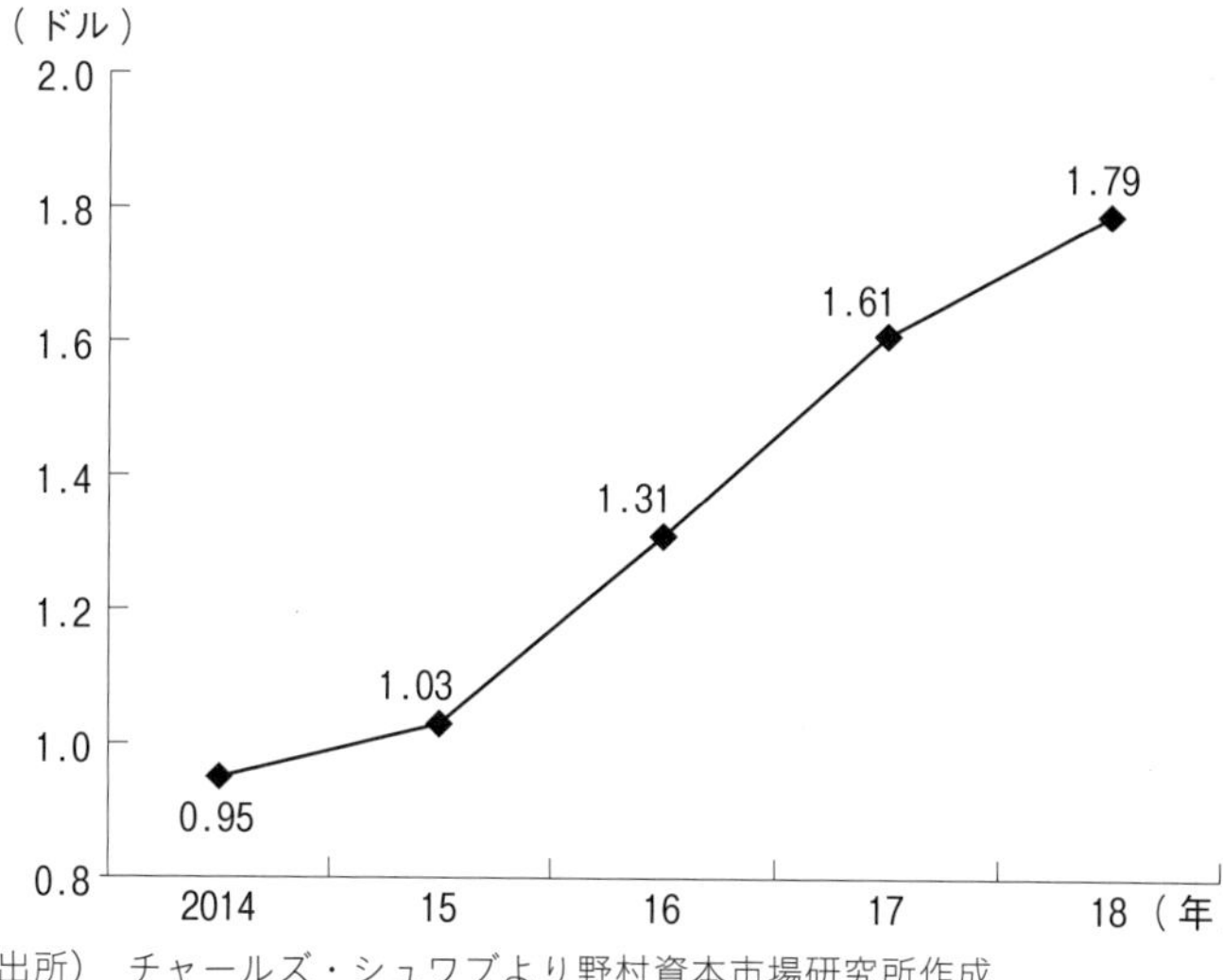

（出所）　チャールズ・シュワブより野村資本市場研究所作成

提供している。このような良好な実績の背景には、グループ傘下の銀行・証券・資産運用事業を担う各エンティティが互いに連携してサービスを提供することで、新規の顧客預り資産を獲得してきたことがあげられる。

チャールズ・シュワブのグループ持株会社は、1986年に設立されたチャールズ・シュワブ・コーポレーション（CSC）であり、FRBの監督下にある貯蓄融資持株会社である。CSCは傘下に複数のエンティティを有しており、その中核をなすのが、チャールズ・シュワブ・カンパニー・インク（CS＆Co）である。CS＆Coは1971年に創業したブローカー・ディーラーであり、全米47州において355支店を構え（2019年2月末時点）、対面および非対面による証券サービスを提供している。

また、CSCは傘下に、チャールズ・シュワブ・

インベストメント・マネジメント（CS－M）という、証券取引委員会（SEC）登録の資産運用会社を有している。CS－Mは、CS&Coが個人投資家に提供するミューチュアルファンドおよびETFを運用している。前者はシュワブ・ファンズ、後者はシュワブETFと呼称されており、CS－Mは、主にチャールズ・シュワブの自社系列商品の運用を担っている。

さらに、CSCはCS－Mとは別に、チャールズ・シュワブ・インベストメント・アドバイザリー（CS－A）という資産運用会社も有している。CS－Aは、CS&Coが個人投資家に提供する投資サービスに組み入れる商品の選定や、マネージド・アカウントの運用を担っており、同社の残高フィー型サービスにおける中核的な役割を果たしている（注2）。CS－Aのマネージド・アカウントには、CS－Mが運用するシュワブ・ファンズおよびシュワブETFに加え、サードパーティーの資産運用会社が運用するファンドが組み入れられている。つまり、CS&Co、CS－M、CS－Aは互いに連携しているといえる。

2　グループ傘下の証券エンティティおよび資産運用エンティティの連携

チャールズ・シュワブが、リテール事業中心の総合金融機関であることを如実に示すのが、傘下の証券エンティティと資産運用エンティティの相互連携だ。

CS&Coは1992年、顧客に対してミューチュアルファンド・ワンソース（MFワンソース）と呼称するサービスの提供を開始した。同サービスは、ファンドの販売手数料および早期解約手数料が無料であり、顧客がウェブサイト（シュワブ・ドットコム）を通じて取引する場合についてはスイッチング手数

図表5　MFワンソースおよびETFワンソースの預り資産総額の推移

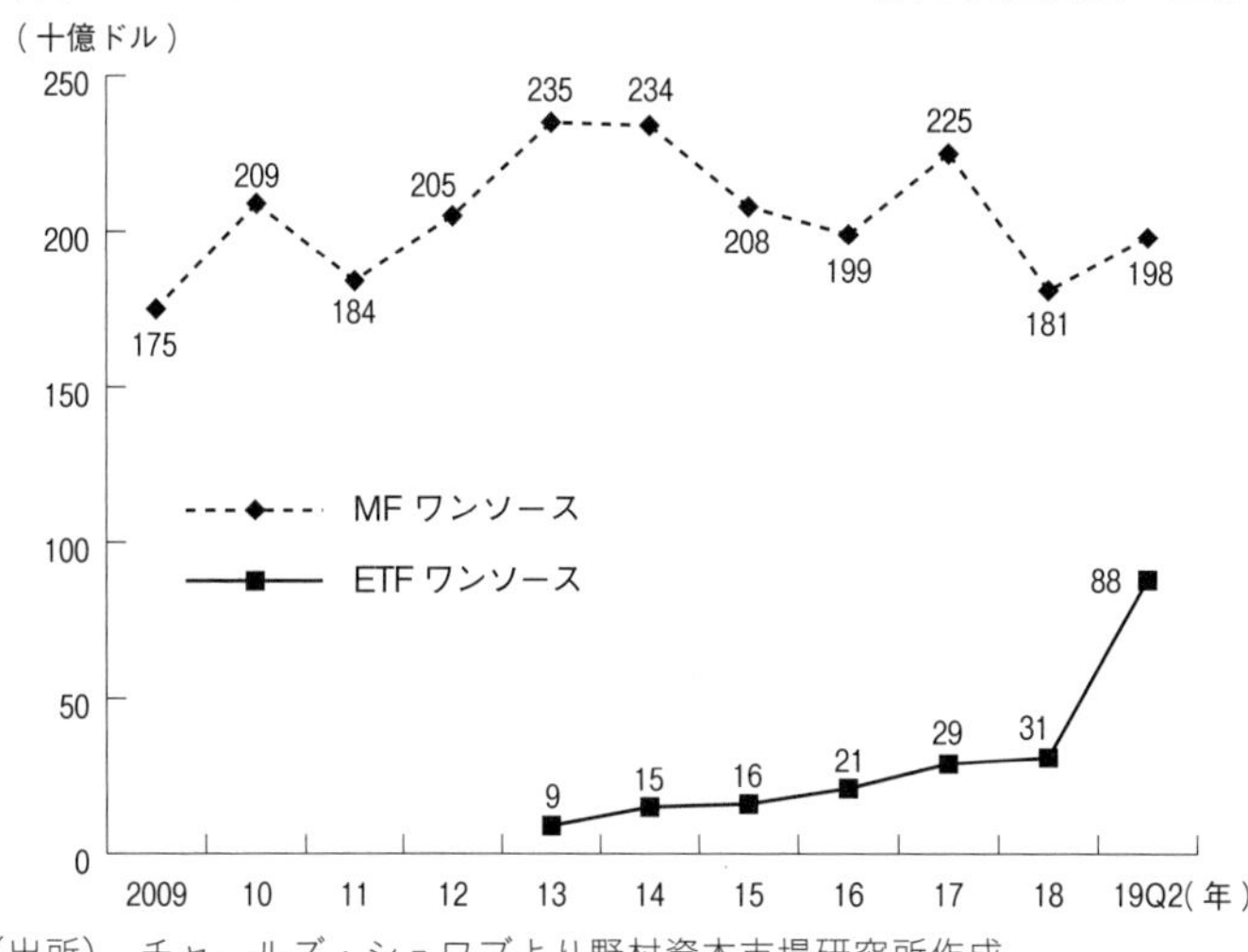

（出所）　チャールズ・シュワブより野村資本市場研究所作成

料も無料である。顧客はMFワンソースを活用することで、約2100本のミューチュアルファンドのなかから自由に投資対象を選択して運用を行うことが可能であり、同サービスが開始された当初、チャールズ・シュワブは「投信スーパーマーケット」と呼称されていた。MFワンソースの預り資産総額は約1980億ドルに達し、チャールズ・シュワブのミューチュアルファンドの預り資産総額のうち、金額ベースで約14％を占めている（図表5、2019年第2四半期末）。

MFワンソースに組み入れられる運用商品については、モーニングスターの格付、3年以上の運用実績があること、4000億ドル以上のAUMを有すること等の条件をもとにCSIAが選定している。これらの運用商品には、CSIMが運用するシュワブ・ファンズと、サードパーティーの資産運用会社が運用するミューチュアルファンドが含まれる。チャールズ・シュワブにとって、同サービスの収益源は、主に、シュワブ・ファンズの信託報酬と、サードパーティーの資産運用会社から支払われる資産残高ベース手数料である。資産残高ベース手数料とは、MFワンソースを利用する投資家が、MFワンソース経由でサードパーティー資産運用会社の商品に投資している残高に対して上限年率0・4%である。

さらに、CS&Coは2013年、ETFワンソースの提供を開始した。仮に、顧客がETFワンソースを活用し、シュワブ・ドットコム上でETFの取引を行う場合、ETFの売買手数料は無料となり、顧客はCSIMが運用するシュワブETFを含む約500本のETFのなかから、自由に投資対象を選択することができる。ブラックロック等のETFスポンサーは、ETFワンソースに参加するにあたって、①資産残高ベース手数料(上限は年率0・15%)と、②固定プログラム手数料(上限は年間1万5000ドル)をチャールズ・シュワブに対して支払う。ETFワンソースは、2019年第1四半期に、対象ETFを倍増させた結果、預り資産総額は約880億ドルに達している。

チャールズ・シュワブの新規の預り資産額は、2016年に約1260億ドル、2017年に約2330億ドル、2018年には約1340億ドルと良好な実績を誇っている。この要因として、上記のとおり、チャールズ・シュワブでは、傘下の証券および資産運用事業が連携していることがあげられる。

図表６　CSB の預金口座数と預金量

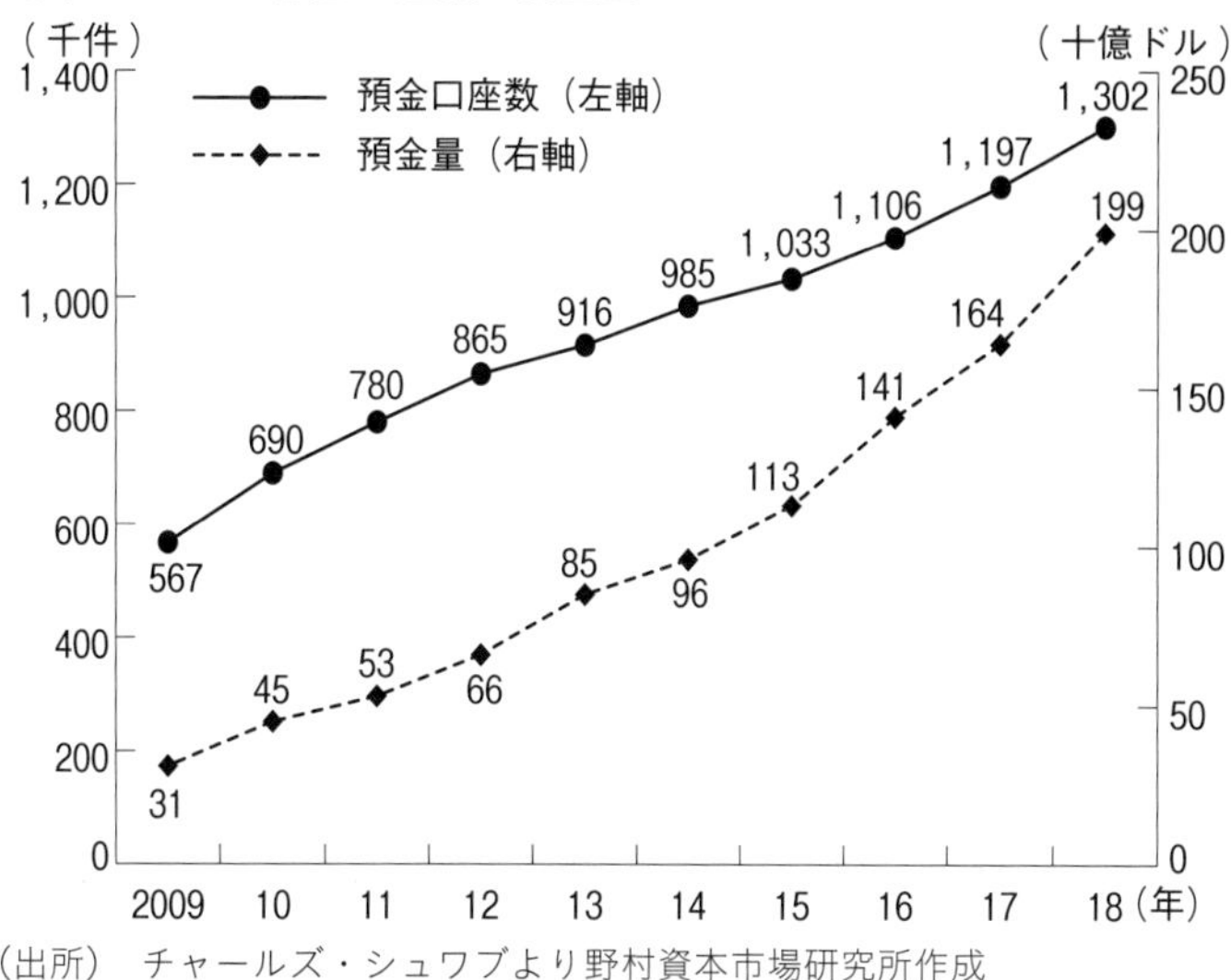

（出所）　チャールズ・シュワブより野村資本市場研究所作成

３　急速に拡大する銀行事業の概要

さらに、ＣＳＣは傘下にチャールズ・シュワブ・バンク（ＣＳＢ）を有しており、預金およびローンという銀行サービスを顧客に提供している。ＣＳＢは、２００３年に米財務省通貨監督庁（ＯＣＣ）の認可を受けて設立された連邦貯蓄銀行である。同行の預金量は、約２０００億ドル（過去10年間で約６・４倍）であり、銀行口座数は約１３０万件（過去10年間で約２・３倍）である（図表６、２０１８年末）。

チャールズ・シュワブの預り資産総額のうち、約13％は現金である。ＭＦワンソースやＥＴＦワンソース等の利用者には現金を管理するニーズがあり、ＣＳＢがこれらの顧客に貯蓄先を提供している。ＣＳＢは、ＣＳ＆ＣｏおよびＣＳ－ＩＭが提供する証券および資産運用サービスと連動して成長を遂げてきた。チャールズ・

図表7　チャールズ・シュワブの預り資産総額

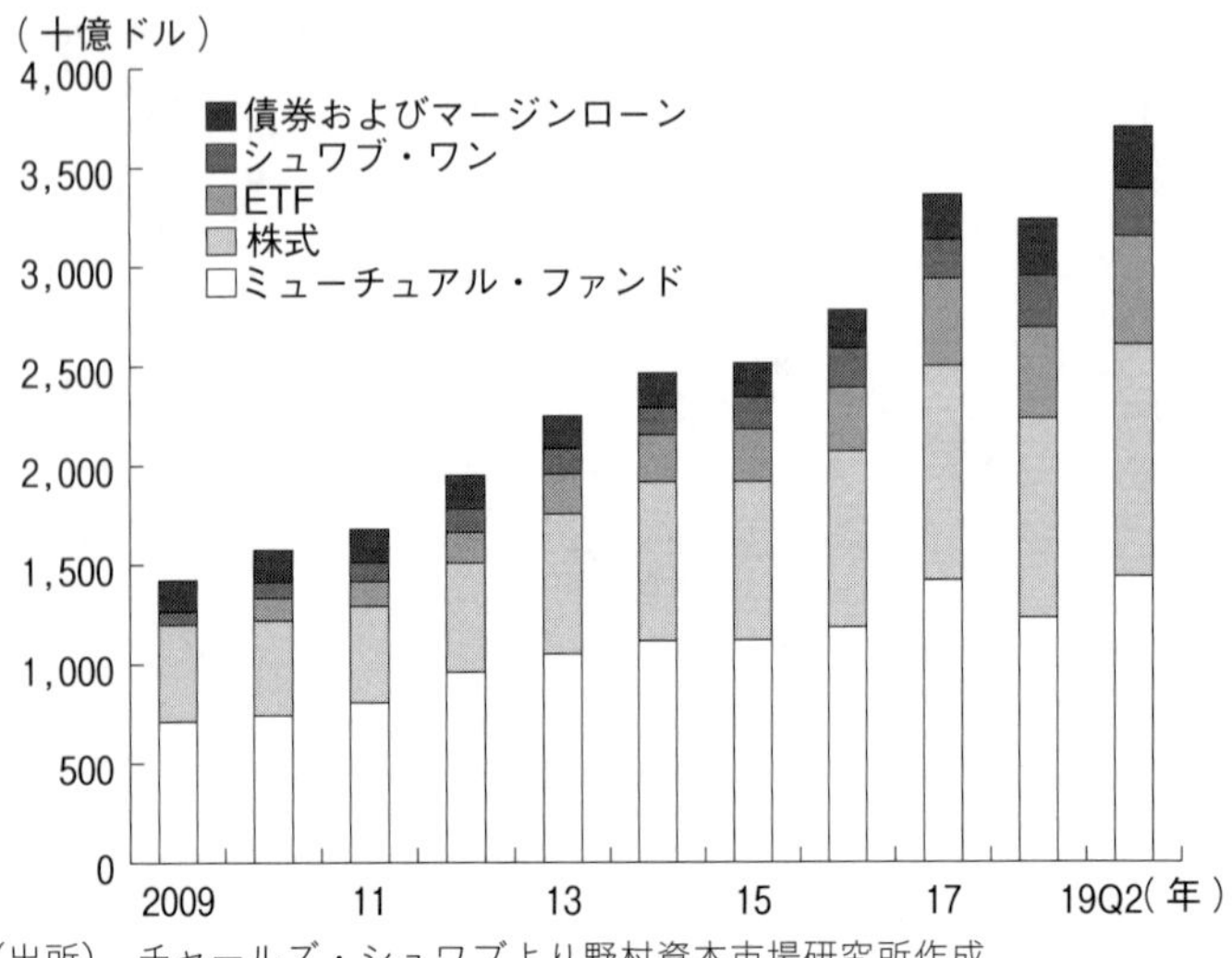

（出所）　チャールズ・シュワブより野村資本市場研究所作成

シュワブは、1983年からシュワブ・ワンと呼称するサービスを提供しているが、CSB設立以降は、同サービスでは、CS&Coの証券口座を有する顧客に対して、CSBの預金口座およびVISAカードを一元的に提供している。同サービスの預り資産総額は、約2370億ドルと過去10年間で約4倍に増加している（図表7、2019年第2四半期末）。

CSBは預金口座のほかに、プレッジド・アセット・ラインと呼称する証券担保ローンも提供している。プレッジド・アセット・ラインの返済期限は5年以内であり、借入可能金額は10万ドルから1500万ドルである。プレッジド・アセット・ラインのローン金利は、1カ月LIBOR（ロンドン銀行間取引金利）に金利スプレッド（担保資産価値によって変動）を加えた水準であり、借入手数料や口座開設手数料等は無料で、証券担保ローン返済の延滞手数料のみを徴収している。

Ⅲ 営業戦略に反映されるユニークな経営理念

1 事業のモメンタムを生み出す「好循環」

このように幅広くリテール金融事業を営むチャールズ・シュワブだが、それらは以下で述べるように、特徴的な経営理念に支えられている。チャールズ・シュワブの経営理念は、「顧客目線に立った経営戦略(Through Clients' Eyes Strategy)」である。シュワブ会長は自らの使命について、「経営理念をチャールズ・シュワブの企業文化に反映させること」と述べている。具体的には、「顧客目線に立った経営戦略」を実践すべく、「好循環(Virtuous Cycle)」の創出を徹底することである。

チャールズ・シュワブが定義する「好循環」とは、次の5項目から構成される。①顧客の負担やコストを削減できれば、②顧客から新規資産を預かることが可能であり、③チャールズ・シュワブの収益が増大し、④同社のEPSやROEが増加し、⑤新規プロジェクトを運営する支出を増やすことができる。そのプロジェクトが生み出す新たなアイデアによって、①さらに、顧客の負担やコストを削減することが可能であり、②よりいっそう、顧客から新規資産を預かることができる。この「好循環」が生まれている限りにおいては、「顧客目線に立った経営戦略」を実践できているという仕組みである。

現在、チャールズ・シュワブの「好循環」は良好な実績を誇っている(図表8)。提供する商品およびサービスを低コスト化したことによって、2017年2月から10月にかけて顧客が負担するコストが約3・

図表8　チャールズ・シュワブの「好循環」の実績

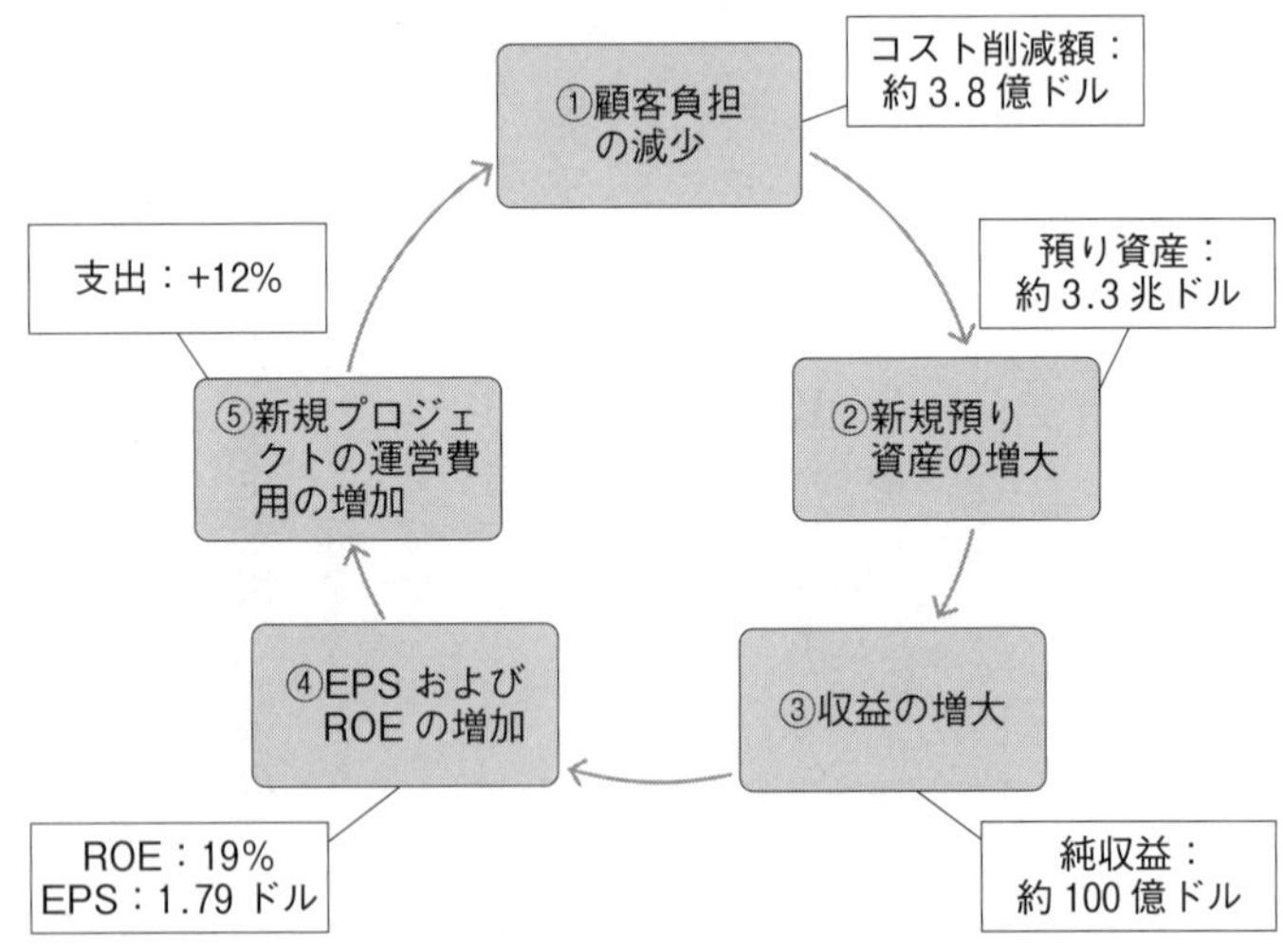

（出所）チャールズ・シュワブより野村資本市場研究所作成

8億ドルも減少し、その結果、預り資産、純収益、ROEおよびEPSが増大したことで、2018年の新プロジェクト運営のための支出額は、2017年比で12%増加している。今後、さらに、顧客負担を軽減できる可能性がある。

2　「顧客目線に立った経営戦略」に沿って軌道修正を図った経営陣

かつて、チャールズ・シュワブの「好循環」が機能しなかった時期があった。シュワブ氏が2003年に同社のCEOを辞任し、デビッド・ポトラック氏が経営のかじ取りを任された。ポトラック氏のCEO就任はドットコム・バブル崩壊による業績悪化の時期だったが、その際、同氏は売買手数料の値上げに踏み切り、業績を回復させることを企図した。しかし、売買手数料を引き上げたことで、むしろ、顧客離れが発

図表9　チャールズ・シュワブの預り資産総額と経費率の推移

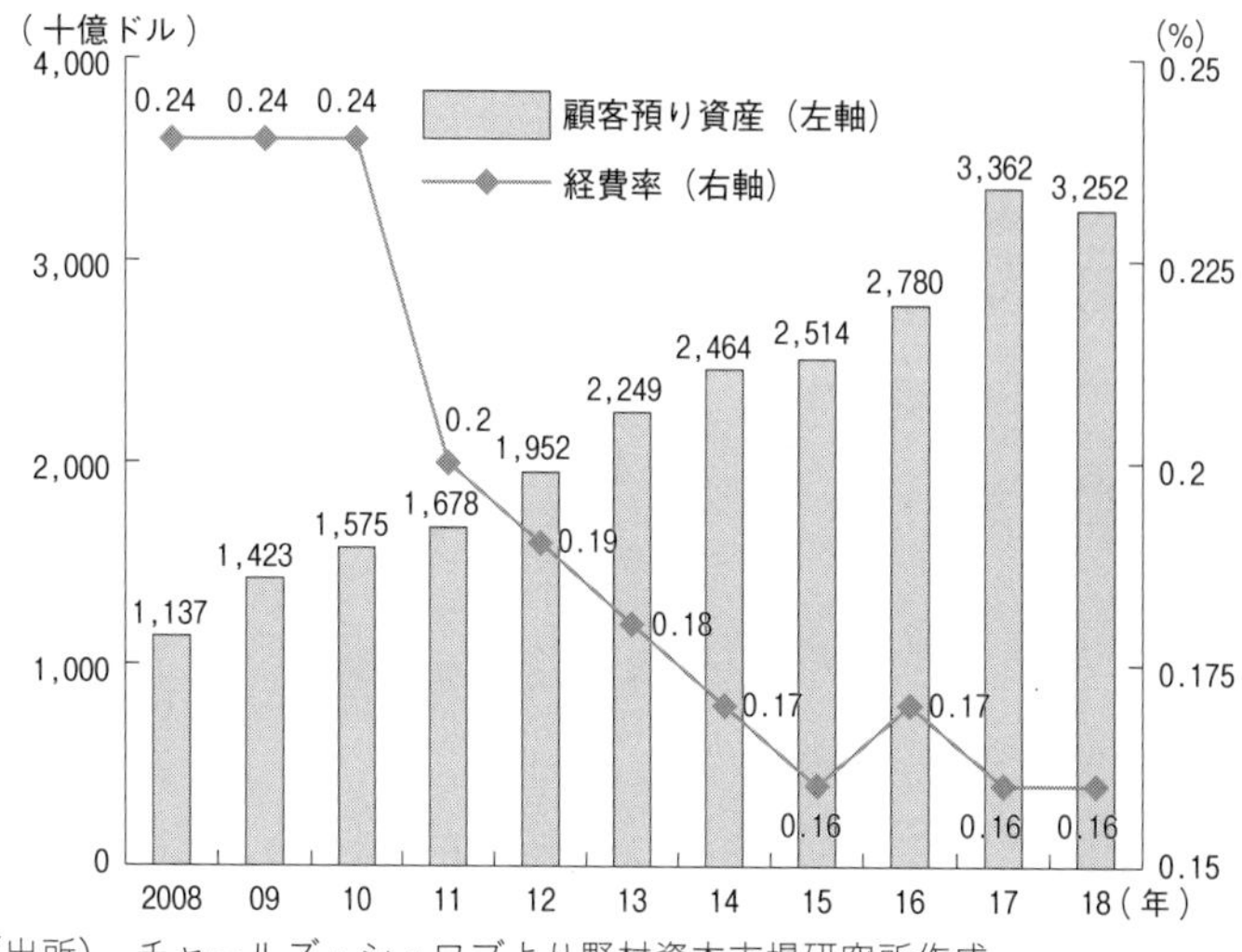

(出所)　チャールズ・シュワブより野村資本市場研究所作成

生し、チャールズ・シュワブの収益はよりいっそう悪化した。

同社の取締役会は即座にポトラック氏をCEOから解任し、再びシュワブ氏が、再建を図るべくCEOに就任した。その際、シュワブ氏は取締役会において、「(チャールズ・シュワブの)収益が約40%減少したにもかかわらず、取締役会の議題では役員報酬を15%から20%削減するとしている。この差額はどのように調整するのか」と指摘した。すなわち、収益の減少と同程度に役員報酬を減少させなければ、市場から信頼を失って顧客離れを食い止めることができず、顧客の負担を軽減させるような新たなプロジェクトの運営も困難になる。「好循環」が機能しなくなり、事業モメンタムは向上しない。シュワブ氏は軌道修正を図るべく、2004年以降、再び売買手数料等を削減した(注3)。

その後、シュワブ氏は２００８年に会長となり、ウォルト・ベッティンガー氏がＣＥＯに就任した。この時もグローバル金融危機の影響を受けた。ほかの大手金融機関が顧客よりも自社の株価下落の抑止を優先するようなかたちでコスト削減を断行したことや、不祥事が相次いだこともあり、ウォール街の金融機関に対する世間の不信感は高まっていくなかで、ベッティンガーＣＥＯは金融危機以降も、一貫してサービスの低コスト化を実現した。実際に２００８年以降、チャールズ・シュワブの預り資産総額は約２・５倍になる一方で、経費率（費用を顧客預り資産の平均値で除した比率）は約30％減少している（図表９）。

3　約45兆ドルの市場規模を有する「米国リテール資産」

チャールズ・シュワブの「好循環」が機能するには、継続的に新規預り資産を獲得し続ける必要があり、それが実現できるような営業戦略を構築することが必須である。具体的には、チャールズ・シュワブは「米国リテール資産（U.S. Retail Assets）」を獲得することを営業戦略上のターゲットとしている。同社によると、「米国リテール資産」は約45兆ドル存在する（２０１８年末）。

ここでいう「米国リテール資産」とは、①個人向け銀行預金、②個人向け資産運用および証券事業、③確定拠出年金制度、④ＩＦＡの販売チャネルにおける資産合計額である。米国個人金融資産の総合計は、２０１８年３月末時点で約82兆ドルだった。つまり、チャールズ・シュワブは、米国個人金融資産全体の獲得を営業戦略上のターゲットとしているわけではなく、あくまで、同社が事業を展開する上記の４つの領域を対象市場としている。チャールズ・シュワブの預り資産総額は、対象市場である「米国リテール資産」

に対して約7％であることから、同社は事業拡大の余地が十分にあると考えている。

「米国リテール資産」の獲得を目標にしていないということは、チャールズ・シュワブが、金融資産残高に基づく顧客セグメンテーションを基軸にしていないことを意味している。一般的にリテール向け金融事業を営む金融機関は、顧客を保有する金融資産額によって分類し、それぞれの分類に合致した商品や営業員を配置している。たとえば、モルガン・スタンレーは2009年以降、マス・リテール事業から実質的に撤退した一方で、金融資産が1000万ドル以上の顧客からの預り資産総額を約90％増加させており、超富裕層向けサービスに特化している(注4)。それに対して、チャールズ・シュワブのベッティンガーCEOは、「個人投資家が負担するコストを削減し、取引を望むすべての個人が利用可能な価格設定を行っている」と述べており、営業対象を選別するための顧客の金融資産等に関する基準を設けていない。

Ⅳ 「米国リテール資産」を捕捉する営業チャネル

1 チャールズ・シュワブ特有の事業区分

チャールズ・シュワブは、インベスター・サービス部門とアドバイザー・サービス部門を有しており、預り資産総額は、前者が約1.9兆ドルであり、後者が1.8兆ドルである（図表10、2019年第2四半期末）。インベスター・サービス部門は、電話・オンライン・モバイルアプリケーション・支店を通じて、個人投資家に対してETFワンソースやプレッジド・アセット・ライン等のサービスを直接的に提供する販売チャネルである。同部門は、モルガン・スタンレー等の大手証券会社や、TDアメリトレード等のオ

図表10　インベスター・サービス部門とアドバイザー・サービス部門の預り資産の推移

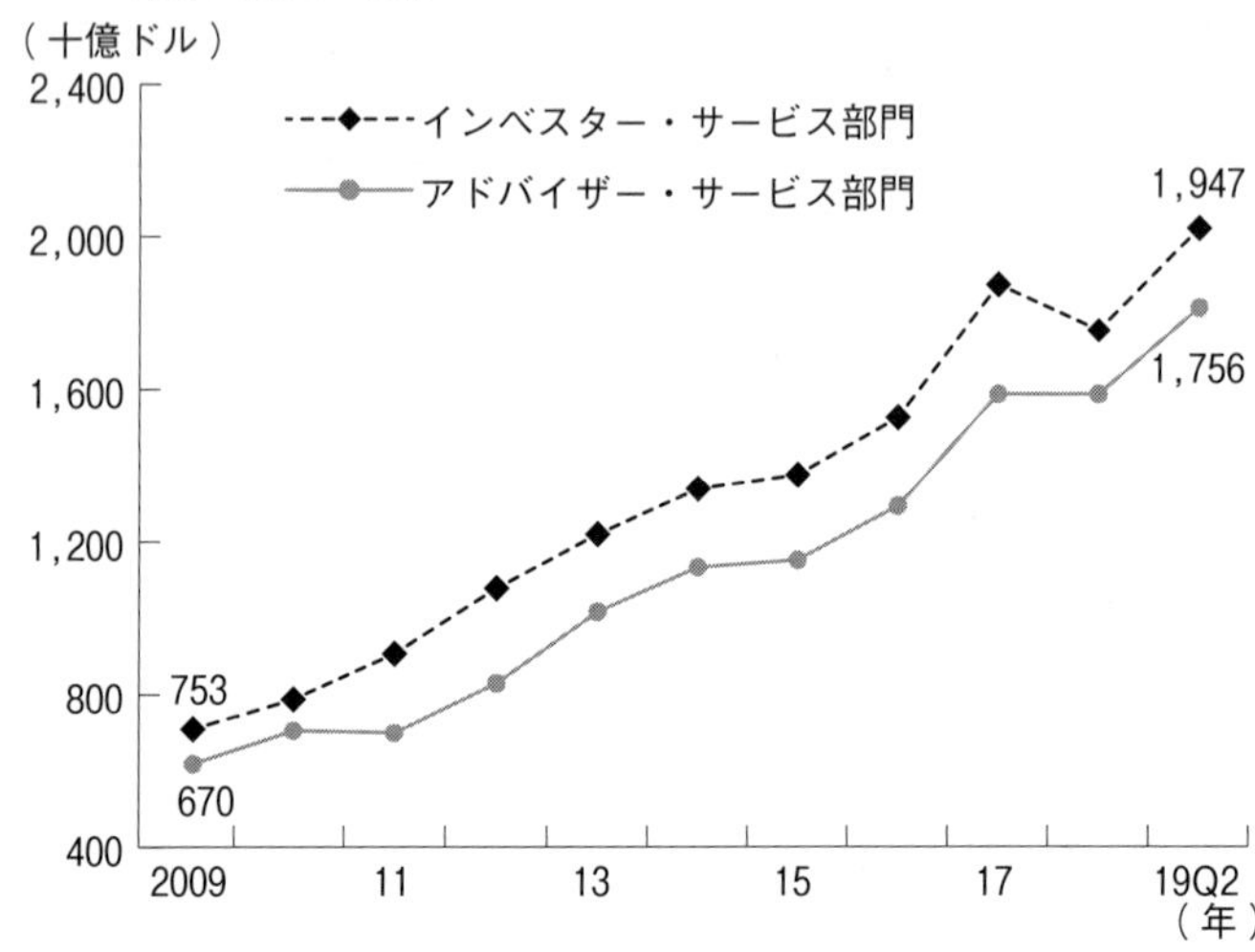

（出所）　チャールズ・シュワブより野村資本市場研究所作成

ンライン証券会社と競合している。

アドバイザー・サービス部門は、メリル・リンチのような大手証券会社から独立したIFAに対して資産運用機能を提供する、仲介チャネルである。ただし、同部門は、IFAのなかでも、特に、個人投資家に対して残高フィー型サービスを提供する登録投資顧問業者（Registered Investment Advisor, RIA）を顧客としている。すなわち、アドバイザー・サービス部門は、RIAが顧客から受託した資産を管理しており、フィデリティ等のIFA向けサービス提供者と競合関係にある[注5]。

一般的に、リテール金融事業を営む金融機関は、対面と非対面のサービスで事業を区分したり、銀行と証券を別々に分類したり、富裕層向け営業部門とマス・リテール向け営業部門を大別したりしている。それに対してチャールズ・シュワブは、直接的な販売チャネルと仲介チャネルに事業を区分するにとどまり、前記のとおり金融資産額を基軸としないのに加えて、銀行・証券・資産運用事業を別々のものとは位置づけていない。あくまでも、同社は、取引を望むすべての人に包括的なサービスを提供することで、「米国リテール資産」を獲得しようと考えており、その思想がこのユニークな事業区分に表れている。

2　対面および非対面の両サービスを提供するインベスター・サービス部門

インベスター・サービス部門は、上記のとおり対面と非対面の両サービスを提供している。顧客が自身の意思で投資対象を選択したい場合は、個別銘柄、MFワンソース、ETFワンソース等を提示している。他方で、顧客がチャールズ・シュワブの投資専門家の意見を聞きたいという場合は、シュワブ・マネージド・ポートフォリオや、シュワブ・プライベート・クライアントを提供している。前者は、CSIAが運用ポートフォリオの構築を担うマネージド・アカウントであり、最低投資金額は2万5000ドルで、預り資産に対して年率0・9%の手数料を徴収する(注6)。後者は、顧客がCSIAに所属する投資専門家と直接会話しながら、それぞれに適した独自のポートフォリオを構築する富裕層向けサービスであり、最低投資金額は50万ドルで、預り資産に対して年率0・8%の手数料を徴収する(注7)。

さらに、同部門は、シュワブ・インテリジェント・ポートフォリオ（SIP）とシュワブ・インテリジェント・ポートフォリオ・プレミアム（SIPP）と呼称する2つのロボ・アドバイザーを提供している(注8)。SIPは2015年3月に導入され、最低投資金額は5000ドルで、オンラインのみで運用プランを策定したいと考える個人投資家を対象とする。同サービスの投資対象は、シュワブETFおよびサードパーティーの資産運用会社のETFであり、売買手数料は無料である。他方で、SIPPは2019年3月に導入され、最低投資金額は2万5000ドルで、利用者は営業担当者（CFP資格認定者）と無制限に資産運用に関する相談を行うことが可能である（注9）。すなわち、SIPPとは、ハイブリッド型ロボ・アドバイザーである。同サービスの手数料は定額制であり、当初の運用ポートフォリオ構築に300ドル、それ以降は月額30ドルである。チャールズ・シュワブは、SIP、SIPPの手数料に加えて、ETFワンソースの場合と同様に、これらのサービスの投資対象であるシュワブETFの信託報酬やサードパーティーの資産運用会社からの資産残高ベース手数料を取得することができる。

シュワブ・マネージド・ポートフォリオ、シュワブ・プライベート・クライアント、SIP、SIPPは残高フィー型サービスであることから、アドバイザリー・サービスと総称され、そのAUMは約1・9兆ドルに達し、チャールズ・シュワブの預り資産総額の約52％を占めている（図表1）。

3　アドバイザー・サービス部門によるRIAに対するサービスの概要

アドバイザー・サービス部門は、7500名超のRIAに対して、大手証券会社から独立するためのサポートや、IFAとして事業展開するうえで必要な研修プログラム、オンライン上の口座開設、株式や投資信託に関する調査レポート、売買注文の取引執行、コンプライアンス・システム等を包括的に提供し、その使用料を取得している。アドバイザー・サービス部門と契約するRIAは、個人投資家に対して、MFワ

図表11　アドバイザリー・サービスのAUMの推移

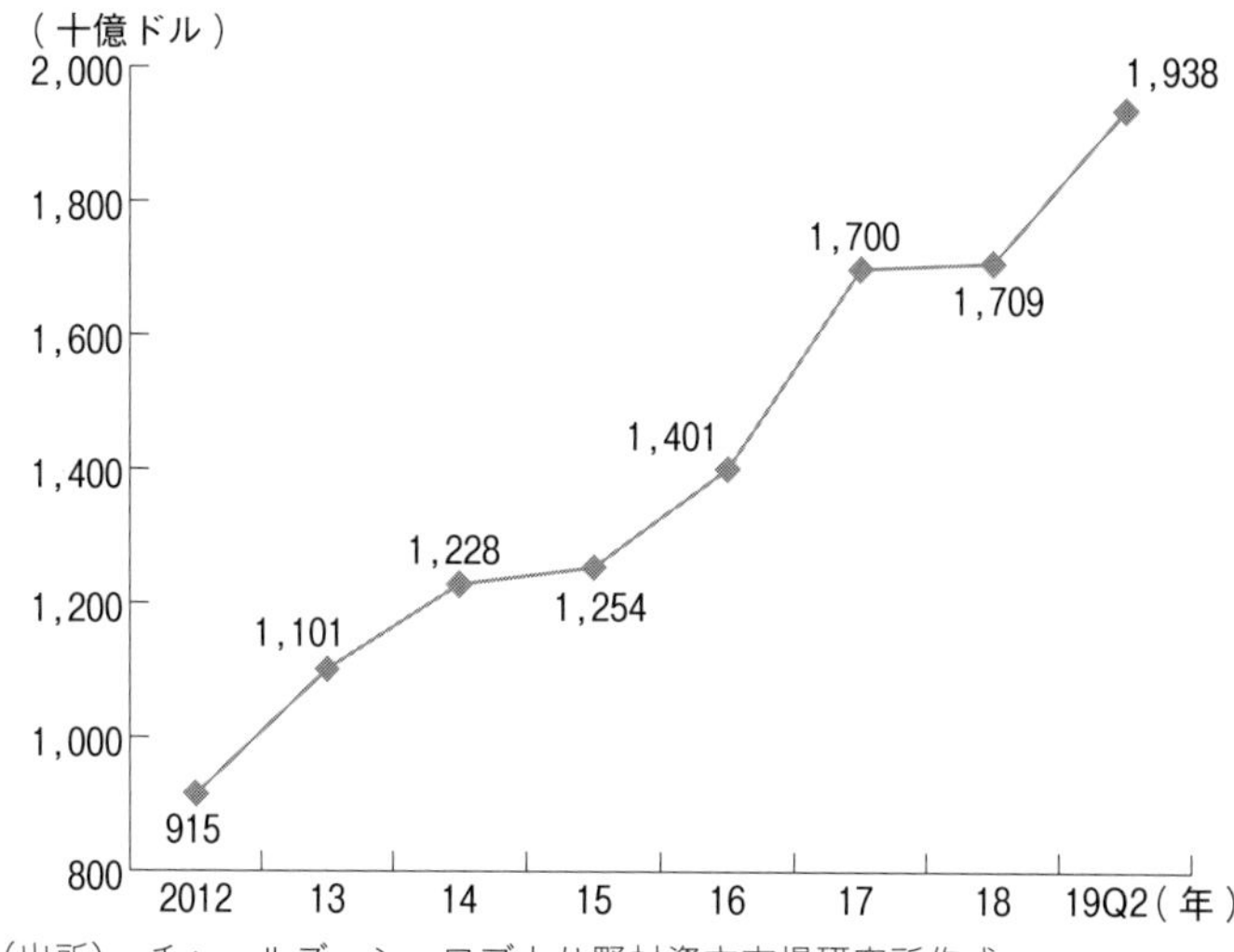

（出所）　チャールズ・シュワブより野村資本市場研究所作成

ンソースやETFワンソースを提供できる。アドバイザー・サービス部門がRIAに提供するサービスやバックオフィス機能は、インベスター・サービス部門と共有されている。

RIAがMFワンソースを活用し、サードパーティーの資産運用会社のミューチュアルファンド（第三者ファンド）のみによって構築されたポートフォリオを提供している場合、図表12が示すとおり、個人投資家はRIAに対して①と②の手数料を支払う。②はRIAが取得し、①についてはサードパーティーの資産運用会社に支払われる。アドバイザー・サービス部門はサードパーティーの資産運用会社から、③の資産残高ベース手数料（チャールズ・シュワブの顧客がMFワンソースにおいて保有する資産残高に対して上限年率0・4％）を受け取る。

仮に、個人投資家がインベスター・サービス

図表12　MF ワンソースにて第三者ファンドのみを購入した際のサービスと対価の関係図

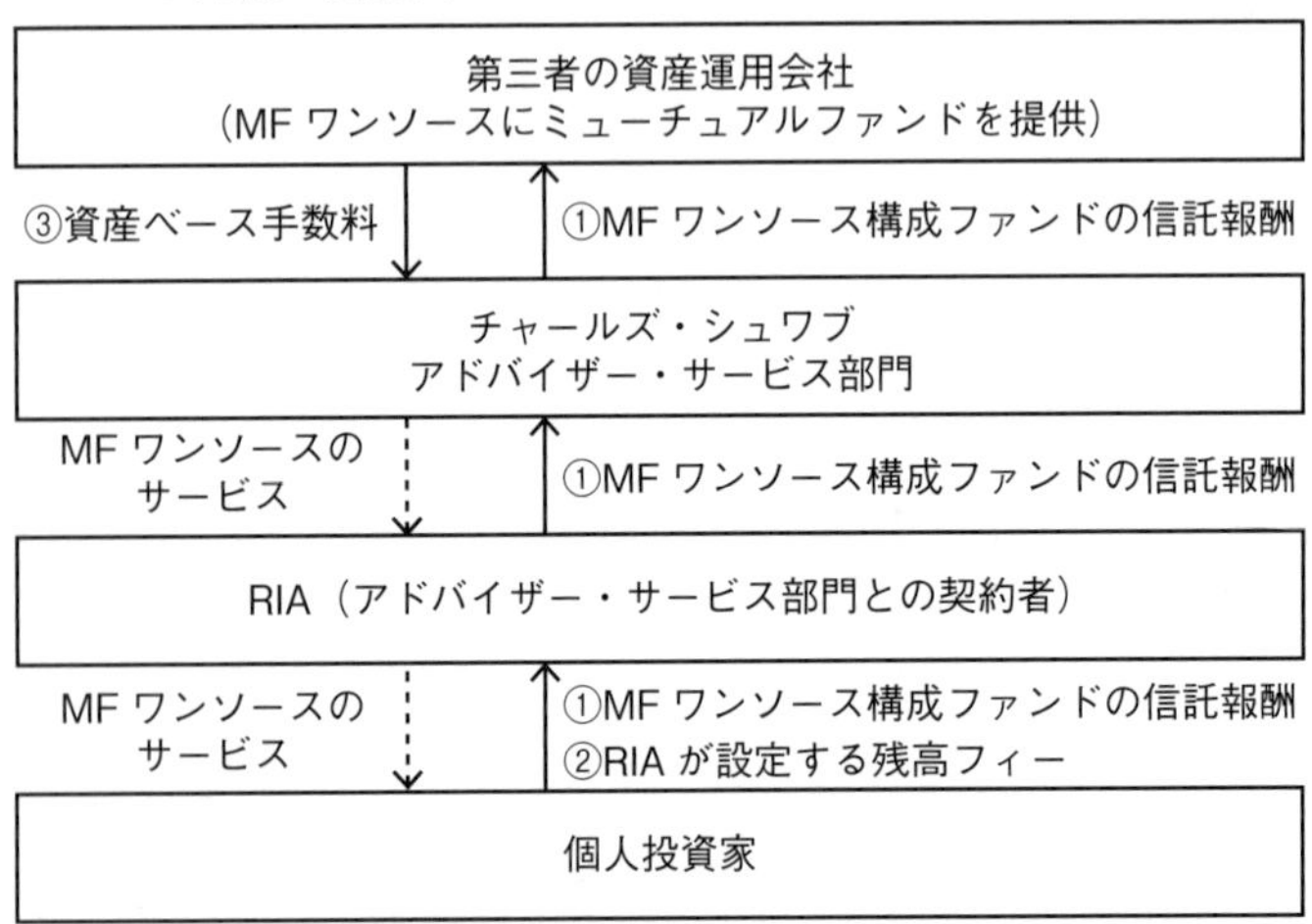

（出所）　チャールズ・シュワブより野村資本市場研究所作成

部門を通じてMFワンソースを活用し、第三者ファンドを購入する場合、アドバイザー・サービス部門を通じて購入するのと比較して、RIAに①の手数料を支払う必要がない。それでも個人投資家によっては、親密先のRIAを通じて資産運用を行うことを志向する場合があり、チャールズ・シュワブは、顧客の需要に応えるかたちでサービスを提供している。

V　顧客預り資産の最大化を目指す多面的な営業体制

1　インベスター・サービス部門とアドバイザー・サービス部門の営業体制

チャールズ・シュワブは、「米国リテール資産」を獲得すべく、多面的な営業体制を構築している。第一に、インベスター・サービス部門に所属する355支店に在籍する常勤の営業担当者である。具体的には、電話対応に特化するインベスター・デベロップメント・スペシャリスト（IDS）や、対面および電話にて顧客の運用プランを策定するファイナンシャル・コンサルタント（FC）等である。2019年第1四半期、FCによる顧客との運用プラン策定に関する会話件数が5万件に達していた。

第二に、インベスター・サービス部門に所属するインデペンデント・ブランチ・リーダー（IBL）である。IBLは常勤の営業担当者でなく、チャールズ・シュワブとフランチャイズ契約を締結し、支店経営の責任を負って、自身の予算と裁量でFCやアシスタントを採用している。つまり、IBLとは、自身の意向と責任をもって独立した支店を経営したいという営業担当者に適した制度である。チャールズ・シュワブは、2011年にIBLを導入し、ニューハンプシャー州ナシュアに初の独立店舗を開設した。現在、同社は、IBLによる独立店舗を61店有している。

第三に、アドバイザー・サービス部門と契約を締結するRIAである。同部門では、シュワブ・アドバイザー・ネットワークと呼称するサービスが提供されている。これは、同部門と契約する7500名超のRIAのなかから、20年以上の資産運用の経験がある約200名のRIAを厳選し、個人投資家に対して紹介するサービスである。これらのRIAはチャールズ・シュワブに対して、シュワブ・アドバイザー・ネットワークに参加するための手数料を支払っており、50万ドル以上の投資可能資産を有する個人投資家が同サービスを活用することができる。

2　緻密にデザインされた各営業担当者の評価体系

チャールズ・シュワブの各営業担当者の報酬体系には、新規の預り資産の増加に対するインセンティブが付与されているという特徴がある。ＦＣおよびＩＢＬは、アドバイザリー・サービスを提供し、新規の預り資産を増加させればさせるほど、高い評価を得ることができる。アドバイザー・サービス部門も、同部門と契約を締結するＲＩＡの受託資産が増加すれば、高い収益が得られることは、前掲図表12のとおりである。

ＩＤＳの評価は、定性評価と定量評価によって決まる。ＩＤＳの定量評価には「顧客ナビゲーション（Client Navigation）」が含まれており、ＩＤＳは電話対応をするなかで優良な顧客がいる場合、その顧客をＦＣやＩＢＬに紹介し、ＦＣやＩＢＬがアドバイザリー・サービスを提供することによって増加させた新規の預り資産額に基づき評価される。したがって、ＩＤＳには、最も預り資産を増加させてくれる営業担当者に対して優良顧客を紹介するインセンティブが働く。その結果、各営業担当者の間に健全な競争が生まれるように工夫されている。

実は、チャールズ・シュワブは、ウェブサイトにおいて各営業担当者の報酬体系の概要を一般公開しており、高い透明性を保持している（注10）。それにより、個人投資家と各営業担当者に対して、チャールズ・シュワブとは「米国リテール資産」を獲得すべく、新規の預り資産の増加を目指し、「好循環」を生み出す金融機関であることを明示している。

3　ＲＩＡとの連携を促す評価体系

アドバイザー・サービス部門は２０１８年、新たに57名のＲＩＡと契約を締結し、約１・８億ドルの預り資産を獲得している。実は、チャールズ・シュワブは、インベスター・サービス部門所属の営業担当者とアドバイザー・サービス部門所属のＲＩＡとの連携を促しており、ＦＣおよびＩＢＬは個人投資家に対してシュワブ・アドバイザー・サービスを提供することによっても評価を得られる。すなわち、ＦＣおよびＩＢＬは、自身が直接的にアドバイザリー・サービスを提供することも可能であるが、自身よりも預り資産を増加させられるＲＩＡを顧客に対して紹介することもできる。インベスター・サービス部門に所属するＦＣとＩＢＬは、ＲＩＡを顧客とするアドバイザー・サービス部門の新規預り資産の増加にも貢献しうるかたちになっている。

アドバイザー・サービス部門は、ＲＩＡに対して、インベスター・サービス部門のサービスやバックオフィス機能を提供しているだけではない。たとえば、アドバイザー・サービス部門は２００２年に、シュワブ・アドバイザー・ウェブセンターを開始した。同サービスにより、チャールズ・シュワブと提携するＲＩＡは、自身のブランド名でウェブサイトを創設し、必要なシステムを活用することが可能になった。さらに、アドバイザー・サービス部門は２０１５年に、シュワブセーフと呼称するサイバー・セキュリティ強化のためのツールを導入し、ＲＩＡは顧客情報等の保全やサイバー・セキュリティに関する規制動向等の情報を得ることができるようになった。

図表13　チャールズ・シュワブの収益

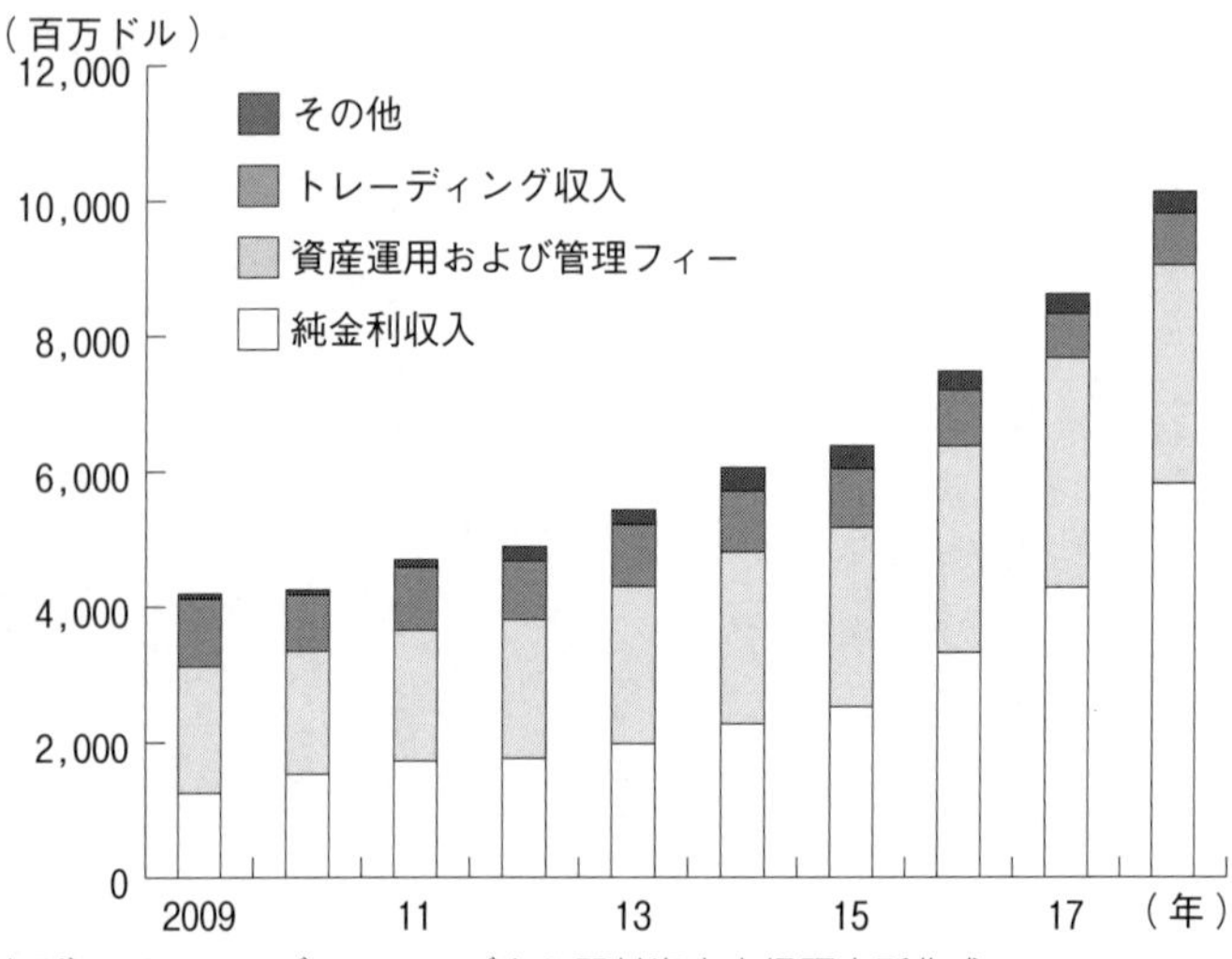

（出所）　チャールズ・シュワブより野村資本市場研究所作成

Ⅵ　利鞘の最大化を図るＣＳＢの財務戦略

1　存在感を増す金利収入

現在、チャールズ・シュワブの収益源は、金利収入が大半を占めている。同社の金利収入は約58億ドルであり、資産運用および管理フィーの約32億ドル、トレーディング収入の約7・6億ドルよりも大きく、同社の純収益に対して約57％を占めている（2018年末）。これは10年間で、資産運用および管理フィーが約1・7倍に増加し、トレーディングは約23％減少したのに対して、金利収入は約2・4倍に増加した結果である（図表13）。すなわち、金利収入が、過去10年間、チャールズ・シュワブの最大かつ最も成長してきた収益源だった。

チャールズ・シュワブが金利収入を獲得する

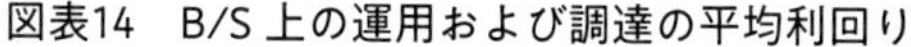
図表14　B/S上の運用および調達の平均利回り

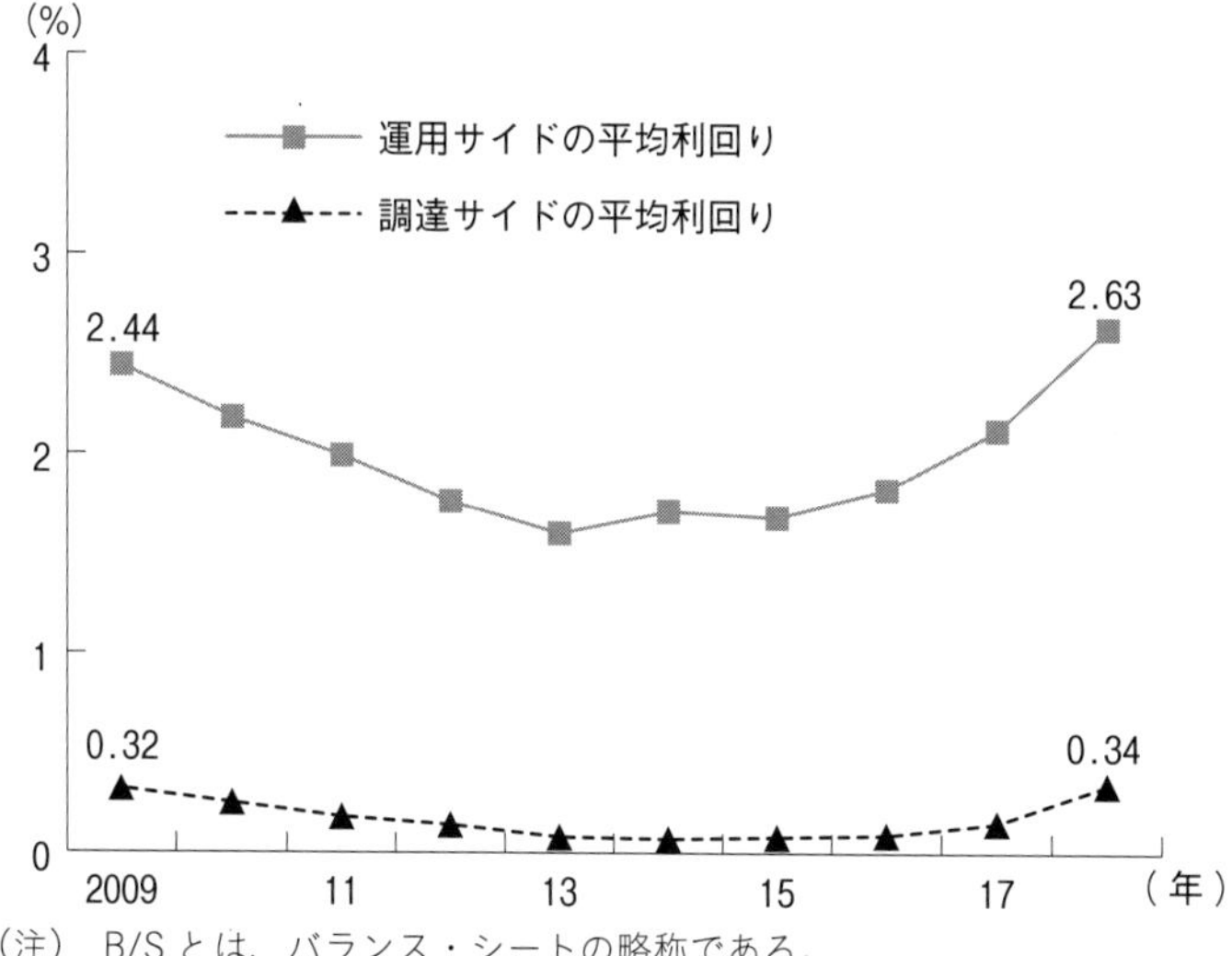

（注）　B/Sとは、バランス・シートの略称である。
（出所）　チャールズ・シュワブより野村資本市場研究所作成

にあたっては、CSBが中心的な役割を果たしている。同社のバランス・シートにおける利付資産（運用サイド）およびファンディング・ソース（調達サイド）は約2500億ドルであり、過去10年間で約4・3倍になった。2018年の運用サイドの平均利回りは約2・63％で、調達サイドの平均利回りが約0・34％であることから、同社が得た利鞘は、単純計算すると約2・29％であった（図表14）。つまり、CSBは、急速にバランス・シートを拡大させながら、効率的に利鞘を稼ぐことに成功している。

2　チャールズ・シュワブのスイープ・プログラム

チャールズ・シュワブは、SIP等のアドバイザリー・サービスにおいて、個人投資家の資金の一部がキャッシュに配分された際に、自動的にＣＳＢのスイープ口座に移動させるプログラムを導入している。これはスイープ・プログラムと呼ばれる。ＣＳＢは、同プログラム経由のかたちで、個人投資家から低利で預金を集めることができている。アドバイザリー・サービスの残高が増加するほど、低利のスイープ口座の預金量が増加し、ＣＳＢのバランス・シートの調達サイドの拡大につながるからだ。つまり、チャールズ・シュワブの営業戦略と、ＣＳＢによる利鞘の獲得は密接に連動している。

同プログラムでは、個人投資家は自らの意思でスイープ口座からキャッシュを引き出して、比較的利回りの高い運用商品（ＭＭＦ等）を買い付けることが可能である。２０１９年８月末時点で米ドルＭＭＦの利回りは約２％であり、スイープ口座の利率と比較して約10倍の水準である。しかし、実際には、多くのチャールズ・シュワブの顧客は、低利のＣＳＢのスイープ口座にキャッシュを滞留させている。この点について、大手ロボ・アドバイザー提供会社であるウェルスフロントの共同創業者兼ＣＥＯのアンディ・ラシュレフ氏は、「顧客にとって、スイープ口座にキャッシュを置いておくことは機会損失である」と述べている[注11]。すなわち、ＣＳＢのスイープ口座に多額のキャッシュが滞留していることは、「顧客目線に立った経営戦略」というチャールズ・シュワブの経営理念に反しているのではないかという指摘である。

これに対して、チャールズ・シュワブは、「ＣＳＢのスイープ口座を活用する顧客は、（残高を超えた引落しの防止サービス、手数料無料のＡＴＭサービス等の）サービスを低コストで受けることができる」と主張している。また、同社のクロウ・フォードＣＦＯは、「チャールズ・シュワブは顧客からの要望があれば、スイープ口座のキャッシュを、ＭＭＦ、債券、債券ファンド等の低リスクかつ高利回りの運用商品にシフトさせている」と述べている。

3　金利感応度の高い銘柄として知られるチャールズ・シュワブ

CSBの運用サイドにおいて最も大きな比率を占めているのは、米国債やモーゲージ債等、満期保有目的の有価証券である。チャールズ・シュワブにおけるこれらの証券の運用資産額は、過去10年間で約69倍の約1300億ドルに達しており、2018年の平均利回りは約2.53%であった。他方で、調達サイドにおいては、預金量が約2000億ドルであり、2018年の平均利率は約0.27%であった。つまり、CSBは、主に、低利で預金を集め、証券担保ローンの提供や米国債やモーゲージ債に投資することで、金利収益を得るという伝統的なアセット・ライアビリティ・マネジメント（ALM）を行っている。

本稿で紹介してきたように、チャールズ・シュワブは、ビジネスモデルの改革により、銀行・証券・資産運用事業に関する包括的なサービス提供者へと変貌してきた。かつて、米国株式相場との相関が高くドットコム・バブル崩壊の象徴的な銘柄とみなされていたチャールズ・シュワブが、現在では、金利感応度の高い銘柄として知られている（図表15）。事実、同社の株価は、2000年にドットコム・バブル時の高値を更新したものの、FRBの金融政策の変更を受けて2018年以降は軟調に推移している。

図表15　チャールズ・シュワブの上場来の株価推移

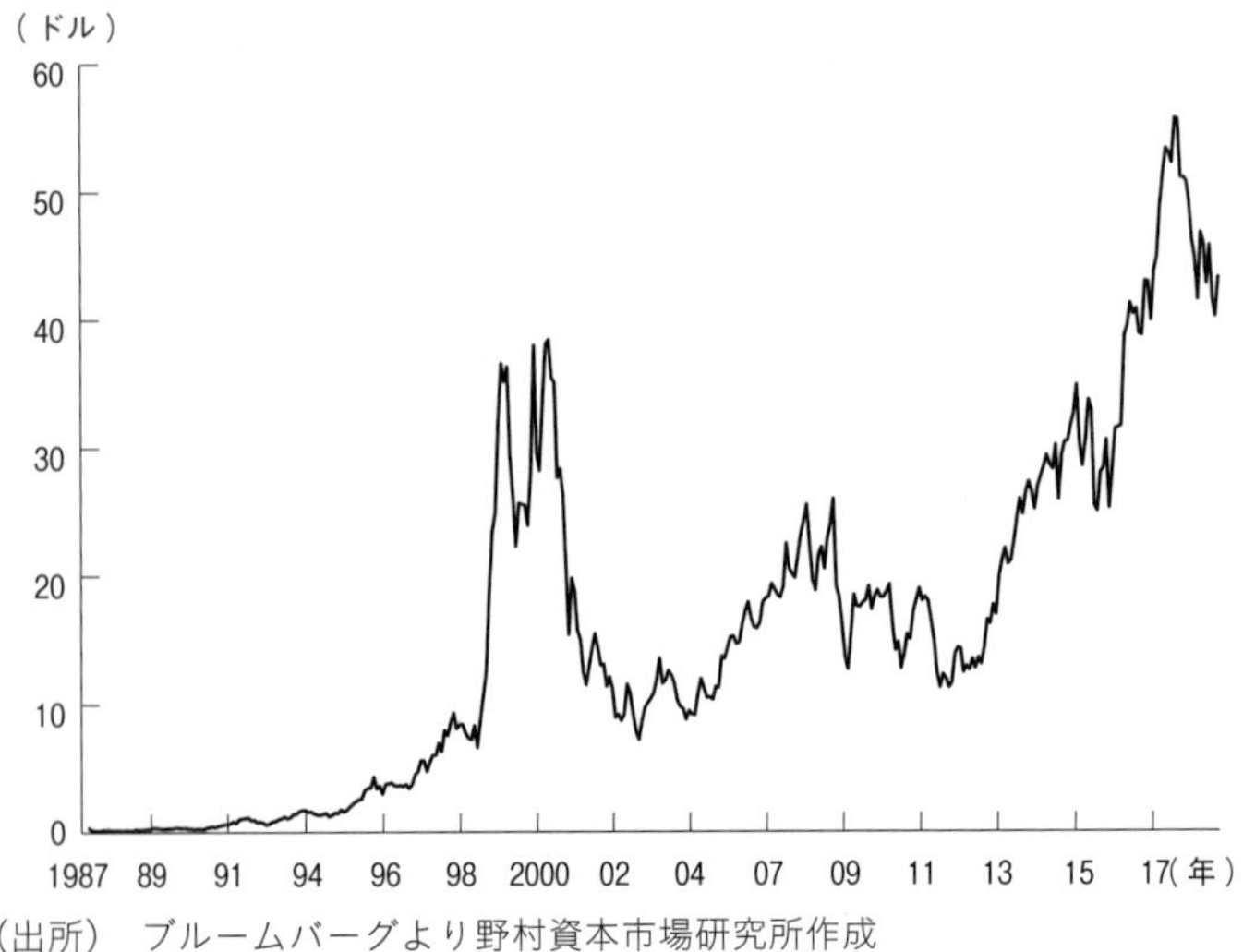

（出所）　ブルームバーグより野村資本市場研究所作成

Ⅶ　預り資産の最大化を目指す「装置」となるチャールズ・シュワブ

チャールズ・シュワブの「好循環」について、特筆すべきは、①顧客が負担するコストを削減できれば、②新規の預り資産が増加し、③チャールズ・シュワブの収益が増大するという考え方を継続している点にある。

過去、米国リテール金融業界では、基本的に、金融機関にとって収益性の高い商品を提供することで、自らの収益増大が追求されていた感があり、その際、顧客の負担増という観点が必ずしも十分でなかった可能性が否めない。他方で、チャールズ・シュワブは、「顧客目線に立った経営戦略」を実践するために「米国リテール資産」を獲得することを目指し、その結果、チャールズ・シュワブの収益があがれば顧客は負担軽減の恩恵を受けることができるという考え方を保持している。チャールズ・シュワブの経営哲学、営業体制、事業区分、営業担当者の評価体系、サービスの設計等は、すべて「米国リテール資産」の獲得という点で一致しており、チャールズ・シュワブの各事業は、あたかも、顧客からの預り資産を最大化するための「装置」として機能している。

足元では、この機能をさらに強化するための買収も行われている。チャールズ・シュワブは2019年7月、テキサス州サンアントニオを本拠地とするUSAAのブローカレッジ事業（口座件数100万件以上、預り資産総額は約900億ドル）を約18億ドルで買収した。USAAは、米国の軍人およびその家族を対象顧客としており、顧客のことを「メンバー」と呼称し、会員制度を採用している。チャールズ・シュワブは、USAAと顧客の長期紹介契約を締結し、USAAの顧客であるメンバーに対して、独占的に低コストの運用商品およびブローカレッジ・サービスと年中無休24時間体制のサポートを提供する。

つまり、チャールズ・シュワブは今般の買収を通じて、米国の軍人等の顧客化と「米国リテール資産」の獲得強化を目指していると理解できる。同社の「米国リテール資産」獲得という目標は、買収戦略においても貫徹されている。同社が、事業を拡大しつつ、今後も「顧客目線に立った経営戦略」を一貫して保持できるのか、顧客から新規の預り資産を獲得し続けて、さらなる成長を遂げることができるのか、チャールズ・シュワブの動向は注目に値する。

注

1 チャールズ・シュワブの２０１８年の年次報告書を参照。

2 詳細は、岡田功太、和田敬二朗「米国ＳＭＡ・ファンドラップの拡大を支えた規制と金融機関経営の変遷」『野村資本市場クォータリー』２０１５年夏号、同「近年の米国ＳＭＡ及びファンドラップ市場におけるイノベーション」『野村資本市場クォータリー』２０１５年夏号（ウェブサイト版）を参照。

3 過去のチャールズ・シュワブの事業の詳細は、沼田優子「独立系アドバイザーから見た米国の個人向け証券市場―２００９年１月のチャールズ・シュワブ調査より―」『資本市場クォータリー』２００９年春号、同「米国リテール証券業における新しいビジネス・モデルの台頭―金融危機下で実質的な増収増益となったチャールズ・シュワブとＲＩＡ―」『資本市場クォータリー』２００９年冬号、長島亮「独立系アドバイザーの拡大により成長を遂げるチャールズ・シュワブ」『資本市場クォータリー』２００７年秋号、関雄太「再評価されるチャールズ・シュワブ」『資本市場クォータリー』２００６年冬号、沼田優子「チャールズ・シュワブの個人顧客拡大策」『資本市場クォータリー』２００３年秋号、飯村慎一「歴史的な戦略転換で攻勢を仕掛けるチャールズ・シュワブ」『資本市場クォータリー』２００２年夏号を参照。

4 詳細は、岡田功太、下山貴史「顧客の最善利益を意識してビジネス変革を図る米大手証券会社―人事・報酬とデジタル戦略を中心に―」『野村資本市場クォータリー』２０１９年春号、岡田功太、木下正悟「米モルガン・スタンレーのウェルス・マネジメント部門の取り組み」『野村資本市場クォータリー』２０１８年夏号を参照。

5 詳細は、岡田功太、下山貴史「フィデリティの信託報酬ゼロ戦略と米国資産運用業界のメガトレンド」『野村資本市場クォータリー』２０１９年春号、同「米国の独立系ファイナンシャル・アドバイザーを巡る近年の動向」『野村資本市場クォータリー』２０１９年冬号を参照。

6 ただし、個人投資家による預り資産が増額するにつれて、負担する手数料率は減少する。

7 前掲注６参照。

8 詳細は、岡田功太、杉山裕一「米国の家計資産管理ツールとして注目されるロボ・アドバイザー」『野村資本市場クォータリー』

２０１７年春号（ウェブサイト版）、岡田功太、幸田祐「米国ミレニアル世代顧客化の重要性とロボ・アドバイザー」『野村資本市場クォータリー』２０１６年夏号、同「米国の資産運用業界で注目されるロボ・アドバイザー」『野村資本市場クォータリー』２０１５年秋号、和田敬二朗、岡田功太「米国で拡大する「ロボ・アドバイザー」による個人投資家向け資産運用」『野村資本市場クォータリー』２０１５年冬号を参照。

9 SIPPは、当初、シュワブ・インテリジェント・アドバイザーという名称であった。

10 チャールズ・シュワブのウェブサイト（https://www.schwab.com/public/schwab/nn/compensation_advice_disclosures/investment_professionals_compensation）を参照。

11 “Charles Schwab Has a $3.6 Trillion Edge on the Fintechs,” *Bloomberg*, October 2nd 2018.

（なお、野村資本市場研究所が発行した、チャールズ・シュワブに関連するレポートは以下のウェブサイトでもご覧いただくことができます。http://www.nicmr.com/nicmr/publications/report.html）

監訳者あとがき

人生100年時代といわれるなか、日本においては、老後の生活に向けた自助努力による資産形成の重要性はますます高まっています。たとえば、地球温暖化が起因とされる自然災害が相次いでいることに加え、足元では新型コロナウイルスでパンデミックが現実化したことにより、いざという時のためのバッファーを積み上げるという観点からも、資産形成の必要性は高まっているといえます。しかし実際は、単身世帯で38・0%、二人以上世帯で23・6%が金融資産を保有していないという危機的状況にあります（2019年、金融広報中央委員会調べ）。背景には、大部分の日本人にとって、資産形成がいまだに必ずしも身近なものになっているとは言いがたい現状があるのではないでしょうか。投資は敷居が高い、余ったお金がないからできない、手数料が高い、知識がないなど、さまざまな理由が考えられるかと思います。

本書の著者、チャールズ・シュワブ氏は、米国で株価が長期に低迷を続けていた1970年代にあえて証券会社を起業し、その後ほぼ半世紀にわたり米国の個人向け金融サービスにおいて次から次へとイノベーションを起こすことによって、かつては日本と同じく一部の富裕層のものとされていた投資や資産形成を、平均的な米国人にとって身近なものにした立志伝中の人物です。長年金融サービス業に身を置く人間からすると、当初のチャールズ・シュワブというと、電話と、その後はオンラインで低コストの株式売買執行を担うディスカウント・ブローカーのイメージが強いものでした。しかし、現在では300以上の支店だけでなく、独立系ファイナンシャル・アドバイザー（IFA）のネットワークも構築し、個人投資家に焦点を当てた銀行も運営しています。かつてのディスカウント・ブローカーは、いまや総合的な個人向け金融サービス会社として世界最大級の時価総額を誇る、広範な人々の資産形成を投資によって支えるインフラのような存在になりました。米国では近年、現役時からコツコツと投資に取り組み、退職時に100万ドル（約1億円）を超える資産形成を目指し、本当にミリオネアとして豊かなセカンドライフを享受する勤労者が増えています。チャールズ・シュワブはそうした人たちによる投資への取組みを支援する代表的な証券会社です。

シュワブ氏が「日本語版の発刊にあたって」の冒頭に書いているとおり、本書の上梓と同時に、チャールズ・シュワブはついに株式売買手数料の無料化（ゼロ・コミッション）に踏み切りました。同氏がいうように、彼のイノベーションの重要なメルクマールであり、その後の他社による追随、そして競合のTDアメリトレードの買収につながっています。この動きは、日本の個人向け金融サービス業界にとっても衝撃的なものでした。伝統的にコミッション収入は証券会社の収益の重要な柱だったからです。

ゼロ・コミッションは、単なる価格競争の終着点ではなく、個人向け金融サービス業界が潜在的に求められていた付加価値の再定義そのものだったことを示唆する現象と考えています。それに最初に気づき、行動したのがチャールズ・シュワブだったのです。このようなチャールズ・シュワブの先見性やイノベーションを可能たらしめたのは何でしょうか。私は四つのキーワードがあるのではないかと考えています。

第一に、徹底した「顧客目線」です。本書においてもチャールズ・シュワブのスローガンとして紹介されているものです。顧客目線に立てば、主たる手数料のとり方は、顧客の資産拡大とともに手数料収入も増えるような、残高に応じた手数料（フィー）体系となるはずです。また、そこで求められるのは、単なる安さではなく、手数料に見合った価値、すなわち「バリュー」だということも、同じく同社のスローガンとして掲げられています。これらを突き詰めていくと、フィー・ベースの手数料で付加価値サービスを提供しつつ、取引の執行についてゼロ・コミッションにたどり着くのは、ある意味、自然の成り行きだったともいえるでしょう。

第二は、「成長」に対する揺るぎない信念です。それは、顧客目線とも相まって、「顧客とともに成長する」ことを包含します。日本では、人口が減少していくなか、「成長」の再考・再定義が求められる時代になっていきます。「成長」に対するシュワブ氏のこだわりは、企業の経営を担う者として、おおいに感じ入るところがあります。

第三は、「テクノロジー」です。チャールズ・シュワブは米国でもいち早く、顧客情報管理等の業務の効率化にコンピュータを導入しており、IT大手がセールスに持ち込んだ最新のソリューションを上回るものをすでに導入していた、というエピソードも紹介されています。インターネットを活用したサービス導入の早さは言うまでもありません。こうしたテクノロジーの活用において、顧客目線から、いまでいうところのカスタマー・エクスペリエンス（CX）向上の観点を取り込んでいたところにも、シュワブ氏の慧眼が現れています。

そして第四に、「危機」です。レベル感や内容は異なりますが、市場の危機、起業の危機、ガバナンスの危機、投資家の危機など、さまざまな危機を、徹底した顧客目線、あくなき成長を希求する姿勢によって乗り越えてきたことは本書にあるとおりです。そのなかで、決して、マーケット動向のせい、規制のせい、金融リテラシーのせいなどにはしていません。日米の金融サービス業界が置かれた環境はたしかに違います。しかし、このような姿勢が大切であることに地域の違いはなく、日本においても意志をもって危機を乗り越え、成長に向けて努力せねばと、思いを新たにしているところです。

本書には、日本の約18倍（2019年末の家計による株式・投資信託の保有額ベース）の規模を誇る米国個人向け金融サービス業の成功モデルの秘訣が描かれているといっても過言ではありません。日本の金融ビジネス関係者にとっては、虚心坦懐にシュワブ氏の言に耳を傾けるべき価値があると思います。また本書は、金融ビジネス書にとどまらず、起業家（あるいは起業を志す人）たちに向けた啓蒙書、あるいは失読症などの困難をむしろバネにして大成功を収めた一個人の伝記という側面もあります。広範な読者に本書を手にとっていただき、それぞれの立場で有意義な材料を見つけていただければ、監訳者として望外の喜びです。

なお、チャールズ・シュワブの近年の戦略展開をより詳しく理解するための補足資料として、当研究所が過去に発行してきた、同社に関連する4本のレポートを掲載しました。紙面の都合で掲載しきれなかったレポートもありますが、当研究所の以下のウェブサイトでご覧になることができますので、あわせてご参照いただければ幸甚です。http://www.nicmr.com/nicmr/publications/report.html

本書の刊行にあたっては、きんざいの堀内駿氏に大変お世話になりました。また、翻訳を含めた日本語版の作成に際しては、野村資本市場研究所のスタッフの尽力を得ました。この場を借りて感謝申し上げます。

2020年8月

株式会社野村資本市場研究所　取締役社長

飯山　俊康

野村資本市場研究所の下記のURLで閲覧できる
チャールズ・シュワブに関連するレポート一覧

http://www.nicmr.com/nicmr/publications/report.html

レポート名	執筆者	野村資本市場 クォータリー掲載号
歴史的な戦略転換で攻勢を仕掛けるチャールズ・シュワブ	飯村慎一	2002年夏号
チャールズ・シュワブの個人顧客拡大策	沼田優子	2003年秋号
再評価されるチャールズ・シュワブ	関雄太	2006年冬号 （本書掲載）
独立系アドバイザーの拡大により成長を遂げるチャールズ・シュワブ	長島亮	2007年秋号 （本書掲載）
米国リテール証券業における新しいビジネス・モデルの台頭	沼田優子	2009年冬号
独立系アドバイザーから見た米国の個人向け証券市場	沼田優子	2009年春号
オンライン証券会社の変遷から見た米国リテール金融	中村仁	2009年春号
金融危機後に米国個人投資家へ浸透するETFとリテール金融機関	石井康之	2011年春号
金融危機後に成長が加速する米国マネージド・アカウント業界	星隆祐 岩井浩一	2014年冬号 （本書掲載）
米国レップ・アズ・アドバイザー・プログラムの仕組みと特徴	星隆祐 岩井浩一	2014年夏号
米国SMA・ファンドラップの拡大を支えた規制と金融機関経営の変遷	岡田功太 和田敬二朗	2015年夏号
近年の米国SMA及びファンドラップ市場におけるイノベーション	岡田功太 和田敬二朗	2015年夏号 ウェブサイト版
米国ミレニアル世代顧客化の重要性とロボ・アドバイザー	岡田功太 幸田祐	2016年夏号
米国の家計資産管理ツールとして注目されるロボ・アドバイザー	岡田功太 杉山裕一	2017年春号 ウェブサイト版
米モルガン・スタンレーのウェルス・マネジメント部門の取り組み	岡田功太 木下生悟	2018年夏号
顧客の最善利益を意識してビジネス変革を図る米大手証券会社	岡田功太 下山貴史	2019年春号
フィデリティの信託報酬ゼロ戦略と米国資産運用業界のメガトレンド	岡田功太 下山貴史	2019年春号
米国の独立系ファイナンシャル・アドバイザーを巡る近年の動向	岡田功太 下山貴史	2019年冬号
チャールズ・シュワブの経営理念と事業戦略	岡田功太 下山貴史	2019年秋号 （本書掲載）
チャールズ・シュワブによるTDアメリトレードの買収	岡田功太	2020年冬号

【監訳者略歴】

飯山　俊康（いいやま　としやす）

1987年早稲田大学商学部卒。1993年ノースカロライナ大学チャペルヒル校キーナン＝フラグラー・ビジネススクール修了（MBA）。1987年4月野村證券入社。ノムラ・インターナショナル（香港）アジア フィクスト・インカム部門長、シンジケート部長、執行役員インベストメント・バンキング担当、野村ホールディングス執行役員アジア地域ヘッドなどを経て、2019年6月野村ホールディングス執行役員中国委員会主席兼野村資本市場研究所代表取締役社長、野村アジアパシフィック・ホールディングス代表取締役会長（現任）。2020年4月野村證券代表取締役副社長兼ジャパン-チャイナ・キャピタル・パートナーズ取締役会長（現任）。

野村資本市場研究所

野村資本市場研究所は、1965年以来、野村総合研究所で行われてきた金融・資本市場および金融機関の制度・構造・動向等に関する調査の伝統を引き継ぎつつ、実務に根差した研究および政策提言を中立的かつ専門的に行うことを経営の基本方針に掲げた株式会社として、2004年4月1日に発足。日本の経済・社会の持続的発展のためには、市場メカニズムを活用したマネーフロー構造の強化が重要課題であるという認識のもと、複線的な金融・資本市場の確立に向けた、構造的な改革に寄与するべく、日本のみならず、欧米先進諸国の市場経済が直面する、グローバルかつ先端的な課題の調査研究を行うシンクタンク。また、中国や新興国経済における金融・資本市場の適切な運営のあり方を、ファンダメンタルズ分析や日米欧市場の経験に関する比較研究をふまえつつ考察していくことにも注力。2019年12月には、研究所内に野村サステナビリティ研究センターを新設。ESG、SDGsといった環境的・社会的課題への関心が国際的に高まるなか、金融・資本市場と密接なサステナビリティ関連テーマに係る調査研究も開始。調査研究活動の成果の一端は、季刊誌『野村資本市場クォータリー』『野村サステナビリティクォータリー』および、ウェブサイト（日本語、英語、中国語）などを通じて広く世界に発信。

【翻訳チーム】（2020年6月末現在）

井潟　正彦　　常務　［企画・編集・校閲および第29章から第32章、エピローグ担当］

1986年横浜国立大学経済学部卒。1991年シドニー大学経営・公共政策大学院修了（MBA）。1991年3月野村総合研究所入社。アセットマネジメント研究室長、野村資本市場研究所研究部長、執行役員などを経て、2017年4月から現職。立教大学経営大学院で2016年4月より特任教授、2020年4月より客員教授を兼務。

磯部　昌吾　　副主任研究員　［第21章から第23章担当］

2007年一橋大学経済学部卒。2009年一橋大学大学院経済学研究科修了。2009年4月野村證券入社。野村資本市場研究所研究部、財務省財務総合政策研究所・金融庁出向などを経て、2018年11月からノムラ・インターナショナル NICMR。

片寄　直紀　　研究員　［校閲および第24章から第28章担当］

2016年東京大学経済学部卒。2016年4月日本証券業協会入社。2018年7月より野村資本市場研究所研究部出向。

神山　哲也　　主任研究員　［校閲］

1998年早稲田大学政治経済学部卒。2000年早稲田大学大学院政治学研究科修了。2000年4月野村総合研究所入社。野村アセットマネジメント総合企画室、内閣官房国家戦略室、野村資本市場研究所ニューヨーク駐在員事務所、ロンドン駐在員事務所などを経て、2019年4月より研究部。

塩島　　晋　　副主任研究員　［校正］

2008年復旦大学中国語文学卒。2008年10月野村證券入社。決済部、リサーチ・サポート部を経て、2018年4月より野村資本市場研究所研究部。

富永　健司　　副主任研究員　［第１章から第７章担当］

2006年慶應義塾大学商学部卒。2017年早稲田大学大学院ファイナンス研究科修了（MBA）。2006年４月野村證券入社。金融市場部、経営企画部、財務省財務総合政策研究所出向などを経て、2014年４月より野村資本市場研究所研究部。

中村美江奈　　研究員　［第16章から第20章担当］

2004年ケント大学経営大学院修了（MBA）。コンサルティング会社勤務を経て、2007年10月野村證券入社。ライフプラン・サービス部を経て、2015年９月より野村資本市場研究所研究部。

ロザノ容子　　アソシエイト　［第８章から第15章担当］

アメリカン大学国際関係大学院修了後、1987年ノムラ・リサーチ・インスティチュート（ニューヨーク）入社。2004年４月より野村資本市場研究所ニューヨーク駐在員事務所。

【補足資料・執筆者】（2020年６月末現在）

関　　雄太　　執行役員

1990年慶應義塾大学法学部卒。1999年南カリフォルニア大学マーシャル・ビジネススクール修了（MBA）。1990年４月野村総合研究所入社。野村資本市場研究所ニューヨーク駐在員事務所代表、研究部長などを経て、2011年７年４月より現職。

長島　　亮　　野村證券 グローバル・マーケッツ企画部 エグゼクティブ・ディレクター

2003年関西大学経済学部卒。2003年４月野村證券入社。立川支店、野村資本市場研究所ニューヨーク駐在員事務所、野村證券京都支店、横浜支店、BDO Nomura Securities（フィリピン）を経て、2019年８月より現職。

星　　隆祐　　株式会社ファンベースカンパニー プロデューサー

2005年同志社大学商学部卒。2005年4月野村證券入社。吉祥寺支店、西宮支店、野村資本市場研究所ニューヨーク駐在員事務所、野村證券営業企画部、商品企画部、名古屋支店を経て、2020年4月より株式会社ファンベースカンパニーに出向。

岩井　浩一　　デロイトトーマツグループ パートナー／クライアント・サービス・エグゼクティブ

1994年東京大学経済学部卒。1994年4月日本銀行入行。運用会社、銀行、金融庁、野村資本市場研究所研究部、ニューヨーク駐在員事務所などを経て、2018年12月より現職、ニューヨークに駐在。

岡田　功太　　主任研究員

2006年慶應義塾大学法学部卒、2014年早稲田大学大学院ファイナンス研究科修了（MBA）。資産運用会社を経て2013年12月野村資本市場研究所入社。2014年8月よりNomura Holding America Inc. NICMR（現野村資本市場研究所ニューヨーク拠点）に駐在。

下山　貴史　　野村證券 リテール・アライアンス企画部 課長代理

2012年岡山大学工学部卒業。2012年野村證券入社。高松支店、高崎支店、Nomura Holding America Inc. NICMR（現野村資本市場研究所ニューヨーク拠点）を経て、2020年7月より現職。

事項索引

ゼロ・コミッション革命
――チャールズ・シュワブの「顧客目線」投資サービス戦略

2020年10月2日　第1刷発行

著　者　チャールズ・シュワブ
監訳者　飯　山　俊　康
訳　者　野村資本市場研究所
発行者　加　藤　一　浩

〒160-8520　東京都新宿区南元町19
発　行　所　**一般社団法人 金融財政事情研究会**
企画・制作・販売　**株式会社 き ん ざ い**
出 版 部　TEL 03(3355)2251　FAX 03(3357)7416
販売受付　TEL 03(3358)2891　FAX 03(3358)0037
URL https://www.kinzai.jp/

DTP・校正：株式会社友人社／印刷：奥村印刷株式会社

ISBN978-4-322-13550-3